VERLAG
FRITZ
MOLDEN

Gordon Brook-Shepherd

SLATIN PASCHA

Ein abenteuerliches Leben

VERLAG FRITZ MOLDEN · WIEN-MÜNCHEN-ZÜRICH

Bildnachweis:
Bildarchiv der Österreichischen Nationalbibliothek (2 und Schutzumschlagbild);
Archiv der University of Durham (10);
Historisches Museum der Stadt Wien (1);
Dem Buch Neufeld, In Ketten des Kalifen,
Verlag Spemann, Berlin, wurde ein Bild entnommen

1. Auflage

Titel des englischen Originalmanuskriptes
THE MAN BETWEEN

Nach dem englischen Originalmanuskript ins Deutsche übertragen von
HANS JÜRGEN VON KOSKULL

Schutzumschlag und Ausstattung: Hans Schaumberger, Wien
Lektor: Johannes Eidlitz
Technischer Betreuer: Franz Hanns
Schrift: Borgis Aldus-Buchschrift
Druck des Bildteiles: Astoria, Wien
Satz, Druck und Bindearbeit: Wiener Verlag, Wien
ISBN: 3-217-00317-9

Inhaltsverzeichnis

Vorwort

Vor hundert Jahren verließ ein junger Österreicher das kaiserliche Wien, um auf dem damals noch sehr dunklen afrikanischen Kontinent Ruhm und Glück zu suchen. Er hieß Rudolf Slatin, und der Anlaß, das Elternhaus und die Grenzen der Habsburgermonarchie zum erstenmal in seinem Leben zu verlassen, war die Hoffnung auf eine Anstellung in einem Buchladen in Kairo. Das war der erstaunliche Beginn eines erstaunlichen Lebens.

Dieser junge Bursche – katholischen Glaubens, aber jüdischer Herkunft – ohne Geld und nur mit den kommerziellen Instinkten seiner Vorfahren, wurde nicht Kaufmann in Ägypten, sondern Soldat im unruhigen Sudan. Sehr bald wurde er im Kampf General Gordons gegen den Mahdi einer der Kommandeure in Schlüsselstellungen und er war auch der letzte, der aushielt. Anders als Gordon überlebte er die Niederlage auf dem Schlachtfeld, jedoch nur, um elf Jahre im Lager des Mahdi als Gefangener zu leben.

Dann kam die große Flucht über Hunderte von Kilometern durch die Wüste bis zu den britischen Linien, eine Leistung, die ihn in Europa zur Berühmtheit machte. Es folgte die triumphale Rückkehr nach Omdurman mit der anglo-ägyptischen Expeditionsarmee, die das mahdistische Regime ein für allemal zerschlug. Die anschließenden vierzehn Jahre wirkte er als Generalinspekteur in einem Gebiet, das praktisch ein britisches Protektorat war. Während dieser ganzen Zeit hörte er nie auf, österreichischer Bürger und treuer Untertan des Kaisers Franz Joseph zu sein.

Allein in diesem einen Abschnitt und einen Aspekt seines Lebens gibt es genug Außerordentliches und Erregendes, um ihn zu einer interessanten Gestalt zu machen. Aber Rudolf Slatin war viel mehr als ein Wüstenabenteurer. Als er eine Berühmtheit geworden war, nahm er durch zwanzig Jahre jeden Sommer an der „Saison" in Europa teil: ein heller Stern am Firmament der alten europäischen Gesellschaft. Er war willkommen an einem halben

Dutzend europäischer Fürstenhöfe und in den Häusern der Hocharistokratie. Zu den vielen Orden, die seine Brust schmückten, gehörten zwei, mit denen der englische Ritterstand verbunden war. Er gehörte zu den persönlichen Günstlingen der alten Königin Victoria und wurde später in den engen Freundeskreis ihres Sohnes und Nachfolgers Edwards VII. gezogen. Das ist der zweite Umstand, der das Leben Slatins so interessant macht. Durch die Augen dieses Emporkömmlings gewinnen wir ein intimes Bild jener großen edwardianischen Epoche, die trotz ihres flirrenden Glanzes so solide wie Granit zu sein schien.

Nach Sarajewo brach alles, der Glanz wie der Granit, in einer gewaltigen Explosion auseinander. Von diesem Zeitpunkt an wird das Leben Slatins noch faszinierender, aber es wird auch schwieriger, ihm zu folgen. Der Große Krieg vernichtete seine Welt ebenso wie jene von Millionen anderer Menschen. Aber sein Schicksal war doch ein ganz besonderes. Der damalige Generalleutnant Sir Rudolf Freiherr von Slatin Pascha, G.C.V.O., K.C.M.G., C.B.,* bestand aus zwei gleichen aber separaten Teilen, die nur der kosmopolitische Zement des Friedenseuropa zusammenkittete. Jetzt wurde seine Persönlichkeit in grausamer Weise gespalten. Im August 1914 fielen die Hälften auseinander. Slatin, der österreichische Untertan, und Slatin, der Diener Großbritanniens, konnten nicht mehr zusammenfinden. Er zerbrach an diesem für ihn undenkbaren Dilemma. Bei dem Versuch, in den jetzt folgenden fürchterlichen Kriegsjahren einen Ausweg zu finden, ging er fast zugrunde. Die Erinnerung an jenes Dilemma und dessen Folgen, die unerbittlich in den Geheimarchiven in London und Wien aufgezeichnet waren, verfolgten ihn sein ganzes späteres Leben: bei der Friedenskonferenz in Versailles, an der er als Delegierter der neuen österreichischen Republik teilnahm, und sogar in seinem geliebten England.

Die Qualen dieser schweren Jahre wurden gemildert durch die große Liebe zu der bemerkenswerten Frau, die Slatin nur vier Tage vor Kriegsausbruch heiratete. Aber auch diese Liebesgeschichte hat einen tragischen Unterton, denn die geliebte Frau war zu spät in sein Leben gekommen und mußte es zu bald wieder verlassen.

Aber gerade der innere Zwiespalt machte aus Rudolf Slatin einen Archetyp, mehr als seine Romanzen und seine Karriere auf dem Schlachtfeld und in den Ballsälen. Im Tiefsten war sein Problem das der Wurzeln, der persönlichen Identifizierung. In unserer Zeit ist dies noch mehr als damals eines der kritischsten sozialen Probleme. Die Millionen von Flüchtlingen, Vertrie-

*G.C.V.O. = Knight Grand Cross of the (Royal) Victorian Order, K.C.M.G. = Knight Commander of the Order of St. Michael and St. George, C. B. = Companion of the Bath.

benen, Auswanderern und sogar die steuerflüchtigen und sonnenhungrigen Heimatlosen, die über den ganzen Erdball verstreut leben, müssen in ihrem Inneren alle mit dem Dilemma Slatins fertigwerden.

Wohin, so mögen sie sich fragen, gehören wir, in das Land, in dem wir geboren wurden, oder in das Land, das wir uns zur Heimat gewählt haben? Wem gebührt Loyalität? Welches ist der natürliche Kulturkreis? Wo würden wir am liebsten leben, oder – und das ist noch wichtiger – am liebsten sterben?

Ebenso wie das Abenteuerliche und der Glanz in seinem Leben ist es das Geheimnis der Wurzeln der menschlichen Existenz gewesen, das mich veranlaßt hat, diese erste vollständige Biographie Rudolf Slatins zu schreiben (und zugleich erst das zweite Werk, das bisher überhaupt je über ihn erschienen ist). Da er selbst nur einen Bericht über seine afrikanischen Abenteuer veröffentlicht hat – und selbst dieser Bericht ist unvollständig –, mußte seine Geschichte aus seinen Tagebüchern, aus einer zum Glück sehr umfangreichen Korrespondenz mit zahlreichen Freunden, aus Archiven in England und Österreich und schließlich aus dem Gedächtnis einer Handvoll Europäer, die ihn gekannt haben und noch leben, rekonstruiert werden.

Diese heute noch lebenden Augenzeugen sind so verschieden wie Slatins Lebenslauf abwechslungsreich war. Der Kreis spannt sich von der letzten Kaiserin von Österreich-Ungarn, die heute in der Schweiz im Exil lebt, bis zu einer Gastwirtstochter aus der Steiermark, von einem Ritter des britischen Empire, der zurückgezogen in Bournemouth lebt, bis zu einem Major, der vor mehr als sechzig Jahren das sudanesische Kamelreiterkorps befehligte und heute nicht weit von Piccadilly wohnt.

Sie leben auch nicht nur in Europa. Als ich im Frühjahr 1971 in Kairo war und glaubte, meine Forschungsarbeit sei beendet, erwähnte ich den Namen Rudolf Slatins gegenüber einer sehr vornehmen älteren Dame, die in einer altmodischen Villa in Zamalek lebt. Sie verschwand wortlos und kehrte wenige Minuten später mit einem Schuhkarton voller Briefe in ihren Salon zurück. Es waren ungezählte persönliche Briefe, die der große Mann Anfang dieses Jahrhunderts an sie geschrieben hatte. Sie hatte sie seit Jahren nicht mehr gelesen und übergab sie mir unter einer Bedingung; ich müsse sie vernichten, wenn ich sie in taktvoller Weise verwendet hätte. *„Il est temps de brûler mon passé. Aidez-moi donc."*

Wenige Tage bevor ich dieses Vorwort schrieb – und für jedes Buch schreibt man das Vorwort zuletzt – habe ich diese wappengeschmückten Reste ihrer Vergangenheit und jener Slatins pflichtgemäß verbrannt. Sie erinnerten mich noch einmal, wie faszinierend sein Leben gewesen ist, und welche Freude mir der Versuch bereitet hat, es noch einmal erstehen zu lassen.

Dank des Verfassers

An erster Stelle muß ich hier den Namen meines Landsmannes Richard Hill nennen, der mit seinem Buch über Slatin Pascha als erster wertvolle Forschungsarbeit zu diesem Thema geleistet hat. Es ist nur ein kurzer Band mit 152 Seiten, und der einzige Abschnitt in Slatins Leben, den es ausführlich behandelt, ist die Zeit, welche dieser als anglo-ägyptischer Beamter im Sudan zugebracht hat, dem Lande, in dem Mr. Hill später selbst diente.

Vielleicht noch wichtiger als dieses Buch waren aber die Nachforschungen des Verfassers im Archiv der Universitätsbibliothek Durham, wo der schriftliche Nachlaß Slatins und viele damit im Zusammenhang stehende Dokumente aufbewahrt werden. Die gewissenhafte Arbeit von Mr. Hill bei der Registrierung dieser Papiere wird alle weitere Forschung wesentlich erleichtern. Im Zusammenhang mit Durham möchte ich auch Sir John Richmond K.C.M.G., dem ehemaligen Botschafter im Sudan und späteren Dozenten an der Universität für seine Hilfe danken. Für ihre so freundliche Unterstützung danke ich auch Mr. Foster, dem Leiter der Abteilung für orientalische Literatur, und seinen Mitarbeitern.

Was die österreichischen Belange betrifft, so bin ich ebenso wie Mr. Hill dem Haus, Hof- und Staatsarchiv und den beiden Forschern, die mich dort unterstützt haben, Dr. Anton Staudinger und Dr. Karl Stuhlpfarrer zu Dank verpflichtet. Generalleutnant von Bornemann hat mir großzügig die Ergebnisse seiner Erkundigungen über die Tätigkeit Slatins während des Krieges zur Verfügung gestellt, die sich auf größtenteils bisher unveröffentlichtes Material aus anderen Wiener Archiven stützen.

In Österreich haben mir so viele Persönlichkeiten geholfen, die Geschichte Slatins zu vervollständigen, daß ich sie nicht alle nennen kann. Der Großneffe des Pascha, Paul Slatin, hat mir Dutzende sehr wertvoller privater Briefe und anderes Material zur Verfügung gestellt. Mein Freund Prinz

Alois Auersperg hat freundlicherweise die Verbindung zu dem Grafen Wilczek hergestellt, einem Nachkommen mütterlicherseits der Fürsten Kinsky, aus deren böhmischer Herrschaft die Familie Slatin stammte. Über Slatins Tätigkeit bei den Friedensverhandlungen in St. Germain 1919 konnte Dr. Kurt Kamniker berichten, dessen Vater ebenfalls der österreichischen Friedensdelegation angehört hat. Einen weiteren alten Freund, Dr. Julius Meinl, der stets etwas über alles zu wissen scheint und den beiden Mitarbeitern Annelise Schulz und Dr. Karl Zrounek, gebührt ebenfalls mein Dank.

In England gilt mein Dank vor allem Sir Ronald Wingate Bt., dem Sohn des besten Freundes und einflußreichsten Kollegen von Slatin, für die vielen Stunden, die er mir gewidmet hat. Der gegenwärtige Privatsekretär der Königin, Sir Michael Adeane, hat seine eigenen Jugenderinnerungen aufgefrischt und mir von seinen Begegnungen mit Slatin am Hof von St. James berichtet. In seinem Hause lernte ich seine Tante, Lady Stamfordham, kennen, die bei Hofe noch häufiger mit Slatin zusammengetroffen war.

Arthur Dodds-Parker M.P. hat mich seinem über neunzig Jahre alten Onkel, Major Alec Wise, vorgestellt, der Interessantes über seine Zeit mit Slatin vor mehr als sechzig Jahren zu berichten wußte. Noch aufschlußreicher waren die Gespräche mit Sir Mervyn Weatley K.B.E., einem Kollegen Slatins bei der Regierung des Sudan, der einige Jahre in seiner unmittelbaren Nachbarschaft in Khartum gelebt hat. Ein weiterer Kollege aus dieser Zeit, der mir geholfen hat, ist Sir Angus Gillan.

Eine ältere englische Dame, die Slatin in ihrer Jugend in Ägypten gekannt hat, ist Mrs. Esmé Nicole of Honiton, und ich bin ihr und ihrem Neffen, Sir James Bowker K.C.M.G. für die Erlaubnis, Einblick in ihr Tagebuch zu nehmen, zu großem Dank verpflichtet.

Ebenso muß ich Miss Beatrice Griffiths von der britischen Botschaft in Kairo dafür danken, daß sie mir geholfen hat, einige Freunde und Bekannte Slatins in Ägypten aufzufinden.

Die reichhaltigsten Quellen für neues Material außerhalb des Slatin-Archivs in Durham waren andere Archive in England. Das Public Records Office stellte mir viele Einzelheiten über seine Laufbahn zur Verfügung.

Bisher nicht veröffentlichtes Material über Slatin fand ich in erster Linie in den Royal Archives, und diese Unterlagen habe ich vor allem von der Mitte meines Buchs bis zum Schluß verwertet. Hier muß ich dem Bibliothekar der Königin, Robert Mackworth-Young, Miss Jane Langton und anderen Mitarbeitern für ihre Hilfe danken, die „weit über das hinausging, was ihre Pflicht gewesen wäre". Ich habe mich seit langem daran gewöhnt, dieses ehrwürdigste britische Archiv auch als das – meiner Erfahrung nach – nutzbarste und tauglichste zu betrachten. Es ist nichtsdestoweniger angebracht, dies auch auszusprechen.

1. KAPITEL

Der Mann aus dem Dunkel

Sein Leben, das später ins grelle Licht der Öffentlichkeit geraten sollte, nahm in einem seltsamen Halbdunkel seinen Anfang. In dem einzigen Buch, das Rudolf Slatin geschrieben hat und in dem er von seinen Abenteuern im Sudan des Mahdi berichtet, erzählt er weder über seine Herkunft noch über die ersten Lebensjahre in Wien. Auch in den zahlreichen Vorträgen, die er gehalten hat, und in den Hunderten von Privatbriefen, die uns heute noch vorliegen, wird dieses Thema nirgends erwähnt. Wir wissen nicht einmal, ob Hund oder Katze am Ofen lagen oder ob zu Weihnachten ein gebackener Karpfen auf den Tisch kam. Zwei alte Damen, die heute noch am Leben sind und als junge Mädchen um die Jahrhundertwende ihn bewunderten und schätzten, können sich nicht erinnern, daß er die Jahre bevor er berühmt wurde, auch nur mit einem einzigen Wort erwähnt hätte.[1] Nicht anders erging es dem Sohn seines lebenslangen englischen Freundes und Protektors,[2] obgleich für ihn, als er zum Mann heranwuchs, Rudolf Slatin wie ein Mitglied der Familie war. Es ist als habe Baron Sir Rudolf von Slatin Pascha, G.C.V.O., K.C.M.G., C.B.* der Abenteurer und besondere Liebling gekrönter Häupter im alten Europa, sein Leben beginnen lassen wollen wie es endete: großartig abgeschirmt durch all diese Titel und Auszeichnungen. Der schlichte Rudolf Slatin sollte im Schatten bleiben.

Das Wien des Kaisers Franz Joseph jedoch, in das er hinein geboren wurde, war eine Hauptstadt, in der man nicht leben konnte ohne amtlich dokumentierte Spuren zu hinterlassen. Hier wurde jeder Bürger nicht nur nach seinem Glaubensbekenntnis, sondern auch nach Stand und Beruf offiziell registriert. Wir finden daher in den Kirchenbüchern aus dem Anfang und der Mitte des 19. Jahrhunderts einige Angaben über seine Familie. Die heute lebenden Nachfahren des großen adeligen Hauses Kinsky, aus dessen Patronatsbereich die Slatins stammten, haben diese Angaben ergänzt. So spärlich sie auch sein mögen, sie geben uns gewisse Hinweise auf das Leben und den Charakter von Rudolf Slatin.

Die Slatins stammen aus Böhmen. Ihr Heimatdorf, Herzmann Miestitz (auf Tschechisch Hermanuv Mestec), gehörte zu dem gleichnamigen Hauptbesitz der Kinskys. Es ist sehr wohl möglich, daß die Slatins durch Generationen den fürstlichen Grundherren in dieser oder jener Eigenschaft gedient haben. Genaueres läßt sich darüber jedoch nicht mehr feststellen. Der Großvater Rudolfs, Markus Slatin, ist in den Urkunden der Lokalbehörde als ortsansässiger Kaufmann oder Händler eingetragen. Sein Sohn Michael wurde am 24. Juli 1811 in Herzmann Miestitz geboren und wird als „Commissionär" bezeichnet, eine recht ungenaue Charakterisierung seiner beruflichen Tätigkeit.

Die Angaben über die religiöse Zugehörigkeit der Familie sind präziser. Die Slatins gehörten alle, einschließlich Markus und seiner Frau Theresia, der jüdischen Glaubensgemeinschaft an. Es überrascht uns daher nicht, wenn wir feststellen, daß die Familie, als sie in den 20er oder 30er Jahren des 19. Jahrhunderts nach Wien auswanderte, um ihr Glück in der kaiserlichen Hauptstadt zu versuchen, in der Leopoldstadt Quartier nahm. Das war damals eine Vorstadt Wiens, in dem flachen, feuchten Gebiet zwischen dem 1598 künstlich angelegten „Donaukanal" und dem Hauptarm der Donau, ostwärts der Stadt. Dort befand sich im 17. Jahrhundert das jüdische Ghetto, und dort lebten auch zwei Jahrhunderte später die meisten jüdischen Bewohner Wiens, allerdings durchaus freiwillig.

Michael Slatin ging jedoch daran, die Familiengeschichte sehr drastisch in eine ganz neue Richtung zu lenken, und zwar sowohl im Hinblick auf die Religionszugehörigkeit als auch auf den Lebensstil. Im Alter von 27 Jahren, am 25. März 1838, wurde er in der Augustinerkirche in der Inneren Stadt nach römisch-katholischem Ritus getauft.[3] Die Kirche wurde vor allem vom Hof und vom Hochadel besucht, und es war eine Ausnahme, wenn ein junger Jude ohne Rang und Namen dort getauft wurde.

Das geht auch aus einer Notiz im Kirchenregister hervor, in der es heißt, die Taufe von Michael sei aufgrund der Sondergenehmigung Nr. 69202 vom 5. Dezember 1837 vorgenommen worden.

Es ist durchaus möglich, daß die Familie Kinsky ihren besonderen Schutz Michael Slatin in Wien ebenso angedeihen ließ wie später allen seinen Söhnen. Um auf so vornehme Weise in die Arme der Mutter Kirche aufgenommen zu werden, brauchte der junge Mann unbedingt solche Verbindungen. Über seine persönlichen Gründe für den Austritt aus seiner bisherigen Religion können wir nur Vermutungen anstellen. Aber für jeden, der in der österreichischen Hauptstadt Erfolg haben wollte, brachte der Übertritt bedeutende Vorteile. Als Jude geboren zu sein und der jüdischen Religion anzugehören, bedeutete im Kaisertum Österreich des Jahres 1838, daß man sich keineswegs überall in den Kronländern der Donaumonarchie frei bewegen durfte, sondern vielmehr Sondergenehmigungen brauchte, um sich in bestimmten Gebieten niederlassen oder um einen freien Beruf ergreifen zu können. (Diese mittelalterlichen Einschränkungen wurden erst zehn Jahre später im Gefolge der Revolution von 1848 abgeschafft.) Wenn aber ein Mann jüdischer Abstammung den römisch-katholischen Glauben annahm, dann waren ihm theoretisch fast alle Türen geöffnet, wenn er auch in der Praxis feststellen mußte, daß sie sich nur schwer bewegen ließen.

Kurz gesagt, wenn jemand wie der junge Michael Slatin die damals gültige soziale Stufenleiter hinaufsteigen wollte, so mußte er vorher aus der Religion seiner Vorfahren aussteigen. Michael Slatin strebte nach oben; daß es ihm auch gelang, empor zu kommen, hatte er zum Teil seinem Übertritt zum Katholizismus zu verdanken. Die Kirchenregister zeigen, daß er zweimal verheiratet war. Beide Trauungen fanden in Kirchen statt, die als „Nobelkirchen" galten, d. h. von der „guten Gesellschaft" frequentiert wurden. Die erste Hochzeit feierte er am 9. Juni 1844 im Stephansdom.

Seine Braut war eine gewisse Anna Bichler, die, nachdem sie ihm einen Sohn namens Ferdinand geboren hatte, 1848 starb. Die zweite Trauung fand am 29. Juni 1851, ebenfalls in der Inneren Stadt, in der dem Benediktinerorden gehörenden Schottenkirche statt. Diesmal heiratete er Maria Anna Feuerstein. Wie wir aus ihrem Namen sehen, war sie das genaue Gegenstück von Michael Slatin, eine römisch-katholisch getaufte Jüdin. Sie paßte aber auch in anderer Weise zu ihm. Maria Anna stammte aus Galizien, der nordöstlichsten Provinz des Reiches. Ihr Vater stand im Dienst der Regierung, allerdings als „Akzessist" ganz unten auf der Rangleiter der Beamten. Aber dennoch hatte er damit schon den ersten Schritt aus dem rein jüdischen Milieu des Händlers in die christliche Welt des Bürgertums getan. Auch Michael Slatin hat diesen Schritt tun wollen und offenbar seine Söhne angeleitet, seinem Beispiel zu folgen.

Das also ist die Familie, mit der wir uns beschäftigen werden. Sehr bald nach ihrer Heirat zogen Michael und Maria Anna Slatin nach Ober-Sankt-Veit, einem sehr ruhigen „eleganten" Villenvorort westlich des kaiserlichen Schlosses Schönbrunn, der damals noch einer Parklandschaft glich. Hier am Wolfrathplatz 1, in einem hübschen, aber nicht allzu anspruchsvollen Haus, wurden die meisten Kinder des Ehepaars geboren. Die ersten waren die 1852 geborenen und nach der Mutter benannten Zwillingsschwestern Anna und Maria. 1855 folgte der Sohn Heinrich, 1861 wurde Adolf geboren. Die dritte Tochter Leopoldine erblickte 1864 das Licht der Welt. Zwischen Heinrich und Adolf aber erschien am 7. Juni 1857 Rudolf Anton Slatin. Aus irgendeinem Grunde wurde der Name Anton später durch Carl ersetzt.

Bevor wir uns mit ihm beschäftigen, müssen wir jedoch noch die Geschichte seines Vaters zuende führen. Michael Slatin muß über ein gewisses Einkommen verfügt haben, um nach Ober-Sankt-Veit übersiedeln zu können. Es läßt sich jedoch nicht mehr feststellen, wieviel er verdient hat und womit. Es findet sich ein Michael Slatin weder in den Wiener Handels- und Gewerberegistern der fünfziger und sechziger Jahre noch auch eine polizeiliche Registrierung, die damals obligatorisch wurde.[4] Die wenigen Urkunden, in denen Michael Slatin erwähnt wird und die heute noch vorhanden sind, geben fast jedesmal einen anderen Beruf an. Auf Rudolfs Geburtsurkunde ist der Vater als „konzessionierter Seidenfärber" eingetragen, aber zehn Jahre später, auf Rudolfs Schulzeugnissen, ist der Beruf des Vaters als „Obsthändler" angegeben. Die Familie scheint mit diesem Berufswechsel ärmer geworden zu sein, denn nun liegt die elterliche Wohnung im „Neubau" in der Neustiftgasse, einem weniger attraktiven und billigeren Stadtbezirk. An anderer Stelle wird Michael Slatin als „Eisverkäufer" bezeichnet. Als Rudolf seinen Militärdienst ableistet, lautet die Berufsbezeichnung des Vaters „Hausbesitzer", der damit in die anonyme, aber respektable Klasse des guten Wiener Bürgers eingeordnet wird. Doch wird aus all diesen Bezeichnungen nicht völlig klar, was Michael Slatin beruflich tat.

Womit Michael Slatin auch seinen Unterhalt verdient und wieviele Berufe er ausgeübt haben mag, zwei Tatsachen stehen fest. Erstens hat er keine Familienfirma gegründet, die er seinen Kindern hätte vererben können, und zweitens hat er, obwohl er zeitweilig über ein gutes Einkommen verfügte, nie ein größeres Vermögen oder Grund und Boden besessen. Er selbst war der Vermögenswert der Familie, und dieser Wert ging mit ihm dahin. Das geht auch aus einer kurzen Bemerkung hervor, die Rudolf im Zusammenhang mit dem Tode seines Vaters geschrieben hat, wobei er wie auch sonst keine Einzelheiten erwähnt.

In einem Brief an die Braut seines Bruders Heinrich, den er ihr 1881 aus dem Sudan schrieb, um sie in der Familie willkommen zu heißen, finden wir die Sätze:

„Sie wissen, daß nach dem Tode unseres Papas wir in eben nicht glänzenden Verhältnissen lebten, daß wir Geschwister aufeinander angewiesen nur durch treues Zusammenhalten unser Fortkommen fanden, und nur durch dasselbe gelang es jedem einzelnen von uns, sich eine, wenn auch nicht glänzende, so doch ehrenhafte Existenz mit guter Aussicht auf die Zukunft zu schaffen.-

Ich selbst danke meine jetzige Stellung größtenteils der Opferwilligkeit meiner Geschwister ..."[5]

Daß es keine Familienfirma gab, war ein Grund, weshalb alle Söhne von Michael Slatin keine kaufmännischen Berufe ergriffen. Es war vielleicht der natürliche Wunsch der Eltern, ihren Kindern mehr Sicherheit innerhalb des Sozialgefüges zu geben, als sie selbst zu Beginn ihres Aufenthaltes in Wien besessen hatten. Hier dürfen wir auch mit Sicherheit annehmen, daß die Familie Kinsky die aus ihren böhmischen Besitzungen stammenden Slatins in Wien unter ihren Schutz genommen hat, denn ein Nachfahre der Kinskys erinnert sich gut an die näheren Umstände.[6]

Der älteste Sohn von Michael Slatin, Heinrich, wurde als Student im Wiener Stadtpalais der Familie Kinsky als Hauslehrer angestellt. Fürst Karl Kinsky, das Oberhaupt der Familie, ebnete ihm den Weg zu einer erfolgreichen beruflichen Karriere. Kaiserlicher Oberststallmeister war ein kinderloser Onkel der Kinskys, Prinz Rudolf Liechtenstein; ihn bewog Karl Kinsky, den fleißigen und wohlerzogenen Heinrich zur Ausbildung als Sekretär einzustellen. Heinrich ergriff die Gelegenheit mit beiden Händen.

Ein besonderer Zufall wollte es, daß ihm als noch jungen Beamten im Januar 1889 die peinliche und delikate Aufgabe zufiel, als Sekretär einer Hofkomission nach Mayerling zu gehen, um an der Untersuchung des Doppelselbstmordes des Kronprinzen Rudolf und seiner jungen Geliebten, der Baronesse Marie Vetsera, teilzunehmen. Heinrich, dessen Bericht über den tragischen Vorfall noch erhalten ist, erledigte seinen Auftrag in dem kaiserlichen Jagdhaus, das von einer sensationslüsternen Menge belagert wurde und tagelang in ganz Europa im Mittelpunkt des Interesses stand, zur Zufriedenheit seiner Vorgesetzten. Einflußreiche Leute haben damals in der allgemeinen Aufregung den Kopf verloren, und andere versuchten verzweifelt, ihren guten Ruf zu retten. Heinrich Slatin hielt mit unerschütterlicher Ruhe die Tatsachen fest, ließ aber nichts von dem, was er gesehen hatte, an die Öffentlichkeit dringen. Diese Mischung aus Ehrlichkeit und Diskretion war im kaiserlichen Wien selten, und deshalb wurde die Tragödie von Mayerling für ihn zum Sprungbrett auf dem Wege zu einer erfolgreichen beruflichen Laufbahn. Heinrich durfte nicht hoffen, etwa selbst Oberststallmeister zu werden. Dieser Posten wurde nur an Angehörige des Hochadels vergeben. Aber er stieg so hoch auf, wie das im damaligen Wien nur möglich war: Er wurde Kanzleidirektor, Hofrat und Sektionschef, und der Kaiser adelte ihn.

Der jüngste Bruder Slatin, Adolf, stieg in keine so hohe Stellung auf, und es scheint ihm dafür auch die Begabung gefehlt zu haben. Er wurde Jurist und arbeitete viele Jahre in der Verwaltung der großen Besitzungen der Kinskys, zunächst als Angestellter und schließlich als „Zentraldirektor", der das Vertrauen des Fürsten genoß. Er überlebte beide Brüder und starb 1942 während des Zweiten Weltkrieges.

Wie aber entwickelte sich das Leben Rudolfs? Zunächst verbrachte er offenbar eine seinem Stande entsprechende, normale Kindheit. Er besuchte die Oberrealschule am Schottenfeld und scheint nach den Schulzeugnissen aus dem Jahr 1867 ein durchschnittlicher Schüler gewesen zu sein. Sein Betragen war „lobenswert", sein Fleiß nur „ausreichend", aber die einzige gute Note in beiden Semestern erhielt er mit „ausgezeichnet" in der Arithmetik. In den anderen Fächern wurden seine Leistungen nur als „befriedigend" und „ausreichend" beurteilt. Für seine Handschrift erhielt er sogar die Note „ungenügend". Diesem Urteil wird sich jeder, der hundert Jahre später seine Tagebücher zu entziffern versucht, anschließen.

Rudolf blieb bis 1870 auf der Oberrealschule am Schottenfeld, aber auch die späteren Zeugnisse sind nicht viel besser. Von ihm erzählte einer seiner Schulkameraden, der Schriftsteller und Journalist Siegfried Loewy:

„Das hat sich weiß Gott keiner von uns träumen lassen, daß der, wenn auch sehr aufgeweckte, zu allen fröhlichen Streichen geneigte, liebe Kamerad Rudolf Slatin, mit dem wir ein paar Jahre lang auf der Schulbank gesessen haben, dereinst ein weltberühmter Mann sein, im dunkelsten Afrika im Bunde mit England eine große Rolle spielen würde. Besondere Vorliebe für Geographie und Geschichte hatte der liebe Kollege nicht, wenigstens haben weder unser Geographieprofessor noch wir davon etwas wahrgenommen . . ."[7]

Auf der Schulbank hat Rudolf also nicht von Abenteuern auf fernen Kontinenten geträumt, oder wenn er es getan hat, dann hat er seine Träume für sich behalten. Damals hat er daran gedacht, den Beruf eines Baumeisters zu ergreifen, aber im Herbst 1871 finden wir seinen Namen in den Büchern der Wiener Handels-Mittelschule. Daraus können wir entnehmen, daß wenigstens einer der drei Brüder Slatin ebenso wie der Vater und Großvater einen kaufmännischen Beruf ergreifen wollte. Er besuchte die Handels-Mittelschule zwei Jahre, ohne sich besonders auszuzeichnen, und die Akten der Schule zeigen, daß er 1873/74 zur Handelsakademie überwechselte.[8]

Dann jedoch geschah etwas Unerwartetes und Aufregendes. Sein Leben nahm eine ganz neue Wendung als er davon hörte, daß ein Buchhändler in Kairo einen jungen Gehilfen suchte, der Fremdsprachen beherrschte und eine kaufmännische Ausbildung genossen hatte. Rudolf Slatin ließ alles stehen und liegen, verschaffte sich das notwendige Reisegeld und fuhr nach Ägypten, um die Stelle anzutreten. Betrachtet man diesen Entschluß im Zusammenhang mit seinem bisherigen Lebensstil und den Zeitumständen, dann war es ein erstaunlicher Sprung ins Ungewisse. Rudolf Slatin war knapp 17 Jahre alt und noch nie im Ausland gewesen. Seine Familie hatte keinerlei internationale Verbindungen, und er trug keinen bekannten Namen, der ihm in einer fremden Hauptstadt ein Entrée verschafft hätte. Er besaß kein Vermögen, war ein ganz unakademischer Mensch, und die einzigen Bücher, die er widerwillig gelesen hatte, waren seine Schulbücher gewesen. Für Leute wie die Slatins, die, solange es dem Vater wirtschaftlich gut ging, irgendwo zwischen dem kleinen und dem gehobenen Mittelstand einzuordnen waren, war es damals nicht üblich, Reisen zu unternehmen, ja nicht einmal in die benachbarten Schweizer Alpen. Außer Diplomaten, Wissenschaftlern, Forschern und ähnlichen Männern reiste damals höchstens der Adel nach Kairo oder in ähnlich entlegene Gegenden. Was hat den jugendlichen Rudolf Slatin veranlaßt, diese Reise zu unternehmen?

Zum Teil läßt sich das vielleicht aus dem Umstand erklären, daß die Familie in Wien keinen sehr festen Stand hatte. Sein Vater war am 13. März 1873 gestorben, und wie wir aus dem Brief Rudolf Slatins gesehen haben, den er viele Jahre später an seine Schwägerin schrieb, hatte Michael Slatin seine Witwe in schwierigen finanziellen Verhältnissen zurückgelassen. Die Zwillingsschwestern waren damals 21 Jahre alt und verdienten wahrscheinlich schon selbst etwas. Heinrich war 19 und studierte, und es ist anzunehmen, daß die Kinskys hn um diese Zeit einstellten, um ihm bei der Finanzierung seiner Studien zu helfen. Aber Adolf war erst 12, und Leopoldine noch ein kleines Mädchen von 8 Jahren. Irgend jemand mußte die wirtschaftliche Lage der Familie wieder in Ordnung bringen, auch wenn man gezwungen war, dafür eine lange und kostspielige kaufmännische Ausbildung aufzugeben. Offenbar war Rudolf zu dem Schluß gekommen, daß dies seine Aufgabe sei.

Rudolf Slatin wollte so rasch als möglich Karriere machen. Das mühselige Pauken juristischer Lehrbücher, die Lehrlingsjahre am hohen Pult eines Schreibers im Geschäftskontor waren nichts für ihn. Er wollte dorthin, wo er darauf hoffen durfte, als Gleichberechtigter behandelt zu werden, außerhalb jener ihm unerträglichen gesellschaftlichen Rangordnung, die das Leben im kaiserlichen Wien bestimmte. Obwohl Michael Slatin seinen Söhnen den Weg in ein freies Berufsleben dadurch geebnet hatte, daß er sie im katholischen Glauben erzog, gehörten sie doch zu einer Familie ohne Rang und Namen und mußten sich jeden Zoll auf dem Wege hart erkämpfen, der in die Kreise hinaufführte, auf die es ankam. Für das rasche Vorwärtskommen, das Rudolf anstrebte, waren die sehr beengenden sozialen Verhältnisse der österreichisch-ungarischen Monarchie nicht das geeignete Sprungbrett. Deshalb verließ er die Heimat bei der ersten Gelegenheit.

Afrika wies gerade jene Voraussetzungen auf, die er suchte; es war das Land der Überraschungen. Schon wenige Wochen nach Slatins Ankunft in Kairo wollte es der Zufall, daß der bekannte deutsche Forschungsreisende Theodor von Heuglin den Buchladen betrat. Heuglin wollte eben zu einer Expedition an die Küste des Roten Meeres aufbrechen und erklärte sich bereit, den tatendurstigen jungen Mann aus Wien mitzunehmen. Als aus der Reise Heuglins nichts wurde, beschloß Slatin, dennoch das Wagnis zu unternehmen, und zwar in Begleitung des in Kairo ansässigen deutschen Geschäftsmannes und Konsularbeamten Rosset, der zumindest einen Teil der

Kosten dieser „Expedition" nach dem Süden und an die Küste übernommen zu haben scheint.

Länger als ein Jahr hindurch – vom Herbst 1874 bis Ende 1875 – gehörte Slatin zu jener Gruppe von Kaufleuten, Landvermessern, Ingenieuren, Wissenschaftlern und militärischen Abenteurern aus aller Herren Ländern, die das von den Ägyptern seit fünfzig Jahren mehr oder weniger okkupierte unruhige Wüstengebiet des Sudan durchstreiften. Was er hier getan und wie er dabei seinen Unterhalt verdient hat, läßt sich heute nicht mehr genau feststellen. Er selbst erzählt uns,[9] auf der ersten Reise sei er bis in die Nuba-Berge im Süden gekommen. Er wäre auch noch weiter in die Provinz Darfur vorgedrungen, die später eine wichtige Rolle in seinem Leben spielen sollte, hätte man ihm nicht aus Sicherheitsgründen die Reisegenehmigung verweigert. Das Gebiet war erst kürzlich von Ägypten militärisch besetzt worden. Wir wissen nur, daß er sich einige Zeit in der österreichischen katholischen Missionsstation in Delen aufhielt und von dort aus das Kadero-Gebirge erforschte. Als sich jedoch die dortigen Araberstämme gegen ihre neuen ägyptischen Herren erhoben, wurde der Aufenthalt für zivile Reisende zu gefährlich, und so gab Slatin sein Unternehmen auf.

Nach Khartum zurückgekehrt ging er sofort auf die Suche nach neuen Abenteuern. In der sudanesischen Hauptstadt freundete er sich mit dem deutschen Arzt und Forscher Eduard Schnitzer an, der in den Dienst des Khedive, und zwar in der Verwaltung des Sudans eingetreten war. Schnitzer stieg als „Emin Pascha" zu hohen Ämtern auf. Damals stand Emin Pascha kurz vor der Abreise zu einem Besuch bei dem Engländer, General Gordon, der ebenfalls zu der internationalen Gruppe von Regierungsbeamten des Khedive gehörte, und damals Gouverneur der am weitesten südlich gelegenen Äquatorialprovinz des Sudan mit dem Sitz in Lado war. Slatin bat sogleich, Emin begleiten zu dürfen; als aber zwei Monate später seine Einreisegenehmigung aus Lado eintraf, hatte er inzwischen einen Brief seiner Angehörigen aus Wien erhalten, der ihn nach Hause rief: Er mußte seine Wehrpflicht in der österreichisch-ungarischen Armee ableisten.

Das war eine Aufforderung, der sich kein junger Österreicher zu entziehen gewagt hätte. Rudolf Slatins sudanesisches Abenteuer war damit zunächst beendet, und er packte seine Koffer. Aber bevor er Khartum verließ, bat er seinen neuen Freund Schnitzer-Emin, bei dem berühmten General Gordon ein gutes Wort für ihn einzulegen. Charles Gordon hatte sich schon im Boxeraufstand in China ausgezeichnet. Vielleicht würde sich eines Tages in dem improvisierten Staatsgebäude im Sudan auch für Slatin Raum finden. Der achtzehnjährige junge Mann, der, den Kopf voll mit den Erlebnissen am Nil und in der Wüste, nun recht widerwillig auf die Heimreise ging, hätte sich nicht träumen lassen, was seine Bitte ihm bald bescheren sollte.

Zunächst aber nahm ihn der Dienst für seinen Kaiser während der nächsten zwei Jahre voll in Anspruch. Am 25. September 1876 trat Slatin als Rekrut in das 12. Feldjägerbataillon ein. Aus dem romantischen Afrikareisenden wurde ein kleines und unbedeutendes Rädchen in der großen militärischen Maschinerie eines aus 17 Nationen bestehenden Reiches. War dieses Rädchen zwar vielleicht unbedeutend, so doch nicht unbrauchbar. Seine Personalpapiere finden sich noch heute im Archiv des k. u. k. Kriegsministeriums in Wien. Wir entnehmen, daß er seine Truppenausbildung mit „sehr gutem Erfolg" beendete und am 29. Dezember 1877 zum Leutnant der Reserve im 19. Infanterieregiment befördert wurde. Inhaber dieses Regiments war der österreichische Kronprinz, Erzherzog Rudolf. Die Angaben zur Person auf der Beförderungsurkunde stammten sicher von Slatin selbst. Er bezeichnet sich als ledig, wirtschaftlich unabhängig, von Beruf „Erforscher der Wildnis." Das sind recht stolze Angaben eines mittellosen jungen Mannes, dessen erste und einzige Reise außerhalb der Grenzen der Monarchie ein Abenteuer gewesen war, das in einem Buchladen in Kairo begonnen und zwölf Monate gedauert hatte.

Angesichts dessen, was später geschah, lohnt es sich, einen Blick auf die militärische Beurteilung des eben beförderten Leutnants zu werfen und zu sehen, was er als Soldat gelernt hat. In der 1877 verfaßten Beurteilung heißt es:

> „Kommandiert einen Zug und die Kompanie gut. Führt einen Zug im Gefechte mit Umsicht. Im Feld- und Patrouillendienst sehr verwendbar und entspricht den an ihn gestellten Anforderungen in jeder Beziehung."

Das bezieht sich aber nur auf Felddienstübungen. Zwar hat Slatin einen Teil seiner Dienstzeit als Offizier bei den Truppen verbracht, die den Okkupationsfeldzug in Bosnien und der Hercegovina führten. Diese beiden bis dahin türkischen Provinzen sowie den Sandschak Novipazar, hatte Österreich-Ungarn 1878 besetzt, nachdem die Berliner Konferenz die Balkanfrage (nach dem russisch-türkischen Krieg) geregelt hatte. Auf der Beurteilung ist jedoch vermerkt, er habe „vor dem Feinde nicht gedient". Als Slatin daher zum Dienst auf einem fernen Kriegsschauplatz aufgerufen wurde, hatte er niemals vorher einen scharfen Schuß auf einen Gegner abgefeuert.

Diese Einladung, von der Slatin zwar geträumt, aber an deren Eintreffen er kaum zu glauben gewagt hatte, erreichte ihn im Juli 1878, als er mit seinem Regiment an der bosnischen Grenze lag. Sie muß in dem kleinen Offizierskasino einige Aufregung ausgelöst haben, denn sie kam von dem damaligen Generalgouverneur des ägyptischen Sudan, General Gordon, der Slatin einen Posten in seinem Stabe anbot. Emin Pascha hatte sein Versprechen gehalten und für seinen jungen österreichischen Freund mehr als ein gutes Wort eingelegt. Das genügte Gordon aber auch vollauf, denn auf der Suche nach Europäern, die ihm als Helfer bei der Verwaltung des Sudan so unentbehrlich waren, hatte er für eingehendere Recherchen keine Zeit. Es hatte keinen Sinn, Prüfungen abzuhalten oder die Bewerber sich vorher in Khartum vorstellen zu lassen. Diese Männer mußten dem Gefühl nach oder auf Empfehlungen hin ausgewählt werden. Man mußte sie auf Treu und Glauben anstellen.

Slatin scheint nicht gezögert zu haben, das Angebot anzunehmen, wenn das auch zunächst eine gewaltige Umstellung für ihn bedeutete. Die Tatsache, daß er in Wien keine Wurzeln geschlagen hatte und die Berufsaussichten für ihn ungünstig waren, hatte schon vor zwei Jahren seinen Entschluß gefördert, die Heimatstadt zu verlassen. Daß er nun zu den Tausenden von jungen Reserveoffizieren des Kaisers gehörte, änderte nichts daran. Eine glänzende Karriere als aktiver Offizier war in Friedenszeiten ausgeschlossen. Es war die alte Geschichte: Slatins Herkunft verschloß ihm den Zugang zu den „vornehmen" Regimentern und ließ seine Chance, Stabsoffizier oder gar General zu werden, nahezu gleich Null erscheinen. (Außerdem heißt es in seiner Beurteilung, daß er für eine weitere Beförderung nicht geeignet sei. Aber das hatte wahrscheinlich nur rein technische Gründe.)

Doch obwohl die österreichisch-ungarische Armee für Rudolf Slatin keine besondere Verwendung hatte, wollte sie ihn auch nicht sofort freigeben. Um entlassen zu werden, mußte er eine gewaltige bürokratische Prozedur über sich ergehen lassen. Erst als im Dezember sein Regiment nach Preßburg zurückgekehrt war, durfte er die Uniform ausziehen. Es blieben ihm noch acht Tage in Wien, um in aller Eile mit dem alten Leben abzuschließen und sich in das neue zu stürzen. Bewegt nahm er von seiner Mutter Abschied, die vorausahnte, daß sie ihren unternehmungslustigen Sohn nicht wiedersehen würde. Am 1. Dezember 1878 bestieg er den Zug nach Triest und fuhr von dort mit dem Schiff nach Kairo. Er war jetzt ein unbekannter junger Mann von 22 Jahren. Er sollte Triest und seine Heimat erst im reifen Alter von 40 Jahren und als berühmter Mann wiedersehen.

2. KAPITEL

Die Wüste der Dornen

Für Europäer war in jenen Tagen das Land, das Rudolf Slatin nun betrat, um berühmt zu werden, etwas wie ein Vakuum im Herzen Afrikas – unbekannt, unberührt und unheimlich. Seine Unfruchtbarkeit gepaart mit der riesigen Ausdehnung schreckten, mit Ausnahme einer Handvoll von europäischen Abenteurern, Fremde ab. In diesen vielen Millionen Quadratkilometern von steinigen Wüsten, Sanddünen, Steppen und Sümpfen gab es nicht eine einzige Stadt, die diesen Namen verdient hätte, keinen Kilometer Eisenbahnstrecke und keine gebaute Straße. Einer der wenigen Europäer, die dieses Gebiet damals durchquert hatten, Ewart S. Grogan, schildert es mit Worten, die seinen Abscheu erkennen lassen:

„Im Laufe eines sehr ereignisreichen Lebens habe ich viele ungesunde Landstriche kennengelernt, aber die gottverlassenste, ausgedörrteste und schmutzigste Wildnis ist das Gebiet am Oberen Nil. Dies ist das einsamste Wüstengebiet, eine infernalische Region, eine Einöde, die nur Unkraut, Moskitos, Fliegen und Fieber hervorbringt, eine jammervolle, wasserlose Wüste der Dornengestrüppe und Steine, die mit Sümpfen abwechselt. Ich habe sie durchquert und fürchte mich jetzt nicht mehr vor dem Jenseits."

Aber selbst wenn der umherirrende Reisende den Sudan für ein Paradies und nicht für die Hölle gehalten hätte, so war es doch schwierig hinzugelangen. Im Osten wird das Land zwar vom Roten Meer begrenzt, und hier liegen die alten türkischen Häfen Suakin und Massaua, aber die Berge am Roten Meer und die wilden Bedscha-Stämme (Kiplings „Fuzzie-Wuzzies"), die dort wohnten, versperrten den Zutritt in das Innere des Sudan von dieser seiner einzigen Küste her. Von allen anderen Seiten her führt der Zugang durch ebenso wildes und wüstes Land wie es der Sudan selbst ist. Im Norden und Westen breitet sich die große Sahara-Wüste aus und trennt den Sudan vom Mittelmeer und vom Atlantik. Die südwestlichen Randgebiete des Sudan –

von Grenzen kann man hier nicht sprechen – gehen allmählich in die Urwälder des Kongo über. Im Südosten liegen die hohen Berge Abessiniens. So war das Land eine von Wildnissen umschlossene Wildnis. Seit Jahrhunderten hatte die Welt es links liegen gelassen, froh es seinen eigenen inneren Kämpfen zu überlassen. Aber so abgelegen dieses Gebiet auch sein mochte, nun führten auf einmal alle Wege dorthin. Der Sudan war der zentral gelegene Schnittpunkt aller Straßen auf der neu entstehenden politischen Karte von Afrika, und die großen europäischen Mächte hatten den Marsch aus den verschiedensten Richtungen auf dieses Wegkreuz angetreten. Sie kamen von allen Punkten des Kompasses und von jeder Küste Afrikas.

Der sogenannte „Wettlauf um Afrika" war noch nicht in vollem Gange, als Slatin in den Sudan kam. Aber die Kolonialmächte hatten an den Küsten schon die Ausgangsbasen für ihre Ansprüche auf den Kontinent bezogen und es gab nur eine Richtung in der diese Enklaven erweitert werden konnten, nämlich nach dem Innern zu. Im Norden standen Ägypten und seine rivalisierenden Gläubiger und Protektoren, Frankreich und England. Als drei Jahre nach Slatins Eintreffen am Nil britische Truppen Kairo besetzten, um eine Revolte gegen den Khedive niederzuschlagen, übernahm England zögernd eine Rolle, die mehr bedeutete als die einer Schutzmacht. Vom Nordwesten und Westen her drängte Frankreich aus dem Halbkreis seiner Brückenköpfe von Tunesien am Mittelmeer bis zu Guinea am Atlantik in die Sahara vor. Auch England hatte sich am Golf von Guinea festgesetzt, ebenso das Deutschland Bismarcks in Kamerun. Vom Südwesten stießen Belgien und Portugal durch den Kongo und durch Angola gegen das Innere vor. Weit im Südosten von Sansibar her und an der Küste des Indischen Ozeans drängte Portugal nach Westen, um Land zu gewinnen, mit Deutschland und England als Konkurrenten. Schließlich war Italien, noch näher im Osten, in Abessinien und an der Ostspitze Afrikas im Wettlauf um die Beute den Franzosen zuvorgekommen, während Großbritannien dort als verhältnismäßig passiver Dritter im Rennen blieb. Nun bestand die Möglichkeit, daß einige dieser zahlreichen rivalisierenden Vorstöße kurz vor dem Sudan haltmachten, andere mochten ihn umgehen. Die meisten aber mußten in der „Wüste der Dorne und Steine" die Grogan beschreibt, aufeinandertreffen. Der Sudan konnte nicht länger von der Außenwelt unbeachtet bleiben. Ohne es zu wissen, hatte Slatin für seine Ankunft den richtigen Zeitpunkt gewählt.

Freilich hatte keine der europäischen Mächte klare Vorstellungen davon, was die Erwerbung dieses Gebietes im Herzen der afrikanischen Arena mit sich bringen würde. Die Stämme dort waren ebenso vielfältig wie die Grenzen unbestimmt. Schätzungsweise beherbergte der damalige Sudan (und auch noch der heutige) an die 600 verschiedene Stämme, deren Hautfarbe vom lichten Braun bis zum tiefsten Schwarz variierte, und die sich mehr als hundert verschiedener Sprachen und Dialekte bedienten. Einige von ihnen waren seßhafte Ackerbauern, andere nomadisierende Viehzüchter. Es gab kriegerische Stämme, wie die mächtigen Baggara-Araber in Kordofan, die von ihrer Kriegsbeute und vor allem von der Sklavenjagd lebten. Andere, wie die Bongo im Süden, waren friedliebend; ihre traditionelle Rolle war es augenscheinlich, verfolgt zu werden und die Masse der Sklaven zu stellen. Einige Stämme hatten eine weit zurückreichende Geschichte, sie erhoben Ansprüche auf Sultanate und Königreiche, deren Anfänge sich bis in das Mittelalter und manchmal bis an die Grenze der Spätantike verfolgen lassen. Wieder andere hatten keine Spuren zurückgelassen als ihre Gebeine im Sand. Es gab keine gemeinsame Vergangenheit, keine gemeinsame Identität und keine gemeinsame Kultur. Der Sudan war nicht einmal eine Nation, geschweige denn ein Staat.

Dieses ungewöhnliche Völkergemisch zählte damals zwei bis drei Millionen Menschen. Nur zwei Tatsachen verliehen ihm eine gewisse Bedeutung. Die erste war, daß all diese Stämme zusammen das Bindeglied zwischen dem mohammedanisch-arabischen Norden des Kontinents und seinem negroiden, heidnischen Inneren bildeten. Dieser Umstand bestimmte damals wie heute die Funktion des Sudan in der Geschichte Afrikas.

Die zweite Tatsache, die selbst dem primitiven Sudan eine gewisse Identität verlieh, war natürlich das Vorhandensein des Nil. Je weiter man zurückgeht, je mehr man sich von modernen Bewässerungsanlagen und Bebauungs-Methoden, vom Flugverkehr, von den Eisenbahnen und Straßen entfernt, desto größer wird die Bedeutung des Nil. Zu Slatins Zeiten war der Sudan nichts anderes als der Nil (natürlich galt das auch für Ägypten). Sowohl der Weiße Nil als auch der Blaue Nil entspringen südlich des Sudan. Aber auf den Tausenden von Kilometern, welche sich diese Flüsse und Zuflüsse durch die sudanesische Ebene schlängeln, geben sie dem Land das Wasser und die Nahrung, kurz gesagt das Leben. Über drei Viertel seiner Gesamtlänge fließt der Hauptstrom durch den Sudan, und der alte Name des Landes „Nalsa" galt nur für die Flußregion, als sei eine Existenz abseits dieses großen Wasserlaufs undenkbar.

Wer heute von Kairo über die Wüstengebiete nach Khartum fliegt, wird sehen, was die Alten meinten, und zwar besser als sie selbst es hätten sehen können. Das Flußtal mit seinen schlammigen Nebenarmen und Inseln bildet ein gewundenes grünes Band, das Landwirtschaft und ländliche Siedlungen anzeigt. Abseits der Ufer des Stroms, wo das Grün allmählich in Braun übergeht, scheint auch das Leben auszutrocknen. Die Lichter der Städte und Dörfer spiegeln sich im Strom. Links und rechts davon herrscht tintenschwarze Dunkelheit.

Vor hundert Jahren bedeutete der Nil für den Sudan noch mehr als heute, er war der einzige Verkehrsweg des Landes. Es gab natürlich die alten, quer durch die Wüste führenden Karawanenstraßen. Die wichtigsten waren die von Suakin am Roten Meer zum Sultanat Darfur führende Ost-Westachse und die Nord-Südroute von Sennar nach Ägypten. Aber für den Transport sperriger Güter war der Nil unersetzlich, und nur Sklaventransporte wurden über weite Strecken zu Fuß geführt. Die Schiffahrt wurde besonders durch die sechs großen, flußabwärts von Khartum liegenden Katarakte erschwert. Ein noch größeres Hindernis gab es im Süden. Das war das sogenannte „Sudd", ein dichter schwimmender Teppich aus Gras und Papyrus, der den Oberlauf des Nil auf etwa 480 Kilometer bedeckte und den Strom in ein Binnen-Sargassomeer verwandelte. Erst als der Weiße Mann seine kraftvollen Dampfschiffe den Nil heraufbrachte, wurde man des „Sudd" Herr. Vorher mußte man sich mit ihm ebenso abfinden wie mit vielem anderen im Sudan – als Teil des Preises, um hier überhaupt existieren zu können.

So also sah das Land aus, an das der junge Wiener, Rudolf Slatin, sein Schicksal knüpfte, als er am 15. Januar 1879 in Khartum eintraf, um seinen Dienst anzutreten. Seine Stellung dort war ebenso eigenartig wie seine Umgebung. Theoretisch stand er in den Diensten des Khedive von Ägypten, der den Sudan beherrschte (oder wenn man will, in den Diensten des Sultans der Türkei, der über Ägypten noch eine Schattenherrschaft ausübte). In der Praxis war er ein internationaler Beamter unter dem Kommando des Engländers General Gordon, der im Sudan als Beauftragter des Khedive wirkte. Rechtlich war er jedoch österreichischer Untertan und Leutnant der Reserve in der Armee Seiner Apostolischen Majestät, des Kaisers und Königs Franz Joseph I. Das alles klingt zwar etwas verrückt, aber im Sudan der 1870er Jahre nahm man das durchaus als selbstverständlich hin.

Gordon dachte gar nicht daran, etwa zu versuchen, diesen Zustand zu ändern, als er 1877 vom Khedive offiziell zum Generalgouverneur des Sudan ernannt wurde. Der ihm von Kairo besonders erteilte Auftrag bestand darin, den Sklavenhandel im Lande zu unterbinden. In Wirklichkeit war seine Aufgabe viel umfassender. Er sollte in dieses weite und anscheinend nicht zu regierende Territorium eine gewisse Ordnung bringen, denn der Khedive hatte längst den Versuch aufgegeben, einen Ägypter oder Türken zu finden, der fähig oder ehrlich genug gewesen wäre, diese Aufgabe zu erfüllen.

Selbst für einen Mann mit dem religiösen Eifer und der Energie Gordons war dies ein schwierig genug zu bewältigendes Unternehmen. Um in den vielen Millionen Quadratkilometern, die nun seiner Kontrolle unterstanden, Ruhe und Ordnung aufrecht zu erhalten, hatte er nur etwa 30 000 Mann der regulären ägyptischen Armee zur Verfügung, die von an Ort und Stelle ausgehobenen schwarzen Infanteriebataillonen und den berüchtigten „Baschibozuks" unterstützt wurden, einer undisziplinierten Truppe berittener sudanesischer Gendarmen. Waren die Streitkräfte schon nicht ausreichend, so war ein Verwaltungsapparat so gut wie gar nicht vorhanden. Theoretisch gab es eine Verwaltungsstruktur mit Gordon in seinem Palast in Khartum an der Spitze, dem die Gouverneure der verschiedenen Provinzen und Regionen unterstanden bis hinunter zu den Häuptlingen in den Dörfern. Aber diese Ordnung bestand nur auf dem Papier. In Wirklichkeit gab es eine Verwaltung nur dem Namen nach. Steuern wurden willkürlich festgesetzt und brutal eingezogen, gewöhnlich durch die „Baschibozuks", die jede Auseinandersetzung mit ihrem „Kurbasch", der Nilpferdpeitsche entschieden. Recht und Gesetz wurden so den Untertanen auf die nackte Haut geschrieben.

Das einzige, was Gordon mit dieser plumpen und verrotteten Maschinerie tun konnte, war, die Schlüsselpositionen mit Angehörigen seiner „Fremdenlegion" europäischer Beamter zu besetzen, in der Hoffnung, daß ihr persönlicher Ehrgeiz gekoppelt mit ihrer relativen Unbestechlichkeit für jene Initiative sorgen würde, zu der weder die Ägypter noch die Sudanesen selbst imstande waren. Seine aus Abenteurern bunt zusammengewürfelte Schar wurde nun über alle strategischen Positionen des Sudan verteilt. Der Deutsch-Schweizer Werner Munzinger wurde Gouverneur von Massaua am Roten Meer; in Bahr al-Ghazal im äußersten Süden übernahm der Italiener Romolo Gessi dieses Amt, dem darin der vom Unglück verfolgte Engländer Frank Lupton folgte. Der Italiener Messedaglia wurde Gouverneur der im äußersten Westen gelegenen Provinz Darfur. Einer seiner direkten Untergebenen war ein gewisser Emiliani dei Danziger, ein aus Österreich stammender Venezianer. Als Stellvertreter Gordons saß in Khartum selbst Giegler Pascha, ein deutscher Telegrapheningenieur. Ende der siebziger Jahre waren die neuen Herren des Sudan ebenso vielsprachig wie die Eingeborenenstämme selbst und beinahe ebenso streitsüchtig.

Die Bezahlung dieser Europäer war gering. Ihre Zukunft war unsicher, und die Gegenwart ungesund und gefährlich. Die meisten von ihnen fielen irgendwann im Gefecht oder starben an einer jener Krankheiten, die der Sudan so überreichlich anzubieten hatte, vom gelben Fieber über Dysenterie, Malaria, Lepra bis zur Cholera. Das war die verwegene Gemeinschaft, der sich Slatin angeschlossen hatte. Da er aus dem kaiserlichen Wien stammte, das 17 verschiedene Völker beherrschte, begegnete ihm hier in der kosmopolitischen Atmosphäre von Khartum unter Gordon manches, was ihm vertraut, ja sogar tröstlich erschien.

Bei seiner Ankunft fand Slatin schon ein Haus und die notwendige Dienerschaft vor, und er hat sich dort offenbar sofort so wohl gefühlt wie ein Fisch im Wasser. Gordon hatte eine Schwäche für die Österreicher, die aus der Zeit stammte, als er mit ihnen in der Donaukommission zusammenarbeitete. Er nahm seinen neuen jungen Rekruten mit großer Herzlichkeit auf und ließ ihn täglich zu sich kommen, um sich von ihm ein Bild zu machen und ihn ins Bild zu setzen.

Die ersten Aufträge des Generalgouverneurs entsprachen jedoch nicht Slatins Geschmack. Anfang Februar, knapp drei Wochen nach seiner Ankunft, ernannte Gordon ihn zum Finanzinspekteur und schickte ihn auf eine Rundreise mit dem Auftrag, einen Bericht über die Mängel des Steuersystems zusammenzustellen. Bedenkt man, daß dieses System praktisch nur aus Mängeln bestand, von denen die meisten tief eingewurzelt waren, so war das eine undankbare Aufgabe. Slatin ging auf die Reise und schrieb den Bericht. Er enthielt kaum etwas, was Gordon nicht schon wußte. Die Reichen konnten sich der Besteuerung dadurch völlig entziehen, daß sie einige Hände mit Bestechungsgeldern schmierten. Die meisten örtlichen Regierungsbeamten verlangten aufgrund der „besonderen Dienste", die sie dem Staat leisteten, ohnehin die Befreiung von allen Steuern. Die Last lag deshalb mit grausamer Härte und ungerechterweise auf den Schultern des kleinen Mannes, der zu arm war, die „Baschibozuks", die das Geld einzutreiben kamen, zu bestechen und der zu schwach war, sich ihrer zu erwehren.

Slatin tat auf seiner Reise was er konnte, um die Gerechtigkeit wieder herzustellen. Er ließ sogar einige straffällige sudanesische Beamte festnehmen und zwang sie, ihre Steuerrückstände zu bezahlen. Aber das ganze Problem war so komplex, daß er sich geschlagen geben mußte. So fand er zum Beispiel in Mesallamia, einem wichtigen Handelszentrum zwischen dem Weißen und dem Blauen Nil, eine riesige Ansammlung von jungen Sklavinnen, die das Eigentum der angesehensten Kaufleute der Stadt waren. Diese Ehrenmänner verkauften oder vermieteten diese Frauen entweder als Konkubinen oder ließen sie in Bordellen arbeiten. Natürlich war dieses Geschäft sehr einträglich. Doch wie in aller Welt sollte es besteuert werden, und wäre es nicht falsch, es durch eine Besteuerung zu legalisieren?

Slatin erklärte derart überfordert durch diese Probleme zu sein und überdies so sehr der Erfahrung in finanziellen Dingen zu ermangeln, daß er mit gleicher Post wie seinen Bericht auch ein Demissionsgesuch übersandte. Zweifellos stand hinter diesem Schritt Enttäuschung und Verzeiflung. Für jemand wie Slatin, der erst so kurze Zeit in Gordons Diensten stand, war eine solche Aktion gewiß etwas drastisch. Vielleicht aber spielte auch kluge Berechnung eine Rolle dabei. Slatin fühlte sich wohl besser befähigt ein direktes Kommando zu übernehmen, als für eine administrative Aufgabe; er wußte, daß es eine ganze Reihe offener Kommandostellen gab und nur sehr wenige Europäer zur Verfügung standen, um sie zu besetzen.

Er hatte recht. Gordon bereiste zu dieser Zeit die Provinz Darfur, in der es zu blutigen Unruhen gekommen war. Bald nach Erhalt von Slatins Schreiben schickte er ihm ein Telegramm, in dem er ihn zum „Mudir" oder

Bezirksgouverneur von Dara, der Südwestregion von Darfur, ernannte. Slatin sollte so rasch wie möglich dorthin abreisen und sich bereithalten, ein militärisches Unternehmen zu führen und zwar gegen Harun, den Sohn eines ehemaligen Sultans von Fur, der versuchte, sein Land von den erst kürzlich eingedrungenen ägyptischen Eroberern mit Waffengewalt zurückzugewinnen.

Der größte Teil der Provinz und fast alle größeren Städte waren von ägyptischen Truppen besetzt, deren wenig zuverlässiger Bundesgenosse die Privatarmee eines gefürchteten Sklavenhändlers namens al-Zubayr war. Dieser hatte die Armee von Fur geschlagen und den alten Sultan vor sieben Jahren getötet. Aber Harun und seine Stammeskrieger hatten sich im Süden in den Marrabergen verschanzt, in eben jenem Gebiet, das nun Slatins Befehl anvertraut war. Diese neue Aufgabe war ganz nach Slatins Geschmack. Hier erwarteten ihn militärische Unternehmen, Abenteuer und Gefahr, und er trug selbst die Verantwortung. Das waren die Dinge, um derentwillen er das gemütliche Wien verlassen hatte und die er in diesem abgelegenen Teil Afrikas suchte. Der Aufstieg Rudolf Slatins hatte begonnen.

Zu Anfang seiner 800 Kilometer weiten Reise wurde Slatin zu einer Begegnung mit Gordon befohlen, der jetzt nach Khartum zurückkehrte und seinen eben ernannten „Mudir“ über die schwierige Lage in Darfur unterrichten wollte. Das Treffen fand statt auf dem Dampfer Gordons, der im Weißen Nil vor Anker lag. Die beiden Männer saßen durch Stunden allein im Heck und besprachen die Situation. Slatin beherrschte damals englisch nur sehr unvollkommen, und so sprachen sie in der Hauptsache französisch. In dieser Sprache verabschiedete sich der Generalgouverneur dann auch von seinem jungen Beamten, als er ihn zu seinem Boot geleitete:

„Leben Sie wohl, lieber Slatin, Gott beschütze Sie! Ich bin überzeugt, daß Sie in allen Fällen Ihr Möglichstes tun werden. Ich gehe vielleicht bald nach England und hoffe, Sie dann dort wieder zu sehen!“

Vielleicht war es nur Höflichkeit, vielleicht aber auch eine Vorahnung, die Slatin veranlaßte, noch eine Stunde am Flußufer stehen zu bleiben und darauf zu warten, daß der Dampfer die Anker lichtete und den Strom nach Khartum hinunterglitt. Den beiden Männern war kein freundschaftliches Wiedersehen in England beschieden, sondern nur eine blutige und endgültige Trennung im Sudan. Es waren die letzten Worte, die Slatin von Gordon hörte, und es war auch das letztemal, daß er ihn lebendig sehen sollte.

Am folgenden Morgen begann Slatin seine lange Reise nach Westen. Er ritt ein Pony, das Gordon ihm geschenkt hatte, und das ihn während der nächsten vier Jahre fast täglich durch alle erdenklichen Gefahren tragen sollte. In El Obeid, der Hauptstadt der Provinz Kordofan, nahezu auf halbem Wege seiner Reise durch die Wüste, traf er den Sanitätsinspekteur des Sudan,

Dr. Zurbuchen (wie er Europäer), dessen Reiseziel ebenfalls Darfur war. Sie beschafften sich Lastkamele und brachen Anfang Juli 1879 gemeinsam auf.

Der Ritt dauerte noch nicht allzu lange, als Slatin erkannte, was es bedeutete, in diesem Lande über Macht zu verfügen. Obwohl er sich noch gar nicht in seinem Bezirk Dara befand, wurde er bei jedem Halt von zahlreichen Bittstellern belagert, die das Gerücht gehört hatten, er sei der „Neffe Gordons." (Ein Gerücht, vielleicht entstanden durch seine blauen Augen und weil er glatt rasiert war.) Er konnte der Versuchung nicht widerstehen, sich eines dieser Bittsteller anzunehmen, obwohl ihn, genau genommen, die Angelegenheit nichts anging. Ein neunzehnjähriger junger Mann, erst vor kurzem in diese Gegend gekommen, wurde heftig von einer reichen alten Frau umworben, die von einer offenbar unbezähmbaren Leidenschaft zu ihm ergriffen worden war. Obwohl mit einer viel hübscheren, aber viel ärmeren Kusine in Khartum verlobt, hatte der junge Mann nachgegeben und seine reiche Anbeterin geheiratet. Nun aber forderte die Enttäuschte ihre Rechte.

Slatin sprach mit dem jungen Mann, redete ihm zu, sich scheiden zu lassen, und zog sich dann in seine kleine Ziegelhütte zurück, um während der heißen Nachmittagstunden auszuruhen. Aber sein Frieden wurde sehr bald durch das erboste alte Weib gestört, das alle Regeln der arabischen Etikette mißachtend zu ihm hineinstürmte. Slatin sah sich einer abschreckend häßlichen alten Vettel mit runzeligem, gelbem Gesicht gegenüber, deren Wangen durch das Stammeszeichen, drei tiefe Narben, entstellt waren. Das graue Haar war kokett in Dutzende fettiger Löckchen aufgedreht; die alte Frau kreischte wie ein aufgeregter Papagei.

Als Slatin ihr Vorwürfe machte einen so jungen Burschen, der ihr Enkel sein könnte, geheiratet zu haben, verlor sie jede Selbstbeherrschung, riß sich den Schleier ab und hob die Hände, als wolle sie den künftigen Gouverneur von Dara erwürgen. Zu seinem Glück stürzte Slatins Diener, der an der Türe gehorcht hatte, herein und zerrte das kreischende Weib hinaus. Ihr Verhalten zerstreute offenbar die letzten Zweifel, die der junge Ehemann noch gehabt hatte, denn er reiste schon am nächsten Tage in aller Eile zu seiner jungen Geliebten. (Die Geschichte kam zu einem guten Ende: Nach Jahren traf Slatin in Khartum den jungen Mann wieder. Er war glücklich mit seiner ersten Verlobten verheiratet, hatte schon Kinder mit ihr und war Slatin aus tiefstem Herzen dankbar.)

Ein anderer Zwischenfall, der sich wenige Tage später ereignete, war unangenehmer. Slatin und seine Begleitung hatten Halt gemacht, um bei Scheich Hassan die Nacht zu verbringen. Gordon hatte Hassan den Titel eines ägyptischen Bey gegeben, um dessen große Loyalität gegenüber der Regierung zu belohnen. Hassan war ein dicker, stets lächelnder Mann mit einem unbändigen Appetit. Bei seinem Anblick hatte sich Slatin die Vorstellung eines „Falstaff des Sudan" aufgedrängt. Diesem Titel entsprechend war auch das Abendessen, das er seinen Gästen vorsetzte: Ein ganzer über Holzkohlenfeuer gebratener Hammel, Unmengen gebratener Hühner und „asida", eine Art sudanesischer Polenta. Um die Mahlzeit hinunterzuspülen gab es Rotwein und in Krügen „marissa", sudanesisches Bier.

Als Slatin und Dr. Zurbuchen bei Sonnenaufgang aufstanden, um sich zu verabschieden, stellten sie fest, daß ein Mann aus der Gepäckkarawane, die Slatin vorausgeschickt hatte, einen der schönen Teppiche des Gastgebers hatte mitgehen lassen. Slatin schickte seine Ordonnanz hinter der Karawane her mit dem Befehl, die Angelegenheit zu untersuchen, während er mit seinen erzürnten Freunden auf das Ergebnis wartete. Nach wenigen Stunden kam die Ordonnanz zurück, den Teppich auf dem Kamel und den Schuldigen an einem Strick hinten nach. Es war einer der acht schwarzen Soldaten der militärischen Eskorte. Slatin ließ den Mann an Ort und Stelle auspeitschen und schickte ihn als Gefangenen zur nächstgelegenen Garnison zurück. Dies war die erste Strafe, die er hatte verhängen müssen. Er tat es, um ein Exempel zu statuieren und nicht die Vorstellung aufkommen zu lassen, „wie der Diener, so der Herr".

Nach einem kurzen Aufenthalt in der Hauptstadt von Darfur, El Fascher, wo sein direkter Vorgesetzter, der Gouverneur der Provinz, Messedaglia, ihn herzlich begrüßte, setzte Slatin seine Reise, diesmal in südlicher Richtung, fort, um in seinen eigenen Bezirk Dara zu gelangen. Dr. Zurbuchen war viel älter als Slatin und sah mit seinem langen schwarzen Bart und seiner Brille aus, als könnte er sein Vater sein. Man hatte ihn schon öfter für den künftigen Gouverneur von Dara gehalten. Nun beschloß Slatin, aus dieser Verwechslung Nutzen zu ziehen. Er ritt voraus und kam in dem letzten Dorf vor Dara lange vor Dr. Zurbuchen an. Die Dorfbewohner waren mit den Vorbereitungen für den Empfang des Gouverneurs und seines Gefolges beschäftigt, fegten die Häuser aus und legten Strohmatten und Teppiche auf die Straße, um die Begrüßungszeremonie durch den örtlichen Scheich würdig zu gestalten.

Slatin stieg von seinem Kamel und stellte sich als „Begleiter des Gouverneurs" vor. Dann befragte er die Dorfbewohner über die Lage in Dara und die Zuverlässigkeit der Beamten dort. Als der bärtige Doktor mit dem Rest der Karawane eintraf, hatte Slatin einige recht freimütige und aufschlußreiche Antworten erhalten. Was nun folgte, war für den Sanitätsinspekteur einigermaßen peinlich, denn der Scheich und andere Würdenträger, die sich im Halbkreis versammelt hatten, überschütteten ihn in ihren Begrüßungsansprachen mit Lobreden, priesen seine Vorzüge und schilderten die Freude der Bewohner darüber, daß sie ihn jetzt hier bewillkommnen dürften. Als der arme Doktor, der kaum ein Wort Arabisch verstand, endlich begriffen hatte, was geschah, löste sich Slatin aus der Menge und gab sich zu erkennen. Nach wortreichen Entschuldigungen brachen alle Anwesenden in lautes Gelächter aus. Slatin hatte dabei mehr gewonnen als nur Amüsement und Informationen. Er hatte sich den Ruf eines listenreichen Mannes erworben, den er brauchte, um sein knabenhaftes Aussehen wettzumachen.

Am nächsten Tage ritt Slatin, von sieben Salutschüssen der Geschütze des auf einer sandigen Anhöhe über der Stadt errichteten Forts begrüßt, in Dara ein und übernahm offiziell das Kommando in der südlichen Region von Darfur. Dara war ein wenig anziehender Ort, aber das mächtige Fort, ein Geviert aus gemauerten Steinen, 450 Meter lang, 270 Meter breit und 4 Meter hoch, war die militärische Schlüsselstellung in diesem Gebiet. Auch die unterhalb liegende Stadt, die in der Hauptsache aus Stroh- und Lehmhütten bestand, besaß als Handelsplatz einige Bedeutung. Zusammen mit der Garnison hatte sie damals sieben- bis achttausend Einwohner.

Slatin traf gerade während des Ramadan, des großen arabischen Fastenmonat, in Dara ein, und erst nachdem ein Kanonenschuß den Sonnenuntergang angekündigt hatte, kamen die Beamten nach dem Abendgebet aus ihren Häusern, um ihren neuen Herrn zu begrüßen. Sie freuten sich wahrscheinlich, den leeren Magen jetzt aus entschuldbarem Anlaß füllen zu dürfen. Die Mahlzeit, die sie Slatin vorsetzten, war jedenfalls das vollständige sudanesische Bankett aus Hammelfleisch, Geflügel, Reis, Milch und Honig, und die Menge des Dargebotenen glich aus, was ihm an Delikatesse fehlte.

Slatin blieb jedoch wenig Zeit, das Essen in Ruhe zu genießen. Kaum hatte er begonnen, entsprechend der Landessitte mit den Fingern einige Stücke von dem gebratenen Hammel abzulösen, als eine große Bewegung entstand und zwei Männer in den Kreis der Tafelnden drängten. Es waren Kuriere aus der kleinen Garnison Bir Gowi, die drei Tagesmärsche entfernt im Südwesten lag. Der junge Thronprätendent von Fur, Sultan Harun, stand zum Angriff auf die Garnison bereit. Da die Besatzung dem Gegner zahlenmäßig weit unterlegen war, schlug sie vor, den Stützpunkt zu räumen, wenn nicht sofort aus Dara Verstärkung gesandt werden konnte.

Obwohl Slatin erst vor wenigen Stunden aus dem Sattel gestiegen war, sprang er sofort auf und kündigte an, er werde selbst die Führung der Entsatzabteilung übernehmen. Um Mitternacht war er schon auf einem frischen Pferd (Gordons Pony war zu erschöpft) unterwegs, mit 200 sudanesischen schwarzen Infanteristen und 20 türkischen und ägyptischen Reitern. Nach einem ereignislosen, aber anstrengenden Marsch über von dichtem Gestrüpp bestandenes Gelände erreichte er nach zwei Tagen bei Sonnenuntergang sein Ziel. Hier erkannte Slatin, wie unzureichend die Verteidigungsanlagen an den Grenzen seines Bezirks waren. Der militärische Stützpunkt war nichts mehr als eine „Zariba", eine im Viereck angelegte, zwei Meter hohe und vier Meter tiefe Barrikade aus Dornengestrüpp. An der Außenseite des Verhaus hatte man einen Graben ausgehoben und an der Innenseite eine Erdplattform errichtet, von der aus die Soldaten über die Dornenhecke hinwegschießen konnten.

Die ganze Garnison bestand aus 120 Soldaten und die Begrüßung Slatins und seiner Abteilung zeigte, wie sehr sie sich über das Eintreffen der Verstärkung freuten. Als er auf sie zuritt, schlugen sie auf ihre kupfernen Kriegstrommeln, ihre Felltrommeln, bliesen ihre Trompeten und Antilopenhörner und, wer kein anderes Instrument besaß, schüttelte mit Steinen gefüllte Rasseln aus hartem Leder. Den Höhepunkt der Begrüßung bildeten in die Luft abgefeuerte Gewehrsalven.

Slatin ging erschöpft und mit heftigen Kopfschmerzen zu Bett. Als er am nächsten Morgen aufwachte, fühlte er sich sehr elend. Es war nur gut, daß die feindlichen Truppen sich nicht sehen ließen, denn er wäre nicht in der Verfassung gewesen, sich auf ein Gefecht mit ihnen einzulassen. Er verbrachte den Tag dahindösend und unterwarf sich den ortsüblichen Behandlungsmethoden gegen Kopfschmerzen. Eine dieser Kuren bestand darin, daß der Arzt des Scheichs seine Daumen an Slatins Schläfen preßte, dabei arabische Beschwörungsformeln murmelte und dem Patienten plötzlich ins Gesicht spuckte. Voller Empörung schlug Slatin den Mann zu Boden, noch bevor der Unglückliche ihm hätte erklären können, daß dieses Rezept vom Koran und den verschiedensten heiligen Männern für solche Krankheiten vorgeschrieben sei. Der bestürzte Scheich bot Slatin nun als nächste Heilkur eine seiner Lieblingssklavinnen an und sagte, sie sei nicht nur jung und hübsch, sondern auch eine gute Krankenpflegerin und kenne sich in der Heilung aller im Lande bekannten Krankheiten aus. Slatin, der nicht in der Stimmung war, noch weitere Zärtlichkeiten besonderer Art über sich ergehen zu lassen, auch nicht von so zarter Hand, lehnte dankend ab. Doch am nächsten Morgen fühlte Slatin sich vollkommen wiederhergestellt, und der Arzt des Scheichs wurde sogleich wieder in Gnaden aufgenommen.

Noch immer gab es keine Nachrichten über Harun und dessen Armee und so verbrachte Slatin die Zeit so gut wie möglich. Er besuchte die in der Nähe gelegenen Schwefelquellen und den Markt der Stadt, auf dem die verschiedensten Waren feilgeboten wurden, von Sklavinnen bis zu Baumwollstoffen und Schwefel. Er machte bescheidene Einkäufe: ein paar Matten aus Palmstroh. Endlich, nach zwei weiteren Tagen untätigen Wartens, traf ein Melder mit der Nachricht ein, Harun habe, beunruhigt durch die Berichte über das Eintreffen der Entsatzarmee, seine Männer in die Berge entlassen. Slatin blieb nichts anderes übrig, als enttäuscht nach Dara zurückzukehren.

Aber er brauchte nicht lange auf seine Feuertaufe im Sudan zu warten. Wenige Wochen nach seiner Ankunft in Dara erhielt er vom Provinzialgouverneur in El Fascher einen in französisch geschriebenen Brief, in dem dieser ihm einen Plan mitteilte, wie die Rebellen ausgeräuchert und ein für allemal unschädlich gemacht werden sollten. Slatin erhielt Befehl, unbemerkt nach Niurnia im Marragebirge, etwa 240 Kilometer nordostwärts von Dara, zu marschieren, wo sich das Hauptquartier des Sultans Harun befand. Messedaglia wollte von El Fascher aus eine zweite Abteilung in Marsch setzen, die sich mit Slatins Männern vereinigen und gemeinsam mit ihnen angreifen sollte.

Dieser erste Feldzug verlief jedoch nicht so glatt wie er gehofft hatte. Es bedurfte eines Gewaltmarsches von vier Tagen durch das Marragebirge bis seine Marschkolonne das Tal erreicht hatte, welches das Ziel gewesen war. Und als Slatin endlich dort ankam, konnte er nur feststellen, daß der listige Huran wieder einmal geflohen war. Die Stadt war leer. Was nun folgte, war ein eigenartiges Versteckspiel. Am folgenden Morgen in aller Frühe traf ein Teil der Truppen, die aus El Fascher vorrückten, auf Slatins Abteilung – oder stieß vielmehr mit ihr zusammen, denn in der Morgendämmerung hielten sich beide Abteilungen für Gegner. Es kam zu einem regelrechten Gefecht und sieben Mann fielen, ehe Slatin, der sich selbst mitten in dem Kampfgewühl befand, die Verwirrung beenden konnte, indem er „Feuer einstellen" blasen ließ. Slatin selbst kam mit knapper Not heil davon: eine Gewehrkugel traf sein Pferd und eine zweite durchlöcherte seinen Umhang.

Nach dieser eigenartigen Feuertaufe führte Slatin beide Abteilungen wieder über die Berge und in die Ebene zurück, die er vor einer Woche überquert hatte. Hier erfuhr er, daß Harun schon vor einigen Tagen nach Osten, auf Slatins Residenz Dara marschiert war, in der Hoffnung, das Fort im Handstreich zu nehmen, solange ein so großer Teil der Besatzung fehlte. Ein nächtlicher Angriff mißlang, doch kostete er zahlreichen Bewohnern der Stadt das Leben. Harun hatte sich anschließend wieder in Richtung auf die heimatlichen Berge zurückgezogen, die Dörfer auf dem Wege niedergebrannt und die Frauen als Sklavinnen mitgeschleppt.

Auf einem grasbewachsenen Hang in den „kleinen Hügeln" am Fuß des Marragebirges konnte Slatin endlich seinen verschlagenen Gegner stellen. Mit nur etwas mehr als 300 Mann stand Slatin einer mehr als doppelten Übermacht gegenüber. Aber bei dieser Gelegenheit zeigte sich –, wie auch später noch oft – daß die taktische Ausbildung eines Reserveleutnants in der österreichischen Armee den primitiven Kampfmethoden eines solchen Gegners überlegen war.

Slatin führte selbst den Frontalangriff gegen das feindliche Lager und saß, als sein Pferd unruhig wurde, ab, um seinen Männern zu Fuß vorauszustürmen. In den Augen des gewöhnlichen sudanesischen Infanteristen war das eine großartige Geste, denn stieg ein Truppenbefehlshaber von seinem kostbaren Pferd, um zu Fuß ins Gefecht zu gehen, so war dies ein Beweis, daß er mit seinen Männern kämpfen und, wenn nötig, sterben wollte. Auf 500 Meter Entfernung ließ Slatin die erste Salve abfeuern. Eine in der Flanke angesetzte Abteilung von 85 Mann tat das gleiche. Der in das Kreuzfeuer geratene Harun wich zurück und Slatin verwandelte den Rückzug in eine Flucht, denn nun griff er mit seiner schwachen Reserve den Gegner auch in der anderen Flanke an. Dem Sultan wurde das Pferd unter dem Sattel weggeschossen, aber Harun entkam bei Einbruch der Dunkelheit über das Marragebirge. Dieses Gefecht kostete ihn sowohl seine Armee als auch seinen Ruhm. Wenig später wurde er aufgespürt, getötet und sein abgeschnittener Kopf nach El Fascher geschickt. Slatin hatte den Frieden wieder hergestellt und konnte nach Dara zurückkehren, um die Verwaltung der Region zu organisieren.

Das war eine mindestens ebenso schwierige Aufgabe wie die der Befriedung, und wie üblich war das chaotische Steuersystem die Wurzel allen Übels. Der Distrikt war in fünf „Kisms" oder Bezirke aufgeteilt, deren jeder eine bestimmte Summe aufbringen mußte. Slatin stellte fest, daß die Lasten dieses starren Besteuerungssystems einfach von oben nach unten weitergereicht wurden, wobei jeder Stamm eine bestimmte Summe aufzubringen hatte, die der Oberscheich eintrieb, indem er für die unter seiner Obhut stehenden kleineren Stammesverbände willkürliche Steuersätze festlegte. Auf diese Weise wurden die Steuern vielen Kaufleuten und Landbesitzern praktisch vollkommen erlassen.

Obwohl er sich der von Gordon gestellten Aufgabe entzogen hatte, die Finanzen des ganzen Sudans in Ordnung zu bringen, verlor Slatin keine Zeit, sie jetzt in seiner Region fest in die Hand zu nehmen. Er befahl jedem Unterbezirk, eine Liste der Wohlhabenden oder Grundbesitzer in jedem Dorf einzureichen, damit die Steuern auf der Basis des persönlichen Eigentums und Einkommens eines jeden festgesetzt werden konnten. Nachdem die Listen eingetroffen waren, begab er sich auf eine ausgedehnte Inspektionsreise, um sich zu vergewissern, daß sie den Tatsachen entsprachen, und um bei dieser Gelegenheit alle Häuptlinge und Unterscheichs der Stämme in seinem Gebiet kennenzulernen. Er stellte fest, daß die Steuern fast überall nicht in Gold- oder Silbermünzen, sondern in Naturalien bezahlt wurden. Das waren vor allem Kamele, Vieh oder der an Ort und Stelle hergestellte Baumwollstoff „takia". Dadurch, daß er für diese Kontributionen eine Wertskala festsetzte und in ägyptische Piaster, die im Sudan gültige Währung, umrechnete, gelang es ihm, die Finanzen von Dara einigermaßen in Ordnung zu bringen und viele bisher entstandene Ungerechtigkeiten auszumerzen.

Als das Jahr 1880 zu Ende ging, hatte Slatin allen Grund, mit Befriedigung darauf zurückzublicken. In weniger als achtzehn Monaten hatte er die Revolte des Sultan Harun, welche Dara zu spalten drohte, niedergeschlagen und in seinem Bezirk die Grundlagen für eine gerechte und stabile Verwaltung geschaffen. Er wußte, daß man in Khartum mit ihm zufrieden war. Aber selbst Slatin war auf das, was jetzt kommen sollte, nicht vorbereitet. Kurz vor Weihnachten beging sein italienischer Vorgesetzter in El Fascher, Messedaglia, einen fast unglaublichen Fehler. Er sandte einen seiner höheren Beamten, den er der Grausamkeit bezichtigte, in Ketten in die Hauptstadt. Selbst wenn die Anklage sich als gerechtfertigt erwiesen hätte, wäre es Torheit gewesen so zu verfahren. Da sie jedoch auch noch unbegründet war, kam man in Khartum zur Überzeugung, daß Messedaglia für seinen Posten nicht geeignet sei. Am 14. Dezember wurde er abberufen und entlassen. Weniger als vier Monate später, Anfang April 1881, erhielt Slatin ein Telegramm Seiner Hoheit, des Khedive von Ägypten im fernen Kairo, durch das er als Nachfolger von Messedaglia zum Gouverneur der ganzen Provinz Darfur ernannt wurde.

Slatin war jetzt genau 27 Monate im Sudan. Nun sollte er als Herr über Leben und Tod die Regierungsgewalt in einem ausgedehnten, etwa 350 000 Quadratkilometer großem afrikanischen Gebiet* übernehmen, das zwischen der Wüste Sahara und dem Kongo eine strategische Lage einnahm, und zwar zu einer Zeit, in der alle europäischen Großmächte – mit Ausnahme seines Heimatlandes, Österreich-Ungarn – allmählich gegen dieses Gebiet vorrückten. Und Slatin war damals gerade 24 Jahre alt.

Um ein solches Abenteuer zu erleben, war er so weit gereist. Wägt man sein Alter gegen die Größe seiner Aufgabe ab, dann kann man seine Stellung nur mit der jener Elite von jungen britischen Beamten vergleichen, die Indien im Namen ihrer Königin regierten. Dennoch gab es drei Umstände, die seine Aufgabe noch viel schwieriger gestalteten als die ihre: Erstens stand ihm keine hochorganisierte Zivilverwaltung zur Verfügung. Zweitens, verfügte er über keine hervorragende Armee, hinter der die Kraft des größten Reiches der Welt stand. Drittens befand sich der Sudan, in dem Slatin jetzt eine Schlüsselstellung einnahm, knapp vor einem explosionsartigen Aufstand der Eingeborenen von solcher Wildheit und so langer Dauer, daß die indische Meuterei der Radsch im Vergleich damit ein bloßes Aufblitzen gewesen ist. Die große Mahdi-Revolte, die den Sudan in siebzehn Jahre dauerndes Blutvergießen und Terror stürzen sollte und ihn zwölf Jahre von der Außenwelt isolierte, brach aus, als der neue Gouverneur von Darfur erst drei Monate im Amt war. Dem jungen Slatin standen jetzt mehr Abenteuer bevor, als er je gewünscht hatte, zugleich aber sollte er größeren Ruhm gewinnen, als er es sich jemals hatte träumen lassen.

* Das entspricht etwa der Fläche der Bundesrepublik Deutschland, der Schweiz und Österreichs zusammen.

3. KAPITEL

Der Mahdi

Eine solche Explosion, wie sie sich im Sudan ereignete, konnte nur durch einen religiösen Funken ausgelöst werden. Eine bloße Palastrevolution in Khartum gegen das europäische Regime des ägyptischen Khedive hätte nicht zu einer wesentlichen Machtverschiebung führen können. Es gab keine sudanesische Krone und daher auch keinen verbannten Kronprätendenten, der dem Volk als Sammelpunkt im Kampf gegen die Fremdherrschaft hätte dienen können. Das Land war jedenfalls zu groß und zu dezentralisiert, als daß man nach einer Revolte in der Hauptstadt die Gefolgschaft der Gesamtbevölkerung hätte gewinnen können, besonders da diese Hauptstadt eine ägyptische Stadt war, die von den Provinzen abgelehnt wurde. Auch war die Armee – die im weiteren Verlauf der afrikanischen Geschichte in so vielen Staaten revolutionäre Führer hervorgebracht hat – im Sudan zu Zeiten Slatins nicht das geeignete Instrument für eine Opposition. Der eingeborene sudanesische Soldat war ein gehorsames Werkzeug seiner Vorgesetzten, ohne politische Meinung und machtlos gegenüber seinen ägyptischen und europäischen Befehlshabern.

Die Hunderte von Stämmen, welche Muskeln und Skelett des Landes darstellten, waren viel zu zahlreich und untereinander zu zerstritten, um sich für eine rein politische, eine „weltliche" Sache zu vereinigen. Es gab auch keinen einzigen Scheich oder Emir, der mächtig genug gewesen wäre, den übrigen seinen Willen aufzuzwingen. Es gab nur einen einzigen Zündstoff, der, wenn er Feuer gefangen hatte, die Flamme von einem Stamm zum anderen, von einem Dorf zum anderen und von einer Provinz dieses zusammengestückelten Landes in die andere tragen konnte, und das war der Zündstoff des „Dschihad", des muselmanischen heiligen Krieges gegen die Ungläubigen.

Etwas derartiges konnte geschehen, weil es schon früher so oft geschehen war. In Nordafrika war es eine geschichtliche Tatsache und auch ein Glaubensartikel, daß wann auch immer der Islam bedroht war, ein Messias aufstehen würde, um mit der göttlichen Stimme des Propheten Mohammed zu reden, die verderbte Ordnung der Dinge zu zerstören und auf der Asche in seinem Namen eine gereinigte Theokratie wieder aufzurichten. Solche Messiasse waren von jeher als „Mahdi" oder „von Gott Geleiteter" bekannt gewesen, ein aus der Vergangenheit Heraufsteigender, um die Gegenwart zu erlösen. Im Mittelalter hatten zwei ihre Zeit mit solchem Erfolg erlöst, daß sie für sich selbst und ihre Nachkommen gewaltige Reiche gründeten. Ein späterer und geringerer aus der Reihe der Messiasse hatte sich neunzig Jahre vor Slatins Zeit Napoleon entgegengestellt. Bonapartes Truppen machten mit diesen Prätendenten kurzen Prozeß. Aber jetzt war weder eine solche Armee noch ein solcher Feldherr vorhanden, um dem jüngsten und schrecklichsten aller Mahdis zu begegnen.

Dieser Mann, Mohammed Achmed, war fast buchstäblich den schlammigen Ufern des Nil entsprossen, denn er war etwa 1844 als Sohn eines Bootsbauers auf einer Nilinsel bei Dongola zwischem dem dritten und vierten Katarakt im nördlichen Sudan geboren worden. 25 Jahre später hatte er sich nach Abschluß seiner religiösen Studien in Khartum schon als Wanderprediger einen Namen gemacht, dessen strenge Askese sogar seinen Lehrern übertrieben vorkam. Er wird uns als ein hochgewachsener, schlanker, aber muskulöser und gut aussehender junger Mann mit großen Augen und der „Faldscha", der Lücke zwischen den beiden Vorderzähnen beschrieben, die als besonderes Zeichen göttlicher Gnade galt. Mit einer Leidenschaft, die seine Zuhörer entflammte und in Bann schlug, wetterte er gegen die Grausamkeiten und Ungerechtigkeiten der fremden Bedrücker des Landes und deutete an – und zwar je mehr seine Gefolgschaft wuchs, desto deutlicher –, daß eine wunderbare Errettung bevorstünde. Nach solchen Bekehrungsreisen kehrte er gewöhnlich auf die Insel Abba im Weißen Nil zurück, wo er mit seinen Brüdern lebte. Aber selbst hier, in der Stille, wuchs sein Ruhm. Während seine Brüder in normalen Behausungen lebten, bewohnte er eine Höhle am Flußufer, die nur mit einem „Angareb" (einem niedrigen Bett aus Tierfellen) und einem Sonnendach aus Palmblättern ausgestattet war. Die Kapitäne der Regierungsdampfer, die an der Insel vorbeifuhren, machten es sich bald zur Gewohnheit, die Fahrt zu verlangsamen und ihn zu grüßen.

Die erregten Erwartungen der Bevölkerung in diesen Monaten werden in dem Bericht eines englischen Offiziers, des damaligen Majors und späteren Generals Reginald Wingate, dramatisch geschildert. Wingate sollte übrigens später die positive treibende Kraft im Leben Rudolf Slatins und in der Geschichte des Sudans werden. Er schreibt über die Stimmung in der Bevölkerung um die Jahreswende 1880/81:

„... Der Herr werde einen Erlöser schicken, der ihnen den Schleier von den Augen fortreißen soll und ihre Hirne vom Wahn befreien wird. Der böse Traum werde für alle Zeiten vertrieben werden, und diese von innen erneuerten Männer sollten im festen Vertrauen zu ihrem göttlichen Führer klaren Blickes und nach wohlüberlegtem Plan darangehen, das Land in Besitz zu nehmen. Mit dem Erscheinen des Mahdi werde das Recht triumphieren und werde die Zeit der Unterdrückung beendet sein. Wann sollte dieser Mahdi kommen? Welches Wunder war es doch, daß sich in jeder Hütte und in jedem Busch das Echo der Sehnsucht nach dem verheißenden Erlöser vernehmen ließ? Der heiße Wind wehte von der Wüste her über das welke Gras der weiten Flächen, von den Gebirgszügen hinein in die sandigen Täler und flüsterte den Namen des Mahdi ... Die ganze Natur stimmte ein ... Die Frauen fanden auf den Eiern, die sie einsammelten, die Inschrift „Jesus", „Mohammed" und „Mahdi". Die Blätter fielen raschelnd zu Boden, und im Fallen erschienen auf ihnen die Schriftzeichen der heiligen Namen ..."[1]

Am 29. Juni 1881 griff Mohammed Achmed schließlich nach seiner Krone. Vor einer Versammlung eigens zur Insel Abba berufener Würdenträger proklamierte er sich selbst als neuen Madhi und rief alle Gläubigen auf, sich um ihn zu scharen. Von diesem Tage an sollten sich die Verhältnisse im Sudan und für jeden, der dort lebte oder etwas mit dem Sudan zu tun hatte, von Grund auf verändern.

Der neue Madhi wählte diesen Zeitpunkt nicht, weil er plötzlich eine göttliche Erleuchtung erfahren hatte. Der Augenblick der Proklamation war vielmehr klug gewählt und das Unternehmen gut eingeleitet. Seine Vorbereitungen waren auch keineswegs ausschließlich religiöser Art. Wie Slatin aus eigener Erfahrung wußte, hatte die Ablehnung des grausamen und willkürlichen Steuersystems eine Welle des Zorns und Unwillens gegen die fremden „Türken" ganz besonders bei der Masse der armen Bevölkerung genährt. Diese Welle war geeignet, einen Agitator emporzutragen. Ein noch entscheidenderer, wenn auch weniger gerechter Grund zur Klage war der von Gordon auf Anweisung des Khedive in Kairo geführte Feldzug gegen den Sklavenhandel im Sudan. Den Zentralsudan, wo Mohammed Achmed am aktivsten gewesen war, beherrschten die Baggarastämme. Sie zählten zu den bedeutendsten Sklavenhändlern, die alles verlieren konnten, wenn es dem „Türken" gelang, diesen Grundsatz seiner Verwaltungsreform durchzusetzen. Was wäre natürlicher gewesen als ein Bündnis mit dem neuen, populären Führer? Schließlich war diese Haltung im Sudan der 1880er Jahre nur ein Gegenstück zu der Vernunftehe, welche in Deutschland 50 Jahre später die Kohlenbarone an der Ruhr mit einem noch mächtigeren Dämon und Demagogen, Adolf Hitler, eingingen, ehe er nach der Macht griff.

Obwohl viele Baggarascheichs den neuen Volksführer aus kalter Berechnung unterstützten, scheint wenigstens einer von ihnen, Abdallahi, aus religiöser Überzeugung sein glühender Anhänger geworden zu sein. (Er sollte später sein Nachfolger werden.) Durch diesen Rückhalt in der Provinz Kordofan, in der Mohammed Achmed wirkte, erhielt er die „Machtbasis", die er brauchte. Wahrscheinlich bewog ihn dieser Umstand zu dem Entschluß, nach der Macht zu greifen. Es ist jedenfalls bezeichnend, daß er im März 1881, drei Monate vor der öffentlichen Proklamation auf der Insel Abba, zu seinen Anhängern, zu denen auch Abdallahi gehörte, im geheimen von seinem göttlichen Auftrag sprach.

Die allgemeinen Umstände waren für das Erscheinen des neuen Mahdi zu diesem Zeitpunkt ebenso günstig wie die Verhältnisse an Ort und Stelle. Der alte Khedive Ismail, der Gordon zum Generalgouverneur des Sudan ernannt hatte, war 1879 abgesetzt worden. In Ägypten bereitete sich eine Revolte der unterbezahlten Armee vor, ein Aufstand, der sehr bald Großbritannien veranlassen sollte, das Land militärisch zu besetzen. Schließlich hatte nach Ismails Sturz Gordon selbst den Sudan vorübergehend verlassen. Sein Nachfolger, der von dem neuen Khedive ernannte Generalgouverneur in Khartum, war Mohammed Rauf, ein Mann nubischer und abessinischer Abstammung, der weder das Charisma noch die Energie des großen Engländers besaß. Der Mahdi war natürlich für all diese Dinge nicht verantwortlich, man kann ihm jedoch kaum einen Vorwurf daraus machen, daß er eine solche Entwicklung als deutlichen Hinweis des Propheten auffaßte, nun zur Tat zu schreiten.

Obwohl also die politische Situation für den Mahdi sich vorteilhaft gestaltete, so konnte doch die schwarze Fahne der Revolution, die er entfaltete, nur als das religiöse Banner eines Erlösers zum Sieg geführt werden. Ein „Erlöser" aber war – im Gegensatz zu einem bloßen Rebellen – das einzige, was jeder Generalgouverneur in Khartum im Zusammenhang mit einem Aufstand der Eingeborenen wirklich fürchtete. Rauf Pascha versuchte es zunächst mit Diplomatie. Am 7. August 1881 landete ein Abgesandter des Generalgouverneurs auf der Insel Abba, um diesen Mahdi von eigenen Gnaden zu bewegen, freiwillig in die Hauptstadt zu kommen. Die Aufforderung wurde hochmütig zurückgewiesen. Den beiden Kompanien der regulären ägyptischen Armee, die fünf Nächte danach auf der Insel landeten, um den Rebellen in Ketten nach Khartum zu bringen, ging es noch schlechter. Obwohl die Anhänger des Mahdi, die sie dort erwarteten, keinerlei militärische Ausbildung besaßen, und nur mit Säbeln, Speeren und Knüppeln bewaffnet waren, glichen ihr Fanatismus und Fehler des Gegners, diesen Mangel vollständig aus. Der Führer der Strafexpedition beschwor das Chaos noch dadurch herauf, daß er jenem Kompanieführer Beförderung zusagte, der den

Mahdi gefangennehme. Die unglücklichen Soldaten landeten, bildeten zwei Abteilungen und streiften dann ziellos in der Dunkelheit umher, bis die Derwische sie aus dem Hinterhalt überfielen. Sechs Offiziere und 120 Mann wurden niedergemacht, während die Anhänger des Mahdi nur 12 Mann verloren. Eine große Zahl Soldaten geriet in Gefangenschaft. Nur wenigen gelang es, das Ufer und schwimmend den Dampfer zu erreichen.

Bei den sonst in den Auseinandersetzungen der Nationen üblichen Feldzügen kommt es auf die letzte Schlacht an. Ein selbstberufener Messias muß jedoch schon in der ersten Schlacht siegreich sein, um den Zauber seiner Gewalt durch den Erfolg zu besiegeln. Das hatte der Mahdi jetzt getan. Als nun die Gefangenen an den Freudenfeuern vorübergeführt wurden, konnte keiner der fanatisierten Anhänger Mohammed Achmeds noch daran zweifeln, daß es der Prophet selbst gewesen war, der ihre Feinde mit Blindheit geschlagen und in die Speere der Glaubensstreiter getrieben hatte.

Der Mahdi teilte ihre Freude und zweifellos auch ihre Überzeugung. Aber er war klug genug zu erkennen, daß es auch für Allah auf dem militärischen Gebiet Grenzen des Erreichbaren gab. Zu diesen Grenzen gehörte, daß man eine einzelne Insel im Nil nicht für alle Zeiten vor einer Invasion der Ungläubigen schützen konnte. Abba war ebenso unsicher wie heilig und lag viel zu nahe von Khartum mit dessen Flotte armierter Dampfschiffe. Daher verließ der Mahdi – nachdem er die Obsorge für das umliegende Gebiet zuverlässigen Stellvertretern anvertraut hatte – die heilige Insel, setzte auf das linke Flußufer über und führte seine Gefolgsleute westwärts nach Kordofan und in die Sicherheit der Nuba-Berge. Diese Maßnahme kombinierte Strategie mit geheiligter Tradition. Denn sein Unternehmen war nicht nur ein militärischer Rückzug, sondern auch eine Hedschra, eine religiöse Flucht wie jene des Propheten selbst von Mekka nach Medina.

Bei ihrem anstrengenden Marsch durch Busch und Wüste verfügte die kleine Schar des Mahdi nur über die jüngst erbeuteten Feuerwaffen, die sie kaum zu handhaben wußte, und war deshalb ebenso verwundbar wie auf der Insel. Aber auch hier kam die Unfähigkeit der ägyptischen Armee zu Hilfe, denn die Mahdisten konnten auf dem Marsch jeden ernsteren Zusammenstoß vermeiden. Am 31. Oktober erreichten die Männer ihren Gebirgs-Zufluchtort, den Dschebel Gedir, wo der örtliche Scheich sie willkommen hieß. Mit dem für ihn bezeichnenden theatralischen Instinkt erklärte der Mahdi sofort, dies sei in Wahrheit der Berg Masa: ein Gipfel des marokkanischen Atlasgebirges, von dem nach der Legende der Erlöser herabsteigen soll. Keiner seiner Anhänger war je in Marokko gewesen, und jeder von ihnen hätte dem Meister geglaubt, würde er verkündet haben, ihr neuer Aufenthaltsort sei die große Pyramide von Giseh; die neue Vision wurde daher mit großer Freude aufgenommen.

Hier an dem umgetauften Dschebel Gedir richtete der Mahdi für die nun kommenden kritischen Monate sein Hauptquartier ein. Mit jedem Monat, der vorüberging, wuchs die Zahl seiner Anhänger, weil aus dem ganzen Zentralsudan neue Kämpfer herbeiströmten. Religiöse Eiferer oder Unzufriedene, flüchtige Verbrecher und gewinnsuchende Kaufleute, desertierte Soldaten oder geflohene Sklaven, sie alle wurden als neu bekehrte „Ansars"* oder Gefolgsleute willkommen geheißen, vorausgesetzt, sie schworen dem Mahdi unbedingten Gehorsam und unbedingte Unterwerfung unter die strengen Verhaltensregeln, die er jetzt erdachte.

Ehe das Jahr zu Ende ging, gab es noch eine ernsthafte Erprobung und der Mahdi bestand sie in triumphaler Weise. Der Dschebel Gedir liegt an der Südspitze von Kordofen an der Grenze nach Faschoda. Der Gouverneur von Faschoda, Raschid Bey, ließ einen Befehl aus Khartum, die Entwicklung der Lage abzuwarten, unbeachtet und beschloß, durch die Vernichtung dieser Horde lumpiger Rebellen mit seinen Truppen besonderen Ruhm zu gewinnen. Doch obwohl er 400 reguläre Soldaten und einige Tausend Stammeskrieger der Schilluk für den Marsch gegen Dschebel Gedir versammelte, wurde er selbst am 9. Dezember vernichtend geschlagen. Der Mahdi, von einer Frau, die eine ganze Nacht gelaufen war, um die Nachricht zu überbringen, vor der drohenden Gefahr gewarnt, hatte den Gegner, der ihn überraschen wollte, aus dem Hinterhalt überfallen. Wichtiger noch als die hunderte von erbeuteten Gewehre war die neue Vermehrung seines Ruhmes. Mußte der Mahdi denn nicht in der Tat der Auserwählte des Propheten sein, wenn er mit seinen Speerträgern die gut bewaffneten Soldaten der Ägypter so leicht hatte schlagen können, zuerst auf der heiligen Insel im Nil und nun auf dem heiligen Berg in der Wüste!

So endete das Jahr 1881. Dem Mann, der sich im Sommer selbst zum Mahdi erklärt hatte, war es in weniger als fünf Monaten gelungen, den ganzen Sudan in Aufregung zu versetzen. Er hatte den Regierungstruppen zwei totale Niederlagen zugefügt. Und er hatte das System seiner Bündnisse so ausgeweitet, daß ihm nun fast alle mächtigen Emire des Stammes der Baggara angehörten. Zum ersten Mal ließ die jetzt ernstlich beunruhigte Regierung alle Spitzenfunktionäre warnen. Zu ihnen gehörte Rudolf Slatin, der neu ernannte Gouverneur von Darfur, dessen Provinzhauptstadt El Fascher in einer Entfernung von rund 640 Kilometern nordöstlich des Hauptquartiers des Mahdi lag. Wir müssen uns jetzt wieder Slatin zuwenden und die folgenden Ereignisse mit seinen Augen betrachten. Die Wege des Bootsbauernsohnes aus Dongola und des Seidenfärbersohnes aus Wien sollten sich bald kreuzen.

* Auch das hatte einen religiös-historischen Bezug: „Ansars" oder „Helfer" war der Name, den der Prophet seinen Gefolgsleuten auf der Flucht nach Medina gab.

Wenige Tage nach dem Sieg des Mahdi am Dschebel Gedir erreichte Slatin die erste offizielle Nachricht von der Revolte. Slatin befand sich gerade auf einer Reise durch das Marragebirge nach Kebkebia und darüber hinaus in das Gebiet, in welches er die Rebellenstreitkräfte des Sultan Harun verfolgt hatte, als ihn eines Morgens früh, von Osten kommend, berittene Boten einholten. Sie überreichten ihm eine verschlüsselte Botschaft in französischer Sprache des Generalgouverneurs in Khartum, die zuerst über den Telegraphen und dann durch Meldereiter weitergeleitet worden war. Sie lautete im Klartext:

„Ein Derwisch Mohammed Achmed vom Mudir von Faschoda Raschid Bey in der Nähe von Gedir ohne Befehl angegriffen. Aufregung groß. Sofort nötige Maßregeln treffen und Verbindung Unzufriedener mit den Derwischen verhindern."

Slatin waren schon unbestimmte Berichte zu Ohren gekommen, daß ein religiöser Scheich aus dem Zentralsudan der Regierung Schwierigkeiten bereitete, hatte aber bisher diesen Gerüchten keine besondere Bedeutung zugemessen. Die Botschaft ließ nun die Angelegenheit in einem ganz anderen Licht erscheinen. Sie brachte Slatin außerdem in ein Dilemma. Einerseits mußte er jetzt in aller Eile in seine Provinzhauptstadt zurückreiten, wo seine Anwesenheit offenbar notwendig war; andererseits hatte er die weite Reise von El Fascher hierher unternommen, um die offizielle Huldigung der Bedajastämme entgegenzunehmen, und ihre Anerkennung erschien unter den gegenwärtigen Umständen wichtiger denn je. Slatin ging einen Kompromiß ein. Er sandte ein Telegramm zurück: „Nachricht erhalten, werde Nötiges vorkehren", ging aber daran sein Vorhaben so schnell wie möglich durchzuführen.

Doch im Sudan braucht alles seine Zeit, und ehe man die Scheichs der Bedajat versammeln konnte, hatte Slatin noch die Gelegenheit, sich einige Tage die Gegend anzusehen, die Schönheit der Frauen dieser freien Araber mit ihren lang herabfließenden Haaren zu bewundern und einiges über ihre Sitten und Gebräuche in Erfahrung zu bringen. Am seltsamsten erschien ihm ihr Erb- und Nachfolgerecht. Wenn das Oberhaupt einer Bedajatfamilie starb, dann folgten alle Verwandten der Leiche zum Friedhof, der normalerweise etwa zwei oder drei Kilometer außerhalb des Dorfes lag. War die Beisetzungszeremonie vorüber, so wurde ein Signal gegeben, woraufhin ein Wettrennen aller Söhne zum Hause des Verstorbenen begann. Der erste, der dort ankam und seinen Speer oder Pfeil in das Gebäude schleuderte, wurde als Erbe anerkannt und erbte sofort den gesamten Viehbestand und alle Frauen und Nebenfrauen seines Vaters mit Ausnahme der eigenen Mutter, die jetzt als Witwe galt. Offenbar hatte sich dieses Recht des Schnellsten sehr gut bewährt.

Die vorbereitenden Verhandlungen nahmen mehr als eine Woche in

Anspruch, und erst dann waren die vier Scheiche der Bedajat bereit, dem Gouverneur von Darfur den Treueid zu leisten. Der ungeduldige Slatin wurde jedoch für das lange Warten durch die malerische Szene einigermaßen entschädigt, welche diese Zeremonie darstellte. Er beschreibt sie selbst:

„Es wurde ein Pferdesattel in der Mitte der Versammlung auf den Boden gestellt und hierauf ein kleines Thonbecken mit glühenden Kohlen und einer Lanze gelegt. Die im Kreise herumsitzenden Oberhäupter der Bedejat mit den Vornehmsten ihrer Begleiter streckten die Hände nach den erwähnten Gegenständen aus, indem sie nacheinander feierlich die folgende Formel sprachen: ›Nie soll mein Schenkel mehr den Sattel berühren, mein Körper soll von tödlichem Eisen getroffen, von glühendem Feuer verbrannt werden, so ich dir die versprochene Treue breche.‹"[2]

Es blieb ihm keine Zeit, noch länger bei diesen wohlgestalteten und sympathischen Menschen zu verweilen. Am gleichen Nachmittag gab Slatin den Befehl zur Rückkehr nach El Fascher, wo er aus erster Hand etwas über den „Derwisch Mohammed Achmed" zu erfahren hoffte. Was er hörte, waren ernste Nachrichten, die sehr bald noch schlimmer werden sollten. Man hatte Rauf Pascha zum Sündenbock erklärt, weil die ersten Maßnahmen zur Unterwerfung des Mahdi durch seine Ungeschicklichkeit gescheitert waren. Im März 1882 war er von der ägyptischen Regierung aus Khartum zurückberufen worden. Sein vorläufiger Nachfolger als Generalgouverneur war kein anderer als Giegler Pascha, der Deutsche, der seine Laufbahn im Sudan als Telegrapheningenieur begonnen hatte. Giegler ging sofort daran, möglichst starke Truppen zusammenzuziehen, um die Revolte ein für allemal niederzuschlagen. Etwa 4000 Mann, darunter starke Kontingente der regulären Armee, marschierten von Khartum nach Kordofan und vereinigten sich in der Provinzhauptstadt El Obeïd mit weiteren 2000 Mann. Diese Streitmacht von 6000 Mann unter dem erfahrenen Soldaten Jussef Pascha setzte sich nach dem 400 Kilometer weiter südlich gelegenen Faschoda in Marsch.

Gleich von Anfang an stand alles unter einem Unstern. Bei der Abschiedsparade in El Obeïd fiel die große Kriegstrommel eines Befehlshabers eines Stammesaufgebotes vom Kamel und polterte zu Boden. Die Stimmung der Truppe, die darin ein böses Omen erblickte, konnte auch dadurch nicht gehoben werden, daß man sofort einen Stier als Versöhnungsopfer schlachtete. Der Wassermangel auf dem langen Marsch verschlimmerte die Lage, und die Moral der Soldaten wurde durch das Verhalten von zwei Spionen des Mahdi noch mehr erschüttert, die entdeckt und ihnen übergeben wurden. In der Hoffnung, ein eindrucksvolles Exempel zu statuieren, befahl Jussef Pascha, die beiden Männer vor versammelter Mannschaft auf barbarische Weise langsam zu Tode zu quälen. Aber ihre tapfere Haltung bewirkte das Gegenteil. Als ihnen Arme und Beine einzeln abgehackt wurden, verspotteten sie ihre Peiniger mit lauter Stimme und starben mit dem Namen des Mahdi auf den Lippen.

Jussef bekam einen Vorgeschmack vom Format seines Gegners, als er ihn in einem hochmütigen persönlichen Brief aufforderte, sich zu ergeben, bevor es zur Schlacht kam. Die Antwort des Mahdi lautete:

„Du sagst, daß unsere einzigen Gefolgsleute die Baggara seien, Unwissende, Nomaden, Götzenanbeter. So wisse, daß die Gefolgsleute der Propheten vor uns und die unseres Herrn Mohammed die Schwachen und die Unwissenden und die Götzenanbeter waren, die zu Steinen und Bäumen beteten ... Wir handeln nur auf Befehl des Gesandten Gottes zu einer Zeit, die Gott bestimmt hat. Wir stehen nicht unter deinem Befehl, sondern du und deine Vorgesetzten stehen unter unserem Befehl ... Denn es steht nichts zwischen uns und dir als das Schwert ..."[3]

Es ist unglaublich, mit welcher Arroganz und Nachlässigkeit Jussef Pascha vorging, als die beiden kleinen Armeen zum Gefecht gegeneinander marschierten, obwohl er den Mut des Mahdi und seiner Gefolgsleute doch schon erprobt hatte. Das letzte Nachtlager vor Erreichen des gegnerischen Stützpunktes schlug er am 6. Juni bei Mesat, nicht weit vom „Heiligen Berg" seines Feindes auf. Jussef ließ nicht einmal die übliche „Zariba", das Verhau aus Dornengestrüpp, um das Lager errichten, eine wichtige Schutzmaßnahme, wenn man im freien Gelände kampierte. Statt dessen erlaubte er seinen Männern in einer Umzäunung aus bloßem Strauchwerk – das keine Dornen hatte – zu rasten. Vor Morgengrauen des 7. Juni überfielen die Männer des Mahdi die schlafenden Soldaten und machten sie innerhalb von wenigen Minuten fast bis auf den letzten Mann nieder. Jussef Pascha wurde vor seinem Zelt im Nachthemd erschlagen. Nur die Nebenfrau eines der Befehlshaber war eine der Wenigen, die dem Feind noch irgendwelche Verluste beibrachte. Sie erschoß zwei Derwische mit dem Revolver, bevor sie selbst von Speerstichen getroffen tot zu Füßen ihres Herrn niedersank.

Es spielte keine Rolle, daß wiederum die völlige Unfähigkeit seiner Gegner die stärkste Waffe des Mahdi gewesen war. Für ihn und seine Anhänger war dieser bisher größte Sieg ein weiterer Beweis für seine Unüberwindlichkeit und seinen göttlichen Auftrag. Diesmal hatte er nicht eine kleine, örtliche Strafexpedition besiegt, sondern die stärkste militärische Streitmacht, die Khartum ihm entgegenstellen konnte. Große Mengen an Waffen und Beute waren ihm in die Hand gefallen, und Hunderte neuer Rekruten strömten seiner Fahne zu. Mit diesem eine halbe Stunde dauernden Gefecht hatte er den ganzen südlichen Teil der Provinz Kordofan unter seine Kontrolle gebracht. In Briefen an die Scheichs im Norden und die Kaufleute von El Obeïd, der Provinzhauptstadt, erhob er nun Anspruch auf die Herrschaft in der ganzen Provinz. In einer dieser Botschaften hieß es kurz und bündig:

„Ich bin der Mahdi, der Nachfolger des Propheten Gottes. Hört auf, den ungläubigen Türken Steuern zu zahlen und möge jeder, der einen Türken findet, diesen töten, denn die Türken sind Ungläubige."

Das war klar und scharf formuliert. Er verkündete kein Programm und gab nicht einmal ein Versprechen. Das war auch nicht notwendig. Nach seinem letzten Triumph konnte es sich der Mahdi leisten, den Ton ruhig überlegener Unfehlbarkeit anzuschlagen. Was nun seine beiden kurzen Anweisungen betraf, so ging er mit dem Befehl, keine Steuern mehr zu zahlen, auf den schlimmsten wirtschaftlichen und sozialen Übelstand ein und erregte mit dem zweiten Befehl, alle Fremden als Ungläubige ohne weiteres umzubringen, die Blutgier und den Fremdenhaß eines primitiven Volkes und erteilte für jede Mordtat im voraus die Absolution.

Eine Zeitlang hielt sich der Mahdi noch am Dschebel Gedir auf, während seine Beauftragten die Offensive ihres Meisters vorbereiteten und die kleinen militärischen Garnisonen in Kordofan überwältigten oder beunruhigten. Das geschah nicht nur in Kordofan. Im Juni 1882 befahl der Mahdi dem Emir Madibbo, einen Häuptling der Baggara, der Anfang des Jahres von der Regierung abgesetzt worden war und sich, um Rache zu nehmen, dem Mahdi angeschlossen hatte, seinen alten Stützpunkt Schakka anzugreifen und zurückzuerobern. Schakka war die Hauptstadt der Südregion von Darfur, der Provinz Slatins, und ein militärischer Stützpunkt. Damit war auch Slatin in die Angelegenheit hineingezogen.

Nachdem die Revolte auch auf sein Gebiet übergegriffen hatte, war es Slatins erste Aufgabe seine Nachschublinien offenzuhalten. Die meisten Hauptstraßen waren inzwischen abgeschnitten oder bedroht, und die offiziellen Postverbindungen waren so gut wie vollständig unterbrochen. Er mußte daher jede schriftliche Botschaft, die seine Provinz verließ, in die Kleider der ausgeschickten Boten einnähen, zwischen die Sohlen ihrer Sandalen oder in den hohlen Lanzenschäften verstecken lassen. Es fehlte ihm an Munition, weil der Nachschub, den er aus Khartum hätte erhalten sollen, zunächst aus Nachlässigkeit nicht abgeschickt und dann einem der betrügerischsten Kaufleute des Sudan zur Beförderung übergeben worden war. Dieser Ehrenmann handelte wie nicht anders von ihm zu erwarten war und ging auf dem Wege nach Darfur mit dem ganzen Munitionstransport zum Mahdi über. Slatin hatte außerdem zu wenige ausgebildete Soldaten. Als er feststellte, daß die Kämpfe sich seinem Gebiet näherten, bat er Khartum, ihm reguläre Kavallerie als Verstärkung zu schicken. Eine Abteilung mit 400 meist türkischen und ägyptischen Reitern setzte sich in Marsch. Nur 100 Mann kamen bis nach Darfur. So mußte er den Kampf mit den Kräften führen, die ihm an Ort und Stelle zur Verfügung standen, und war in der abgelegenen Ostprovinz schon so gut wie abgeschnitten.

Es blieb ihm jetzt nichts anderes übrig als selbst anzugreifen, bevor Madibbo die Stämme in der Südregion von Darfur um die „unsichtbar von Engeln begleitete Fahne des Sieges" versammeln konnte, die der Mahdi ihm für dieses Unternehmen übergeben hatte. Slatin ging daher nach Süden und richtete sein vorläufiges Hauptquartier in Dara, etwa 210 Kilometer nördlich des bedrohten Schakka ein. In den nächsten Wochen brachte er mit seinen 200 Infanteristen und 75 Reitern der schwachen Armee Madibbos eine Reihe empfindlicher taktischer Niederlagen bei. Einmal gelang es ihm sogar, das feindliche Lager im Handstreich zu überrennen. Aber das waren nur unbedeutende Erfolge am Rande. Das Schicksal des südlichen Sudan hing davon ab, was der Mahdi selbst mit seinen Streitkräften unternehmen würde. In der Hitze des Hochsommers setzte sich Mohammed Achmed endlich in Bewegung. Der große Mann verließ am 28. Juli 1882 seine Gebirgsfestung und marschierte in nördlicher Richtung gegen El Obeïd, die Provinzhauptstadt von Kordofan. Für den Mahdi war die Zeit der Rückzüge und Rückzugsgefechte vorüber. Er war jetzt selbst zum Angriff übergegangen, und sein erstes Ziel war die Eroberung einer größeren Stadt.

Nach einem vier Wochen dauernden Marsch erreichte er Anfang September El Obeïd und errichtete angesichts der Stadtmauern sein Lager. In der Stadt war die Moral bereits schlecht. Wer, wie die christlichen Kaufleute, El Obeïd hatte verlassen können, hatte dies getan und sich nach Khartum geflüchtet. Die Angst spaltete nun die Zurückgebliebenen in zwei Lager. Der ägyptische Gouverneur, Mohammed Said Pascha, war ein energischer Mann. Als er jedoch die Stadt aufgeben und Soldaten und Bürger in dem befestigten Vorwerk versammeln wollte, schlossen sich ihm viele einflußreiche Familien nicht an und gingen bald in das Lager des Mahdi über. Dort herrschten, während man sich auf einen massierten Angriff vorbereitete, Einigkeit und eine zuversichtliche Stimmung.

Doch trotz der viel besseren Kampfmoral wurde die Armee des Mahdi, als sie am 8. September ihren ersten Frontalangriff führte, so blutig abgewiesen, daß die Schlacht fast zur vernichtenden Niederlage wurde. Bei Morgengrauen galoppierten zwar die Reiter des Mahdi, die vor den Augen der Verteidiger zunächst durch die aufgewirbelten Staubwolken verdeckt wurden, in mehreren Wellen aus zwei einander gegenüberliegenden Richtungen gegen die Befestigungen heran. Aber die Derwische waren nur mit Säbeln und Speeren bewaffnet, und obwohl es ihnen gelang, die äußeren Gräben und Brustwehren zu überrennen, konnten sie mit ihrem Fanatismus gegen die Remingtongewehre und Geschütze der Garnison nichts ausrichten, die ihre Salven aus kürzester Entfernung auf sie abfeuerte. Am Nachmittag gab der Mahdi, der das Gemetzel aus sicherer Entfernung beobachtete, den Befehl zum Rückzug. Schätzungsweise waren 10 000 seiner 30 000 Krieger tot auf

ATLANTISCHER OZEAN
Algier
Tunis
Fez
ALGERIEN
MAROKKO
FRANKREICH
Tripolis
FEZ
Wüste Sahara
SENEGAMBIA
Senegal
Timbuktu
FRANKREICH
Sinder
Niger
Tschad-See
SOKOTO
GUINEA
ENGLAND
FRANK-REICH
Lagos
Akkra
DEUTSCHES REICH
Golf von Guinea
Grenzen des Machtbereichs des Mahdi
Zum Vergleich im Maßstab der Hauptkarte: Bundesrepublik Deuschland und Republik Österreich
1.000 Kilometer
BEL
PORT

Afrika Ende des 19. Jahrhunderts.
Die Pfeile zeigen die Richtungen an, in denen europäische Mächte ihre Kolonialgebiete auszudehnen suchten.

dem Schlachtfeld zurückgeblieben, unter ihnen befanden sich auch zwei seiner Brüder.

Hätte Mohammed Said sofort einen Ausfall unternommen und die angeschlagenen Derwische verfolgt, so wäre ihr Rückzug wahrscheinlich zur Flucht geworden. Immerhin war diese sogenannte „Freitagsschlacht" ein kräftiger Dämpfer für die Angriffslust der Mahdisten; einige rieten sogar zu einem allgemeinen Rückzug. Es war ein kritischer Augenblick. Aber der Mahdi entschloß sich dann doch, den Kampf fortzusetzen. Nach diesem Erlebnis jedoch beschloß er im Stillen, sich in Zukunft weniger auf das „Banner der Engel" als vielmehr auf vernünftige militärische Grundsätze zu verlassen. Die bisher als Werkzeuge der Ungläubigen verachteten Gewehre und anderen erbeuteten Waffen wurden nun hervorgeholt und unter die gefangenen Schwarzen* der Südarmee verteilt, die mit ihnen umgehen konnten. Diese Gefangenen hatten kaum eine andere Wahl als zu gehorchen. Von nun an verfügte die Armee des Mahdi über eine Kerntruppe nicht-arabischer regulärer Soldaten, von Ägypten ausgebildet und mit dessen Waffen ausgerüstet. Sie konnten als Korsettstangen für den vitalen, undisziplinierten, aber tapferen Haufen der Speerträger dienen.

Nun tat der Mahdi vor El Obeïd das, was Belagerer seit undenklichen Zeiten immer getan haben, wenn ein Frontalangriff fehlgeschlagen war. Er blieb in seinem Lager vor der Stadt und ließ den Hunger die Arbeit für ihn tun. Dies erwies sich tödlicher als die Derwische. Pater Josef Ohrwalder, ein österreichischer Priester, der bei Beginn der Belagerung zusammen mit mehreren anderen Geistlichen und Nonnen seiner Mission vom Mahdi gefangen genommen worden war, beobachtete wie, während der Herbst zum Winter wurde, in El Obeïd das Leben langsam versiegte.[4]

Zuerst waren noch Lebensmittel wie Kamelfleisch, Hirse, Geflügel und Eier zu erhöhten Preisen zu haben, und nur die Ärmsten ließ man buchstäblich hungern. Aber sehr bald gab es auch für Geld keine oder nur sehr wenig Nahrung. Zu Anfang, als die Fleischvorräte erschöpft waren, griffen die Stadtbewohner zu dem bei Belagerungen üblichen Ersatz und aßen Eselfleisch, Hunde und Mäuse. Als auch dies zur Neige ging, hielt man sich an Insekten. Man aß Heuschrecken und Schaben, die als besondere Delikatesse gepriesen wurden. Auch weiße Ameisen waren sehr gesucht; man grub eifrig in der Erde nach ihren Nestern, die winzige Nahrungsvorräte enthielten, gesammelt für den kommenden Winter. Schon lagen überall auf den Straßen innerhalb der Befestigungen und außerhalb in den Verteidigungsgräben die

* Sogenannte „Basinger", als Soldaten ausgebildete Negersklaven, die entweder in der regulären Armee dienten, die Privattruppe von Sklavenhändlern, etc. bildeten oder aber von ihren Besitzern an „Interessenten" vermietet wurden.

verwesenden Leichen von Hunderten zu Skeletten abgemagerter Verhungerter. Über der Stadt hing eine Dunstglocke von Pestgestank und die Luft war schwarz von Aaskrähen, die sich an den Leichen mästeten. Von seinem Beobachtungsposten im Lager des Mahdi sah Ohrwalder, wie diese Krähen sich dermaßen anfraßen, daß sie nicht mehr fliegen konnten. Die Soldaten in der Festung schossen die träge auf dem Boden herumwatschelnden Vögel und verschlangen sie gierig. Als am Schluß kaum mehr irgendein Lebewesen übrig geblieben war, kein Tier, kein Vogel und kein Insekt, kochten die Belagerten ihre ledernen Sandalen oder aßen auch giftiges Gummigutt und starben daran.

Die Derwische vor der Stadtmauer machten sich indessen ein Vergnügen daraus, die Eingeschlossenen mit ihrem Überfluß zu höhnen. Der Mahdi, dem sich die Bevölkerung des Landes in ekstatischer Hingabe angeschlossen hatte, war reichlich mit Lebensmitteln versorgt. Sein Hauptlager war von der Stadt wahrscheinlich zu weit entfernt, als daß ihre unglücklichen Bewohner den verführerischen Duft des gebratetenen Fleisches hätten riechen können. Aber allnächtlich sahen sie, wie die Belagerer unter dem hohen Sternenhimmel Tausende flackernder Feuerchen anzündeten, um darauf die Abendmahlzeit zuzubereiten. Einige Soldaten des Mahdi machten sogar zeitweilig einträgliche Geschäfte mit dem Schmuggel von Lebensmitteln, die sie an die Meistbietenden in der Stadt verkauften. Der Mahdi ging jedoch mit aller Schärfe gegen solche Leute vor, ließ ihnen die rechte Hand abhacken und sie als abschreckendes Beispiel mit an den Nacken gebundenem Armstumpf durch das Lager führen.

Zu Neujahr 1883 war es deutlich, daß der Todeskampf von El Obeïd nicht länger ausgedehnt werden konnte. Die Disziplin war im Kampf um Nahrung völlig zusammengebrochen, und die Besatzung war ohnedies körperlich so geschwächt, daß sie nur geringen militärischen Wert besaß. Die Soldaten hatten kaum noch die Kraft, ihre Gewehre in Anschlag zu bringen. Am 5. Januar kapitulierte das etwas 120 Kilometer weiter im Norden gelegene Bara, der einzige andere Stützpunkt der Regierung in Kordofan, der sich noch gegen den Mahdi gehalten hatte. Der Mahdi ließ diesen Sieg mit Gewehrsalven feiern. Die unglücklichen Bewohner von El Obeid aber glaubten zunächst, dies sei das Feuer einer heranrückenden Entsatzkolonne. Ihre Verzweiflung, als sie die Wahrheit erfuhren, brach endgültig den Widerstandswillen Mohammeds Saids. Er überlegte zunächst sich mit dem Pulvermagazin der Garnison in die Luft zu sprengen, um nicht in Gefangenschaft zu geraten. Doch dann überredeten ihn seine Offiziere, eine neue Kapitulationsaufforderung, die der Mahdi am 15. Januar in die Stadt geschickt hatte, anzunehmen, vorausgesetzt das Leben der Verteidiger würde geschont. Vier Tage später, am 19. Januar, hielt der Mahdi seinen triumphalen Einzug.

Während der folgenden zwei Wochen erlebten die Einwohner von El Obeïd einen Alptraum, der alles übertraf, was sie in den vier Monaten langsamen Verhungerns erduldet hatten. Für den Mahdi und seine Scheichs stellte jedenfalls die Stadt eine sehr lohnende Beute dar, denn die Kasse der Provinzialverwaltung enthielt etwa 100 000 Pfund, wozu noch die gehorteten Reichtümer der Beamten und Kaufleute kamen. Für die primitiven Derwische aber war El Obeïd die wunderbare Schatzhöhle Aladdins. Es begann ein Terrorregime, neben dem die gewohnten Exzesse der Steuereintreiber der Regierung milde erschienen. Jedes Gebäude wurde vom Boden bis zum Keller ausgeplündert, wer im Verdacht stand, auch nur wenige kleine Wertsachen zu verbergen, wurde solange gepeitscht, bis er das Versteck seiner „Schätze" nannte.

Said Pascha, bis zuletzt standhaft, weigerte sich, das Versteck seiner Schätze preiszugeben; aber seine Konkubine und seine Diener wurden solange gefoltert, bis sie das Geheimnis verrieten. Für seine Weigerung – und für den Versuch, einen offiziellen Bericht über die Kapitulation nach Khartum zu schmuggeln –, zahlte der Gouverneur mit seinem Leben. Der Mahdi ließ ihn mit Beilen buchstäblich in Stücke hacken und erklärte dann zuvorkommend, es sei ihm gelungen, den Propheten dazu zu bewegen, Mohammed Said in das Paradies aufzunehmen und nicht geradewegs in die Hölle zu schicken.

So nahmen jetzt schon die Erklärungen des Mahdi nach Bedarf zurechtgeschneiderten Charakter an. Es wird auch bei der Beurteilung einer zweiten Proklamation, die er jetzt abgab und in der er die wilden Plünderungen in El Obeïd verurteilte, ein gewisser Skeptizismus am Platze sein. Er erklärte:

„Wenn ihr keinem besseren Beispiel folgen könnt als dem der Türken, dann genügt das nicht... Nachdem ihr genommen habt, was sie vorher besaßen, beginnt ihr jetzt, in ihre Fußstapfen zu treten; ihr werdet deshalb ebenso vernichtet werden wie sie... Bereut, befolgt meine Befehle und gebt die Beute zurück, die ihr euch genommen habt... Der Prophet hat mir gesagt, ich müsse, nachdem ich die Ungläubigen getötet und diese Provinz erobert hätte, zurückkehren und jene bestrafen, die sich weigern, mir zu gehorchen. Die Strafe wird der Tod sein."

Man könnte meinen, diese Worte seien Ausdruck aufrichtiger Besorgnis angesichts der Grausamkeiten seiner Gefolgsleute und der Leiden seiner Gegner. Bedenkt man aber, daß der Mahdi anschließend den ganzen Sudan systematisch in ein Blutbad stürzte, ist es wahrscheinlicher, daß diese Erklärung nur Ausdruck der Sorge war, wertvolle Beutestücke könnten ihm selbst oder dem Staatsschatz, den er jetzt anzulegen begann, vorenthalten werden.

Über die politischen Auswirkungen dieses letzten und größten Sieges kann es keinen Zweifel geben. Jetzt war der Mahdi kein unbedeutender Rebell mehr, ja nicht einmal mehr ein lästiger Rebell. Er hatte sich zum Herren einer ganzen Provinz gemacht. Von Kordofan aus fiel sein Schatten dunkel über den ganzen südlichen und mittleren Sudan und streifte sogar schon die Hauptstadt Khartum. Eine der zahlreichen Botschaften, die er von El Obeïd aus verbreiten ließ, enthielt die Worte:

„Beim Eintreffen dieses meines Briefes versammle alle, denen du vertrauen kannst, suche ihn auf und kämpfe mit ihm, wohin er sich auch wenden mag, und belagere Khartum ..."

Aber wie stand es unterdessen um Slatin?

4. KAPITEL

Kapitulation

Während der Mahdi El Obeïd durch Hunger zur Unterwerfung zwang, führte etwa 640 Kilometer davon entfernt Slatin seinen Bewegungskrieg gegen dessen listenreichen Unterführer, Madibbo, um die Herrschaft in Darfur weiter. Slatin hatte die ganze Provinz nach Verstärkungen für seine Garnisonen ausgekämmt und alle der Regierung treu gebliebenen Stammeskrieger in seine Reihen aufgenommen. Dabei hatte er sich alle „Basinger", schwarze Sklavensoldaten, zusammengebettelt, geborgt und gemietet, die er auftreiben konnte. Am Ende des Sommers bestanden seine Feldtruppen aus 2150 Gewehrträgern (dazu gehörten 550 mit Remingtongewehren ausgerüstete Soldaten der regulären Armee), etwa 7000 Speerträgern und 400 Reitern der befreundeten Stämme. Als Artillerie hatte er ein einziges Gebirgsgeschütz, einen Vorderlader, das von 13 Mann bedient wurde.

Im Oktober 1882 verließ er Dara und führte seine winzige Armee auf den Spuren Madibbos nach Süden. Alle Kamele, den Munitionstroß und das einzige kostbare Geschütz ließ er im mittleren Karree seiner Kolonne marschieren. Dieses Karree deckte er an beiden Seiten durch reguläre ägyptische Infanterie oder schwarze Soldaten, während drei Abteilungen von je 2000 Speerträgern den Flankenschutz zu beiden Seiten und die Nachhut bildeten. Die ganze Kolonne ließ er durch Reiter abschirmen. Einige Tage ging alles gut. Ein erst kürzlich vom Gegner erbautes Dorf wurde überrannt und größere Getreidevorräte erbeutet. Die Späher fanden ausreichend Wasser entlang der 240 Kilometer langen Straße nach Schakka, dem ersten Operationsziel Slatins. Sie berichteten, Madibbo sei noch weiter nach Süden geflohen. Die Wahrheit sah aber ganz anders aus.

Madibbo befand sich in Wirklichkeit nicht 300 Kilometer vor, sondern direkt hinter der Marschkolonne Slatins. An einem Ort mit Namen Om Waragat, auf halber Wegstrecke, schlug er zu. Slatins Kolonne überquerte eben eine sumpfige Ebene, und die Mannschaften im Zentrum waren gerade damit beschäftigt, die Kamele und Pferde aus dem Schlamm zu ziehen, als einige Tausend halbnackte Derwische die Nachhut aus dem Hinterhalt überfielen. Die Soldaten hatten kaum Zeit, eine Salve abzufeuern, bevor sie durch das bloße zahlenmäßige Übergewicht des Gegners in das Hauptkarree zurückgedrängt wurden. In wenigen Sekunden entstand hier ein wildes Durcheinander aus scheuenden Kamelen und verwirrten Soldaten, die nicht einmal Zeit gehabt hatten, das Bajonett aufzupflanzen, um die angreifenden Speerträger im Nahkampf abzuwehren. Slatin, der unter einem schweren Fieberanfall litt, nahm, als er die ersten Schüsse hörte, alle Kraft zusammen und galoppierte zu den Kämpfenden zurück.

Für einen Mann, der hoch fieberte, zeigte er eine erstaunlich kühle Einschätzung der Lage. Er erkannte, daß seine einzige Chance darin lag, sich mit der Masse seiner Männer rasch vom Feinde zu lösen. Er befahl dem Trompeter, das Signal für „Hinlegen" zu blasen, und ließ auf jene Kämpfer das Feuer eröffnen, die stehen geblieben waren. Durch diese drastische Maßnahme konnte er die Lage retten. Alle Angreifer, die in das Karree eingedrungen waren, wurden zurückgeworfen oder getötet. Aber nicht nur der Feind hatte Verluste gehabt. Die ägyptischen Soldaten Slatins, die dem Befehl, sich hinzulegen, nachgekommen waren, hatten verhältnismäßig geringe Verluste, aber die nicht ausgebildeten „Basinger", die größtenteils keine Ahnung hatten, was das Hornsignal bedeutete, waren zusammen mit den Derwischen niedergemäht worden, und auch die Kamele, die mit militärischen Signalen noch weniger anzufangen wußten, wurden schwer dezimiert.

Das ganze Gefecht hatte weniger als zwanzig Minuten gedauert. Sie hatten genügt, der zuversichtlichen kleinen Armee Slatins die Offensivkraft zu nehmen. Als er seine Leute abzählen ließ, stellte er fest, daß nicht weniger als zehn seiner vierzehn Infanterieoffiziere gefallen und ein elfter verwundet waren. Von seinen 13 Artilleristen lebte nur noch einer. Fünf seiner Scheichs waren gefallen, und die Trupps der regierungstreuen Stammeskrieger fast vollständig aufgerieben. Der Gegner hatte sie entweder noch in dem Sumpfgebiet massakriert oder bis in den nahegelegenen Wald verfolgt und dort niedergemacht. Einige schlugen sich im Lauf des Tages wieder zu Slatins Kolonne durch, aber als er seine Schar am Abend noch einmal zählte, zeigte es sich, daß von den 9000 Mann, mit denen er in der vorigen Woche aus Dara abmarschiert war, nur noch 900 übriggeblieben waren. Von den 400 Reitern hatten 30 das Gefecht überlebt. Eine „Verfolgung" Madibbos kam jetzt nicht mehr in Frage. Slatin wußte, daß er sich glücklich schätzen durfte, wenn es ihm gelang, weitere Angriffe abzuschlagen und lebendig nach Dara zurückzukommen.

Zum ersten Mal überkam ihn jetzt die kalte Angst um sein eigenes Leben.

Er schrieb Abschiedsbriefe an seine Mutter, seine Brüder und Schwestern im fernen Österreich und übergab sie zusammen mit einem Gefechtsbericht einem Boten, dem er befahl, sich unter allen Umständen durch die Linien Madibbos durchzuschlagen und nach Dara zu reiten. Eine zweite kurze Mitteilung schrieb er an seinen englischen Kollegen Lupton, Gouverneur der Provinz Bahr-al-Gazal, die an den Kongo grenzte; darin bat er ihn dringend, von Süden her einen Entlastungsangriff gegen die Kräfte des Mahdi zu führen. Diese Botschaft verbarg Slatin in einer leeren Kürbisflasche und übergab sie zwei vertrauenswürdigen „Basingern" mit dem Auftrag, sie dem Gouverneur zu bringen. Nach dem Aufbruch der Meldereiter blieb ihm nichts anderes zu tun als den mit Leichen übersäten Lagerplatz mit der üblichen Zariba aus Dornengestrüpp zu befestigen und den nächsten Schlag Madibbos abzuwarten.

Fünf Tage blieb Slatin in diesem Lager und wurde täglich ein- oder zweimal angegriffen. Als die Verpflegung allmählich zur Neige ging, entschloß sich Slatin, den Ausbruch zu wagen, um sich nach Dara durchzuschlagen. Die Abteilung, die bei Sonnenaufgang auf die Stunde genau eine Woche nach der Katastrophe aufbrach, sah jammervoll genug aus. Nur zwei Kamele waren übriggeblieben, die das Gebirgsgeschütz in der Mitte der Kolonne zogen. Dort führte Slatin auch seine 160 Verwundeten mit. Einige konnten sich zu Fuß mitschleppen, aber andere waren so schwer verletzt, daß sie zu zweit oder zu dritt auf die wenigen noch vorhandenen Pferde gelegt werden mußten. Als Aufklärer hatte Slatin nur noch zwei arabische Reiter an jeder Flanke.

Doch so schwierig ihre Lage auch war, die 900 Überlebenden waren entschlossen, zu kämpfen. Da er jetzt die Methoden Madibbos kannte, glaubte Slatin, der Gegner werde allmählich ermüden und die Verfolgung aufgeben, wenn es nur gelänge, die Angriffe ein paar Mal entscheidend abzuschlagen. Das erwies sich als richtig. Der erste Angriff kam, als die Kolonne sich erst eine knappe Stunde auf dem Marsch befand, und richtete sich auch diesmal gegen die Nachhut. Mit schweren Lanzen in der Rechten und Bündeln von kleinen Wurfspeeren in der Linken stürmten die Männer Madibbos vor und versuchten, das Manöver von Om Waragat zu wiederholen und ihren Gegner zu überrennen. Aber diesmal war Slatin auf der Hut. Er hatte das Geschütz am Schluß der Kolonne marschieren lassen, und eine Gruppe Leichtverwundeter reichte die Granaten und Kartuschen zu, so daß die Kanone nach jedem Schuß sofort wieder geladen werden konnte. Dieses eine Geschütz, unterstützt durch die Salven der Gewehrträger Slatins – es waren, da so viele Soldaten gefallen waren, reichlich Gewehre vorhanden und nur wenige Araber wollten sich von ihren Lanzen nicht trennen –, entschied den Ausgang des Gefechts. Die Kolonne wurde auf dem Rückzug noch mehrmals angegriffen, besonders als einige vor Durst halb wahnsinnig gewordene Soldaten sich bis zum Gürtel in einen flachen Wassertümpel stürzten, an dem die Derwische einen Hinterhalt gelegt hatten. Aber die Angriffe wurden immer schwächer, und schließlich schleppte sich die Abteilung nach Dara zurück.

Slatins eigene Verletzungen waren ziemlich schwer. Ein Geschoß hatte ihm den Ringfinger der rechten Hand zerschmettert, der amputiert werden mußte. Eine zweite Kugel hatte seinen rechten Oberschenkel getroffen und ließ sich nicht entfernen. Am rechten Knie hatte er einen Lanzenstich davongetragen. Aufgrund seiner erstaunlichen Konstitution, die ihm in den kommenden Jahren über manche Krise hinweghelfen sollte, scheint er nur wenige Tage Ruhe gebraucht zu haben, um seine Kräfte wiederzugewinnen.

Die Moral seiner Soldaten widerherzustellen, war schwieriger. Als Slatin in den nächsten Wochen versuchte, die ihm vom Gegner geschlagenen Lükken aufzufüllen, gab es Anzeichen dafür, daß die Bevölkerung – sei es aus Furcht oder aus Sympathie – sich allmählich dem Mahdi zuwandte. Eine Karawane etwa, die Slatin nach Norden in seine Provinzhauptstadt El Fascher mit der Aufforderung schickte, ihm dringend benötigte Munition und Verstärkungen zu senden, brachte zwar Munition zurück, anstelle von Verstärkungen aber nur Entschuldigungen. In der dritten Januarwoche 1883 aber traf die Nachricht von der Kapitulation El Obeïds ein.

Jetzt wurde die schlechte Kampfmoral für Slatin nicht nur ein Problem, sondern eine ernste Gefahr. Seine besten Geheimagenten bei der eigenen Truppe waren die Prostituierten in Dara, die die Soldaten in den Bordellen mit „Marissa“, dem landesüblichen Bier, bewirteten und ihnen damit die Zunge und nicht nur den Gürtel lösten. Aus diesen Quellen hatte er schon vor einiger Zeit in Erfahrung gebracht, daß unzufriedene Elemente sich über ihn als einen „Ungläubigen“ beklagten und davon sprachen, die Tage der „türkischen Macht“ im Sudan seien gezählt. Nach dem Fall von El Obeïd wurden diese Reden kühner, und man sprach in den Bordellen über einen offenen Aufstand und eine Massendesertion zu den Streitkräften des Mahdi. Ohne Schwierigkeiten konnte Slatin die sechs Rädelsführer feststellen und sie vor einem Kriegsgericht zum Geständnis bringen. Es gab auch keine Opposition – von seinen eigenen Skrupeln abgesehen –, als er befahl, das Todesurteil zu vollstrecken. Die sechs Männer wurden vor ihren offenen Gräbern erschossen. Aber Slatin wußte wohl, daß die Schwierigkeiten nicht durch Erschießungskommandos aus dem Wege geräumt werden konnten, denn die Waffe des Mahdi war mächtiger als alle Gewehre im Sudan.

Slatins eigene Offiziere brachten dieses Thema noch am gleichen Abend zur Sprache. Der Dienstälteste als Wortführer erklärte, die Soldaten fügten sich Slatins strenger Disziplin, weil ihr jeder gleichermaßen unterworfen werde. Sie seien dankbar für die regelmäßige Löhnung und den Anteil an der Beute. Sie wüßten auch, daß ein Mann anführe, der stets in ihrer Mitte kämpfe und nichts von ihnen fordere, was er nicht auch selber täte. Aber die Überzeugung greife um sich, daß dies letztlich ein religiöser Krieg sei. Slatin Bey sei ein Fremder und ein Christ, und als solcher könne er den Krieg niemals gewinnen. Seine Tapferkeit könne nur ihre Todesstunde und auch die seine hinausschieben. Slatin entließ den Wortführer und überlegte. Wenn er auch jetzt nichts tun konnte, um seine Nationalität zu ändern, so konnte er doch eine Menge hinsichtlich seiner Religion tun. Seine Überlegungen werden am besten mit seinen eigenen entwaffnend freimütigen Worten dargestellt:

„... Lange überlegte ich, was ich gehört hatte, und gelangte nach einer schlaflosen Nacht zu dem schweren Entschluß, mich vor meinen Soldaten als Mohammedaner zu bekennen. Ich war mir darüber klar, daß dieser Schritt von mancher Seite Misbilligung finden würde, doch er mußte gemacht werden. Ich sah darin das einzige Mittel, den Intriguen die Spitze abzubrechen, die meine Thätigkeit zu lähmen drohten, und ich hielt es für meine Pflicht, nichts unversucht zu lassen und selbst den Schein des Glaubenswechsels auf mich zu nehmen, um das mir anvertraute Land der Regierung so lange zu erhalten, als es in meiner Kraft stand. Wenn auch stets geneigt, jeden nach seiner Art selig werden zu lassen, war ich doch, streng religiös erzogen, aus Überzeugung immer ein guter Christ gewesen, und darum kostete mich dieser Schritt trotz aller Vernunftgründe ein größeres Maß an Überwindung, als ich vorausgesetzt hatte."[1]

Nachdem er diesen Entschluß gefaßt hatte, wollte Slatin vernünftigerweise auch die größte psychologische Wirkung damit erzielen. Er ließ bei Sonnenaufgang sämtliche Truppen der Garnison ausrücken und ritt in die Mitte des auf dem Platz gebildeten Karrees. Nachdem er mit kurzen Worten ihre Tapferkeit und Treue gelobt hatte, sprach er die entscheidenden Worte: „Ich bin kein Ungläubiger, sondern ebenso ein Gläubiger wie ihr. Ich bekenne, daß es keinen Gott gibt außer Gott, und daß Mohammed sein Prophet ist." Nachdem er seine Ansprache beendet hatte, riefen die Soldaten ihm freudig ihre Glückwünsche zu und schwangen ihre Lanzen. Es dauerte einige Zeit bis die Ordnung wieder hergestellt und die Truppen abrücken konnten. Dann erließ Slatin seinen ersten Befehl als mohammedanischer Befehlshaber. Er ordnete an, unter den Soldaten zwanzig Ochsen als „Karama" oder heiliges Opfer zu verteilen und jedem Offizier außerdem einen Ochsen zu übergeben.

In jenen Jahren bedeutete die Religion für einen Österreicher noch eine der Säulen des gesellschaftlichen und politischen Lebens; daher war dies eine schwerwiegende Entscheidung, auch wenn er sich in Dara und nicht zu Hause, am Ufer der Donau, befand. Obwohl vorübergehend in Diensten des ägyptischen Khedive, blieb er Untertan Seiner Apostolischen Majestät, des Kaisers Franz Joseph, und ein stolzer, wenn auch subalterner Reserveoffizier der k. u. k. Armee. Es gab Leute wie General Gordon, die Slatins Handlungsweise weder verstehen noch verzeihen konnten. Gordon, dieser Held und spätere Märtyrer des Sudan, lebte und starb als bibeltreuer Christ. Der junge österreichische Gouverneur, den er selbst berufen hatte, stellte sich für Gordon durch den Religionswechsel nicht nur außerhalb des Christentums, sondern setzte sich auch über alle moralischen Grenzen hinweg, die dem frommen Engländer selbstverständlich waren. Gordon schrieb Slatin ganz einfach ab. Andere, die ihn nicht so unbarmherzig verdammten, mögen vielleicht nach diesem geschickten religiösen Salto ihre Zweifel daran gehabt haben, ob man den Loyalitätsbezeugungen Slatins noch glauben durfte, wenn es wirklich darauf ankam. Wahrscheinlich hat Slatin selbst auch in den ruhmreichen Jahren, die den Jahren des Leidens folgten, niemals ganz das unangenehme Gefühl überwinden können, das ihn beim Gedanken an seine Rolle bei dieser Parade im Morgengrauen in Dara befiel.

Seine eigene Erklärung sagt nur die halbe Wahrheit. Hier stellt er sich als Pragmatiker dar, der gegenüber Idealen zwar nicht gleichgültig ist, aber dem es nichts ausmacht, sie zu verleugnen, wenn die Bürde zu schwer wird. Doch der wirkliche Grund dafür, daß er während seines ganzen Lebens seinen Standpunkt so leicht wechseln konnte – ob es nun um religiöse oder politische Grundsätze ging – lag einfach darin, daß er keine Wurzeln besaß, die er hätte ausreißen müssen. Die Deutsch-Österreicher im alten Habsburgerreich waren, wenn es um ihr Zusammengehörigkeitsgefühl ging, in ihrer Haltung nicht ganz klar. Sie konnten niemals darüber einig werden, ob sie ebenso wie die Magyaren, die Polen, die Tschechen und die anderen Völker der Monarchie eine eigene Nation oder ob sie ganz einfach die deutschsprachigen Verwalter der Dynastie seien, die ihr Profil gegen die Vorrechte der Macht vertauscht hatten. Und innerhalb dieser nicht fest verankerten österreichischen Gemeinschaft waren die Wiener eine eigene Rasse oder vielmehr ein Bevölkerungsteil so gemischten Blutes und so kosmopolitischer Gesinnung, daß sie eigentlich gar keiner Rasse angehörten. Slatin war einer von ihnen und teilte ihre Tugenden und Fehler. Was die Religion anlangte, so war schon der jüdische Glaube seiner Vorfahren gegen das christlich-katholische Bekenntnis eingetauscht worden. Die Menschen Osteuropas und des östlichen Mitteleuropa hatten durch die Wechselfälle der Geschichte in Jahrhunderten einen Instinkt für das „Überleben" – auf das allein es oft ankam – entwickelt. Rudolf Slatin gehörte zu diesem Menschenschlag und handelte dementsprechend.

Einige Monate lang konnte er von seinem Entschluß profitieren. Seine Soldaten folgten ihrem neubekehrten muselmanischen Führer mit der gleichen Begeisterung ins Gefecht wie sie es bei den ersten Feldzügen getan hatten, und während des ganzen Sommers 1883 gelang es Slatin, erfolgreiche

Ausfälle aus Dara zu unternehmen. Bei mehreren Gelegenheiten vernichtete er Abteilungen des Mahdi, und seine Männer führten diese Erfolge darauf zurück, daß ihr Befehlshaber jetzt jeden Freitag gemeinsam mit ihnen zum Gebet niederkniete. Aber das war nicht das einzige Zugeständnis, das er seinem neuen Glauben machte. Nach dem Bericht eines europäischen Zeitgenossen im Sudan[2] ließ sich Slatin in diesen letzten Monaten als Gouverneur von Darfur nicht nur beschneiden, sondern heiratete auch ganz offiziell eine Eingeborene, eine gewisse Hassanieh aus der königlichen Familie von Darfur. Er lebte und kämpfte also wie ein echter Mohammedaner.

Dieses seltsame Zwischenspiel hatte keine lange Dauer. Der hartnäckige militärische Widerstand, den er seinem Gegner leistete, war ebenso unrealistische wie sein neuer Lebensstil. Mit jedem Tag wuchs die Macht des Mahdi. Im Herbst 1883 wurde eine zweite und noch größere Expeditionstruppe, diesmal unter britischem Kommando, vernichtet, die aus Khartum mit dem Auftrag entsandt worden war, dem Mahdi entgegenzutreten. Es war die Tragödie des Generalmajors Hicks Pascha, die das Schicksal Slatins besiegelte und ebenso auch das des ganzen Sudan.

Es ist eine jammervolle Geschichte von Ungereimtheiten, Unordnung und Zögern. Dieses Zögern begann bei der britischen Regierung, die sich zwar weigerte, den ägyptischen Khedive bei seinem neuerlichen Versuch, die Revolte im Sudan niederzuschlagen, mit britischen oder indischen Truppen zu unterstützen, aber keine Einwände dagegen erhob, daß britische Offiziere an der Expedition teilnahmen. Der vom Unglück verfolgte Hicks, den die Ägypter als Befehlshaber auftrieben, war ein verabschiedeter Offizier der indischen Armee, der keinerlei Erfahrung in der Kriegsführung im Sudan hatte, aber noch weniger über die Verhältnisse in der entlegenen Provinz Kordofan orientiert war, die er jetzt unterwerfen sollte. Obwohl ausschließlich der ägyptischen Regierung verantwortlich, stand er doch auch in direkter Verbindung mit dem britischen Geschäftsträger in Kairo, Sir Edward Malet. Der Chiffre-Code, den er verwendete, war jener eines aktiven britischen Offiziers, Oberstleutnant Stewart, der schon im November 1882 nach Khartum geschickt worden war, um im Auftrage Londons die verworrene Lage im Sudan zu untersuchen, ohne aber selbst einzugreifen. Von den zehn europäischen Offizieren, welche die Ägypter in ihre Dienste nahmen und Hicks unterstellten, waren fünf Briten.

Diese Politik streng begrenzter und streng inoffizieller Unterstützung für die Sudanexpedition des Jahres 1883, endete – obgleich zu ihrer Zeit an sich vernünftig – für die britische Regierung damit, daß ihr nur Nachteile erwuchsen. Die Katastrophe, die folgen sollte, war ein Schlag gegen das militärische Ansehen Großbritanniens. Die Truppen, mit denen Hicks am 8. September 1883 den Marsch südwärts gegen den Mahdi antrat, bestanden aus

7000 Mann Infanterie der regulären ägyptischen Armee, 500 Mann ägyptischer Kavallerie und 400 „Baschibozuks", berittenen Irregulären. Zu den nicht kämpfenden Einheiten, die mitzogen, gehörten noch eine Masse von Tragtieren – nicht weniger als 5500 Kamele – und das Heeresgefolge von etwa 2000 Menschen, unter ihnen Kaufleute und Prostituierte. Dieses höchst verwundbare Anhängsel war nicht die geringste Sorge des Befehlshabers.

Eine viel größere Sorge war jedoch die herrschende Verwirrung. Hicks mußte einen richtigen Strauß ausfechten, um eindeutig zum Oberbefehlshaber ernannt zu werden. Seine Aufgabe wurde noch weiter dadurch kompliziert, daß der neuernannte Generalgouverneur des Sudan, Ala Ed Din Pascha, die Expedition als deren höchster politischer und administrativer Würdenträger begleitete. Die folgenschwerste der zahlreichen Meinungsverschiedenheiten, die sich ergaben, war der Streit um den Marschweg von der vorgeschobenen Basis bei Duem am Weißen Nil in Richtung auf El Obeïd, jetzt die Hochburg des Mahdi. Hicks wollte, obwohl er keinen Fußbreit dieses ungastlichen Landes kannte, den nördlichen Karawanenweg über Bara benutzen, und zwar aus dem einleuchtenden Grunde, daß er kürzer war, durch offenes Gelände und durch das Gebiet von Stämmen führte, die neutral oder sogar regierungsfreundlich waren. Dies alles hätte die Belastung durch den riesigen Troß bedeutend verringert, der die Beweglichkeit der Truppe bei jedem Schritt behinderte.

Aber Ala Ed Din, der fürchtete, daß auf dieser Route zu wenig Wasser anzutreffen sei, meinte, man müsse den südlichen Umweg über Al Rahad nehmen. Diese Route war viel länger, große Strecken waren mit dichtem Gestrüpp und hohem Gras bewachsen und umso größer wurde die Gefahr eines Hinterhaltes. Außerdem führte fast die ganze Marschroute durch von feindlichen Stämmen bewohntes Gebiet. Doch das Wort „Wasser" hatte in diesem ausgedörrten Land einen magischen Klang, und Ala Ed Din konnte in solchen Fragen seine Stimme lauter erheben als der landfremde Hicks. Der Ägypter betonte nachdrücklich, daß außer den Brunnen ein zur Regenzeit durch das Gebiet fließender Wasserlauf, der sich an drei Stellen zu seichten Seen staute, sie mit reichlich Trinkwasser versorgen würde. Die von Juni bis September dauernde Regenzeit ging gerade zu Ende. Nach langem Hin und Her entschied man sich schließlich für die südliche Marschroute. Am 27. September führte Hicks die Hauptkolonne aus Duem, nachdem er Vorhuten ausgeschickt hatte, um die ersten Brunnen in Besitz zu nehmen.

Sehr bald zeigte es sich, wie gefährlich der Weg war, auf den man sich begeben hatte. Man fand ein Dorf nach dem anderen verlassen vor, die Eingeborenen waren geflohen und hatten alle Lebensmittel- und Futtervorräte mitgenommen. Verstärkungen, die die Führer zugesagt hatten, trafen nie dann ein, wenn Hicks den verabredeten Treffpunkt erreichte. Die Führer wurden schließlich selbst verdächtigt. Sogar die Wasserversorgung, die zunächst genügt hatte, wurde desto fragwürdiger, je weiter man nach Süden kam, denn mit jedem Tag der brennenden Oktoberhitze trockneten die Regenlachen mehr aus.

Ehe er das sichere Duem verließ, war Hicks gefragt worden, wie er sich fühle. Er antwortete traurig: „Ich komme mir vor wie Jesus Christus unter den Juden." Trotz der Anwesenheit des tapferen Oberst Farquhar, der mit feindlichen Aufklärungskräften schon einige Scharmützel ausgefochten hatte und der Handvoll europäischer Offiziere an seiner Seite, muß dieses Gefühl äußerster Verlassenheit sich mit jedem Kilometer gesteigert haben, den sie tiefer in die ausgedörrte Wildnis vorstießen. Die wenigen Tagebücher und Berichte, die erhalten geblieben sind,[3] zeugen von einer Untergangsstimmung, noch bevor die Katastrophe eintrat.

Die in einem riesigen Karree marschierende Truppe schleppte sich in der Hitze voran wie eine Schildkröte, der ihr harter, schützender Schild fehlt. Die Kamelherde, die das sehr verwundbare Zentrum bildete, durfte nicht zum Grasen in die dichtbewachsene feindselige Umgebung hinaus und war gezwungen, nur mit jenem spärlichen Futter vorliebzunehmen, das sich auf dem zertrampelten Marschweg vorfand. Schließlich mußte man sie mit dem Stroh aus den Sattelpolstern füttern, und das rohe Holzgestell, das übrigblieb, rieb tiefe Wunden. Täglich gingen zahlreiche Kamele ein, und ihre Lasten mußten den noch am Leben gebliebenen Tieren aufgelegt werden. Auch die meisten Pferde starben.

Die unangenehme Lage der 8000 Soldaten, die die vier Seiten des Karrees formierten – Hicks und sein kleiner Stab bildeten die Vorhut –, besserte sich auch nicht, als der Oktober vorbeiging. Die Soldaten waren lustlos, da es zu keinen größeren Kampfhandlungen kam und die langen Märsche sie erschöpften. Die ständigen Meinungsverschiedenheiten zwischen Hicks und seinem ägyptischen Kollegen spalteten die Offiziere in zwei Parteien.

Der Mahdi, der mit seinen Horden die Entwicklung der Lage in El Obeïd abwartete, wurde durch seine Spione über alle diese Schwierigkeiten bestens auf dem laufenden gehalten. Er tat das taktisch Richtige, abzuwarten und den Gegner so tief wie möglich in die Einöde vordringen zu lassen. Er wußte, daß die Kraft des Feindes mit jedem Kilometer geringer würde. Vorderhand befahl er starken Aufklärungstrupps der Ansar, die Marschkolonne zu beunruhigen, jeden Versprengten aufzugreifen und alle auf dem Wege gelegenen Brunnen zuzuschütten. Das übrige überließ der Mahdi Allah und der Sonne.

Seine Siegeszuversicht wurde noch gestärkt, als ein Preuße namens Gustav Klootz, der den Marsch als Bursche eines deutschen Offiziers beim Stabe von Hicks mitgemacht hatte, desertierte und zu den Truppen des Mahdi überlief. Der weiße Gefangene wurde im Triumph zu dem mächtigen Baobab-Baum vor den Mauern El Obeïds gebracht, unter dem der Mahdi Hof hielt und täglich die Parade seiner Truppen abnahm. Hier verhörte man ihn eingehend über den Zustand der heranrückenden feindlichen Truppen. Klootz, den man wegen seines blonden Haares für einen englischen Offizier hielt, machte sehr freimütige Aussagen: Obzwar die Armee von Hicks sicher kämpfen und nicht kapitulieren werde, sei sie jedoch geschwächt und uneinig. Niemand glaube wirklich noch an einen Sieg. Als Belohnung für seine Aussagen schenkte der Mahdi dem Deutschen nicht nur das Leben, sondern nahm aus einer Schüssel einige Stücke gebratenes Fleisch und gab sie mit eigener Hand dem Gefangenen: ein seltener Gunstbeweis.

Die Freude des Mahdi war so groß, daß er nun Hunderte von Aufrufen schreiben und in den Dörfern entlang des Marschweges von Hicks verteilen ließ, um diesen zur Kapitulation aufzufordern. Sie waren in feierlich siegesgewissem Ton abgefaßt wie alle Erklärungen des Mahdi. In einem hieß es:

> „Jeder vernünftige Mensch muß sich darüber klar sein, daß Gott herrscht, und daß Musketen, Bomben oder Kanonen an seiner Macht nicht teilhaben. Niemand ist stark, den nicht der Allmächtige gestärkt hat...
> Wenn ihr das Licht besitzt, dann werdet ihr an Gott glauben und an seinen Propheten... und werdet die Wahrheit über unseren Auftrag als Mahdi erkennen. Dann werdet ihr vor Uns treten und vor Uns kapitulieren. Wer sich ergibt, dessen Leben soll geschont werden. Wenn ihr euch aber weigert und darauf besteht, meinen göttlichen Auftrag zu leugnen, und auf Geschütze und Pulver vertraut, dann werdet ihr getötet werden, so wie der Prophet den Tod vieler Anderer vor euch vorausgesagt hat."[4]

Hicks erhielt dieses Schreiben am 29. Oktober in Aluba, weniger als 30 Kilometer südlich von El Obeïd. Zwei Tage später, am 1. November, brach der Mahdi sein Lager ab und marschierte der heranrückenden Kolonne entgegen. Alle Bewohner der Stadt, Männer, Frauen und Kinder, folgten den Soldaten von Mohammed Achmed, begierig, den erwarteten Sieg mitzuerleben und daran teilzunehmen. Sie sollten nicht enttäuscht werden.

Für den letzten Abschnitt seines Vormarsches hatte Hicks ein dichtbewaldetes Tal gewählt, das dem Mahdi die Deckung für einen Hinterhalt als entscheidenden Schlag bot. Er stellte starke Kräfte in den Wäldern beiderseits des Weges bereit und versteckte einige Männer in der Mitte der Talsohle in einer bewaldeten Senke, auf welche die heranmarschierenden Soldaten stoßen mußten. Schon am 3. November hatten die Derwische den Truppen von Hicks schwere Verluste beigebracht, als sie durch eine Schlucht auf das Tal zumarschierten. Gewehrfeuer schlug von beiden Seiten in die dichtgedrängte Masse von müden Menschen und Kamelen und kaum ein Geschoß verfehlte sein Ziel.

Aber erst bei Schakyan, wo das Tal etwas weiter wurde und Hicks wahrscheinlich gehofft hat, das Schlimmste überstanden zu haben, schnappte am 5. November die Falle zu. In einem verspäteten Versuch, seine Streitkräfte weniger verwundbar zu machen, teilte Hicks sie in drei Karrees, jedes mit seinen eigenen Tragtieren und der Munition in der Mitte. Er und sein Stab setzten sich an die Spitze des ersten Karrees. Die anderen beiden folgten links und rechts rückwärts gestaffelt mit je 300 Schritt Abstand und Zwischenraum, so daß das Ganze aussah wie ein langsam vorrückendes gleichseitiges Dreieck. Etwa gegen 10.30 Uhr morgens, als diese Kolonnen eine halbe Stunde marschiert waren, stieß die Spitze auf die in der bewaldeten Senke verborgenen Derwische. Als diese sie unerwartet ansprangen – buchstäblich, so schien es, aus dem Boden gestampft –, brach das erste Karree in völliger Verwirrung auseinander. Die Soldaten an den Flanken eröffneten zur Unterstützung ihrer Kameraden ein wildes Feuer auf das Zentrum, aber dort hatte das Handgemenge schon begonnen und so töteten diese Salven ebenso viele Ägypter wie Araber.

Im gleichen Augenblick stürmten die Hauptkräfte des Mahdi beiderseits des Tals aus dem Wald, und das ganze Dreieck wild durcheinanderlaufender Menschen und Tiere war völlig umzingelt. Alle drei Karrees wurden zerschlagen, die Geschütze hatten keine Zeit mehr, das Feuer zu eröffnen, und es begann ein wildes Gemetzel. Innerhalb von 15 Minuten war von der ägyptischen Expeditionsarmee unter Führung des Generals W. Hicks Pascha kaum mehr übrig als ein Leichenhaufen. All die Rivalitäten zwischen englischen und ägyptischen Offizieren waren ausgelöscht: in diesem letzten Kampf standen sie mit größter Tapferkeit Seite an Seite. Ala Ed Din fiel, als er versuchte, vom rechten Karree her Hicks zu Hilfe zu kommen, der im Zentrum kämpfte. Hicks hatte sich indessen mit seinem Stab zu Pferde bis auf die linke Talseite durchgeschlagen, wo er seine Leute an einer Gruppe hoher Bäume sammeln wollte. Hier kämpfte er bis zum Ende, verschoß die Patronen seines Revolvers in die Angreifer, und als sein Pferd unter ihm fiel, stürzte er sich zu Fuß mit gezogenem Säbel gegen den Feind und zersprengte ganze Abteilungen von Arabern, die sich ihm entgegenstellten. Zuletzt fiel er, von mehreren Speeren durchbohrt. Er starb als letzter der Europäer, und seine tapfere Haltung wurde sogar in diesem Lande, das blutige Opfer und Fanatismus so sehr gewohnt war, zur Legende. Die Stammeskrieger der Baggara, die er zum Schluß fast ganz allein angegriffen hatte, erhielten – mit einem arabischen Wortspiel – den Spottnamen „Baggar Hicks", was soviel bedeutete wie „die von Hicks vor sich hergetriebenen Kühe".

Aber das war eine späte Ehrung. Am Tage der Schlacht selbst gegen 11.00 Uhr Vormittag des 5. November lagen sein Leichnam und jene der Offiziere seines Stabes mit abgeschlagenen Köpfen und grausig verstümmelt dort, wo sie gefallen waren, und jeder vorüberkommende Araber stieß seine Speerspitze in die zerhackten Körper. Von der ganzen Expeditionsarmee blieben nur etwa 300 Mann am Leben, und die meisten von ihnen gerieten verwundet in Gefangenschaft. Als die Derwische ihre Toten vom Schlachtfeld trugen und neben einander legten, zählten sie nur knapp 500 Gefallene. Sie hatten die Schlacht nicht allein durch das zahlenmäßige Übergewicht gewonnen, sondern hatten den Sieg der entschlossenen Führung, dem besseren Nachrichtendienst, der besseren Kampfmoral und dem Überraschungsmoment zu verdanken.

Seit der Mahdi die erste Landung feindlicher Truppen auf der Insel Abba zurückgeschlagen hatte, war ein Sieg dem anderen gefolgt, und jeder war doppelt so groß gewesen wie der vorangegangene. Der Triumph bei Schakyan übertraf sogar noch dieses Maß. Seine militärische Bedeutung und seine psychologischen Auswirkungen waren um ein Vielfaches größer als alles, was der Mahdi früher erreicht hatte. Bis jetzt hatte er seine Verfolger einen nach dem anderen vernichtet, feindliche Garnisonen eingenommen und eine Provinzhauptstadt erobert. Aber in jedem Fall hatte er es nur mit der ägyptischen Besatzungsarmee und ihren eingeborenen Hilfstruppen zu tun gehabt. Eine ägyptische Armee, befehligt von einem englischen General mit einem englischen Generalstabschef, deren Einheiten sogar von englischen oder europäischen Offizieren geführt worden waren, hatte der Mahdi nun vernichtet. Für die Rechtgläubigen und auch für die Leichtgläubigen bedeutete dies, daß sich die magische Gewalt Mohammed Achmeds jetzt auch über ihre eigene Welt des Niltals hinaus erstreckte. Sein Ansehen wuchs entsprechend. Nach der Schlacht bei Schakyan trafen Abgesandte nicht nur aus Tunis und Marokko, sondern sogar aus Indien ein, um die Lehren dieses aufsehenerregenden sudanesischen Heiligen, der zum Krieger geworden war, zu hören. Der Mahdi hatte seinen ersten Auftritt auf der internationalen Bühne. Er und seine Nachfolger geisterten auf ihr bis zu unserer Zeit umher.

Im Zentralsudan selbst war sein Ruf als der wahre Erlöser jetzt geradezu unanfechtbar. Es wurde auch alles getan, um den Sieg in diesem mystischen Licht erscheinen zu lassen. Während der Mahdi mit seinen Streitkräften in der Nähe des Schlachtfeldes blieb, vor allem um die Beute zu verteilen, zündeten seine Agenten im geheimen die Leichen einiger gefallener Feinde an, um den Anschein zu erwecken, daß diese Männer als Ungläubige und Gegner des Messias vom höllischen Feuer verzehrt worden seien. Als der Mahdi eine Woche später wieder in El Obeïd eintraf – auf einem weißen Kamel am Schluß eines großen Triumphzuges reitend, in dem auch einige nackte Überlebende der Armee Hicks mitgeführt wurden –, war es, als käme der Prophet selbst in die Stadt. Pater Ohrwalder in El Obeïd beobachtete, wie die Diener des Mahdi das schmutzige Wasser, in dem sich ihr Meister gewaschen hatte, unter die Gläubigen verteilten, die es gierig als Heilmittel gegen alle möglichen Krankheiten schlürften. Der Mahdi war in den Augen der „Gläubigen“ zum Wundertäter geworden.

Militärisch bedeutete der Ausgang der Schlacht bei Schakyan das Ende aller Hoffnungen der Regierung, noch einmal die Initiative gegen den Mahdi ergreifen zu können. Ab nun sollte es keine Strafexpeditionen mehr geben, die durch Khartum paradierten und dann nach Süden marschierten, um den Aufstand niederzuschlagen. Von jetzt an mußten die ägyptischen Behörden darauf bedacht sein, im Sudan das zu halten, was sie noch in Händen hielten. Vor allem mußten sie jetzt an die Verteidigung Khartums denken.

Dieser Angriff war zwar unvermeidlich, aber nicht unmittelbar bevorstehend. Das Verhalten des Mahdi glich dem eines Tigers, der durch gefährlichen Dschungel streift und, bevor er sein Opfer anspringt, festen Boden unter den Füßen haben will. Der Mahdi mußte deshalb zunächst an die Unterwerfung der im Osten gelegenen Provinz Darfur mit ihrem jungen und einfallsreichen europäischen Gouverneur gehen. Die Schlacht bei Schakyan hatte auch für Rudolf Slatin katastrophale Folgen.

Obwohl er seit fast einem Jahr keine direkten Nachrichten aus Khartum erhalten hatte, erfuhr Slatin doch im Frühherbst 1883 vom Abmarsch der Strafexpedition unter Hicks. Zum Glück für seine eigene Stimmung drang offenbar nichts über die Streitigkeiten der Führer und die Wahl des südlichen Marschweges bis zu ihm. Doch war ihm bewußt, daß seine Zukunft und vielleicht sein Leben von dem Erfolg des englischen Generals abhingen. Alles, was Slatin tun konnte, war der Versuch, Zeit zu gewinnen, und ungebrochene Zuversicht zur Schau zu stellen.

Es wurde jedoch immer schwieriger, den Kampf gegen die Mahdisten fortzusetzen. Im Sommer waren seine Munitionsvorräte soweit zusammengeschmolzen, daß jeder Mann nur noch wenige Schuß hatte, wobei das Hauptproblem der Mangel an Blei war. Er versuchte ihn dadurch auszugleichen, daß er aus den in Menge vorhandenen Patronen für Perkussionsgewehre die Bleigeschosse herausnehmen und umschmelzen ließ, um daraus Geschosse für die Remingtongewehre herzustellen. Aus den Arm- und Beinringen, die er den schwarzen Frauen abkaufte, ließ er kupferne Geschosse für die Perkussionsgewehre fertigen. Sein Improvisationstalent ließ ihn auch Mittel und Wege finden, Nachrichten durch die Linien des Mahdi zu schmuggeln, dessen Leute inzwischen alle üblichen Tricks kannten. Eines Morgens bemerkte er, daß seine Leute die Lahmheit eines Esels damit kurieren wollten, daß sie ihm Einschnitte an der Schulter beibrachten und in die Wunde Natronpulver streuten. Er wiederholte diese Operation im Geheimen in seinem Haus an einem gesunden Esel, legte einen Lagebericht, eingewickelt in die Harnblase eines Ziegenbocks, in den Einschnitt ein, den er mit Natronpulver behandelte und mit Seidenfaden vernähte. Die Meldung kam durch.

Es gelang ihm sogar, seinem alten Gegner Madibbo, der jetzt Dara eingeschlossen hatte und eine günstige Gelegenheit zum Angriff abwartete, einen empfindlichen Schlag beizubringen. Mit einer Abteilung von 200 ausgesuchten Männern verließ Slatin nachts die Stadt und führte im Morgengrauen einen Überraschungsangriff gegen das Lager Madibbos. Dabei wurde eine Menge Kriegsmaterial erbeutet, darunter auch die berühmten kupfernen Kriegstrommeln des arabischen Häuptlings. Madibbo entkam mit knapper Not und ritt auf ungesatteltem Pferde seinen geflohenen Männern nach. Aber Slatin wußte selbst, daß diese Erfolge nicht mehr bedeuteten, als Fliegen von einem Stück Fleisch zu verscheuchen. Die Fliegen kommen wieder.

Jetzt kam es darauf an, den Mahdi von einem Angriff gegen Dara so lange abzuhalten, bis man wußte, was aus dem Unternehmen von Hicks geworden war. Slatin löste dieses Problem mit einer Mischung aus angeborenem wienerischen Scharfsinn und angelernter arabischer Verschlagenheit. Sein stellvertretender Gouverneur in Dara, Mohammed Khaled, war ein Vetter des Mahdi und in den Augen der sudanesischen Regierung aus diesem Grunde, trotz seiner wiederholten Loyalitätsbeteuerungen, höchst verdächtig. Slatin überredete ihn, zum Mahdi nach El Obeïd zu gehen, um diesem Friedensvorschläge zu unterbreiten. Damit wurde er ihn los und streckte zugleich die ersten Friedensfühler aus. Als der Belagerungsring um Dara immer enger wurde und immer mehr im Lande ansässige Stämme sich beteiligten, die alle seine Kapitulation forderten, kam Slatin auf eine neue Kriegslist.

Er rief die Stammeshäuptlinge zu einer Beratung unter den unvermeidlichen Baobab-Baum zusammen. Ein stattliches Exemplar wuchs wenige hundert Meter außerhalb des Forts. Hier überredete er sie auf einen Waffenstillstand einzugehen, unter der Bedingung, daß er in einem Schreiben seine Bereitschaft zur Unterwerfung anzeigte. Dieses sollte nicht an seine Belagerer vor Dara, sondern an den Mahdi direkt in El Obeïd gerichtet sein. Die Emire, mit Ausnahme des mißtrauischen Madibbo (der nicht zu den Beratungen erschienen war), stimmten zu, und Slatin verfaßte seinen Brief. Er lautete:

„Im Namen Gottes des Gütigen und Barmherzigen! Vom Sklaven seines Gottes Abd el Kadir Saladin (Slatin) an den Sejjid Mohammed el Mahdi; möge ihn Gott beschützen und seine Feinde besiegen! Amen.

Seit langer Zeit verteidige ich das mir von meiner Regierung anvertraute Gut, doch gegen Gottes Willen ist nicht zu kämpfen. Ich erkläre hiermit, mich demselben und dir zu unterwerfen, doch nur unter der Bedingung, daß du einen deiner Verwandten zu mir sendest, der durch dich genügend Autorität besitzt, das Land von mir zu übernehmen und in Ruhe zu beherrschen. Ich verlange von dir das Versprechen, sämtliche in der Befestigung befindlichen Männer, Frauen und Kinder an Leib und Leben zu schützen. Alles andere bleibt deiner Großmut anheimgestellt.“[5]

Wenn Hicks siegte, konnte Slatin den Brief vergessen. Auf jeden Fall hatte er eine Atempause gewonnen.

Wenn Hicks siegte... Während der Monate September und Oktober wartete Slatin. Täglich ging er auf den Markt in der Hoffnung, einen Reisenden zu finden, der irgendetwas Neues wüßte. Aber seltsamerweise dauerte es sehr lange, bis die Unglücksbotschaft die 600 Kilometer nach Dara zurückgelegt hatte. Erst Ende November, drei Wochen nach der Schlacht, erreichten Slatin die ersten Gerüchte von der Vernichtung der Streitkräfte des Generals Hicks. Immer noch klammerte er sich an die Hoffnung, die Gerüchte könnten übertrieben sein. Endlich, am 20. Dezember, traf ein Bote im Fort ein, der nicht nur als Augenzeuge die Katastrophe schilderte, sondern auch die Aufforderung des Mahdi zur Kapitulation von Dara überbrachte.

Das war das Ende, und Slatin wußte es. Anfang des Jahres, nach dem Fall von El Obeïd, als noch eine Chance bestand, daß die Regierung schließlich doch siegen würde, hatte er dadurch, daß er Mohammedaner wurde, einige Monate Zeit gewinnen können. Aber selbst die letzten Wochen konnte er nur dadurch erkaufen, daß er seine Kapitulation anbot. Jetzt mußte er zu seinem Wort stehen. Slatin hatte seine letzten Trumpfkarten aus der Hand gegeben. Darfur ließ sich nicht mehr halten. Es erschien sogar fraglich, ob man den Sudan überhaupt noch würde retten können. Davon wußte er allerdings nichts. Er war völlig isoliert, fast 1000 Kilometer von einer Hauptstadt entfernt, in der man nur noch an das eigene Überleben dachte. Seine Offiziere, mit denen er sich an diesem Abend beriet, waren der gleichen Meinung. Als er am folgenden Morgen aufwachte, mußte er feststellen, daß alle schwarzen Soldaten der Garnison die Stadt verlassen hatten. Es war wie eine weitere Bestätigung seiner Lagebeurteilung. Auch der reichste Kaufmann war mit seiner Familie aus Dara geflohen. Nicht nur die Ratten verließen das sinkende Schiff, auch die Mannschaft gab es auf. Slatin, der in der Nacht zu seinem Entschluß gekommen war, schickte sein Kapitulationsangebot nach El Obeïd.

Nach drei Tagen langer Verhandlung draußen auf der Ebene vor der Stadt, bereitete sich Slatin auf die Übergabe an den neuen Gouverneur von Darfur vor. Das war niemand anderer als sein eigener ehemaliger Untergebener Mohammed Khaled, der Vetter des allmächtigen Mahdi. Slatin verbrachte die letzte Nacht in Freiheit, ohne ein Auge zu schließen, außerhalb der Stadt. Die Ironie des Schicksals wollte es, daß es der Heilige Abend war. Er selbst spricht von diesen Nachtstunden als von den traurigsten seines Lebens.

Es erschien fast unglaublich, daß hier dieselben Sterne am Himmel standen wie dort, hier, wo er, des Khedive österreichischer Gouverneur von Darfur sich bereitmachte, seine Provinz und sein eigenes Schicksal einem sudanesischen Fanatiker im Herzen Afrikas zu überliefern. Diese Gedanken brachten ihm außerdem schmerzlich noch etwas anderes ins Gedächtnis: Seinen offiziellen Abfall vom christlichen Glauben und die Konsequenzen dieses Schritts. Später schrieb er selbst:

„Ich mußte auch an die Folgen denken, die zunächst aus der Übergabe für mich entstehen konnten; ein Europäer und ein Christ, stand ich allein unter Tausenden und Abertausenden von erregten, siegestrunkenen Fanatikern, deren Niedrigster sich immer noch besser und höher dünkte als ich. Wohl hatte ich die Landesreligion scheinbar angenommen, ... den Schritt, den ich getan, hatte mir die Not diktiert, und wenn ich auch keinen Anspruch machte, für außergewöhnlich religiös zu gelten, so war ich mir doch bewußt, ein ebenso guter Christ zu sein, als die Mehrheit jener, welche mein Vorgehen vielleicht mißbilligen würden, und gerade deshalb schien mir ein Leben unter fortwährender religiöser Täuschung wenig verlockend und schwer zu ertragen; umso mehr, als ich wußte, daß mich diese Umgebung gänzlich in die Macht dieses scheinheiligen religiösen Reformators bringen, daß ich mich nicht nur einfach als Moslem zu erklären, sondern daß ich auch die Rolle, die mir die Ergebung aufzwingen würde, durchzuführen haben würde, und daß ich mich im vollsten Sinne des Wortes fürderhin als einen mit Herz und Seele andächtigen Mahdisten zu zeigen haben würde."[6]

Am folgenden Morgen ritt Slatin zurück nach Dara, das jetzt von den Derwischtruppen besetzt war. Er sah, wie seine Soldaten dem Gegner ihre Waffen auslieferten, und ging dann zu Mohammed Khaled, seinem Nachfolger und Diener seines neuen Meisters, um offiziell die persönliche Kapitulation zu vollziehen.

Kurz bevor er sein Haus zum letztenmal verließ, kam es dort zu einer Versöhnung mit Madibbo, der in den vergangenen zwei Jahren des Feldzuges in Darfur sein verschlagener und schwer zu fassender Gegner gewesen war. Die beiden Männer hatten sich anerkannt und einander geachtet. Nun versöhnten sie sich auch persönlich. Slatin gab dem Araber die kostbaren Kriegstrommeln zurück. die er bei jenem nächtlichen Überfall im Sommer erbeutet hatte, nahm einen Säbel von der Wand und legte ihn als Sondergabe noch dazu. Madibbo versuchte, Slatin sein Pferd zu schenken, das beste, das der Stamm besaß.

Doch Slatin lehnte ab, nahm aber einen gut gemeinten letzten Ratschlag von Madibbo an, der sagte:

„Ich bin nur ein Araber, doch höre auf meine Worte. Sei folgsam und geduldig; übe vor allem diese Tugend, denn ‚Allah ma'a es sabirin' (‚Gott ist mit dem Geduldigen')".

In den folgenden langen Jahren sollte Slatin sich in Geduld üben in der Hoffnung, daß Gott für den Lohn sorgen werde.

5. KAPITEL

Khartum

In den ersten Wochen des Jahres 1884 stand Slatin im Lager Khaleds unter nicht allzu strenger Bewachung. Als ohnmächtiger Beobachter mußte er mitansehen, wie die einst von ihm verwaltete Provinz vom Gegner vollständig erobert wurde. Nach der Übergabe von Dara wurde El Fascher, die nördlichste Garnison in Darfur, die sich als einzige noch gehalten hatte, trotz tapferer Gegenwehr der Verteidiger erstürmt.

Grausamkeiten gehörten, wie Slatin wußte, ebenso zum Leben im Sudan, wie der Sand und die Sonne. Aber die Folterungen jedes Gefangenen, von dem die Männer des Mahdi glaubten, daß er ihnen vorborgene Schätze vorenthalte, schienen ihm ein neues Höchstmaß berechnender Grausamkeit zu sein. In Dara wurden Leute, die man verdächtigte, Wertsachen versteckt zu haben, mit dem Kopf nach unten an den Beinen aufgeknüpft und solange in die Brunnenschächte gehängt, bis sie durch das ihnen ins Gehirn dringende Blut ohnmächtig wurden. In El Fascher erhielt ein ägyptischer Major, der es gewagt hatte, sich Khaled offen zu widersetzen, die unvorstellbare Strafe von je tausend Peitschenhieben, drei Tage hintereinander, um ihm das Geheimnis seines Goldversteckes zu entreißen. Der Major ertrug die Qualen mit steinerner Gelassenheit, aber Slatin konnte die Folterungen nicht länger mitansehen. Er ging zu Khaled und bat ihn, den Offizier freizugeben. Khaled stimmte zu, unter der Bedingung, daß Slatin sich vor ihm niederwerfe. Im Sudan galt dies als die äußerste Demütigung. Aber Slatin überwand sich dazu und durfte zur Belohnung den zerschundenen Körper des Majors mit nach Hause nehmen. Hier starb der Unglückliche nach vier Tagen. In seinen letzten Augenblicken wollte er seinem Retter aus Dankbarkeit die Stelle verraten, wo er das Gold versteckt hatte. Slatin wehrte energisch ab und begrub den Ägypter bald darauf in der gleichen Erde, in der auch sein Gold lag.

Das war die Einführung Slatins in die Methoden des Mahdi. Im Juni 1884, sechs Monate nach seiner Gefangennahme, wurde er schließlich dem Mahdi selbst vorgestellt. Die Begegnung fand in Rahad, einen Tagesmarsch südostwärts von El Obeïd statt. Dort befand sich das Heerlager des Mahdi, das Slatin als „tausende aneinandergereihte Strohhütten" beschrieb. Seine Diener hatten ihm zu dieser Gelegenheit eine neue „Dschebba" angefertigt. Das war das hemdartige Bekleidungsstück der Derwische. Dabei hatten sie die obligatorischen Flicken so regelmäßig aufgenäht, daß er, wie er selbst berichtet, aussah wie eine Dame in einem modischen Badekostüm. Aber hier hörte jede Vergleichsmöglichkeit mit europäischen Verhältnissen auf. Slatin trat seinem neuen Herrn nicht nur als weißer Gefangener, sondern auch als der Mohammedaner Abdel Kader entgegen. Er küßte dem großen Mann die Hände, als dieser zum Gebet erschien und kniete sich dann auf den Rand seines Schaffells, um ihm die Worte der „Beia", des feierlichen Treueids, nachzusprechen. Mit diesen wenigen arabischen Worten gelobte der österreichisch-ungarische Offizier aus Wien unter anderem, dem Mahdi „in seiner Güte" nie ungehorsam zu sein und sich seinen Pflichten in diesem religiösen Kriege niemals zu entziehen. Es folgten stundenlange Predigten und gemeinsame Gebete, die sich über den ganzen Tag bis zur Abenddämmerung hinzogen. Als Slatin sich endlich aus der unbequemen Hockstellung erheben durfte, in der er stundenlang verharren hatte müssen, um sich aus der Gegenwart seines Meisters zurückzuziehen, konnte er kaum die verkrampften Beine strecken und zu seiner Hütte zurückhumpeln. Dies alles, vom Eid auf dem Schaffell bis zu den schmerzenden Gliedern, war Teil des Preises, den er jetzt für seine Blitzbekehrung zum Islam vor 18 Monaten in Dara bezahlen mußte und auch weiter würde bezahlen müssen.

Der Mahdi hatte gute Gründe, seinen weißhäutigen Gefangenen und mohammedanischen Konvertiten gerade jetzt zu sich zu befehlen. Slatins Freund und ehemaliger Befehlshaber, General Gordon, war – zum letztenmal – nach Khartum zurückgekehrt. Mohammed Achmed wußte, daß die entscheidende Bewährungsprobe seiner göttlichen Sendung und damit seiner irdischen Macht gekommen war. Dieser Abdel Kader, der unter Gordon das Amt eines Gouverneurs innegehabt hatte und wußte, wie der Engländer dachte, konnte selbst dem Nachfolger des Propheten nützlich sein, den möglichen Ablauf der Dinge zu beurteilen.

Die Geschichte dieses letzten Unternehmens General Gordons, das für ihn mit dem Tod enden sollte, kann hier nicht in allen Einzelheiten dargestellt werden. Wir müssen vielmehr die Tragödie mit den Augen Rudolf Slatins sehen, der sie als Gefangener im feindlichen Lager miterlebte.

Die Wiederbetrauung Gordons mit der Übernahme des Oberbefehls im Sudan war zu Anfang des Jahres erfolgt. Es war dies wieder eine jener seltsamen – zwei Schritt vor und ein Schritt zurück – Maßnahmen, deren Folge es war, daß die britische Regierung gegen ihren Willen in den sudanesischen Feuersturm hineingezogen wurde. Das Kabinett Gladstone lehnte nach wie vor eine direkte militärische Beteiligung an der Niederwerfung des Mahdiaufstandes ab, die als ebenso undankbare wie unabsehbare Aufgabe betrachtet wurde, etwa als wollte man mit dem Teufel selbst kämpfen. Die Regierung stand allerdings mit ihrer ablehnenden Haltung fast allein da. Das Prestige Englands hatte durch das Massaker, dem General Hicks und seine Armee zum Opfer gefallen waren, einen schweren, wenn auch nur indirekten Schlag erhalten: in der Öffentlichkeit wurde immer lauter gefordert, daß irgend etwas geschehen müsse. Als die britische Presse, angeführt von der *Pall Mall Gazette* verlangte, Gordon müsse in den Sudan zurückgeschickt werden, eine Katastrophe abzuwenden, begann das Publikum lautstark die Forderung zu unterstützen. Königin Victoria teilte sowohl die Unkenntnis ihres Volkes hinsichtlich der Verhältnisse im Sudan als auch dessen romantischen Glauben, daß dieses Land, obwohl so abgelegen, auf geheimnisvolle Weise schon zu dem Verantwortungsbereich des weißen Mannes gehörte. Sie schrieb während der großen Auseinandersetzung an Gladstone:

„Wir dürfen dieses schöne und fruchtbare Gebiet mit seinen friedlichen Bewohnern nicht dem Morden, der Plünderung und dem Aufruhr überlassen. Es wäre eine Schande für den britischen Namen, und das Land wird das nicht zulassen."

Abgesehen von den sehr rosigen Adjektiven, mit denen die Königin den Sudan beschrieb, hatte sie natürlich recht.

An dem Tage, an dem die Monarchin den Brief verfaßte, am 8. Februar 1884, hatte man bereits einen typisch englischen Kompromiß geschlossen. Gladstone hatte, auf seinem Standpunkt beharrend, verlangt, die ägyptischen Truppen sollten den nicht zu haltenden Sudan räumen. Die britische Armee solle sich jedenfalls zunächst aus der Sache heraushalten. Da jedoch inzwischen schon vorgeschlagen worden war, einen britischen Offizier nach Khartum zu schicken, um diese Räumung zu leiten, war die Lösung klar: Die öffentliche Meinung erzwang gewissermaßen die Ernennung Gordons.

Soweit chaotische Situationen überhaupt zu meistern sind, hilft manchmal ein Kompromiß, Zeit für eine Lösung zu gewinnen. Die Geschichte des britischen Weltreiches ist voll von solchen Triumphen des Abwartens. Es gibt aber Kompromisse, die einen chaotischen Zustand noch mehr komplizieren, weil sie in sich den Keim zu weiteren Verwirrungen bergen. Gordons letzter Auftrag seiner Königin gehörte zu ihnen.

Am 18. Februar 1884 traf er von Kairo kommend, wo er offiziell wieder zum Generalgouverneur des Sudan ernannt worden war, in Khartum ein. Aber wenn jetzt auch feststand, welchen Titel er trug, so waren seine Funktionen doch keineswegs klar bestimmt. Seine Hauptaufgabe war, nach den ihm gegebenen offiziellen Anweisungen, rein beratend und administrativ: „festzustellen, welches die beste Methode für die Räumung des inneren Sudan sei". Als er seinen Posten übernahm, hatte er seine skeptischen Vorgesetzten schon zu einem Plan überredet, demnach das vor dem Untergang stehende ägyptische Regime in Khartum durch die angestammten herrschenden Familien im Sudan zu ersetzen wäre. Mit anderen Worten, Gordon hatte den Weg eingeschlagen, die Macht des Mahdi politisch herauszufordern. Von der politischen zur militärischen Konfrontation mit dem Mahdi war es nur ein kleiner und unvermeidbarer Schritt. Das entscheidende Instrument jedoch, um diesen zweiten Schritt erfolgreich tun zu können – die Entsendung einer anglo-ägyptischen Armee, um Gordons Herausforderung Rückhalt zu geben –, wurde ihm zunächst verweigert, und dann so lange verzögert, bis alles verloren war. Was Gordon wirklich dazu getrieben hat, den Entschlüssen seiner Regierung so weit vorauszueilen – die Eitelkeit eines Messiaskomplexes, der geheime Wunsch nach Märtyrertum oder das Gefühl, daß er und nicht Gladstone die Hoffnungen und Wünsche des britischen Volkes verkörperte –, wird immer ein Geheimnis bleiben. Sicher ist allein, daß seine Entschlossenheit eine entscheidende Auseinandersetzung mit dem Mahdi zu suchen, das britische Weltreich in den Konflikt hineinzog. Und gerade Gordons totale Niederlage machte eine frühere oder spätere Besetzung des Sudan durch britische Truppen unvermeidbar.

Das meiste dieser Dinge war Slatin, seinem ehemaligen Beauftragten, unbekannt. Wie alle Gegner des Mahdi hatte er neue Hoffnungen geschöpft, als er die Nachricht von der Rückkehr Gordons erhielt. Diese Hoffnungen verstärkten sich, als es Gordon im Frühjahr und Frühsommer 1884 gelang, mit den nur 8000 Mann der Garnison Khartum den Ansars einige empfindliche Schläge beizubringen. Aber die ganze Zeit zog sich die Schlinge des Mahdi um die Hauptstadt fester zusammen. So war die Lage, unsicher und verworren, aber nicht ganz hoffnungslos; und so sah sie auch Slatin, als er bei Rahad auf dem Schaffell niederkniete, dem Mahdi den Treueid leistete und damit automatisch zum „Mulazemin" oder Diener und Höfling des Mahdi wurde.

Der Mahdi blieb noch einige Wochen in Rahad. Jeden Freitag hielt er eine große Parade ab, bei der sich seine drei Heerhaufen des Blauen, Grünen und Roten Banners unter den Fahnen ihrer Emire in einem großen offenen Viereck von 40 000 Mann aufstellten, um vom Mahdi gesegnet und inspiriert zu werden. Am 22. August 1884 brachen sie das Lager ab und setzten sich in drei getrennten Marschkolonnen nach Nordwesten gegen Khartum in Bewegung. Slatin begleitete die mittlere Marschkolonne im Gefolge des ältesten Verbündeten des Mahdi, des Khalifa Abdullahi, dem er zugeteilt worden war.

Die Derwische waren erst wenige Tage auf dem Marsch, als sich ein seltsames Zwischenspiel ereignete. Es verbreitete sich das Gerücht, ein geheimnisvoller europäischer Christ sei in El Obeïd aufgetaucht und sei auf dem Wege ins Lager des Mahdi. Die einen behaupteten, er sei ein naher Verwandter der Königin von England, andere erklärten, es sei der Kaiser von Frankreich persönlich. Als schließlich der Reisende wirklich im Lager eintraf, ließ der Khalifa Slatin holen, der hier zum erstenmal die Aufgabe des Dolmetschers übernehmen mußte.

Slatin fand einen hochgewachsenen Mann mit blondem Bart vor, etwa 30 bis 40 Jahre alt, der kaum ein Wort Arabisch sprach. Er war weder ein Kaiser noch der Verwandte einer Königin, sondern ein junger französischer Abenteurer namens Olivier Pain, der erklärte, er habe seine Frau und zwei Kinder verlassen und sei von Paris hierher gekommen, um den Mahdi bei seinem Kampf gegen Gordon und die verfluchten Engländer zu unterstützen. Dieses Ereignis war ein kleiner aber bedeutsamer Vorläufer der chauvinistischen Rivalitäten zwischen England und Frankreich am oberen Nil, die 1898 bei Faschoda ihren Höhepunkt erreichen sollten. Der Mahdi wußte nichts von dieser wachsenden Rivalität und Slatin klärte ihn auch nicht auf. Für Mohammed Achmed war dieser Fremde ein unbedeutender und wahrscheinlich verrückter Ausländer, der weder eine offizielle Stellung besaß, noch Truppen zur Verfügung stellen konnte. Er überließ ihn daher seinem Schicksal. Wenige Wochen später starb Olivier Pain – der mit dem Troß des Heeres mitgezogen war – am Typhus. Er fand seine letzte Ruhestätte im sudanesischen Sand, den er in seinen Träumen für die Trikolore hatte erobern wollen.

Der Armee des Mahdi waren inzwischen so viele tausend Neuankömmlinge zugeströmt, daß sie einer wandernden Stadt glich. Am Weißen Nil angekommen, standen die Derwische nur noch einen Tagesmarsch vor dem belagerten Khartum. Slatin hatte in der Ferne Gordons Dampfschiffe den Nil hinauf- und hinunterfahren sehen. Sie feuerten nicht einen einzigen Schuß auf die unabsehbare Prozession ab, die sich das linke Flußufer entlangbewegte. Ihre Aufgabe war es, nur zu beobachten und zu berichten.

In der zweiten Oktoberwoche 1884 beschloß der Mahdi, seinen wertvollsten Gefangenen ins Spiel zu bringen. Er ließ Slatin kommen und befahl ihm, Gordon einen Brief zu schreiben und ihn im Namen des Mahdi zur Kapitulation aufzufordern, denn er sei zahlenmäßig weit unterlegen und habe keine Aussicht auf einen Sieg. Slatin stimmte feierlich zu, ging zu seinem zerschlissenen Zelt zurück und tat genau das Gegenteil. Unter dem offenen Nachthimmel schrieb er drei Briefe, die uns bis heute erhalten sind.[1]

Der erste war ein kurzes Schreiben an Gordon in schlechtem Französisch, in dem Slatin erklärte, das wichtigste Schreiben sei auf Deutsch abgefaßt, weil die Derwische sein französisches Lexikon verbrannt hätten, im Glauben, es sei ein christliches Gebetbuch.

Ein zweites Schreiben war an den österreichischen Konsul in Khartum, Hansall, gerichtet, in dem es hieß, die Garnison habe von der Armee des Mahdi nichts zu befürchten. Gordon wurde gebeten, er möge auf keinen Fall kapitulieren, weil er (Slatin) nach einer Übergabe von Khartum von den Arabern gefoltert und getötet werden würde.

Das dritte, in höchstem Maße ungewöhnliche Dokument war ein auf Deutsch geschriebener Brief an Gordon. Darin erläuterte Slatin, wie man ihn als Unterhändler durch die feindlichen Linien nach Khartum schmuggeln könne, den Mahdi oder die bevorstehende Schlacht erwähnte er aber mit keinem Wort. Der zweite Teil des Briefes war eine ausführliche Rechtfertigung Slatins gegenüber dem Generalgouverneur für seinen im Sommer 1883 vollzogenen Übertritt zum Islam und für die zu Weihnachten erfolgte Kapitulation von Dara. Zu der ersten Frage äußerte sich Slatin in einem Ton, als habe er seinen Beichtvater vor sich:

„Ob ich mit meinem Übertritt unehrenhaft gehandelt habe, ist Ansichtssache. Er wurde mir erleichtert, weil ich, vielleicht zu meinem Unglück, zu Hause keine strenge religiöse Erziehung genossen habe."

Zur zweiten Frage teilte Slatin seinem ehemaligen Oberbefehlshaber mit:

„Offiziere und Mannschaften verlangten die Kapitulation, und da ich der einzige Europäer war, sah ich mich gezwungen, den Wünschen der Mehrheit nachzugeben. Glauben Eure Exzellenz, daß die Kapitulation für mich als österreichischen Offizier leicht gewesen sei? Es war einer der schwersten Tage meines Lebens."[2]

Slatins Brief schloß mit der Floskel, seine schwachen Kräfte Gordon zur Verfügung zu stellen, dabei betonte er, daß er nicht nach „höheren Ehrenposten" strebe. Diesen Brief hätte im friedlichen Europa vielleicht ein beschämter Subalternoffizier an seinen erzürnten General schreiben können, um seine Zukunft zu sichern, nachdem er bei irgendeinem Gefecht auf dem Balkan einen Fehler begangen hatte. Hier war der Absender jedoch der Gefangene eines sudanesischen Fanatikers, der sich anschickte, den Nil zu überschreiten, um einem britischen Prokonsul eine Schlacht zu liefern, die eines der verhängnisvollsten Gemetzel des Jahrhunderts werden sollte. Einem Engländer in dieser Lage – und besonders einem Mann mit so kompromißloser Haltung wie Gordon – mußte das Verhalten des Österreichers, der in diesem Augenblick an nichts anderes dachte als an seine eigene Rechtfertigung und Karriere, völlig sinnlos erscheinen. „Niemals entschuldigen; niemals erklären", war ein Motto, das Slatin niemals begreifen würde. Immer, wenn er glaubte, daß es ihm nützen könnte, hat er beides stets getan.

Gordon schrieb einfach in sein Tagebuch:

„16. Oktober. Die Briefe von Slatin sind eingetroffen. Ich habe keinen Kommentar dazu, verstehe nicht, warum er sie geschrieben hat."

In einer zweiten Eintragung am selben Tag äußert er sich zu Slatins Bitte in dessen Brief an Hansall, man möge ihm das Leben retten:

„Er (Slatin) ist offenbar kein Spartaner ... Wenn er davonkommt, werde ich ihn in den Kongo mitnehmen. Er muß für eine Zeit in Quarantäne. Er kann einem leid tun."

Was hier geschah, war ein erstes Beispiel für den weiteren Verlauf von Slatins Leben: Die gefühlsbetonte Sehnsucht des Wiener nach voller Anerkennung durch die Engländer, die er liebte, und die leicht amüsierte, aber freundliche Toleranz , mit der manche der stolzen Engländer jener Tage versuchten, diese Sehnsucht zu stillen.

Aber 1884 stand natürlich kein Ausflug in den Kongo mit einem nachsichtigen und alles verzeihenden General Gordon mehr bevor. Slatin gelang es dennoch noch einmal – obwohl er seinen Helden nicht mehr lebend wiedersehen sollte –, unter der Vorgabe als Beauftragter des Mahdi zu handeln, einen ähnlichen Bittbrief nach Khartum zu schicken. Er glaubte, wenn er seine Briefe auf Französisch oder Deutsch abfaßte, ebenso sicher zu sein, als wenn er einen Geheimcode verwendete, da die Araber keine dieser Sprachen beherrschten und noch viel weniger die Schrift. Aber irgendjemand muß eine der „Chiffren" entschlüsselt oder zumindest Verdacht geschöpft haben, daß Slatin ein Doppelspiel treibe. Als er am späten Abend des 17. Oktober ungeduldig auf die Genehmigung wartete, die Linien überschreiten zu dürfen, wurde er stattdessen vor eine Gruppe finster dreinblickender Gefolgsleute des Mahdi zitiert, verräterischer Beziehungen zum Gegner beschuldigt und ohne weitere Umstände in schwere Ketten gelegt. Das war das sudanesische Äquivalent für strengen Arrest, und Slatin hatte sich diese Maßnahme selbst zuzuschreiben und zwar auch nach europäischem Kriegsrecht. Gemessen an der Grausamkeit des Mahdi hatte Slatin Glück gehabt, nicht langsam und brutal zu Tode gefoltert zu werden. Er war schließlich ein „Mulazem", der den feierlichen mohammedanischen Treueid geleistet hatte und jetzt die Sache des „heiligen Krieges" an die christlichen Ungläubigen und Feinde des Mahdi verriet.

Vielleicht schonte der Mahdi das Leben Slatins, weil er der Sachlage nicht ganz sicher war und ihn vor allem als Geisel behalten wollte. Vielleicht war es aber auch sein Wert als Dolmetscher und Vermittler bei künftigen Verhandlungen mit Gordon, der am meisten zählte. Es mag außerdem sein, daß er – obwohl er zum mohammedanischen Glauben übergetreten war – als europäischer „Gast" an einem arabischen Hof geschont wurde, wie das auch noch später in kritischen Situationen geschah. Man darf ihm verzeihen, daß er über dieses relative Glück keine allzu große Freude empfunden hat. Seine Lage als österreichisch-ungarischer Offizier, der zum erstenmal in seinem Leben eiserne Fesseln an Armen und Beinen spürte, war schlimm genug.

Im Folgenden schildert er selbst, wie zwei Tage später im Morgengrauen der Mahdi gegen die Hauptstadt vorrückte:

„Am nächsten Morgen ertönte die Kriegstrommel, die Zelte wurden abgebrochen und auf die Kamele verladen; das ganze Lager war in lebhafter Bewegung, man wollte heute noch bis in die Nähe von Khartum gelangen und mit der Belagerung beginnen.

Meine Kette, die ich im Laufe des vergangenen Tages mit Muße und Gründlichkeit untersucht hatte, bestand aus dreiundachtzig massiven Gliedern, welche die Form der 8 hatten und solid aneinander geschmiedet waren. Jedes Glied hatte die Länge einer Spanne; das ganze Anhängsel war demnach 83 Spannen oder vielleicht 15 Meter lang. Ich wickelte die Kette um den Leib, wurde wegen der Fußeisen im Damensitz auf den Esel gehoben und bedurfte während des Marsches der nachdrücklichen Unterstützung meiner beiden Wächter, um mein fragwürdiges Gleichgewicht nicht zu verlieren. So mancher meiner Bekannten, dem ich unterwegs begegnete, bedauerte sichtlich den Wandel in meinem Schicksal, ohne bei der stets gebotenen Vorsicht ein Wort laut werden zu lassen. Helfen konnte mir ohnehin keiner. Erst gegen Nachmittag machten wir Halt, und von einer kleinen Bodenerhöhung aus konnte ich die Palmenbäume Khartums erblicken, der Stadt, die ich verteidigen zu helfen mein Leben gegeben hätte."[3]

In Wirklichkeit ging es Slatin hier auf einem Esel des Mahdi, in zentnerschweren Ketten gefesselt, viel besser, als wenn er in Khartum gewesen wäre. Denn das Schicksal der Verteidiger der Hauptstadt war besiegelt, während er nur vorübergehende Mühen und Unbequemlichkeiten ertragen mußte.

Am 23. Oktober schlug der Mahdi sein letztes Lager südlich von Omdurman auf, und zwar auf dem der Hauptstadt gegenüberliegenden Nilufer. Die lange Belagerung begann. Wochenlang blieb Slatin mit seinen Wachen, seinen Ketten und seinen eigenen trüben Gedanken allein. Der Mahdi scheint in dieser ganzen Zeit nur zweimal an seinen Gefangenen gedacht und versucht zu haben, seine Dienste in Anspruch zu nehmen. Bei beiden Gelegenheiten gelang es Slatin, sich geschickt aus der Affäre zu ziehen. Beim ersten Mal teilte man ihm den „ernsthaften Wunsch" des Mahdi mit, er möge das Kommando an einem der Feldgeschütze übernehmen, welche die Araber herangebracht hatten, um die Befestigungen von Khartum zu beschießen. Man versprach ihm, falls er gehorche, sogar die Freiheit. Slatin hat diesem Versprechen ganz offensichtlich mißtraut. Seine Antwort – er behauptete, zu krank und zu schwach zu sein und nicht zu wissen, wie man ein Geschütz bediene – war soviel wie offene Auflehnung. Die Strafe waren ein Paar zusätzliche Eisenringe um seine Knöchel. Sein stoischer Kommentar lautete: „Ein Fußeisen mehr oder weniger machte jetzt auch nichts mehr aus."

Der zweite Anlaß war äußerst heikel. Ende Dezember – die Belagerung dauerte schon zwei Monate – wurde eine Botschaft, die Gordon versucht hatte, aus der Festung herauszuschmuggeln, abgefangen. Sie war auf Französisch abgefaßt, und der Mahdi, der nur wenige Worte entziffern konnte, ließ sie Slatin vorlegen, der sie übersetzen sollte. Mitten in der Nacht aus dem Schlaf gerissen, hielt er den kleinen Papierfetzen in das Licht einer Laterne und erkannte sofort die Handschrift und die Unterschrift in schwarzer Tinte seines ehemaligen Chefs. Die Botschaft enthielt vier Sätze, die alle, bis auf den ersten, etwas geheimnisvoll klangen. Aber der erste Satz schilderte die Lage in brutaler Offenheit. Er lautete:

„Ich habe etwa 10 000 Mann; kann die Außenwerke von Khartum bis Ende Januar halten."

Diesen einen Satz an den Mahdi weiterzugeben hätte bedeutet, ihm die verzweifelte Lage Gordons zu verraten. Slatin suchte nach einer Ausrede und gab vor, die Worte seien in einer alten französischen Chiffre geschrieben, die auch er nicht verstehen könne. Wenn man bedenkt, daß man ihn schon wegen seiner deutschen und französischen Briefe verdächtigte – wie dies die Ketten zeigten, in die man ihn gelegt hatte –, dann war das ein sehr gewagter Bluff. Aber man glaubte ihm, und es folgten keine weiteren Vergeltungmaßnahmen.

Jener eine Satz war schon Strafe genug für Slatin. Er kannte jetzt die bittere Wahrheit, während der Mahdi sie nur ahnte. Khartum konnte höchstens noch einen Monat gehalten werden, wenn nicht das Entsatzheer aus Kairo rechtzeitig herankam, von dem so viel geredet wurde.

Slatin wußte natürlich nicht, daß die Entsendung dieser Hilfstruppen schon vor fünf Monaten in London genehmigt worden war, nachdem die erbitterte britische Presse und die öffentliche Meinung die immer unentschlossene Regierung Gladstone schließlich doch zum Handeln gezwungen hatten. Aber erst am 5. Oktober 1884 verließ die Wüstenkolonne unter dem Kommando von Lord Wolseley Kairo und begab sich auf den 2600 Kilometer langen Marsch nach Süden. Erst Ende Dezember hörte Slatin in seinem Gefangenenzelt vor Omdurman zuverlässige Nachrichten darüber. In ganz England stellte man sich die gleiche Frage wie er: Wer würde das Wettrennen gewinnen, die Rotröcke oder die Derwische?

Zu Beginn des Neuen Jahres erlebte Slatin, wie das Kriegsglück sich zuerst auf die eine und dann auf die andere Seite neigte. Am 5. Januar (Slatin gibt versehentlich das Datum des 15. Januar an) sah er, wie das Fort Omdurman nach tapferer Gegenwehr des ägyptischen Befehlshabers, Faragalla Pascha, fiel. Aber schon sechs Tage später hörte Slatin zu seiner Verwunderung, wie die Freude im Lager des Mahdi sich plötzlich in lautes Jammern und Klagen verwandelte. Seine Wachen, ebenso neugierig wie er, gingen, um nach der

Ursache zu forschen und kamen mit der aufregenden Nachricht zurück, eine starke Armee des Mahdi sei von der englischen Vorhut bei Abu Klea, nur etwa 200 Kilometer weiter nördlich, vernichtet worden. Die Meldungen, die besagten, daß Tausende der Gefolgsleute des Mahdi in diesem Gefecht gefallen seien, erwiesen sich als stark übertrieben. Dennoch war es für die Derwische ein empfindlicher Rückschlag und die geheime Freude Slatins nicht geringer als die offenen Klagen seiner Bewacher.

Aber die Freude sollte nicht lange dauern. Am Sonntag, dem 25. Januar 1885 – „ich werde diesen Tag mein Leben lang nicht vergessen," – überschritt der Mahdi, entschlossen, alles auf eine Karte zu setzen, mit Einbruch der Dunkelheit den Nil, um selbst den Sturm auf Khartum zu leiten. Slatin, der in erregter Erwartung die ganze Nacht aufgeblieben war, schlief in der ersten Morgendämmerung eben ein, als ihn eine ohrenbetäubende Kanonade aus Geschützrohren und Tausenden von Gewehren am anderen Flußufer weckte. Das Getöse dauerte nur wenige Minuten, und dann war, abgesehen von einzelnen Schüssen, alles wieder still. Die Stimmung war gespenstisch. Was Slatin gehört hatte, war die Einnahme von Khartum im Handstreich. Der Beweis wurde ihm schon bald nach Sonnenaufgang vorgelegt. Er berichtet:

> „Ich konnte diese Hiobspost nicht glauben und trat aus meinem Zelte. Eine große Menschenmenge hatte sich vor den Quartieren des Mahdi und seines Khalifas angesammelt. Sie schien sich in Bewegung zu setzen und sich mir zu nähern, und nun sah ich deutlich, daß sie die Richtung gegen mein Zelt nahm. Ich konnte jetzt einzelne Personen unterscheiden. Voran schritten drei Negersoldaten, von denen einer – er hieß Schetta... – ein blutiges Bündel in den Händen trug. Hinter ihnen drängte sich die heulende Menge. Die Sklaven traten in meine Seriba, blieben mit grinsender Miene vor mir stehen, Schetta schlug das Tuch auseinander und zeigte mir – das Haupt General Gordons!
>
> Das Blut schoß mir zu Kopfe, mein Atem stockte; mit großer Anstrengung behielt ich aber soviel Selbstbeherrschung, ruhig in das fahle Antlitz zu sehen. Die blauen Augen waren halb geöffnet, der Mund hatte seine natürliche Form behalten, das Gesicht war ruhig, die Züge nicht verzerrt; das Haupthaar und der kleine Backenbart waren beinahe weiß.
>
> ‚Ist das nicht der Ungläubige, dein Onkel?'* sagte Schetta, den Kopf emporhaltend.
>
> ‚Und was weiter?' antwortete ich ruhig. ‚Jedenfalls ein tapferer Soldat, der auf seinem Posten gefallen ist und ausgelitten hat. Wohl ihm!'"[4]

* Viele Araber glaubten, Slatin sei mit Gordon verwandt. Das war vielleicht ein weiterer Grund dafür, daß der Mahdi ihn für eine so wertvolle Geisel und einen so gut verwendbaren Vermittler hielt.

Die Menge zog mit ihrer grausigen Trophäe ab. Slatin kroch in sein Zelt zurück, wo er sich ungesehen seinem Kummer und dem Groll gegen die unentschlossene britische Regierung überlassen konnte. Wie viele andere Augenzeugen hat er sich vielleicht durch das Auftauchen der ersten auf Dampfern herangebrachten Entsatztruppen für Khartum 48 Stunden nach dem Fall der Stadt täuschen lassen und geglaubt, diese kleine Vorhut mit 20 britischen und 200 schwarzen Soldaten hätte das Kriegsglück wenden können. Dazu war sie natürlich viel zu schwach; ihr Eintreffen wenige Tage früher hätte allerdings die Kampfmoral der Garnison von Khartum wesentlich gestärkt. So hatten die beiden Dampfer, als man auf ihnen beobachtete, daß die ägyptische Flagge nicht mehr über der Hauptstadt wehte, keine andere Wahl, als zu wenden und sich im Feuer der an den Nilufern stationierten Mahdisten stromabwärts zurückzuziehen. Es war ein typischer Fall von „mit halben Mitteln und auf halbem Wege". Ein Fachmann[5] unserer Zeit kommt zu der Ansicht, alle unter dem Befehl von Lord Wolseley stehenden Truppen hätten unter den gegebenen Umständen nicht genügt, Khartum vor dem Ansturm der fanatischen Derwische, die sich „kugelfest" durch die Magie des Mahdi wähnten, zu retten.

Das britische Volk und auch Königin Victoria selbst reagierten auf die Katastrophe, als habe es sich hier um das Fabelland Indien gehandelt, jenes „leuchtendste Juwel", das verlorengegangen war und nicht um die Hauptstadt eines eine Million Quadratmeilen großen, afrikanischen Wüstengebietes, das England tatsächlich gar nicht besessen hatte. Der Zorn und die Enttäuschung der Öffentlichkeit waren feurige Kohlen auf dem Haupt Gladstones. Wochenlang wurde er in Downing Street von der Menge beschimpft. Man nannte ihn den „Mörder Gordons". Die Königin – in der Rolle der Kassandra – hatte seit Monaten eine Katastrophe vorausgesagt; nun, als die Katastrophe eingetreten war, zeigte sie ihre Trauer in königlichem, aber doch maßlosem Stil. In Osborne legte sie, um die Nachricht von Gordons Tod bekanntzugeben, Trauer an. Um ihren Gefühlen Luft zu machen und zugleich sicherzustellen, daß das ganze Königreich davon erfuhr, schickte sie folgende Telegramme in Klartext an Gladstone, Lord Granville und Lord Hartington:

> „Diese Nachricht aus Khartum ist entsetzlich und zu denken, daß dies alles hätte vermieden und viele wertvolle Menschenleben hätten durch ein rechtzeitiges Eingreifen gerettet werden können, ist zu entsetzlich."

Die Königin, die ihre Adjektive in der Erregung wiederholte, erteilte mit diesen Worten ihrem Premierminister, ihrem Außenminister und ihrem Kriegsminister durch die Post eine öffentliche Zurechtweisung. Für eine konstitutionelle Monarchin war dies ein fast unverzeihliches Verhalten. In Wahrheit konnten weder die Presse, noch das Volk, noch auch die Königin in der sudanesischen Frage vernünftig denken und das, obwohl ihre Auffassung im Gegensatz zu derjenigen der Regierung eigentlich die vernünftige war. Sie ahnten schon jetzt, was das nächste Jahrzehnt beweisen sollte: War England einmal der unbestrittene Herr Ägyptens, so konnte es die Verantwortung für die aufständische ägyptische Südprovinz ebensowenig abschütteln wie es das Wasser des Nils aufhalten konnte.

Slatin wußte natürlich nichts davon, welche Erregung London ergriffen hatte. Wir erwähnen diese Umstände hier, obwohl sie ihn im Augenblick nicht berührten, weil sie dazu beigetragen haben, sein ganzes späteres Leben zu verwandeln. Von diesem Tage an empfanden England und die englische Königin einen Schuldkomplex und einen Rachekomplex gegenüber dem Sudan und dem Mahdi. Als Slatin an der Reihe war, berühmt zu werden, war dieses Gefühl der Empörung eine der Strömungen, die ihn emportrugen.

Im Augenblick aber war die Lage für ihn düster und verzweifelt. Fünf Tage lag er vergessen in seinem Zelt, während die Derwische in Khartum die gleichen Greueltaten verübten, wie vor fast genau zwei Jahren in El Obeïd. Es war eine Orgie der Folterungen, des Mordens, der Vergewaltigungen, Brandstiftungen und Plünderungen. Unversehrt entkamen fast nur die besser aussehenden Frauen und Mädchen. Am Tage der Einnahme von Khartum suchte der Mahdi selbst die schönsten für seinen ohnedies schon übervollen Harem aus. Unter denen, die er übrigließ, hatten die Khalifas die erste Wahl, denen die Emire und Scheichs folgten. Dieses Auswählen der weiblichen Jugend und Schönheit von Khartum dauerte mehrere Wochen. Die übriggebliebene Spreu wurde schließlich auf dem allgemeinen Sklavenmarkt zum Verkauf angeboten.

Am fünften Tage nach dem Fall der Stadt, als man sicher war, daß die Engländer nicht zurückkehren würden, um die Beute den Derwischen streitig zu machen, dachte der Mahdi wieder an seinen Gefangenen am anderen Flußufer im Lager bei Omdurman. Ganz unerwartet wurde Slatin aus seinem zerschlissenen Zelt geholt, auf einen Esel gesetzt und in das allgemeine Gefängnis gebracht. Hier schmiedete man ein weiteres Paar Fußeisen an seine Knöchel. Die Gefängniswärter nannten diese 18 Pfund schweren Eisen „Hadschi Fatma". Nur die gefährlichsten und verabscheuungswürdigsten Verbrecher wurden damit gefesselt. Erst im Lauf der Zeit erfuhr Slatin, weshalb er in diese Kategorie eingeordnet worden war. Man hatte Briefe aufgefunden, die General Gordon an einige Außenposten von Khartum geschrieben hatte und in denen er die Berichte Slatins über die Schwäche und Uneinigkeit im Lager des Mahdi zitierte, um die Moral seiner Truppen zu stärken. Das war nun der positive Beweis dafür, was in den Augen des Mahdi der regelrechte Verrat eines Gefolgsmannes war, der ihm den Treueid geschworen hatte. Wie Slatin später selbst zugeben mußte, hatte er Glück gehabt, als einzige Strafe weitere 18 Pfund schwere Eisen an die Füße zu bekommen. In dem düsteren Gefängnis traf er auf den jungen Engländer Lupton, der bis zum vergangenen Jahr Gouverneur der Provinz Bahr al Gazal südlich von Darfur gewesen und jetzt ebenso wie er einer der prominentesten Gefangenen des Mahdi war.

Dies war der absolute Tiefpunkt in Slatins Leben, aber dieser Zustand dauerte nicht lange. Nach wenigen Wochen wurde die Verpflegung besser, und als er eines Tages mit den anderen Gefangenen zu den rituellen Waschungen an den Fluß geführt wurde, fand er zu seiner Freude das Polster eines alten Eselsattels, das er sich jetzt anstelle des Steins, den er bisher benutzt hatte, als Kissen unter den Kopf legte. Er selbst berichtet: „In dieser Nacht schlief ich wie ein König auf einem Daunenkissen." Nach einiger Zeit erhielt er auch die Erlaubnis, mit Lupton zu sprechen, dessen Haar und Bart fast völlig weiß geworden waren, obwohl er erst knapp dreißig Jahre alt war. Die beiden europäischen Exgouverneure Gordons waren im übrigen die einzigen Gefangenen, die nicht körperlich arbeiten mußten.

Nach etwa fünf Monaten gelang es Slatins Redegewandtheit, den jungen Engländer und sich selbst aus den Ketten zu befreien. Als der Khalifa eines Tages das Gefängnis inspizierte, hielt Slatin ihm eine schon lange vorbereitete Rede, in der er betonte, er gehöre zu einem „fremden Stamm" und bitte daher um Schutz. Er habe gesündigt, bereue jedoch jetzt alle seine Missetaten. Er liege nun geduldig am Boden und erwarte die Stunde seiner Vergebung. Lupton, genau instruiert, sprach in derselben Tonart. Beide wurden von ihren Eisen befreit, denn der Khalifa war, wie Slatin schreibt, „auf unsere Lügen hereingefallen". Er brachte sie zum Mahdi, um auch dessen Vergebung zu erlangen. Dem Mahdi machte es besonderen Eindruck, als Slatin die eigene Version eines weisen Spruchs des Propheten vortrug:

> „Herr, wie kann die Liebe des Mannes, der dich nicht mehr liebt als sich selbst, aufrichtig aus seinem Herzen fließen?"

Diese schmeichelhafte Phrase gefiel dem Mahdi so gut, daß er sie sich noch einmal wiederholen ließ. Als nun Slatin und Lupton niederknieten, um zum zweiten Mal den Treueid zu leisten (der Mahdi wies mit Recht darauf hin, daß Slatin den ersten gebrochen habe), küßten sie dem großen Mann die Hand und wurden gnädig entlassen. Lupton durfte zu seiner eingeborenen Frau und seinen Kindern in das Lager ziehen. Slatin wurde auf eigenen Wunsch als persönlicher Gefolgsmann dem Khalifa zugeteilt.

Mit einer Mixtur aus List, Zungenfertigkeit und Schmeichelei war es ihm gelungen, seine Ketten loszuwerden. Gekoppelt mit Geduld blieben dies die Waffen, deren er sich allen künftigen Entbehrungen und Gefahren gegenüber bediente. Es gab nicht viele, die sie so gut zu verwenden wußten wie Slatin, und von den wenigen, die über sie verfügten, brachte es nicht jeder fertig, den eigenen Stolz so weit zu demütigen. Slatins Lebenswille und Lebensenergie wurden auch in der harten Schule des Mahdi nicht gebrochen.

In materieller Hinsicht zahlte sich diese Taktik sofort aus. Er erhielt ein Grundstück, 600 Meter vom Hause des Khalifa entfernt, zugewiesen, auf dem er für sich und die ihm zugeteilten Diener drei Hütten errichten ließ. Das Geld und die Wertsachen, die man ihm bei seiner Gefangennahme abgenommen hatte, 40 Pfund, einige Schaumünzen und goldene Nasenringe, wurden ihm zurückgegeben. Als Ersatz für andere Dinge, die man ihm gestohlen hatte, erhielt er die Kleidungsstücke und den französischen Koran des unglücklichen Olivier Pain. Das war nach den Umständen eine recht anständige Behandlung. Der Khalifa versprach ihm sogar einige Frauen und meinte, „ein Mann ohne Nachkommenschaft ist ein Dornenbaum ohne Früchte".[6]

Ganz unerwartet entstand jedoch jetzt rund um die Person des Mahdi selbst allgemeine Erregung. Als Slatin wieder in Gnaden aufgenommen worden war, hatte er bemerkt, daß Mohammed Achmed so stark zugenommen hatte, daß man in ihm kaum mehr den sehnigen, männlichen Krieger wiedererkennen konnte, als den er ihn aus der Zeit vor einem oder zwei Jahren kannte. Die Ausschweifungen, denen er sich hingegeben hatte, besonders nachdem die Kämpfe zu Ende gegangen waren und er sich keine so strenge Selbstdisziplin mehr hatte auferlegen müssen, hatten ihre Spuren hinterlassen. Am 14. Juni, bald nach Slatins Freilassung, wurde der Mahdi krank. Nach zeitgenössischen Berichten[7] hatte eines seiner zahllosen weiblichen Opfer sich an ihm gerächt und ihm ein tödlich wirkendes Gift gegeben. Slatins Version der Geschichte ist zwar weniger romantisch, klingt jedoch wahrscheinlicher: er behauptet, es sei Typhus gewesen. Welches auch die Ursache war, nach sechs Tagen starb der Mahdi. Als er schon in den letzten Zügen lag, bestätigte er den Khalifa Abdullahi als seinen Nachfolger.

Hier ist nicht der Ort, die Leistungen des Mahdi zu analysieren. Wir können nur sagen, daß die Wahrheit wahrscheinlich irgendwo in der Mitte zwischen jenen liegt, die nur sein Loblied gesungen haben und jenen, die ihn wegen seiner Exzesse absolut verdammen. Seine Regierung war kurz und brutal, reichte niemals über den südlichen und mittleren Sudan hinaus und hatte nie die Gegensätze überbrücken können, die zwischen den arabischen und negroiden Stämmen bestanden. Auch die Unterschiede zwischen Khartum und dem flachen Land sind geblieben und heute noch sichtbar. Dennoch ist es ihm gelungen, dem Völker- und Stammesgemisch im Sudan ein gewisses Identitätsbewußtsein zu geben. Aus diesem Grunde haben spätere Generationen im Sudan diesen Mann als die große Vaterfigur verehrt. Seine Nachkommen wurden zu Führern einer politisch-religiösen Bewegung, die nach dem 2. Weltkrieg eine Zeitlang den stärksten Machtfaktor darstellte.

6. KAPITEL

Gefangener des Khalifa

Die Leiche des Mahdi war noch nicht kalt, als der Khalifa auch schon in die Sandalen des Erlösers schlüpfte und daranging, sie fest an die eigenen Füße zu binden. Die Männer, die sich um das Totenbett versammelt hatten, und zu ihnen gehörten die meisten prominenten Gefolgsleute und Verwandten des Mahdi, schworen dem neuen Herrscher als erste die Treue. Dann wurden die „Mulazemin", zu denen auch Slatin gehörte, aufgerufen, desgleichen zu tun. Endlich begab sich der Khalifa zum Tor der Moschee, bestieg zum erstenmal die Kanzel des Mahdi und nahm den Treueid der Massen entgegen, die in ihren Gefühlen hin- und hergerissen waren zwischen lauten Klagen um den verstorbenen Meister und Hochrufen auf dessen Nachfolger. Die riesige Menschenmenge schwor in Gruppen den Eid. Die Zeremonie dauerte den ganzen Tag bis zum Dunkelwerden. Slatin bemerkte, daß der Khalifa zunächst einen fast demütigen Eindruck machte. Tränen rollten ihm die Wangen hinab, und seine Stimme bebte. Aber die Tränen trockneten, während die Stunden verstrichen. Die Huldigung durch seine Untertanen versetzte ihn in eine solche Hochstimmung, daß er, obwohl er völlig erschöpft war, um Mitternacht mit sanfter Gewalt von der Kanzel geführt werden mußte. Die absolute Verderbnis durch absolute Macht hatte schon eingesetzt.

Damit war der Meister Slatins jetzt auch der Meister des vom Mahdi gegründeten Staates. In den folgenden elf Jahren sollte Slatin der Gefangene beider sein, ein Gefangener im doppelten Sinne. Er war nicht nur an den Haushalt des Khalifa in Omdurman gefesselt, der Stadt, die der neue Herrscher im besonderen Sinne zu seiner eigenen machte und die er nur selten verließ. Der Sudan des Mahdi entschwand jetzt aus der zivilisierten Welt, als hätte der afrikanische Sand ihn verschluckt. Fast die einzigen Berührungspunkte waren sporadische Feldzüge oder Geplänkel an den Grenzen; im Norden gegen die ägyptische Armee, die sich nach der Katastrophe von Khartum gemeinsam mit den britischen Expeditionsstreitkräften, die den Sudan hatten retten sollen, durch die nubische Wüste zurückzog; gegen die Italiener im Osten an der Küste des Roten Meeres; gegen die Abessinier im Südosten und gegen die Belgier im Kongo an der Südwestgrenze.

Doch all diese Spannungen an den Grenzen führten nur dazu, die Isolation des Sudan zu verstärken, nicht aber sie zu verringern. Eine Zeitlang sah es aus, als sei die Außenwelt froh, mit dem barbarischen Reich des Khalifa nichts zu tun zu haben, und er selbst schien froh, vergessen zu sein. Ohne auch nur eine Uhr, ein Tagebuch oder einen Kalender zu besitzen, geschweige denn europäische Bücher oder Zeitungen, war Rudolf Slatin der Gefangene eines Tyrannen, der selbst in einem geschichtlichen Vakuum gefangen war.

Als Slatin später versuchte, die Geschichte dieser elf Jahre Gefangenschaft aus der Erinnerung niederzuschreiben, war es ihm unmöglich, trotz aller Bemühungen die Dinge chronologisch zu schildern. Die Ereignisse liefen ihm wirr durcheinander. So ist es wenig sinnvoll, eine genaue Reihenfolge der Ereignisse zu konstruieren. Als Mittelpunkt der Erzählung eignen sich am besten die Dinge, mit denen er in erster Linie befaßt war. Dies waren: sein dauerndes Klingenkreuzen des Geistes mit dem Khalifa, um zu überleben, kompliziert dadurch, daß der Khalifa selbst um seine Vorherrschaft kämpfen mußte; das ständige Bemühen, sich innerhalb des bizarren mahdistischen Regimes eine möglichst angenehme Stellung zu sichern. Doch dieses Regime war ungewöhnlich streng und erlaubte jedem Untertanen einschließlich von Slatin nur die Befriedigung eines einzigen kreatürlichen Bedürfnisses: einen schier unerschöpflichen Vorrat an Frauen. Dann waren es seine Kontakte mit den anderen vom Mahdi gefangengenommenen Europäern, von denen keiner auch nur halb die Bedeutung Slatins besaß. Im Lauf der Jahre konnte Slatin sogar Verbindungen mit Kairo und dem fernen Wien herstellen. Schließlich entwickelte sich aus alledem das Abenteuer seiner Flucht durch die Wüste, auf welches sich sein Ruhm und sein künftiges Schicksal gründeten.

Slatin beschreibt den Khalifa zur Zeit seiner Machtübernahme als einen gutaussehenden, sehr aktiven Mann Ende der dreißiger Jahre, mit schönen dunklen Augen und dunklem Haar, das Idealbild des männlichen Kriegers des Stammes der Baggara. Dieses Bild schwand bald, als Ausschweifung, Mangel an Bewegung und die ständigen Intrigen um die Macht ihren Zoll forderten, so daß zur Zeit von Slatins Flucht dieser Mann dick und schwer beweglich geworden war und einen fast weißen Bart hatte. Doch die hervorstechendsten Charaktereigenschaften, die sein Gefangener an ihm bemerkte, veränderten sich nicht. Es waren Mißtrauen, Mißgunst, Brutalität und Jähzorn. Sie traten im Lauf der Zeit nur noch stärker hervor. Zum Glück wurde dieser Prozeß von sich ständig steigernder Eitelkeit und von Empfänglichkeit für Schmeicheleien begleitet. Auf diese Weise fand Slatin immer wieder die Möglichkeit, den Panzer des Mißtrauens und der Mißgunst des Khalifa zu durchdringen.

Dem jungen Wiener gelang es auf diese Weise, mit seinem Scharfsinn, seinem Charme und seiner Zungenfertigkeit, die sogar in seinem ungehobelten Arabisch zum Ausdruck kamen, allmählich eine Stellung zu erringen, in der es ihm verhältnismäßig gut ging und er sich sogar einiger Vorrechte erfreute. Solche Verbesserungen seiner Lage traten ganz unerwartet ein, konnten in jedem Augenblick aber wieder genommen werden – wie natürlich auch das Leben – durch einen der unvorhersehbaren Wutausbrüche des Khalifa. Slatin lebte auf einem Vulkan, dessen geringstes Grollen er entdecken mußte, um es zu besänftigen, ehe es zum Ausbruch kam. Bedenkt man aber, daß er in dem von den Mahdisten besetzten Sudan lebte, und zwar als Gefangener, dann war seine Situation höchst merkwürdig

Schon nach wenigen Monaten gestattete der Khalifa ihm zum Beispiel, sich einer Expedition anzuschließen, welche dieser nach Wad el Abbas am Blauen Nil, etwa 400 Kilometer südlich von Omdurman, schickte. Der Befehlshaber dieser Abteilung, Junes, war ein Verwandter des Khalifa und ein alter Freund Slatins. Obwohl Slatin auf der ganzen Reise unter Beobachtung stand, da man seine Flucht verhindern wollte, so wurde er doch nicht als Gefangener behandelt. Er scheint als eine Art Generalquartiermeister für die Streitkräfte des Khalifa fungiert zu haben und diesem Rang entsprechend bequem gereist zu sein. Eine Bitte, die er vor dem Aufbruch an den Khalifa richtete, zeigt, wie weit er schon seit jenen Tagen gekommen war, in denen er im Gefängnis von Omdurman in Ketten gelegen hatte. Slatins „Haushalt" bestand bereits aus vier Dienern und deren Frauen, und jetzt bat er darum, drei dieser Männer mitnehmen zu dürfen. Der Khalifa schlug diese Bitte ab, befahl jedoch, daß auf der Reise für die Bequemlichkeit Slatins gesorgt werden solle.

Das nächste Blitzlicht auf Slatins Leben wirft ein Vorfall im Juni 1887:

Der Khalifa verließ Omdurman, um ein neues Lager zu besichtigen, und Slatin ging, wie das bei solchen Inspektionsreisen üblich war, zu Fuß hinter dem Pferd des Khalifa her. Dabei verletzte er sich den Fuß, der stark zu bluten anfing. Aber Slatin, der neben seinen vielen äußeren Gaben auch körperlich sehr widerstandsfähig war, humpelte weiter, ohne ein Wort zu sagen. Am nächsten Hause stieg der Khalifa vom Pferde, lobte Slatin für seine Tapferkeit, schenkte ihm auf der Stelle ein schönes Pferd und erlaubte ihm, künftig in seinem Gefolge zu reiten. Die Zeit, in der er hatte zu Fuß gehen müssen, wobei er oft fast vor Erschöpfung zusammengebrochen war, lag hinter ihm.*

* Nach seiner Flucht erzählte Slatin, das Anstrengendste in der ganzen Zeit seiner Gefangenschaft sei es gewesen, hinter dem Pferde des Khalifa herzugehen oder herzulaufen. Die Hornhaut an seinen Fersen platzte, und um die Füße gegen den heißen Sand einigermaßen zu schützen, habe er sie mit Bindfaden umwickelt.

Weniger als zwei Jahre, nachdem Slatin die Ketten abgenommen worden waren, war er zu einer Art Adjutant des Khalifa aufgestiegen, blieb dabei aber doch sein Gefangener. Bei den „Manövern" (den Scheinkämpfen, die der Khalifa von Zeit zu Zeit zwischen seinen Truppen und denen der Garnison Omdurman veranstaltete) übernahm Slatin auch wirklich diese Aufgabe und versuchte, eine gewisse Ordnung in das gewaltige Durcheinander zu bringen, das entstand, wenn 30 000 Derwische versuchten, sich in der Kriegskunst zu üben. Aufgaben wie diese waren der Anlaß für die Gerüchte, die zu Beginn in die Außenwelt drangen und besagten, Slatin befehlige die Kavallerie der Mahdisten.[1] In Wirklichkeit hat er niemals ein Kommando erhalten, denn der Khalifa konnte aus verständlichen Gründen einem ehemaligen Gouverneur Gordons ein solches Maß an Vertrauen nicht entgegenbringen. Trotz aller Versicherungen Slatins, daß er ihm treu ergeben und mit seiner Lage zufrieden sei, wußte er, daß sein Gefangener mit dem Herzen auf der Seite der Ungläubigen im fernen Norden stand und ständig daran dachte, aus dem Sudan zu entfliehen.

Als Slatin dann wirklich geflohen war, übertrieb der Khalifa sicherlich ganz bewußt, als er in seinem Zorn öffentlich erklärte, er habe Slatin „wie einen Sohn" behandelt und „nichts unternommen, ohne mich von ihm beraten und anleiten zu lassen."[2] Aber er hat weder Slatin noch sonst jemand vollkommen vertraut, auch wenn er gezwungen war, ihn zeitweise ins Vertrauen zu ziehen. Slatin war der einzige europäische Offizier und hohe Beamte in seiner Gewalt, der einzige Mann in seinem großen Gefolge, der etwas von moderner Kriegführung und modernen Verwaltungsmethoden verstand, der fremde Sprachen beherrschte und die anglo-ägyptische Armee kannte. Der Khalifa fühlte sich nicht nur geschmeichelt, einen Gefangenen im Gewahrsam zu haben, der Gouverneur der großen Provinz Darfur gewesen war und auch den Stamm der Baggara beherrscht hatte, dem er angehörte. Es war für ihn auch wichtig, immer einen Vertreter des Teils der Welt bei der Hand zu haben, den er bekämpfte, damit sein Gefangener ihn über die Besonderheiten seiner Feinde unterrichten und ihm sagen konnte, was er vom Gegner zu erwarten habe.

Im Lauf der Jahre hat der Khalifa zu seinem Gefangenen wahrscheinlich eine gewisse Zuneigung entwickelt, wenn auch innerlich widerstrebend und voller Mißtrauen. Es war überhaupt schwer, Rudolf Slatin nicht gern zu haben und ausgeschlossen, sich in seiner Gesellschaft zu langweilen. So jähzornig und wild der Khalifa als Herr über Leben und Tod seiner Untertanen auch gewesen sein mochte, in der Beziehung zwischen den beiden entwickelte sich etwas von dem besonderen Verhältnis, wie man es bei einem streitsüchtigen alten Ehepaar finden kann. Obwohl sie fast täglich zusammen waren, ließ sich nie voraussagen, was in den nächsten fünf Minuten geschehen würde. Es konnte vorkommen, daß der Khalifa an einem Abend Slatin zum Essen einlud und mit ihm ein freundschaftliches Gespräch über die Probleme dieser und die Tröstungen jener Welt führte. Aber schon am nächsten Abend konnte es geschehen, daß der Khalifa aus nichtigem Anlaß oder wegen eines zufälligen Wortes böser Laune wurde und sich tagelang in Schweigen hüllte. Aber ob nun freundlich oeer feindlich, der Khalifa scheint die Anwesenheit Slatins geschätzt zu haben. Während unter seiner Herrschaft ein Blutbad dem anderen folgte und seine Rivalen einer nach dem anderen liquidiert wurden, blieb Abdel Kader einer der ganz wenigen seiner ständigen Umgebung, der noch aus der glorreichen Zeit der Erstürmung von Khartum übriggeblieben war.

Ein sicheres Zeichen dafür, daß Slatin ständig in seiner Gunst stieg und sich einer relativen persönlichen Sicherheit erfreute, kann man auch darin erblicken, daß sich die Quantität und die Qualität der Frauen steigerte, die er sich halten durfte. Wie wir schon angedeutet haben, waren sexuelle Ausschweifungen die einzigen fleischlichen Genüsse, die der Mahdi seinen Gefolgsleuten zugestanden hatte. Tabakkauen und Trinken, zwei Laster, die sich im Sudan nicht ausrotten lassen, wurden trotzdem überall, wo die Schuldigen sich dabei ertappen ließen, streng geahndet. Auch wenn der betreffende nur das landesübliche Bier, die „Marissa", getrunken hatte, wurde er zunächst über den Marktplatz geführt, mit Kot und Staub beworfen und dann, nachdem die Trinkschale an seinem Kopf zerschlagen worden war, dem Kadi vorgeführt. Achtzig Peitschenhiebe waren die Mindeststrafe. Die Untertanen des Khalifa durften es sich auch nicht erlauben, durch Fluchen ihrem Herzen Luft zu machen. Achtzig Peitschenhiebe für jedes unanständige Wort waren die Norm.

Das einzige Ventil, das nicht nur durch das Gesetz sanktioniert, sondern sogar gesetzlich empfohlen wurde, war die Betätigung des Sexualtriebes. Darin lebten die Untertanen des Khalifa ihre Frustrationen aus, die ein Leben mit sich brachte, in dem ihnen nicht nur andere Genüsse versagt waren, sondern auch die Ablenkungen eines normalen gesellschaftlichen Lebens oder der Zivilisation fehlten. Slatin schildert, wie der Khalifa es seinen Gefolgsleuten erleichterte, vier Frauen zu nehmen, die Anzahl, die der Koran erlaubte, indem er die Morgengabe für ein Mädchen von zehn auf fünf Thaler herabsetzte und außerdem die finanziellen Vereinbarungen bei einer Scheidung vereinfachte, die als solche nach mohammedanischem Gesetz ohnehin eine bloße Formsache war. Es gab deshalb viele Männer in Omdurman, die während der elf Jahre von Slatins Aufenthalt vierzig- oder fünfzigmal heirateten. Die Zahl der Konkubinen wurde nur durch das Ausmaß der körperlichen Bedürfnisse des Einzelnen und des Inhaltes seiner Geldbörse beschränkt. Homosexualität und Sodomie – Slatin bezeichnet diese Dinge schamhaft als „unnatürliche Liebe" – waren ebenso weit verbreitet, wenn der

Khalifa auch zunächst versuchte, diesen Auswüchsen zu steuern, indem er die betreffenden Leute verbannte. Wie entbehrungsreich das Leben sonst auch sein mochte, die Welt, in der Slatin lebte, war überschwemmt von Sexualität und das alles mit freundlicher Genehmigung des Khalifa und des Propheten.

Inwieweit sich Slatin selbst in diese Flut gestützt hat, wissen wir nicht, denn diese Frage hat er hinter dem Schleier der Diskretion verborgen. Sein Buch *Feuer und Schwert im Sudan* ist für die puritanische Leserschaft des viktorianischen Zeitalters geschrieben, eine Leserschaft, welche im übrigen eine geschlechtliche Beziehung zwischen einem zivilisierten Europäer und einer eingeborenen Frau mit dem Ekel einer anglo-indischen „mem-sahib" ablehnte. Aber ob Slatin ausschweifend lebte oder nicht, es gibt keinen Grund zu zweifeln, daß er ganz reguläre geschlechtliche Beziehungen hatte – und wer will ihm daraus einen Vorwurf machen? Er war nach mohammedanischem Ritus verheiratet mit Hassanieh, der aus dem königlichen Geschlecht von Darfur stammenden Frau, die er noch als Generalgouverneur der Provinz genommen hatte, um seinen Übertritt zum mohammedanischen Glauben glaubhaft zu machen, und auch in Omdurman war sie das Oberhaupt seines Haushaltes. Ein europäischer Mitgefangener erzählte, Slatins abessinische Frau Desta habe nur wenige Tage nach seiner Flucht ein Kind geboren. Nach der „Desertion" ihres Mannes wurde sie sehr schlecht behandelt und erhielt den Status einer Sklavin. Der neugeborene Knabe lebte – vielleicht aus diesem Grunde – nur wenige Wochen.

Frauen und Sklavinnen waren natürlich ebenso ein Statussymbol wie ein Ausdruck der Libido, doch welcher Impuls auch im Vordergrund gestanden haben mag, Slatin verfügte über beides, wie sich das für einen richtigen Mann und einen „Vertrauten" des Khalifa gehörte. Abdullahis Beitrag zum weiblichen Teil von Slatins Haushalt war in beiden Bedeutungen des Wortes erheblich. Slatin begann vielleicht mit ein paar Brosamen vom Tisch seines Herrn, aber später verfügte er über einige recht zarte Leckerbissen. Es gab für ihn auch kaum die Möglichkeit, eine Frau, die er einmal angenommen hatte, nur als Dienerin in seinem Hause zu verwenden. Er hat einem britischen Offizier, Major Wheatley, nach gelungener Flucht erzählt, der Khalifa habe die Frauen, die er seinem Gefangenen zuführte, regelmäßig befragt, um sicher zu gehen, daß Slatin auch wirklich mit ihnen schlief.

Das erste Angebot kam, bald nach der Entlassung Slatins aus dem Gefängnis und nachdem er dem Gefolge des Khalifa zugeteilt worden war. Am Abend, an dem er die drei für ihn errichteten Hütten bezog, erhielt er eine Sklavin zum Geschenk. Als Slatin sie auf ihrer Palmenmatte stehen sah, kam er zu dem Schluß, ihre tiefe Stimme sei kein gutes Vorzeichen. Sie jedoch begann einladend den parfümierten weißen Schleier abzunehmen und entblößte die Schultern und Teile des Busens. Da es dunkel war, ließ Slatin von seinem Diener die Lampe näherbringen. Seine Schilderung bringt uns die Dame recht lebendig vor Augen:

„Es bedurfte meiner ganzen Fassung, um nicht erschreckt auf das Angareb zu sinken. Aus dem tiefschwarzen, fleischigen, von spärlichen Haaren umrahmten alten Gesicht lugten ein paar kleine, häßliche Augen. Eine breite, plattgedrückte Nase und ein Mund mit außergewöhnlich schwulstigen Lippen, der sich beim Sprechen den weit abstehenden Ohren in bedenklicher Weise näherte, vervollständigten dieses wenig sympathische Frauenantlitz. Der Kopf saß auf einem kurzen, fetten Hals, der in einem unförmigen Körper steckte. Das Ganze nannte sich Marjam (Maria, ein häufig vorkommender Name)."[3]

Dieses erste Geschenk zeugte von starkem Zynismus. Als der Khalifa jedoch am folgenden Tage feststellte, mit welch guter Haltung Slatin das Präsent angenommen hatte, suchte er ein junges, etwas weniger häßliches Mädchen aus und schickte es ihm.

Von dieser Zeit an wurde der Khalifa immer großzügiger. Als Slatin sich zum Beispeil 1885 mit einer Expedition nach Sennar auf den Weg machte, bot ihm der Khalifa für die Reise eine seiner eigenen Frauen an, „damit du, falls du dich nicht wohlfühlst oder krank werden solltest, jemanden hast, der nach dir sehen kann". Dabei lüftete er den Schleier der Frau, die,wie Slatin zugibt, trotz ihrer schwarzen Hautfarbe wirklich recht hübsch war. Bei dieser Gelegenheit bat Slatin jedoch, sich entschuldigen zu dürfen, da er die Verantwortung ebenso scheute wie die Mühe, und sagte schlau, er als der Diener dürfe sich nicht erlauben, die Frau seines Herrn zu nehmen. Der Khalifa war von dieser offenkundigen Demut so entzückt, daß er Slatin statt dessen eine seiner weißen „Dschebba" schenkte, ein Kleidungsstück, das der Mahdi selbst gesegnet hatte. Für ein solches Geschenk hätte mancher fanatische Anhänger des Mahdi seine rechte Hand hergegeben. Slatin bemerkt dazu nur lakonisch, dies sei „ein ausgezeichneter Tausch" gewesen.

Was der Khalifa ihm in der Folgezeit zum Geschenk anbot, nahm Slatin meist an, denn sein Haushalt war durchaus imstande, Zuwachs zu verkraften. 1888 schenkte Abdullahi, nachdem einer seiner Unterführer einen erfolgreichen Raubzug nach Abessinien unternommen hatte, Slatin eines der ausgesuchten Mädchen, die mit der übrigen Beute nach Omdurman geschickt worden waren. Das war aber nicht die Desta aus dem Jahr 1895, denn Slatin berichtet, diese abessinische Sklavin sei sehr bald nach ihrer Ankunft aus Kummer gestorben. Etwas später versuchte der Khalifa, der bei einer temperamentvollen Auseinandersetzung mit Slatin die Selbstbeherrschung verloren hatte, die Sache dadurch wieder gut zu machen, daß er ihm als besondere Aufmerksamkeit eine in Khartum geborene Ägypterin schenkte, die wegen ihrer hellen Haut als besonders begehrenswert erschien. Es klingt etwas geizig, wenn Slatin meint, der Khalifa habe ihm, anstatt ihm ein festes Gehalt zu zahlen, immer wieder Frauen geschenkt, die erhebliche Kosten verursachten, wenn es auch zutrifft, daß er es in diesem Falle außerdem noch mit einer alten Abessinierin zu tun bekam, die sich ihm als künftige Schwiegermutter vorstellte.

Des Khalifas Füllhorn wurde jedenfalls niemals leer. Nach Manövern in der Gegend von Omdurman, bei denen Slatin heldenhaft seine undankbare Aufgabe eines Adjutanten durchzuführen versucht hatte, erhielt er als Ausdruck des Wohlwollens seines Meisters „zwei schwarze junge Damen". Der Höhepunkt kam 1894 gegen Ende von Slatins Gefangenschaft, als der Khalifa an den Süd- und Ostgrenzen seines Herrschaftsbereichs in schwere Kämpfe verwickelt wurde. Damals versuchte er, Slatin fester an sich zu binden und bot ihm eine seiner Kusinen als Frau an. Slatin, der fürchtete, der Khalifa wolle ihm damit nur eine zuverlässige Spionin ins Bett legen, konnte die Gabe zurückweisen. Wieder versuchte er es, den Bescheidenen zu spielen. Wie könnte er es als Diener des Khalifa einer Verwandten seines Meisters, die ebenso wie der Khalifa vom Propheten abstammte, zumuten, sich mit seinen nichtigen Haushaltssorgen abzugeben? Der Khalifa, der Slatin – was auch dahinter stehen mochte – die Verwandtschaft angeboten hatte und ihn „als einen von uns, als meinen Freund und gläubigen Gefolgsmann" in die Familie aufnehmen wollte, war gekränkt und zeigte das auch.

Slatin hat recht, wenn er sagt, der Meister habe es sich jedenfalls leisten können, mit seinen Geschenken großzügig zu sein. Der Khalifa hatte sich im Lauf der Zeit einen Harem mit nicht weniger als 400 Frauen zugelegt, die er meist auf seinen Feldzügen erbeutet hatte. Man konnte hier jede Hautfarbe antreffen, vom hellsten Braun bis zum tiefsten Schwarz. Fast jeder Stamm des Sudan und der Nachbarländer war in den Reihen dieser stark parfümierten, ölglänzenden jungen Damen vertreten. Die Frauen wurden in Gruppen zu 15 bis 20 unter der Leitung einer Obersklavin eingeteilt, jeweils zwei oder drei Gruppen waren einer vom Khalifa persönlich dazu bestimmten Konkubine unterstellt. Sie wurden von erwachsenen Eunuchen bewacht und von einem der 15 Eunuchenknaben, die zu dem persönlichen Gefolge des Meisters gehörten, an dessen Bett befohlen. Es läßt sich unschwer vermuten, weshalb der Khalifa Omdurman so selten verließ.

Der Tagesablauf in Omdurman veränderte sich im Lauf der Zeit für den Khalifa kaum. Er bestimmte auch das recht eintönige Leben Slatins während jener elf Jahre. Die einzigen regelmäßig wiederkehrenden öffentlichen Verpflichtungen des Khalifa bestanden in seinem Erscheinen zu den fünf täglichen Gebetsstunden in der Hauptmoschee, beim Morgengrauen, um 14.00 Uhr, um 16.00 Uhr, bei Sonnenuntergang und schließlich drei Stunden nach

Einbruch der Dunkelheit. Daran mußten seine Familienmitglieder, die Kadis und Mulazemin, – zu denen auch Slatin gehörte, wenn er sich nicht wegen einer Unpäßlichkeit entschuldigen konnte –, seine Emire und das aus Tausenden von Gläubigen bestehende Volk teilnehmen und dem Meister die Gebete nachsprechen. Diese regelmäßig stattfindenden Massenversammlungen dienten ebenso verwaltungsmäßigen als auch religiösen Zwecken. Hinter dem durchbrochenen Eisengitter seines „Mihrab" konnte der Khalifa die Prominenz seiner Hauptstadt auf einmal überblicken und sich vergewissern, daß sie nichts Unrechtes im Schilde führte. Wie Slatin berichtet, sah er es nicht gern, wenn die Leute sich in ihren Häusern besuchten und unterdrückte überhaupt jedes gesellschaftliche Leben, um zu verhindern, daß man ihn kritisierte oder sich gegen ihn verschwor.

In der Zeit zwischen den Gebetsstunden, die dem Tag das feste Gefüge gaben, erledigte der Khalifa seine Korrespondenz. Sie bestand aus Berichten und Briefen, die ihm von seinen Kurieren aus allen Teilen des Reiches gebracht wurden. Das waren nicht nur berittene Boten, sondern auch zuverlässige Informanten, denen ständig 60 bis 80 Reitkamele zur Verfügung standen. Der Khalifa selbst konnte weder lesen noch schreiben. Nachdem ihm die Briefe vorgelesen worden waren, diktierte er die Antworten. Oft mußten auch reisende Emire empfangen werden, und in regelmäßigen Zeitabständen hielt der Khalifa Sitzungen mit seinen Kadis ab. Diese Männer bildeten seinen „Staatsrat". Allerdings kam es bei diesen Beratungen kaum zu Diskussionen und niemals zu einer Meinungsverschiedenheit.

Außer den schon erwähnten „Manövern" gab es die zunächst regelmäßig jeden Freitag stattfindenden Paraden, die sich aber dann zu drei Tagen dauernden großen Herrschauen entwickelten, die nur viermal im Jahr abgehalten wurden. Das müssen sehr bunte und interessante Veranstaltungen gewesen sein. Slatin erzählt, wie sich die verschiedenen Emire unter fliegenden Fahnen mit ihrem Gefolge auf der steinigen Ebene vor Omdurman schon lane vor Sonnenaufgang versammelten. In der Morgendämmerung erschien hinter seinem riesigen schwarzen Banner der Khalifa, und im ersten Sonnenlicht marschierte die ganze Armee an ihm vorbei. Die Infanterie trug frische Dschebbas und Turbane, während sich die Kavallerie für die Parade mit erbeuteten oder erhandelten Rüstungen europäischer oder asiatischer Herkunft und bunten Baumwollkappen, auf denen schwere Eisenhelme saßen, schmückte. Wenn diese Reiter mit rasselnden Rüstungen auf den mit wattierten Behängen bedeckten Pferden vorbeigaloppierten, dann müssen sie eher den Eindruck eines phantastischen mittelalterlichen Ritterheeres als den einer arabischen Reiterarmee aus dem 19. Jahrhundert gemacht haben.

Schließlich unternahm der Khalifa gelegentlich auch Besichtigungsreisen in die unmittelbare Umgebung der Stadt. Das waren rein zeremonielle Veranstaltungen, ausgestattet mit allem nur denkbaren äußeren Pomp. Die Kriegstrommeln dröhnten und man hörte den dumpfen Ton der aus Elefantenstoßzähnen hergestellten Ombeiyahörner, sobald der Herrscher die Stadt verließ. Die Kavalkade versammelte sich auf dem großen Platz hinter der Moschee und setzte sich von dort aus in Bewegung. Sechs Ombeiyahornisten zogen dem auf einem edlen Pferd reitenden Khalifa voraus. An seiner Seite schritt ein riesiger, muskulöser Araber, der die Ehre hatte, seinen Herrn in den Sattel zu heben und ihm beim Absitzen behilflich zu sein. Dahinter folgten Trompeter, die auf seinen Befehl zum Halten oder zum Marsch bliesen. Die Kolonne marschierte inmitten eines großen Vierecks von Soldaten und Gefolge, zu dem auch eine aus fünfzig schwarzen Sklaven bestehende Musikkapelle gehörte, die auf Antilopenhörnern und aus hohlen Baumstämmen gefertigten Trommeln afrikanische Weisen spielte.

Zu den besonders bevorzugten Mulazemin des Khalifa gehörte auch Slatin, der an allen Paraden und Besichtigungsreisen wie an den Manövern und in der Moschee stattfindenden Beratungen teilnehmen mußte. Bei den Palavern mußte er stundenlang mit gekreuzten Beinen auf dem Boden sitzen. Zu den Besprechungen über reine Verwaltungsfragen wurde er nur selten herangezogen, und zwar gewöhnlich nur dann, wenn ein in einer fremden Sprache abgefaßtes Dokument zu übersetzen oder eine die Außenwelt betreffende Frage zu erörtern war. Sonst stand es ihm während dieser Zeit frei, in der Stadt spazieren zu gehen und – soweit dies möglich war – ein gesellschaftliches Leben zu führen.

Die größte Sehenswürdigkeit in Omdurman war – außer der Moschee und dem Grabmal des Mahdi, die Slatin im Lauf der Jahre sicher schon über gehabt haben mag – der Sklavenmarkt. Zwar mußte er sich jedesmal unter dem Vorwand, einen Sklaven kaufen oder tauschen zu wollen, eine Sondererlaubnis für den Besuch des Marktes beschaffen, aber er verbrachte hier viele für ihn interessante Stunden. Er beschreibt den Sklavenmarkt wie folgt:

„In Omdurman steht südlich vom Beth el Mal auf einem freiliegenden geräumigen Platze ein aus ungebrannten Lehmziegeln erbautes Haus, das sogenannte Suk er Regig, der Sklavenmarkt... Hier kommen die professionellen Sklavenhändler zusammen und bieten ihre Waren aus. Rund um das Haus stehen oder sitzen Weiber und Mädchen in großer Zahl und Auswahl, von der alten, gebrechlichen, halbnackten Arbeitssklavin bis zu der nach Sudanbegriffen schön geputzten jugendlichen Suria (Konkubine). Da dieser Handel als ganz natürlich angesehen wird und dem Gesetz entspricht, so werden die Feilgebotenen von den Käufern ohne jegliche Zurückhaltung wie zum Markt gebrachte Tiere auf das gründlichste untersucht; man öffnet ihnen den Mund, um zu sehen, ob die Zähne sich in gutem Zustande befinden, entkleidet den Oberkörper, besieht und prüft den

Rücken, Brust und Arme, untersucht die Füße und läßt sie einige Schritte gehen, um den Körper auch in der Bewegung beobachten zu können. Man stellt Fragen und erprobt, bis zu welchem Grade sie der arabischen Sprache mächtig sind, was besonders bei den Surias einen großen Preisunterschied macht. All dies lassen die Sklavinnen ruhig und gleichgültig über sich ergehen.

Nun beginnt das Feilschen zwischen dem Käufer und dem Händler, der entweder einen Preis nennt oder sich ein Angebot machen läßt ... Verfehlt der Käufer einerseits nicht, sie möglichst herabzusetzen und über die Mängel an Schönheit des Gesichts, der Körperformen, der Sprechweise usw. zu räsonnieren, um den Preis zu drücken, so unterläßt es auch wieder der andere nicht, die Eigenschaften des Körpers und des Geistes des Kaufobjektes in der detailliertesten Weise zu rühmen, um den Reflektanten zu dem günstigsten Abschlusse zu bewegen.

Hat man sich endlich über den Preis geeinigt, so wird gleichzeitig mit der Bezahlung desselben das übliche Verkaufspapier ausgestellt, und damit ist die Sklavin in das Eigentum ihres neuen Herrn übergegangen. Der Verkäufer aber haftet für gewisse, durch den Gebrauch festgesetzte Gewährsmängel, insbesondere für geheime Krankheiten, wozu bei den Surias auch das Schnarchen gezählt wird, dann für üble Charaktereigenschaften wie Hang zum Stehlen und dergleichen."[4]

Wie sich das für einen Kaufmannsohn aus Wien gehört, orientierte sich Slatin genau über die Preise, die zwischen 50 der dort geltenden Taler für eine alte Arbeitssklavin bis zu 700 Taler für eine wirklich schöne und talentierte Konkubine sich bewegten. Er beobachtete, daß die Preise je nach der Marktlage oder der Nachfrage für eine bestimmte Rasse wechselten.*

Das waren die wenigen Abwechslungen, die es in dem sonst ermüdenden und langweiligen Leben Slatins gab. Die einzigen sonstigen Sensationen lieferten die wirklichen oder angeblichen Verschwörungen gegen den Khalifa, die sich wie ein blutgetränkter roter Faden durch die Zeit der Gefangenschaft Slatins zogen. Er fürchtete diese periodisch wiederkehrenden Unruhen nicht nur, weil seine Lage durch jede Spannung im Lager des Khalifa gefährdet

* 1 Derwischtaler (Omla Gedid) enthielt anfangs noch 18,5 g Silber, doch verschlechterte sich das Verhältnis bei späteren Prägungen auf 12,5 g und schließlich bis zu 3 g Silber. Während des größeren Teiles der Regierungszeit des Khalifa galt etwa folgendes Verhältnis: 5 Omla Gedid-Taler = 1 Maria-Theresien-Taler (23,389 g Feinsilber). 250 g Zucker kosteten 1 Omla Gedid-Taler, ein Lastkamel 60 bis 80; ein Schlachtochse 100–160; ein Pferd, je nach Qualität, 60–600. – Zum Vergleich: Es erhielten der Kadi el Islam, der höchste Beamte, 40 Taler monatlich; der Schreiber des Khalifa 30, usw. (1 Kilogramm Feinsilber kostete Mitte Juli 1972 183,7 DM.)

wurde, sondern auch wegen des fürchterlichen Gemetzels, mit dem jeder Auflehnungsversuch endete.

Zu den Rebellen, die sich dem Regime Abdullahis zu widersetzen versuchten, gehörte zum Beispiel eine Gruppe meuternder schwarzer Soldaten, die schon 1885 in den Nubabergen eine winzige pro-ägyptische „Republik" gründen wollten, wie auch zahlreiche Gruppen, die sich dem Khalifa aus ideologischen Gründen widersetzten. Das waren unter anderem ein Postkurier, der behauptete, „Isa", d. h. Jesus Christus zu sein, und ein „Fiki", der die Kühnheit besaß, in Omdurman aufzutreten und zu erklären, er sei zwar ein guter Mohammedaner und sogar „das Licht des Propheten", nicht aber ein Gefolgsmann des Mahdi. Die meuternden Soldaten wurden in einem Gefecht fast bis zum letzten Mann niedergemacht. Die religiös Abtrünnigen wurden öffentlich hingerichtet. Immer wieder erhoben sich einzelne Stämme und manchmal sogar ganze Provinzen, wie etwa die ehemals von Slatin verwaltete Provinz Darfur im Jahr 1887/88, gegen die Herrschaft Abdullahis. Die gefährlichste Bedrohung seiner Macht bedeutete jedoch ohne Zweifel die Revolte der sogenannten „Aschraf", der Verwandten des verstorbenen Mahdi, 1891 in Omdurman.

Dieser Aufstand kam zu einer Zeit, als der Khalifa die allergrößten Schwierigkeiten hatte. In den Jahren nach 1887 waren die Ernten schlecht, die Lebensmittel wurden knapp und 1889 kam es zu einer regelrechten Hungersnot. Slatin beschreibt sehr lebendig zwei Straßenszenen, deren Zeuge er wurde. Einmal beobachtete er einen halbverhungerten Mann, der ein Stück Talg gestohlen hatte und es sich in den Mund stopfte. Der Besitzer sprang ihm an die Kehle und drückte ihm den Hals zu, bis ihm die Augen hervorquollen. Aber der Dieb weigerte sich, seine wertvolle Beute auszuspucken und fiel schließlich mit fest zusammengepreßten Zähnen in Ohnmacht. Das zweite Erlebnis hatte er, als er eines Abends bei Vollmond nach Hause ging:

> „Ich sah einige Leute sich auf der Erde sonderbar hin- und herbewegen. Ich trat näher; es waren drei halbnackte Weiber mit langen, wirren Haaren, die neben dem Körper eines jungen Esels hockten, der wahrscheinlich das Muttertier verloren hatte oder von den Weibern gestohlen worden war. Sie hatten seinen Leib, wie es schien, mit den Zähnen und den Händen aufgerissen und kauten an den rohen Eingeweiden des sich noch in Todeszuckungen wälzenden Tieres. Mir schauderte vor diesen vom Hunger zu Tieren gemachten Weibern, die mich wie Wahnsinnige anglotzten. Die Bettler, die mir nachgegangen waren, wollten ihnen jetzt den Kadaver wegnehmen, sie verteidigten aber ihren Raub mit der Wut der Bestie, die Blut geleckt hat. Ich verließ raschen Schrittes diese unheimliche Gesellschaft."[5]

Wie Slatin weiter berichtet, trieben in den Wassern des Blauen und des

Weißen Nils, die sich bei Omdurman vereinigen, täglich Hunderte von Leichen der Bauern vorbei, die an den Flußufern verhungert waren.

Die Hungersnot scheint auch Anlaß für einen Versuch des Khalifa zu einer Invasion Ägyptens gewesen zu sein. Es war ein verzweifeltes Unternehmen, das mit einer totalen Katastrophe endete. Am 3. August 1889 griffen anglo-ägyptische Streitkräfte unter dem britischen Oberbefehlshaber in Ägypten, Grenfell Pascha, die bei Toski aus dem Sudan nach Ägypten einfallenden Truppen des Khalifa an. Toski war ein Dorf am Westufer des Nil, etwa 80 Kilometer südlich der großen Monumente von Abu Simbel. Die Armee des Khalifa, die gehofft hatte, mit einer Fülle von Lebensmitteln, Gold und weißhäutigen Sklavinnen aus dem reichen Schatzhaus Kairos zurückzukehren, wurde vernichtend geschlagen. Die anglo-ägyptische Armee brachte etwa 5000 Gefangene und Flüchtlinge in ihr Lager. Als die Nachricht von der Niederlage den Khalifa erreichte, war er, wie Slatin beobachtete, so verzweifelt, daß er seinen Harem drei Tage nicht betrat.

Vor diesem Hintergrund wirtschaftlicher Schwierigkeiten und militärischer Rückschläge begannen die Aschrafs, die schon 1886 in einer Kraftprobe mit Abdullahi unterlegen waren, ihren bewaffneten Aufstand in seiner Hauptstadt. Viele Verwandte des Mahdi, unter ihnen auch zwei seiner Söhne, beteiligten sich an der Verschwörung, die durch die im Sudan übliche Kombination von Machtkämpfen innerhalb der mächtigsten Familien und Beschwerden über die immer untragbarer werdenden Steuerlasten genährt wurde. Bezeichnend war auch der Verrat des Unternehmens. Als sich nämlich die Rebellen nach monatelangen Vorbereitungen im November 1891 schließlich am Grabmal des Mahdi versammelten und ihre bisher verborgenen Waffen – etwa 100 Remingtongewehre und einige Elefantenbüchsen – verteilten, bereitete sich der Khalifa, der während der ganzen Zeit seine Spione in ihren Reihen gehabt hatte, in aller Ruhe in seinem nur einen Steinwurf vom Schauplatz des Geschehens entfernten Hause auf den Gegenschlag vor. Im Morgengrauen sahen sich die Meuterer von überlegenen Infanterie- und Reitertruppen eingeschlossen. Dennoch wiesen sie kurzerhand die Friedensaufforderung des Khalifa zurück. Die Folge war der Ausbruch verworrener Kämpfe in den Straßen.

Slatin war sehr erregt. Irgendwelche Aufstände in der Wüste konnten ihm kaum nützen. Wenn jedoch die Hauptstadt durch Kämpfe und Plünderungen in Brand geriet, konnte er vielleicht in der allgemeinen Verwirrung zu flüchten versuchen. Man kann sich seine Enttäuschung vorstellen, als nach zwei Tage dauernden Verhandlungen, während derer es immer wieder zu Schießereien kam, ein Kompromiß geschlossen wurde: Die Verwandten des Mahdi wurden wieder in ihre Ehrenämter eingesetzt und erhielten ihre Pensionen zurück, mußten dafür jedoch ihre Waffen abliefern. Aber der Khalifa verlor keine Zeit, dem dritten Teil der Abmachungen zuwider zu handeln. Er hatte versprochen, alle diejenigen zu begnadigen, die sich den hochgestellten Rebellen angeschlossen hatten. Knapp drei Wochen nach dem Waffenstillstand wurden ihre sieben Hauptanhänger festgenommen, mit einem Dampfer flußaufwärts nach Faschoda gebracht und dort mit frisch geschnittenen Dornenstecken zu Tode geprügelt. Um diesen barbarischen Vertragsbruch zu rechtfertigen, berief sich Abdullahi auf die Autorität des Mahdi, der ihm, wie er behauptete, in einer Vision erschienen sei und eine strenge Bestrafung gefordert habe. Es schien eine gewagte Behauptung.

Der Aufstand der Aschraf von 1891, der einzige, dessen Zeuge Slatin wurde, wirkte sich sofort auch auf seine persönliche Lage aus. Obwohl er selbst als Mulazem gezwungen gewesen war, während der Krise den Khalifa ständig zu umdienen, und keine Fluchtmöglickeit gehabt hatte, waren einige andere europäische Gefangene aus Omdurman geflohen. Pater Ohrwalder, dessen Augenzeugenberichte über die Feldzüge des Mahdi wir oben zitiert haben, hatte – zusammen mit zwei Nonnen seines Missionsordens, die neun Jahre zuvor mit ihm in Gefangenschaft geraten waren – die Flucht durch die Wüste nach Ägypten schon lange vorbereitet. Am Sonntag, dem 29. November, noch bevor in der Hauptstadt wieder Ruhe herrschte, setzten die drei sich auf Reitkamele und flohen aus Omdurman. Nach zehn Tagen abenteuerlicher Flucht über 640 Kilometer nach Norden kamen sie in dem ägyptischen Fort Murat an und hatten damit ihre Freiheit wiedergewonnen.

Die Flucht „Josephs des Priesters", wie man ihn in Omdurman nannte, wirkte sich für Slatin in zweifacher Weise aus. Erstens ergoß sich der Zorn des Khalifa auf ihn, der Slatin verdächtigte, an den Fluchtvorbereitungen beteiligt gewesen zu sein. Obwohl es Slatin mit seiner gewohnten Zungenfertigkeit gelang, die unmittelbare Gefahr von sich abzuwenden, blieb ein gewisses Mißtrauen bestehen, und er wurde schärfer bewacht als bisher. Zweitens hatte er, und das war für ihn vielleicht noch unangenehmer, den einzigen gleichgesinnten Gefährten verloren, der mit ihm die Gefangenschaft in Omdurman teilte. Pater Ohrwalder war auch Österreicher und ein kultivierter und gebildeter Mann. Slatin schreibt:

> „Ich war nun freilich ganz verlassen, denn er war nicht nur mein Landsmann, sondern mein treuer Freund. Er war der einzige, mit dem ich durch geistige Verwandtschaft verbunden war, der einzige, mit dem ich in den traurigen Zeiten manchmal ein paar Worte in meiner Muttersprache wechseln konnte."[6]

Die unglückliche kleine Schar europäischer Gefangener war stark zusammengeschrumpft. Eine weitere zur Missionsstation Ohrwalders gehörende Nonne war sechs Wochen vor der Flucht an Typhus gestorben. Von der gleichen Krankheit war der Engländer Charles Lupton, der während der Belagerung von Khartum in Ketten gefesselt die Zelle Slatins geteilt hatte, schon zwei Jahre zuvor im Mai 1888 hingerafft worden. Ohrwalder und Slatin (der nie aufgehört hatte, in seiner etwas peinlichen Lage „bei Hofe" alles, was in seiner Macht stand, für seinen englischen Freund zu tun), begruben ihn nach den mohammedanischen Beisetzungsfeierlichkeiten in der Moschee, bei denen die beiden Österreicher wahrscheinlich auch noch ihre eigenen Gebete gesprochen haben, auf dem Friedhof der Stadt. Der preußische Soldat Gustav Klootz, der 1883 zu den Truppen des Mahdi übergelaufen war, war schon nach drei Jahren gestorben. Er hatte versucht, zu Fuß von Omdurman nach Südosten in die abessinischen Berge zu fliehen und war dabei vor Erschöpfung umgekommen. Das war eine Lehre für seine Mitgefangenen und zeigte ihnen, daß eine Flucht nur zu Kamel und nur nach Norden möglich war.

Ende 1891 gab es zwar noch einige Griechen, Italiener und Syrer in Omdurman, aber der einzige deutsch sprechende Gefangene außer Slatin war der aus Preußen stammende 45 Jahre alte Kaufmann Karl Neufeld.[7]

Aber für Slatin bedeutete die Bekanntschaft mit Neufeld kaum etwas. Er hatte 1887 eine leichtsinnige Geschäftsreise zum Einkauf von Gummi arabicum unternommen und war dabei in Gefangenschaft geraten. Seine unbeugsame Haltung zwang den Khalifa geradezu, ihn in Ketten zu halten. Der Stolz Neufelds und die fürchterlichen Strafen, die dieser ihm eintrug, müssen dem empfindlichen Slatin immer wieder Gewissensbisse verursacht haben. Sollte er sich dazu beglückwünschen oder sollte er sich Vorwürfe machen, daß er sein relativ sorgloses und bequemes Leben durch seine Geschicklichkeit gesichert hatte? Stimmte Slatin dieser Kontrast manchmal nachdenklich, so konnte er sich wenigstens damit trösten, daß er durch seine privilegierte Stellung am Hof des Khalifa wahrscheinlich dazu beigetragen hatte, Neufeld das Leben zu retten.

Eines Tages im Mai 1887 sah Slatin, wie der Deutsche in das Lager geführt wurde. Es wurde von ihm behauptet, er sei der „Pascha von Wadi Halfa" und ein englischer Spion. Aus den Papieren, die man ihm abgenommen hatte und die Slatin dem Khalifa übersetzen mußte, ergaben sich die wahren Umstände. Alle Briefe bestätigten, daß Neufeld ein deutscher Kaufmann war, der sich auf einer Geschäftsreise befand. Was Slatin aber nicht übersetzte, war ein Auftrag des britischen Generals Stephenson, der Neufeld gebeten hatte, einen ausführlichen Bericht über die Lage im Sudan mitzubringen.

Anschließend mußte Slatin zusehen, wie der Khalifa auf dem freien Platz vor seinem Hause mit dem Leben des Gefangenen Katze und Maus spielte. Neufeld war aber alles andere als eine Maus. Auf die Knie gezwungen, von den gellenden Trompetenstößen der an seine Ohren gehaltenen Ombeiyahörner halb betäubt, mit Speeren und Säbeln gestochen, hatte er immer noch den Mut, auf die Androhung, der Khalifa werde ihn köpfen lassen, zu antworten: „Gehe zu deinem Khalifa und sage ihm, daß weder er noch fünfzig Männer wie er mir ohne die Erlaubnis Gottes ein Haar krümmen können."

Als sein Peiniger von dieser erstaunlichen Mitteilung Kenntnis genommen hatte, befahl er, Neufeld solle „wie sein Prophet Jesus" gekreuzigt werden. Eine Stunde später wurde Neufeld in Ketten auf einen Esel gesetzt und zum Galgen gebracht. Als die Schlinge schon über seinem Kopf hing, fragte man ihn: „Du wirst in wenigen Minuten tot sein. Wie willst du nun sterben, als Mohammedaner oder als Christ?" Der Deutsche, der, wie er selbst sagte, erzwingen wollte, daß „diese Horde mich auch noch im Tode achten soll", entgegnete mit lauter Stimme auf Arabisch: „Die Religion ist kein Kleid, das man heute anzieht und morgen fortwirft." Mehr als die Bitten Slatins haben wahrscheinlich sein Mut und seine weiße Hautfarbe ihm das Leben gerettet. Er wurde jedoch für vier Jahre in den berüchtigten „Saier" geworfen. Hier im Stadtgefängnis von Omdurman muß er Qualen ertragen haben, die so fürchterlich waren, daß er ihnen wahrscheinlich den Tod am Galgen vorgezogen hätte.

Diese beiden Männer, Slatin und Neufeld, die einander in der Hauptstadt des Khalifa begegneten, waren die Repräsentanten entgegengesetzter Pole. Neufeld entsprach der Vorstellung vom unbeugsamen Preußen, der stolz und hart „wie die deutschen Eichen" den Elementen Widerstand leistet. Seine Kraft floß aus festen Grundsätzen und religiösem Glauben. Slatin dagegen entsprach dem Cliché-Bild des Wieners, der – um bei botanischen Vergleichen zu bleiben – sich wie die Weide vor jedem Windhauch beugte, weil es ihm vor allem um das Überleben ging. In fast jedem Wald ist Platz für beide Bäume, und im Sudan fand jeder der beiden den für ihn geeigneten Ort.

Für Slatin ging es weit mehr um das Überleben als um das passive Überstehen der Gefangenschaft unter möglichst angenehmen und bequemen äußeren Umständen. Vor allem trachtete er danach, zur rechten Zeit und auf dem sichersten Wege zu entfliehen. Im November 1891 muß die aus Omdurman nach Norden führende Karawanenstraße eine sehr große Versuchung dargestellt haben. Was einem österreichischen Pater und zwei Nonnen gelungen war, mußte auch dem ehemaligen Gouverneur Gordons möglich sein.

7. KAPITEL

Flucht

Die Flucht Rudolf Slatins aus dem Sudan begann damit, daß der in der Wüste Afrikas gestrandete Österreicher Verbindung mit seiner fernen Heimat aufnahm. Sein Verlangen nach Freiheit wurde durch die Kontakte, welche die österreichische Monarchie zum Teil absichtlich, zum Teil aber auch zufällig mit ihrem verlorenen Sohne herstellte, noch verstärkt.

Ende 1884 erfuhren seine Geschwister zum erstenmal von der unglücklichen Lage, in der er sich befand. Ein Brief, den er im Februar desselben Jahres, zwei Monate nach seiner Gefangenahme, von El Fascher aus geschrieben hatte, erreichte Österreich nach einer langen Rundreise über das von den Ägyptern besetzte Dongola am Nil, das Rote Meer und das österreichische Konsulat in Kairo. Das Original ist heute im Besitz seines Großneffen in Wien.[1]

Der Brief richtet sich an die „liebste Mama und liebe Geschwister". Sein Inhalt ist eher eine Rechtfertigung als eine Bitte um Hilfe. Ebenso wie in den Briefen, die er bald darauf an seinen ehemaligen Oberbefehlshaber, General Gordon schrieb, suchte er auch hier zu erklären, weshalb er keine andere Wahl gehabt habe als zu kapitulieren. Er berichtet, von den 5000 in Darfur unter seinem Kommando stehenden Soldaten seien mehr als 3000 bei den verschiedensten Gefechten gefallen, und die meisten Überlebenden seien verwundet worden. Er erwähnt den katastrophalen Ausgang des Entsatzunternehmens von General Hicks, nach welchem sich die letzte Hoffnung auf einen militärischen Erfolg zerschlagen habe. Dann schreibt er, er habe mit Gottes Hilfe immer versucht, seinem Lande Ehre zu machen und als tapferer Offizier das Vertrauen, das der Vizekönig in ihn gesetzt habe, zu rechtfertigen. Seine Bemühungen hätten jedoch leider nicht zum Erfolg geführt. Die unter seinem Kommando stehenden Soldaten hätten, obwohl es zum größten Teil Eingeborene gewesen seien, sogar gegen ihre Stammesgenossen tapfer gekämpft, und nach einem Siege des Generals Hicks wäre Darfur Ägypten erhalten geblieben.

In diesem ersten Brief ist von Angst oder Entbehrungen nicht die Rede. Er wurde zu der Zeit geschrieben, als Slatin nur dem Namen nach ein Gefangener war. Er versichert darin seinen Verwandten, er werde vom Feind mit Respekt behandelt und habe keinen Grund zur Beschwerde. Er erhalte vom Schatzamt alles Geld, das er für seinen Haushalt benötige. Dann spricht er davon, in naher Zukunft nach Kordofan gehen zu wollen, um die notwendigen Vorbereitungen für ein Wiedersehen in der Heimat zu treffen. Vielleicht hat er mit diesem Brief die Sorgen seiner Angehörigen zerstreuen wollen. Es geht daraus aber auch hervor, daß er in den ersten Monaten nach seiner Kapitulation, bevor noch der Mahdi durch die Einnahme von Khartum endgültig das Schicksal Slatins und des Sudan entschieden hatte, verhältnismäßig viel Freiheit genoß und recht optimistisch war.

Es vergingen mehr als vier lange Jahre, bis die erste Antwort seiner Familienangehörigen zu Slatin gelangte. Eines Abends spät im Juli 1888 während des Feldzuges des Khalifa gegen Abessinien traf der Befehlshaber der bei Kassale an der abessinischen Grenze kämpfenden Truppen in Omdurman zur Meldung ein. Am Schluß der Audienz überreichte er seinem Meister einen an Slatin adressierten Brief, der angeblich von seinen Verwandten in Europa geschrieben sei. Er war nicht weniger als zwanzig Monate von Wien hierher unterwegs gewesen und war über den von den Briten besetzten Hafen Suakin am Roten Meer in den von den Mahdisten gehaltenen Teil des Sudan gekommen. Der Gouverneur dieser Küstenprovinz war damals kein anderer als Kitchener, der britische Offizier, der später den Tod Gordons rächen sollte. Er hatte den Brief an den Befehlshaber der Streitkräfte des Khalifa in den Bergen am Roten Meer, Osman Digna, weiterbefördern lassen.

Slatin wurde aufgefordert, den Brief vorzulesen. Er enthielt eine kurze und traurige Mitteilung. Seine bekümmerten Geschwister teilten ihm mit, daß ihre Mutter gestorben war. Das Schreiben enthielt die letzten Worte der Mutter auf dem Sterbebett: „Ich bin bereit zu sterben, aber ich hätte gerne meinen Rudolf wiedergesehen, ihn noch einmal in die Arme geschlossen. Es ist schwerer für mich, diese Welt zu verlassen, wenn ich daran denke, daß er sich in den Händen seiner Feinde befindet."

Für Slatin war diese Nachricht dadurch nicht weniger schmerzlich, daß er sie erst zwanzig Monate später erhielt. Das Heimweh, das die Mutter ihm vor zehn Jahren in Österreich prophezeit hatte, muß jetzt bei dieser traurigen Nachricht in seinem Herzen aufgestiegen sein. Als der mißtrauische Khalifa ihm befahl, den Brief ins Arabische zu übersetzen und vorzulesen, machte es Slatin Mühe, die Worte zu finden.

Der Verdacht des Khalifa schmolz zwar dahin, aber sein Herz blieb hart.

Er verbot Slatin, um seine Mutter zu trauern, weil sie „ohne an den Propheten und den Mahdi zu glauben gestorben ist und daher nicht mit Gottes Gnade rechnen darf". Dann befahl er Slatin, seinen Geschwistern zu antworten und „wenigstens einen" seiner Brüder einzuladen und ihn aufzufordern, er möge nach Omdurman kommen, um die „ehrenvolle Stellung", die er hier innehabe, mit ihm zu teilen.

Am folgenden Morgen wurde der unglückliche Slatin, der in der Nacht bittere Tränen vergossen hatte, wieder vor den Khalifa zitiert, um sofort an Ort und Stelle den Antwortbrief zu schreiben. Der lange Brief, den Slatin nun auf Deutsch verfaßte,[2] beweist, daß sein Improvisationstalent ihn nie verlassen hat und sogar der tiefste Kummer seine angeborene Schlauheit nicht dämpfen konnte. Der Brief klang für seine Bewacher ganz harmlos, doch Slatin setzte einige Passagen in Anführungszeichen oder in Klammern. Zwei der in Klammern gesetzten Stellen liefern den Schlüssel. In der ersten teilt Slatin seinen Geschwistern mit, daß alles, was in Anführungszeichen stehe, im entgegengesetzten Sinne zu verstehen sei. Zweitens erklärt er, daß es noch zwei andere europäische Gefangene in Omdurman gäbe, die Deutsch verständen, und denen der Khalifa befehlen könnte, den Brief noch einmal zu übersetzen. Er sei daher mit ihnen übereingekommen, das Geschriebene ohne Stocken vorzulesen, aber alle eingeklammerten Stellen, die geheime Mitteilungen enthielten, auszulassen.

Als seine Geschwister den unter dem strengen Blick des Khalifa im fernen Omdurman verfaßten Antwortbrief Slatins viele Monate später in Wien lasen, sind sie für diese detaillierten Erläuterungen sicher dankbar gewesen. Slatin hatte ihnen ein Musterbeispiel für ein österreichisch-arabisches Täuschungsmanöver geschickt.

Nach einem kurzen Bericht über die Ereignisse seit dem Brief aus El Fascher vor vier Jahren folgte der chiffrierte Teil des Schreibens:

„Obwohl ich hier mein eigenes Hauswesen, Weiber, Diener usw. besitze – so bin ich doch beinahe den ganzen Tag und Nacht beim Khalifen in dessen Nähe (gewissermaßen unter Aufsicht), und er ist es, der mich mit allem Nötigen versorgt, so daß ich ‚nichts vermisse' als Eure Anwesenheit ... Diesem meinem Briefe folgt ein Schreiben des Khalifen des Mahdi bei, worin er Euch einladet, hierher zu kommen, um Euch persönlich von ‚meiner ausgezeichneten Lage und dem Glücke, in dem ich mich befinde', zu überzeugen ... Sucht Euch einen tüchtigen Orientalisten, Kenner der arabischen Sprache, und beantwortet das Schreiben des Khalifen sobald als möglich in arabischer Sprache. (In Eurem Briefe müßt Ihr dem Khalifen Weihrauch streuen, ihn loben, ihm immerwährende Gesundheit und Sieg über seine Feinde wünschen und ihm danken für die Güte, mit welcher er mich behandelt, und die Wohltaten, die er mir erweist. Dann macht alle möglichen Ausflüchte über vorläufiges nicht Hierherkommen wegen Krankheit, Familienverhältnissen etc. und stellt zum Schlusse Eure Ankunft in Aussicht, jedoch in weiter Ferne.)

In Eurem Briefe erwähnt, daß Ihr Euch bemüht, mich loszukaufen, doch ist dies (die Flucht) unter den hiesigen Verhältnissen und Ansichten etwas Unmögliches. Selbst um den höchsten Preis ist der Khalif ‚aus Liebe zu mir' nicht gewillt, sich von mir zu trennen, und ich, nachdem ich das ‚Glück seiner Nähe genossen, nicht gewillt, ihn zu verlassen'."

Dann beschäftigt sich Slatin mit praktischen und materiellen Fragen, und davon steht nichts mehr in Anführungszeichen. Er behauptet, die ägyptische Regierung müsse ihm jetzt mindestens 1000 ägyptische Pfund an rückständigem Gehalt schulden, und bittet seine Angehörigen, diese Summe für ihn durch den österreichischen Generalkonsul in Kairo abheben zu lassen. Dann folgt eine lange Liste von Gegenständen, die er bittet, ihm auf dem Wege über Kairo–Suakin–Osman Digna zu schicken. Dazu gehören 100 britische Pfunde, eine Prachtausgabe des Koran in deutscher Sprache, ein deutsch-arabisches Wörterbuch, ein Dutzend Taschenuhren und ein Dutzend Rasiermesser als Geschenke für seine Freunde in Obdurman. Außerdem bittet er um die Übersendung von Zeitungen und Zeitungsausschnitten über den Sudan. Das Wichtigste dieser Einkaufsliste steht jedoch am Schluß wieder in Klammern:

„(Übersendet mir ein Reisenecessaire, das heißt einen 1½ oder 2 Spann hohen oder breiten Reisekoffer oder Schachtel, enthaltend Spiegel, Rasiermesser etc., alles von dezenter, auffallender Arbeit. Ich will dasselbe dem Khalifen als Geschenk von Euch überreichen ...)"

Am Schluß schreibt er:

„Wie schon früher erwähnt, ladet Euch der Khalif des Mahdi ein, mich hier zu besuchen, also laßt jede Furcht beiseite, und möge einer von Euch (nicht) hierherkommen ... Hoffen wir zu Gott auf ein frohes Wiedersehen. Ach wie schwer wäre das Leben zu tragen, wenn man die Hoffnung nicht hätte ... in treuer Liebe, Euer Bruder Abdel Kader (Rudolf)."

Wenn Slatin sich recht erinnerte (als er Jahre danach seinen Bericht schrieb, ohne dabei diese schriftlichen Unterlagen zur Verfügung zu haben, hat ihn sein Gedächtnis manchmal im Stich gelassen), dann traf die Sendung seiner Geschwister im Herbst oder Frühwinter jenes Jahres in Omdurman ein. Er schreibt nämlich, die Sendung sei angekommen, nachdem der Khalifa eines der blutigsten Beispiele seiner „Rechtsprechung" gegeben habe, das die Mulazemin je erlebt hätten – die öffentliche Hinrichtung der Batahin in Omdurman. Das war ein Stamm, der 1888 dem Befehl des Khalifa, gegen Ägypten zu marschieren, nicht nachgekommen war. 67 Deserteure wurden aufgegriffen und mit ihren Frauen und Kindern in Ketten in die Hauptstadt gebracht. Der Khalifa ließ sich die Männer vorführen und verurteilte sie alle zum Tode. Slatin schildert, was dann geschah:

„Nach einer Viertelstunde gab der Khalifa das Zeichen zum Aufbruch. Auch wir ritten auf dem Marktwege zurück. Als wir am Platze anlangten, bot sich uns ein schrecklicher Anblick dar. Man hatte die unglücklichen Batahin in drei Parteien geteilt. Ein Drittel wurde gehängt, ein Drittel geköpft und dem Rest die Hand und der linke Fuß abgeschnitten. Der Khalifa blieb vor den drei Galgen, die unter ihrer Last zusammenzubrechen drohten, ruhig stehen. Unweit davon lag ein Haufen verstümmelter Menschen, denen die rechte Hand und der linke Fuß abgetrennt worden waren, in ihrem eigenen Blute schwimmend. Ein furchtbarer Anblick..."[3]

Eines Morgens, nicht lange nach diesem schrecklichen Erlebnis, sah Slatin wie ein mit zwei Kisten beladenes Kamel aus der Richtung von Berber in die Stadt an seinem Haus vorübergeführt und zum Khalifa gebracht wurde. Dieser ließ den ungeduldigen Slatin bis nach Sonnenuntergang warten und bestätigte erst dann das Gerücht, wonach die Kisten Geschenke und Briefe aus Europa für Abdel Kader enthielten. Slatins Geschwister hatten seine Anweisungen genau befolgt. Der erste Brief, der die Sendung begleitete, war in Arabisch geschrieben, an den Khalifa adressiert und in so schmeichlerischem Ton abgefaßt, daß die Kisten, die man zunächst in das „Beit el mal", das Schatzhaus, gebracht hatte, sofort wieder freigegeben und Slatin ausgehändigt wurden. Sie enthielten alles, worum Slatin gebeten hatte. Am folgenden Tage übergab er dem Khalifa das Reisenecessaire, und dieser ließ seine Kadis rufen, damit sie die mit silbernen Kapseln verschlossenen Flaschen, die Kristalldosen, Bürsten und Scheren bewundern konnten. Auf der Stelle diktierte er eine zweite Einladung an Slatins Geschwister, nach Omdurman zu kommen, und Slatin fügte diesem Schreiben einen eigenen Brief in der gleichen Geheimchiffre bei, die er bisher verwendet hatte.

Die folgenden Wochen und Monate brachte er damit zu, sich mit den anderen Geschenken aus der Heimat zu beschäftigen. Die für ihn wertvollsten hatten am wenigsten gekostet; es waren einige Nummern der Wiener Zeitung *Neue Freie Presse* aus dem Jahr 1888. Slatin berichtet, er habe sie so oft gelesen, daß er sie schließlich fast auswendig konnte, und zwar alles, von den politischen Leitartikeln bis zum Anzeigenteil, wo Wiener alte Jungfern nach einem „Gleichgesinnten zum Zwecke der Eheschließung" Ausschau hielten. In der Zeit nach der Kapitulation 1884 muß er sich manchmal verwundert gefragt haben, ob es außerhalb seines Wüstengefängnisses in Omdurman noch irgendetwas anderes in der Welt gäbe, und ob Wien und was er früher erlebt hatte, nicht nur Fieberträume Abdel Kaders, des Dieners des Khalifa gewesen seien. Die Uhren, die Rasiermesser und vor allem die Zeitungen bewiesen ihm, daß die Welt des Rudolf Slatin noch existierte. Das war ein entscheidender Augenblick in seinem persönlichen Ringen um das Überleben und um die Bewahrung seiner wahren Identität.

Abgesehen davon, daß Slatin jetzt selbst versuchte, die Verbindung mit der Heimat aufrecht zu erhalten, kam es immer wieder zu zufälligen Kontakten mit Wien. Eines Tages näherte sich ihm z. B. in der Moschee ein Kaufmann aus Darfur, der kürzlich von einem Besuch in Kairo zurückgekommen war, und drückte ihm eine nur eine Woche alte ägyptische Zeitung in die Hand mit der Bemerkung, es stünde etwas über seine österreichische Heimat darin. Slatin eilte nach Hause und schlug die Zeitung auf. Sie enthielt die Nachricht von dem am 30. Januar 1889 erfolgten geheimnisvollen Tode des Kronprinzen Rudolf in Mayerling, des Inhabers des k. u. k. Infanterieregiments Nr. 19, in dem Slatin gedient hatte. Auf so eigenartige Weise erfuhr der Leutnant der Reserve von dem Ableben seines hohen Chefs.

Ende des gleichen Jahres schickte Slatin einen weiteren chiffrierten Brief an seine Geschwister in Österreich, in dem er, nach einigen harmlosen Bemerkungen über den Khalifa, einen genauen militärischen Bericht über den jüngsten Feldzug der Derwische gegen Abessinien und die Unterdrükkung einer antimahdistischen Revolte in Darfur gab. Außerdem schickte er ihnen die offizielle Einladung des Khalifa zum Besuch Omdurmans und ihres Bruders Abdel Kader Slatin, „... der nun als einer unserer vertrauten und geehrten Berater in vollständiger Zufriedenheit froh und glücklich bei uns lebt".

Obwohl er nicht gerade froh und glücklich war, klingt das, was Slatin zu dieser Zeit schreibt, zumindest einigermaßen zuversichtlich und optimistisch. Doch dann folgte ein plötzlicher Zusammenbruch. Wahrscheinlich hat er solche Depressionen öfter gehabt, aber dies ist die einzige, die von ihm selbst schriftlich bezeugt wird. Der Brief, der sich an die „lieben Geschwister" richtet, trägt das Datum des November 1890. Der verzweifelte Ton ist nicht nur Ausdruck des Kummers eines unglücklichen Gefangenen, sondern auch des gefangenen Offiziers, der fürchtete, seine Leistungen würden nicht wirklich anerkannt:

> „Mein Schicksal ist schwer – in Lumpen gekleidet, bloßen Füßen –, manchmal am Notwendigsten Mangel leidend, ertrage ich jahrelang mein Leben – oft den Demütigungen roher Fanatiker ausgesetzt. Daß meine früheren Vorgesetzten und Freunde nicht wissen, ob und was ich geleistet, was ich gelitten und noch leide, macht mir alles doppelt schwer! Weiß Gott, unter allen Verhältnissen habe ich nie gegen meine Ehre gehandelt – in den schwierigsten Lagen die Ehre meines Standes aufrecht erhalten ..."

Dieser Brief gleicht genau denen, die er an General Gordon geschrieben hatte, aber diesmal kommt seine Klage „de profundis", aus tiefster geistiger und körperlicher Not.

Im Dezember 1892 hatte Slatin ein groteskes Erlebnis. Er wurde zum Khalifa befohlen, der ihn im Kreise der Kadis mit düsterer Miene empfing. „Nimm das und sieh, was es enthält", befahl er. Man reichte Slatin einen kleinen Messingring, an dem ein Metallzylinder von der Größe einer Pistolenpatrone befestigt war. Sein Herz schlug schneller, als er darin zwei zusammengerollte Papierstreifen entdeckte. Schon fürchtete er, daß sie belastende Nachrichten aus Kairo enthalten könnten, und in rasender Eile überdachte er alle Möglichkeiten, den Inhalt zu „erklären", während er das Papier glättete und das darauf Geschriebene las. Aber diesmal brauchte er seine Phantasie nicht zu strapazieren. Die Papierstreifen enthielten auf Deutsch, Französisch, Englisch und Russisch die folgende Nachricht:

„Dieser Kranich ist auf meinem Gut Askania Nova in der Provinz Taurien in Südrußland ausgebrütet und aufgezogen worden. Wer den Vogel fängt oder tötet, wird gebeten, sich mit mir in Verbindung zu setzen und mir mitzuteilen, wo dies geschah. F. R. Falz-Fein. September 1892."

Der Khalifa wußte bereits, daß einer seiner Stammeskrieger den Vogel bei Dongola, 600 Kilometer weiter nördlich am Nil geschossen hatte. Was ihm unverständlich war, das waren die Papiere, die an dem Kranich gefunden wurden. Er schüttelte erstaunt den Kopf, als Slatin ihm den vollkommen harmlosen Inhalt übersetzte, und rief aus: „Das ist eine der vielen Teufeleien dieser Ungläubigen, die ihre Zeit mit solchem nutzlosen Unsinn verschwenden. Kein Mohammedaner würde je auf den Gedanken kommen, so etwas zu tun."

Erleichtert zog sich Slatin zurück, aber nicht ohne sich Namen und Adresse des Besitzers des Kranichs einzuprägen, damit er ihm eines Tages berichten könnte, was mit dem Vogel geschehen sei. Später hat er das auch getan.

Das entscheidende Ereignis, das Slatin der Freiheit langsam aber sicher näherbrachte, waren jedoch weder die Herstellung unsicherer Verbindungen mit seiner Familie in Österreich noch das Erscheinen russischer Kraniche. Es war etwas, an dem Slatin selbst weder Anteil hatte noch von dem er etwas wußte. Dieses Ereignis war die Ankunft eines tüchtigen jungen britischen Offiziers mit Namen Francis Reginald Wingate in Kairo im Mai 1886 und dessen Ernennung zum Chef des militärischen Nachrichtendienstes bei der anglo-ägyptischen Armee.

Wingate gehörte zu jener kleinen Gruppe von Engländern, die aus dem Sudan des Mahdi etwas gemacht haben, was man mit einem zivilisierten modernen Staat vergleichen kann. Er nahm unter diesen Leuten eine besonders wichtige Stellung ein. Die internationale Karriere Slatins hat er nicht nur maßgeblich beeinflußt, sondern ganz allein und auf einzigartige Weise das Schicksal dieses Mannes in die Hand genommen. Alles, was Slatin England und was England ihm zu verdanken hatte, war in erster Linie von Wingate bewirkt. Wingate wurde sein militärischer Retter, sein politischer Vorgesetzer, sein gesellschaftlicher Förderer und sein engster persönlicher Freund. Die Geschichte der Freundschaft von „Rex" und „Rowdy", wie sie sich dann nannten, wurde zum roten Faden in Slatins Leben, der sich durch vierzig Jahre verfolgen läßt, durch die Jahre des Ruhmes und der Vergessenheit, durch Krieg und Frieden. Menschliche Beziehungen von so hervorragender Bedeutung bedürfen einer gewissen Erläuterung.

Reginald Wingate stammte aus einer schottischen Familie. Seine Vorfahren waren kleine Grundbesitzer, die Anfang des 19. Jahrhunderts Kaufleute wurden. Kein junger Mann hätte unter ungünstigeren Voraussetzungen seine Karriere beginnen können. 1862, ein Jahr nach seiner Geburt, brach das elterliche Textilgeschäft zusammen, und sein Vater starb an Lungenentzündung. Die Witwe zog mit ihren zehn Kindern nach Jersey, wo das Klima milder und das Leben billiger war. Hier wurde Reginald ebenso wie seine Geschwister mit viel Liebe, aber sehr wenig Geld aufgezogen.

Dieser Geldmangel war es auch, der ihn indirekt mit Slatin zusammenbrachte. Wingate war 1880 als Artillerieoffizier in die britische Armee eingetreten und wurde 1883, nachdem er vorher in Indien und Aden gedient hatte, mit dem Rang eines Majors zur Ägypten-Armee versetzt. Von Kairo aus erlebte Wingate den Mahdiaufstand mit und die unentschlossene Haltung Londons gegenüber dieser Herausforderung. Er erlebte das Eintreffen General Gordons und seinen Aufbruch zu dem schlecht vorbereiteten, unglücklichen Unternehmen in Khartum. 1884 nahm Wingate, im Stabe der Entsatzarmee, an dem vergeblichen Versuch teil, Gordon zu retten. Nach dem Fehlschlag – die Truppen waren zu spät nach dem Sudan in Marsch gesetzt worden – ging er wieder nach England und erhielt dort bei General Sir Evelyn Wood, mit dem er schon den Nil hinauf- und hinuntermarschiert war, seinen alten Posten als Adjutant.

Wäre der junge Wingate ein wohlhabender Mann gewesen oder hätte er eine reiche Frau geheiratet, dann würden ihn Ägypten und der Sudan wahrscheinlich niemals wiedergesehen haben. Aber er war mittellos und die Dame, in die er sich verliebte, ein Waisenkind und ebenso arm wie hübsch. Das junge Paar konnte erst heiraten, nachdem Wingate befördert und auf einen Posten versetzt worden war, wo das Leben nicht allzu viel kostete. Unter solchen Umständen gab es nur eine Lösung: die Rückkehr nach Ägypten. Am 1. Mai 1886 gab Wingate das kostspielige Leben eines Adjutanten in England auf und befand sich Ende des Monats wieder in Kairo, um die – weniger begehrte – Stelle des Assistant Military Secretary beim Oberbefehlshaber zu übernehmen.

Die Geschichte Wingates in den nächsten Jahren ist zugleich die eines langsamen Wandels der offiziellen britischen Haltung gegenüber dem Sudan. Obwohl man zunächst nicht an einen Feldzug zur Wiedereroberung dieses

Gebiets dachte, schuf man doch schon gewisse Voraussetzungen. Unter diesen Vorbereitungen war die wichtigste den Khalifa und sein zusammengestoppeltes Reich sehr sorgfältig durch den Geheimdienst überwachen zu lassen. Anfang 1889 erhielt Wingate den Auftrag, alle übrigen Vorhaben aufzugeben und sich ganz auf diese Arbeit zu konzentrieren. Drei Jahre später wurde sein Büro des militärischen Nachrichtendienstes in Kairo offiziell eingerichtet. Zu den Aufgaben dieser Dienststelle gehörte es, Nachrichten über die Stärke, die Verteilung und die Absichten der Streitkräfte des Khalifa zu sammeln und die politische und wirtschaftliche Lage im Sudan sowie die Beziehungen dieses Landes zu seinen Nachbarn zu beobachten. Eine weitere Aufgabe bewegte sich jedoch in viel engerem Rahmen. Sie bezog sich auf ganz wenige Personen. Bevor ein größeres Unternehmen gegen den Khalifa begonnen wurde, sollten die von ihm gefangen gehaltenen Europäer befreit werden. Auf diese Weise kreuzten sich die Wege von Reginald Wingate und Rudolf Slatin. Die ersten Versuche, um Slatin die Flucht aus Omdurman zu ermöglichen, lassen sich durch Slatins eigenen Bericht in seinem Buch *Feuer und Schwert im Sudan* rekonstruieren, ergänzt durch offizielle britische und österreichische Zeitdokumente, die er nicht zitiert und vielleicht auch nicht gekannt hat.

In seinem Buch erzählt Slatin, wie er nach dem Austausch der ersten Nachrichten mit seinen Geschwistern im Jahr 1888 selbst allmählich zu der Auffassung kam, daß eine Flucht mit ihrer und Wingates Hilfe praktisch durchführbar werden könnte. Seine erste Aufgabe bestand darin, neben den vom Khalifa offiziell genehmigten Kontakten einen weiteren sicheren Verbindungsweg für den Austausch von Mitteilungen zu finden. Diesen Bemühungen waren Grenzen gesetzt, auch wenn er sich der einfachen von ihm erdachten Chiffriermethoden bediente. Die Vorliebe seines Herrn für jede Art von Uhren verschaffte ihm eine Möglichkeit. Slatin wurde für die Instandhaltung aller im Besitz des Khalifa befindlichen Uhren verantwortlich gemacht, und das gab ihm den Vorwand zu häufigen Besuchen bei einem armenischen Uhrmacher namens Artin, dessen Haus in der Nähe des Marktplatzes lag. Slatin war zwar zu klug, um sich irgendeinem Armenier anzuvertrauen, traf sich jedoch gelegentlich im Laden des Mannes mit vertrauenswürdigen Kontaktpersonen, um mit ihnen in aller Eile ein paar Worte zu wechseln.

Der wichtigste Treffpunkt war aber die Moschee. Slatin mußte sie an jedem Tag seines Lebens in Omdurman fünfmal besuchen, und das gleiche galt für alle prominenten Persönlichkeiten der Stadt und für alle wichtigen Gäste. Obwohl jeder damit rechnen mußte, von einem Spion überwacht zu werden, und der Khalifa selbst mißtrauisch durch sein steinernes Gitter spähte, war dies der einzige Ort, an dem sich Slatin aufhalten konnte, ohne den Verdacht oder die Neugier anderer zu wecken. Anfang Februar 1892, einen Monat nach Schaffung der Sonderabteilung Wingates in Kairo, nahm er hier den ersten Kontakt für die Vorbereitung seiner Flucht auf. Als die Menge die Moschee verließ, stieß ein Araber Slatin an und flüsterte: „Ich bin gekommen, um mit dir zu sprechen. Wo können wir uns treffen?" Slatin erwiderte im Flüsterton: „Morgen hier am selben Ort nach dem Abendgebet." Am nächsten Abend gelang es dem Fremden, Slatin sein „Beglaubigungsschreiben" zuzustecken, das im doppelten Boden einer flachen Zinndose versteckt war, die stark nach Kaffee roch. Nachdem er, von Ungeduld gepeinigt und die Dose in seiner weiten Dschebba verborgen, das Abendessen beim Khalifa durchgestanden hatte, eilte Slatin nach Hause, zündete seine Öllampe an und las die Botschaft. Es waren nur wenige Worte auf Französisch ohne Anrede mit der Unterschrift eines Obersten im Stabe der österreichisch-ungarischen Mission in Kairo. Der Text besagte nur, daß der Überbringer vertrauenswürdig sei.

Der Bote mit Namen Babakr war von Wingate geschickt worden, um Slatins Flucht in die Wege zu leiten. In den folgenden achtzehn Monaten erwies er sich in der Tat insofern als vertrauenswürdig, daß er seinen Auftrag nicht verriet, aber dennoch als ungeeignet, da es ihm nicht gelang, ihn zu erfüllen. (Das lag, um gerecht zu sein, nicht nur an ihm. Wenigstens einmal hat Slatin selbst vorgeschlagen, das Unternehmen zu verschieben, um nicht im Hochsommer unterwegs zu sein, wenn es zu heiß war und die Kamele in den kurzen Nächten – man durfte nur in der Nacht die Flucht fortsetzen – den Vorsprung nicht halten konnten. Aber, obwohl Babakr in Slatins Augen nicht resolut genug zu sein schien, um einen guten Fluchtgefährten abzugeben, stellte er, da er zweimal jährlich zwischen Omdurman und Kairo hin- und herreiste, die erste sichere und geheime Nachrichtenverbindung des Gefangenen mit der Außenwelt dar.

Nach der zweiten Reise Babakrs nach Omdurman im Sommer 1892 schickte Slatin daher die erste seiner zahlreichen Botschaften an die Männer, die versuchten, ihn zu befreien. Sie war wie auch mehrere andere mit unsichtbarer Tinte geschrieben und richtete sich an Pater Ohrwalder, den Geistlichen, dem die Flucht nach Kairo vor sieben Monaten gelungen war. Der Brief enthielt ein paar wichtige allgemeine Nachrichten und viele Angaben über Slatins Flucht. Hier hieß es:

„Lieber Freund!

Seit Sie mich verlassen, fühle ich mich ganz vereinsamt, doch das Bewußtsein, Sie in Freiheit zu wissen, tröstet mich. Auch ich werde einmal zu fliehen versuchen ... Wir müssen bis zum Winter warten, da jetzt die Nächte zu kurz ... Was habe ich von der Regierung zu erwarten? Wie steht es mit meiner Geldangelegenheit? Nächste Tage kommt Mahmud aus Darfur mit sechs- bis siebentausend Gewehren hier an. Allgemeine Stimmung wie früher ... Schicken Sie mir Medizin und Bitterpillen zur Stärkung auf der Reise. Der Große war krank, ist aber wieder hergestellt ... Mein Verhältnis zum Großen wie früher. Er wird immer mißtrauischer ...“[4]

Selbst die spärlichen Nachrichten in dieser ersten von Slatin nicht unterschriebenen Botschaft müssen Wingate begierig gemacht haben, mehr zu erfahren, aber wie konnte man den Gefangenen befreien und ihn selbst stundenlang befragen, anstatt sich mit so mageren Mitteilungen zufriedengeben zu müssen? Als Wingate 1894 für wenige Monate Kairo verließ und als vorläufiger Gouverneur der Küstenprovinz am Roten Meer nach Suakin ging, hatte er die Gelegenheit, die Fluchtmöglichkeiten aus größerer Nähe zu studieren.

Babakr beteiligte sich jetzt nicht mehr an dem Unternehmen mit der Begründung, Slatin weigere sich starr, die Flucht zu riskieren. Wingate beauftragte einen neuen Mann, einen Araber aus Suakin namens Onur Isa. Seltsamerweise erwähnt Slatin diesen Verbindungsmann in seinem Buch mit keinem Wort, obwohl Isas geheime Mission nach Omdurman im Sommer 1894 längere Zeit dauerte und fast für beide Beteiligten mit einer Katastrophe endete: Alles, was Slatin vor seinem Eintreffen wußte, war, daß der nächste Abgesandte Wingates sich dadurch zu erkennen geben würde, daß er eine Nadel in der rechten Hand hielt. Der Bericht Onur Isas schildert, was geschah:

„Ich verließ Suakin mit dem festen Vorsatz, Slaten (*sic*) Bey um jeden Preis zu befreien. Als ich in Omdurman ankam blieb ich 18 Tage dort, ohne mit ihm (Slaten) sprechen zu können, obwohl ich ihn täglich fünfmal in der Moschee sah.

Am 18. Tage kamen 40 Mulazemin Osman Dignas nach Omdurman, um ihre ‚Beia‘ (Treueverpflichtung) zu erneuern.

Nach der Gebetsstunde in der Moschee begrüßte Slaten Bey Osmans Männer, und während er ihnen die Hände schüttelte, näherte ich mich ihm und hielt die Nadel in der rechten Hand. Slaten erkannte sofort das verabredete Zeichen, begrüßte mich und fragte mich leise, ob ich irgendwelche Briefe mitgebracht hätte.

Nachdem ich das bejaht hatte, wendete er sich wieder an die Männer Osmans und sagte: ‚Ich nehme an, daß ihr nach der langen Reise über die weite Ebene und durch die Wüste müde und hungrig seid. Ich hoffe deshalb, daß ihr bei mir zu Abend essen werdet, damit Gott mir und meiner Familie seinen Segen gibt.‘

Dann ging Slaten in das Haus Jakubs, des Bruders des Khalifa, und bat ihn um die Erlaubnis, die Männer Osmans in sein Haus einladen zu dürfen. Jakub freute sich über die Bitte Slatens und gab ihm gerne die Genehmigung.

Auch ich wurde eingeladen. Als Slaten mich beim Betreten des Hauses nach meinem Namen gefragt hatte, sagte er laut: ‚Du als früherer Freund des Mahdi und treuer Ansari des Khalifa mußt deinen müden und ermatteten Brüdern aufwarten, die sich darauf vorbereiten, gegen die Ungläubigen zu kämpfen.'

Ich folgte Slatens Aufforderung, ging mit seinen Dienern in die Küche und bediente seine Gäste. Bei dieser Gelegenheit übergab ich ihm die Briefe, die er mit großem Interesse las. Er sagte mir, ich möge nach zwei Tagen zurückkehren, an seine Tür kommen und um Almosen betteln.

Am dritten Tage kam ich in der Verkleidung eines Bettlers zurück. Als Slaten meine Stimme hörte, rief er mich herein, befahl mir, ein Kamel zu mieten und nach Goz Regeb zu reiten, um festzustellen, wo an der Straße militärische Posten aufgestellt seien.

Ich kaufte für 95 Taler ein Kamel und ritt über Wad Hasuna und Abu Deleig nach Asubri und Goz Regeb. In Goz Regeb blieb ich sechs Tage und kehrte dann nach Omdurman zurück. Die ganze Inspektionsreise dauerte 27 Tage.

Dann besuchte ich Slaten, der sich nach den Posten erkundigte und fragte, ob auf den Straßen ein starker Verkehr sei. Ich sagte ihm, alle Posten seien von Derwischen besetzt, die Straßen würden überwacht, und die Männer Sayed Hameds seien überall auf den Straßen in einzelnen Gruppen unter verschiedenen Emiren verteilt.

Slaten sagte mir dann, er habe alles, was ich ihm mitgeteilt hätte, schon vorher gewußt, er hätte mich jedoch auf diese Reise geschickt, damit ich mich persönlich von der Lage auf den Straßen überzeugen und anschließend dem Gouverneur von Suakin mitteilen könne, welche Schwierigkeiten bestünden und welchen Gefahren er begegnen müsse, damit sich der Gouverneur davon überzeugt, daß er (Slaten) kein Feigling sei.

Während ich noch mit Slaten sprach, kam sein Diener herein und sagte ihm, Scheikh ed Din sei gekommen, ihn zu besuchen. Slaten versteckte mich sofort in einem Schrank und ging hinaus, um den Scheikh ed Din zu empfangen, der ihn zum Abendessen einlud. Slaten ging mit ihm fort und ließ mich im Schrank zurück, aber nach kurzer Zeit kam sein Diener (ein Abessinier), öffnete den Schrank und ließ mich heraus.

Ich blieb zwei Tage in seinem Haus, am dritten kehrte Slaten zurück, übergab mir zwei Briefe und sagte, ich möge Wingate Bey mitteilen, die Derwische auf den Hauptstraßen und die anschließend aus Omdurman dorthin geschickten Verstärkungen ließen seine Flucht gegenwärtig sehr gefährlich erscheinen. Es sei nicht Mangel an Mut, der ihn daran hindere, jetzt mit mir zu kommen.

Außerdem bat mich Slaten, noch zwei bis drei Monate zu bleiben und eine günstige Gelegenheit abzuwarten, die sich ergeben würde, wenn der Feldzug gegen Kassala begonnen habe. Ich sagte ihm jedoch, die Umstände und mein Geldmangel erlaubten es mir nicht, noch länger dort zu bleiben. Am folgenden Tage reiste ich wieder ab."[5]

Dieser Bericht gibt uns eine sehr lebendige Vorstellung davon, in welchem fein gewebten Spinnennetz der Khalifa Slatin wie eine Fliege gefangenhielt und wie schwierig es war, sich daraus zu befreien. Es ist aber auch interessant, wie der Gefangene sich zu rechtfertigen bemühte. Auch hier schlug er den gleichen wehmütigen Ton an wie in seinen Briefen an Gordon, als er den Übertritt zum Islam zu entschuldigen versuchte. Er wußte noch nicht, daß Babakr in Kairo gegen ihn gestichelt hatte. Aus den Bemühungen Wingates, ihn zu befreien, glaubte er aber schon jetzt zu entnehmen, daß die Chancen für seine Zukunft bei den Engländern lagen. Mit ihnen hatte ja auch sein meteorhafter Aufstieg vor der Gefangennahme begonnen. Jetzt kam es ihm darauf an, bei diesen seinen Beschützern das „Image" zu wahren.

Doch Ende desselben Jahres gelang es einem der Mitgefangenen Slatins, mit Hilfe der geschickten Agenten Wingates nach Kairo zu entkommen. Es war der italienische Priester Rossignoli, nach Pater Ohrwalder der zweite Geistliche. Er war in Omdurman zwar nicht so sorgfältig bewacht worden wie Slatin, aber nachdem er die Stadt verlassen hatte, mußte er mit den gleichen Wüstenpatrouillen rechnen, die, wie Slatin behauptete, den Weg sperrten. Ihm jedenfalls war es gelungen, den Derwischen auszuweichen. Die Tatsache, daß Slatin – Gouverneur, Offizier und „erprobter Krieger" – immer noch in Omdurman festsaß, während es zwei Priestern und zwei Nonnen gelungen war, zu entkommen, trug nicht gerade dazu bei, sein Ansehen zu heben. Sogar die Berichte der österreichisch-ungarischen Mission in Kairo nehmen zu dieser Zeit einen leicht ironischen Ton an. In einem Telegramm, das der Chef dieser Mission, Baron Heidler, am 4. März 1895 nach Wien schickte und in dem er von den jüngsten Vorbereitungen für die Flucht Slatins spricht, heißt es: „Ob Slatin sich wirklich zu einem Fluchtversuche aufrafft, zu welchem er schon öfters bereit war, hängt von Umständen ab, welche sich selbstverständlich der hierortigen Beeinflussung, ja Beurteilung entziehen."[6]

Paradoxerweise entwickelten sich die Dinge doch so, daß zwar die Flucht Rossignolis gewisse Kreise in Kairo hinsichtlich der übermäßigen Vorsicht Slatins etwas skeptisch gemacht hatte, daß aber die Flucht für ihn noch schwieriger wurde. In seinem nachrichtendienstlichen Monatsbericht für Dezember 1894 schildert Wingate, wie die Gefangenen nach der Flucht des italienischen Priesters noch strenger bewacht wurden. Jene Emire, die für die in Omdurman befindlichen europäischen Gefangenen verantwortlich waren, mußten dem Khalifa täglich melden, daß sie alle noch anwesend waren. Im gleichen Monat berichtete Wingate, ein Agent, der von Suakin aus mit Briefen zu Slatin geschickt worden war, habe bei seiner Rückkehr am 30. November gemeldet, der Österreicher werde so streng bewacht, daß es ihm bei einem mehrwöchigen Aufenthalt in Omdurman nicht gelungen sei, Slatin die Briefe zu übergeben.

Im Sudanarchiv in Durham befindet sich noch ein Bericht, in dem geschildert wird, wie der Khalifa eines Tages alle seine Ratgeber zusammenrief und sie aufforderte, ihm zu sagen, wie energisch sie ihn unterstützten. Jeder Emir rühmte sich seiner Kraft und sagte, wieviele Feinde er im Gefecht für seinen Meister töten wolle. Am Schluß wendete sich der Khalifa an Slatin und fragte ihn, wozu er sich verpflichten wollte. Die Antwort Slatins soll gelautet haben:

„An einem einzigen Haar bin ich gebunden.
Wenn ich aber das Haar zerreiße,
kommt auch Euer Unglück."

Das ist wahrscheinlich eine apokryphe Geschichte, und doch enthält sie etwas Wahres und ist zugleich eine Prophezeiung. Mehr als zehn Jahre war der ehemalige Gouverneur von Darfur, Slatin Bey, die stolzeste Kriegstrophäe des Khalifa gewesen. Jetzt war aus der Trophäe auch ein Symbol geworden. Wenn Slatin die Flucht gelang, dann würde das mehr bedeuten als nur den Verrat der streng gehüteteten Geheimnisse seines Meisters. Es konnte auch der erste Schritt auf dem Wege zur Niederlage des Khalifa sein.

Das Weihnachtsfest 1894 war das letzte, das Slatin in Gefangenschaft verbringen sollte. Nachdem der Sommer mit einer Reihe von blinden Alarmen und mit vergeblichem Hoffen vergangen war, öffnete sich die Tür endlich doch mit Hilfe der Findigkeit Wingates und der unermüdlichen Bemühungen von Slatins Geschwistern. Seine Angehörigen in Österreich hatten ihm Ätherpillen, hergestellt von dem Wiener Professor Chiari, als Stärkungsmittel für die Flucht geschickt. Slatin vergrub sie aus Sicherheitsgründen in einer kleinen Flasche. Aus Suakin kam die ermutigende Mitteilung, daß Wingate anstelle von Isa neue Mittelsmänner beauftragt habe. Der Fluchtplan war indessen bis in alle Einzelheiten ausgearbeitet worden. In einem am 10. Januar 1895 mit unsichtbarer Tinte geschriebenen und aus Omdurman herausgeschmuggelten Brief erklärt sich Slatin z. B. – wenigstens auf dem Papier – mit dem jüngsten Plan einverstanden und schildert die von ihm eingeleiteten Vorsichtsmaßnahmen. An Pater Ohrwalder schreibt er, er werde dem Khalifa einen Brief hinterlassen. Darin wollte er ihm seinen Dank für alle Güte, die er von ihm empfangen habe, aussprechen, damit der Khalifa seinen Zorn nicht an den zurückbleibenden Gefangenen auslasse. Er wollte ihm außerdem sagen, Patriotismus und die Liebe zu seinen Brüdern hätte ihn zur Flucht veranlaßt.

Wenige Tage nach Absendung dieses Berichts wurde Slatin in Omdurman auf der Straße von einem Fremden angesprochen, der sich mit dem geheimen Zeichen Wingates zu erkennen gab. Diesmal zeigte er nicht nur eine, sondern gleich drei Nadeln. Die Botschaft, die er brachte, war jedoch nicht besonders ermutigend. Er teilte Slatin mit, er habe gehofft, ihn ostwärts, nach Kassala, bringen zu können. Aber das sei jetzt zu gefährlich, da eben erst neue Patrouillen ausgeschickt worden seien, um diese Straße zu überwachen. Der Bote versprach jedoch, nach zwei Monaten wiederzukommen, und bat Slatin, an Major Wingate zu schreiben, er möge ihm mehr Geld zur Verfügung stellen. Slatin übergab dem Mann am nächsten Abend seinen Brief und ging enttäuscht nach Hause zurück.

Doch Trost war näher, als er zu hoffen gewagt hatte. Vor wenigen Wochen war es Slatin gelungen, eine zweite Verbindung nach Kairo anzuknüpfen, und zwar in der Person eines Kaufmanns aus Omdurman, der zwischen beiden Städten hin- und herzureisen pflegte. Wingate und die österreichische Mission hatten diesem Mann die ansehnliche Summe von 1000 Pfund zugesagt, falls es ihm gelingen sollte, Slatin zur Flucht zu verhelfen. Für seine Auslagen hatten sie ihm bereits 200 Pfund vorgeschossen. Als nun Slatin in der Dunkelheit betrübt nach Hause ging, sprach ihn der Vetter dieses Kaufmannes namens Mohammed an. Er tauchte plötzlich an Slatins Seite auf, der ihn erkannte, und flüsterte: „Wir sind bereit. Die Kamele sind besorgt, die Führer gemietet. Im nächsten Monat beim letzten Mondviertel ist es soweit. Halte dich bereit."

Slatin berichtet, er habe, als er den Mann wortlos in der Dunkelheit verschwinden sah, irgendwie gefühlt, daß die Flucht jetzt gelingen werde. Er hatte recht. Es folgten zwei Wochen des ungeduldigen Wartens, und während dieser Zeit tauchte in Omdurman noch ein weiterer Fluchthelfer aus Kairo auf. Da jetzt so viele Beauftragte Wingates die Stadt bevölkerten und ihm ihre Botschaften in der Moschee oder in einer stillen Seitengasse zuflüsterten, fürchtete Slatin, der Khalifa könne von den Vorgängen Wind bekommen. Aber er hatte Glück, und die Beauftragten Wingates erwiesen sich als zuverlässig. Er wurde 24 Stunden vor dem Aufbruch zur Flucht verständigt, und es gelang ihm, falsche Fährten zu legen und seine Verfolgung solange wie möglich zu verzögern. Seinen Dienern erzählte er, er werde am nächsten Tage nicht nach Hause kommen, denn er wolle sich im geheimen mit einem Boten treffen, der ihm Geschenke und Geld aus der Heimat bringen sollte. Er wußte, daß sie in Erwartung eines Anteils an den erwarteten wertvollen Gaben wenigstens eine Zeitlang den Mund halten würden. Dem Khalifa gegenüber konnte er nichts anderes tun als sich am Vorabend der Flucht mit einer vorgetäuschten Krankheit von den Gebetsstunden des nächsten Tages zu entschuldigen, an dem er „Sennatee und Tamarinde einnehmen und sich zu Hause ausruhen" wollte. Nachdem er die Erlaubnis des Khalifa erhalten hatte, nahm er noch am Abendgottesdienst teil, um dem Khalifa zu zeigen, daß er, solange er noch gehen konnte, seinen Meister nicht im Stich zu lassen gedächte.

Vier Stunden nach Sonnenuntergang, als der Khalifa sich zur Ruhe begeben hatte, ging Slatin mit seinem Gebetsteppich auf die von der Moschee nach Norden führende Straße hinaus. Er hatte Glück, denn es war eine dunkle Nacht, und der scharfe Wind hatte die Bewohner der Stadt in die Häuser getrieben. Bald hörte er das verabredete Zeichen, ein leises Husten, und Mohammed tauchte mit zwei Eseln aus dem Schatten auf. Auf den Eseln ritten sie über verlassene Straßen bis zu einer Ruine am Stadtrand. Hier wartete ein Mann mit einem gesattelten Kamel auf sie. „Das ist dein Führer, Zeki Behal", erklärte Mohammed, „er wird dich zu den Reitkamelen führen, die wir draußen in der Wüste bereitgestellt haben. Beeile dich, und möge Gott dich schützen."

Slatin brauchte in diesem Augenblick keine besondere Aufmunterung. Kaum hatte Mohammed den Rücken gekehrt, als er sich schon hinter seinem Führer auf das Kamel schwang. Nach etwa einer Stunde kamen sie an eine niedrige Baumgruppe, wo ein weiterer Mann mit drei Kamelen auf sie wartete. Das waren die Tiere, mit denen sie die ersten 320 Kilometer ihrer Reise bewältigen sollten, einen Zickzackweg in allgemein nordwestlicher Richtung nach Al Karaba, um hier den Nil zu überschreiten, und den Fluß zwischen sich und die Verfolger zu bringen.

Slatin stellte den Männern nur eine Frage. Hatte Mohammed dem Führer die Medizin ausgehändigt, die Ätherpillen aus Wien, die den Schlaf vertreiben sollten? Zeki wußte nichts davon und lachte nur: „Mach dir deshalb keine Sorgen. Die Furcht wird dir den Schlaf von den Augen nehmen." Damit war das Thema abgetan. Sie bestiegen die Kamele und ritten zunächst über eine weite, von Halfagras und Mimosen bestandene Ebene in die offene Wüste hinaus. Es war die Nacht vom 20. zum 21. Februar 1895. Endlich nach elf Jahren und zwei Monaten Gefangenschaft im Staat des Mahdi war Slatin zur Flucht aufgebrochen.[7]

Slatin wußte, der Khalifa würde mißtrauisch werden, wenn er nicht zum Frühgebet erschien, aber dieses Mißtrauen konnte erst zur Gewißheit werden, nachdem ganz Omdurman nach ihm abgesucht worden war, und das würde den Vormittag in Anspruch nehmen. Es brauchte dann noch einige Zeit, bis die Verfolger sich auf schnellen Kamelen in Marsch gesetzt hatten. Er hatte also höchstens 14 Stunden Vorsprung. Jede Minute zählte.

Sie ritten ohne Pause die ganze Nacht und den ganzen folgenden Tag. Als sie im offenen Gelände nördlich von Omdurman zum erstenmal Halt machten, waren sie 24 Stunden unterwegs gewesen, ohne auch nur einmal zu essen oder zu trinken, und hatten etwa 200 Kilometer zurückgelegt. Es hatte während dieser ersten Etappe nur einen Zwischenfall gegeben, der aber aufregend genug gewesen war. Gegen Mittag war ein zu einer vorbeiziehenden Karawane gehörender Reiter herangaloppiert, der mit seinem Falkenblick den „weißen Ägypter" erkannt hatte und sehen wollte, wer das sei. Zum Glück war er mit einem der Führer befreundet und versprach, nachdem man ihn mit zwanzig Maria Theresientalern bestochen hatte, zu schweigen. Aber das Geheimnis war gelüftet.

Über seine Führer konnte Slatin sich nicht beklagen. Sowohl der junge Zeki Behal als auch der ältere Hamed Ibn Hussein erwiesen sich als zuverlässig und findig. Die Kamele machten an diesem ersten Abend einen wenig erfreulichen Eindruck. Obwohl es sich angeblich um ausgesucht schnelle und leistungsfähige Tiere handelte, waren sie bereits erschöpft und konnten sich, nachdem die Reiter sie nach der kurzen Rast wieder bestiegen hatten, nicht mehr in Trab setzen. Slatin meinte: „In Europa sagen wir, Zeit ist Geld. Hier muß es heißen, Zeit ist Leben." So verlangte er den Reittieren in der zweiten Nacht alles ab, was sie hergeben konnten. Das Äußerste war jedoch ein einigermaßen flottes Schrittempo. Bei Sonnenaufgang hatten sie erst das Hochplateau nordwestlich von Metemmeh erreicht und waren nur 40 Kilometer weitergekommen. Der erste Kamelwechsel war an einem Ort vorgesehen, der einen Tagemarsch nördlich von Berber lag, das selbst weitere 160 Kilometer im Nordosten gelegen war. Die Reiter wußten jetzt, daß sie ihr Ziel mit den erschöpften Tieren niemals erreichen würden. Sie mußten deshalb ihren Plan ändern und kamen überein, direkt nach Nordwesten zu reiten, um die nur schwach besiedelten, in der Nähe liegenden Gilifberge zu erreichen. Hier konnte Slatin sich verstecken, während seine Gefährten versuchten, frische Kamele zu besorgen. Der Umstand, daß beide Führer aus dieser Gegend stammten und jeden Scheikh und jeden Gebirgspfad kannten, war ihre Rettung.

Bald nach Sonnenaufgang erreichten sie den Fuß des Gebirges. Hier saßen sie ab und trieben die Kamele vor sich her. Nach einem anstrengenden Marsch bergauf brachten die Führer Slatin zu dem ihnen bekannten Versteck. Das war ein von steilen Felshängen umgebenes Tal, wo aus einer Felsspalte frisches Gebirgswasser sprudelte. Sie nahmen den Kamelen die Sättel ab und verbargen sie zwischen einigen Felsbrocken. Der ältere Mann, Hamed, führte die Kamele in ein abseits gelegenes Versteck, damit nicht kreisende Geier ihre Gegenwart verrieten.

Obwohl er sich mit Brot und Datteln sättigen und mit köstlichem Wasser hatte erfrischen können, war Slatin trüber Stimmung. Er hatte gehofft, die ägyptische Grenze in einem Zuge zu erreichen und dabei immer einige Stunden Vorsprung vor der Rache des Khalifa zu haben. Aber jetzt war, wenn er sich auch im Augenblick noch sicher fühlte, der kostbare Vorsprung verloren. Allein die Suche nach frischen Reittieren war gefährlich, wenn sie aber nicht gefunden werden konnten, dann war keine Bestechungssumme zu hoch und keine Höhle dunkel genug, um ihn auf die Dauer zu schützen.

Slatin mußte sechs Tage und sechs Nächte in der Gesellschaft Hameds in den Gilifbergen warten, während Zeki sich mit dem frischesten Kamel auf die Suche nach neuen Reittieren begeben hatte. Trotz Slatins angeborenem Optimismus und seiner durch lange Übung erworbenen Geduld wurde die Spannung in diesen sechs Tagen fast unerträglich. Ein Hirte, der Wasser für seine Herde suchte, entdeckte die beiden sogar in ihrem Felsenversteck, aber der Mann erwies sich als einer der zahlreichen Verwandten Hameds in dieser Gegend. Er dachte nicht daran, sie zu verraten, sondern brachte ihnen sogar Milch und Hirsekuchen und führte sie zu einem noch besseren Versteck. Endlich um die Mittagszeit des sechsten Tages sahen sie einen Menschen auf ihr altes Versteck zulaufen. Hamed ging ihm entgegen. Es war Zeki, der frische Kamele mitgebracht hatte. Jetzt konnte der zweite Teil der Flucht beginnen, der sie an die verabredete Übergangsstelle am Nil bringen sollte, wo weitere Beauftragte Wingates darauf warteten, sie auf das andere Ufer überzusetzen.

Die Übergangsstelle lag in der Bajudawüste, etwa auf halbem Wege zwischen Berber und Abu Hamad an einer großen Nilschleife in der Nähe des fünften Katarakts. Um dort hinzugelangen, mußten sie die Gilifberge von ihrem Versteck aus in nordöstlicher Richtung überschreiten, und in der Ebene angekommen, ohne gesehen zu werden, den großen von Berber kommenden Karawanenweg kreuzen. Dieses gefährlichste Manöver der Reise ging ohne Aufenthalt vonstatten. Jetzt stand nur noch das Kerrabaplateau zwischen ihnen und dem Nil. Für die Flüchtlinge war das Plateau ein sicherer Zufluchtsort. Es war ein unfruchtbarer Sandgürtel ohne Vegetation und völlig unbewohnt, eine Wildnis, deren einziges Merkmal zahllose schwarze, kleinere und größere Steine waren, die den Boden bedeckten. Während des ganzen folgenden Tages suchten sich die Kamele langsam den Weg durch die steinige Ebene. Endlich gegen Abend sah Slatin in weiter Ferne den Nil, der sich wie ein silbernes Band durch die Landschaft zog. Es wollte scheinen, als sei er endlich in Sicherheit. Sie kamen in das Flußtal hinunter, und während die beiden Führer vorausritten, um den Flußübergang vorzubereiten, legte sich Slatin beruhigt zum Schlafen hin und träumte schon von seinen Geschwistern und den Wäldern und Seen Österreichs.

Es folgte ein unsanftes Erwachen. Zwei Stunden vor Morgengrauen erschien Hamed mit der unangenehmen Nachricht, sie hätten von ihren Freunden keine Spur finden können. Irgendetwas hatte nicht geklappt. In dieser Nacht konnte Slatin jedenfalls nicht übersetzen. Aber er durfte auch nicht dort bleiben, wo er war, in dem offenen Flußtal und so nah von menschlichen Siedlungen. Es blieb nichts übrig, als noch einmal den anstrengenden Marsch zurück auf das Kerrabaplateau zu wagen. Hamed begleitete ihn und suchte nach Einbruch der Nacht eine Stelle auf dem Plateau aus, an der Slatin sich zur Ruhe legen konnte. Dann verschwand der Führer, um am Nil mit Zeki nach den Männern zu suchen, mit denen sie sich dort verabredet hatten. Wieder war Slatin im Dunkel der Nacht allein mit seinen Sorgen.

Zunächst mußte er sich tarnen. Dem Rat Hameds folgend baute er einen Steinwall um sich her, wie das die Kamelhirten tun, um sich in den Winternächten zu schützen. Er schichtete die Steine aufeinander und baute eine etwa 40 Zentimeter hohe Mauer, deren Fugen er mit Sand auffüllte. Das Gewehr und den Wasserschlauch neben sich, legte er sich erschöpft auf den Rücken und wartete auf das, was da kommen sollte.

Wieder brachte die Mittagssonne die Erlösung. Er hörte einen leisen Pfiff, blickte vorsichtig über die niedrige Mauer und sah Hamed mit breitem Grinsen näherkommen. Die Männer, die ihn übersetzen sollten, waren gefunden, und alles war vorbereitet. Zugleich mit den guten Nachrichten erzählte Hamed, die Flucht „Abdel Kaders" aus dem Gewahrsam des Khalifa sei bereits vor drei Tagen in Berber bekanntgeworden. Alle Straßen und alle Fähren über den Nil würden streng überwacht. Sie würden sich so vorsichtig anschleichen müssen wie Katzen.

In der Nacht verabschiedete sich Slatin von den beiden Führern, die ihn so mutig und geschickt von Omdurman hierher gebracht hatten, und deren Aufgabe jetzt erledigt war. Mit zwei neuen Führern ritt er in nordöstliche Richtung auf den Fluß zu. Trotz der Dunkelheit hüllte er sein Gesicht ein, weil er fürchtete, die helle Hautfarbe könnte verräterisch wirken. Nach zwei Stunden hörten sie das tiefe Knarren eines kreisenden Wasserrades und Stimmen und Geräusche von Frauen bei der Arbeit. Sie waren am linken Nilufer angekommen, und hier wurden sie schon erwartet. Slatin verbarg sich noch eine Stunde lang in einer Buschgruppe, nachdem er sein Kamel so langsam hatte niederknien lassen, daß es nicht einmal ein verräterisches Grunzen von sich gab. Dann wurde ihm eine Gruppe von vier Männern vorgestellt, deren einzige Aufgabe es war, ihn auf das gegenüberliegende Ufer zu bringen, ein Geschäft, mit dem sie offenbar vertraut waren. Der Führer, Achmed Abdalla, befahl, den Kamelen die Sättel abzunehmen, und ließ zwei seiner Kameraden an verschiedenen Stellen mit den Tieren über den Nil schwimmen. Die mit Luft gefüllten Wasserschläuche band er den Kamelen an die Hälse, damit sie beim Schwimmen besser Gleichgewicht halten konnten. Dann gab er dem dritten Mann und Slatin ein Zeichen und forderte sie auf, ihm zu Fuß zu folgen und die Sättel mitzunehmen. Für den nächsten Morgen war verabredet, daß alle fünf sich auf dem rechten Flußufer am Stein des

„kämpfenden Bullen" treffen sollten. Nach wenigen Minuten fanden Slatin und sein Begleiter ein winziges selbstgefertigtes Boot, das in einer von der Strömung ausgewaschenen Höhlung festgemacht war. Es war kaum groß genug, um die drei Männer aufzunehmen, und es dauerte mehr als eine Stunde, bis sie in der Dunkelheit das andere Ufer des großen Stromes erreicht hatten. Während Achmed mit Slatin an Land ging, ließ der dritte Mann das Boot ein Stück in den Fluß hinausgleiten, bohrte ein Loch in den Boden, versenkte es und schwamm ans Ufer, zu den beiden anderen zurück. Jede Spur der Flußüberquerung Slatins war hinter ihm buchstäblich versenkt worden.

Nachdem er den Fluß überschritten hatte, der sich hier im großen Bogen nach Westen zurückwendete, um in Richtung auf Merowe und Dongola weiterzufließen, befand sich Slatin schon fast in Sicherheit. Nach einem weiteren Ritt über 160 Kilometer nach Nordosten mußte er den Rand des mahdistischen Machtbereiches erreichen. Von jener unsichtbaren Grenze aus hatte er noch 480 Kilometer der zur Einflußzone der Ägypter gehörenden Wüste zu durchqueren, um wieder zivilisierte Verhältnisse anzutreffen und sich unter dem Schutz seiner Freunde zu befinden. Aber ob diese Reise nun gefährlich war oder nicht, die Hunderte von Kilometern mußten zurückgelegt werden. Körperliche Strapazen waren jetzt eine größere Gefahr als die Derwische. Zunächst mußte er in dieser Nacht bis zum nächsten Treffpunkt noch eine weite Strecke hinter sich bringen. Als die Reisenden endlich ankamen, war Slatin zu Tode erschöpft. Er wankte – so erzählt er selbst – wie ein Betrunkener hin und her. Doch mußte er nun ohnehin eine Ruhepause von zwei Tagen einlegen, bis Achmed endlich mit drei frischen Kamelen und zwei neuen Führern erschien. Sie waren am linken Nilufer mit knapper Not den Derwischen entkommen. Der örtliche Befehlshaber des Khalifa, der einen ägyptischen Angriff an der Nordgrenze fürchtete, hatte in aller Eile Verstärkungen herangezogen. Zwölf Stunden zuvor waren diese Männer durch das Heimatdorf Achmeds gekommen und hatten es ausgeplündert. Dabei hatten sie auch die für Slatin vorgesehenen Lebensmittelvorräte geraubt. Es war aber doch gelungen, die drei wertvollen Kamele rechtzeitig in Sicherheit zu bringen.

Wieder mußte Abschied genommen werden, und wieder bestieg man die Kamele. Nach einem drei Tage dauernden, fast pausenlosen, ermüdenden Ritt, der jedoch ohne Zwischenfälle verlief, kamen sie in Bir Naurik an der äußersten Grenze des Herrschaftsbereichs des Khalifa an. Die mahdistischen Patrouillen wagten sich nur selten weiter nach Norden, obwohl die erste ägyptische Garnison noch ein gutes Stück von hier entfernt war. Für die letzte Wegstrecke wurde Slatin einem alten Araber namens Hamed Garosch übergeben: Beiden Männern stand nur ein Kamel zur Verfügung. Jetzt kam es nur noch darauf an, durchzuhalten. Aber auch das war nicht leicht.

Nach zwei Tagen brach der schwächliche Araber vor Hunger, Erschöpfung und Kälte zusammen. Um weiterzukommen setzte Slatin den Mann auf das Kamel und ging selbst vier Tage und vier Nächte über die steinige Wegstrecke barfuß hinter ihm her, denn die vorigen Führer hatten seine Sandalen verloren. Am Schluß begann auch noch das Kamel zu lahmen, denn es hatte sich einen spitzen Stein in den Vorderfuß eingetreten. Slatin mußte das Tier täglich mit aus seiner Kleidung gerissenen Stoffstreifen bandagieren. In diesem kläglichen Zustand erblickte Slatin am Samstag, dem 16. März 1895 bei Sonnenaufgang den Nil, der in einem großen Bogen von Westen her auf die drei Wüstenwanderer zufloß, und sah am Ufer die anglo-ägyptische Militärbasis Assuan vor sich liegen. Nach einer 24 Tage dauernden Flucht war er endlich am Ziel und in Sicherheit, nach elfjähriger Gefangenschaft wieder unter Menschen seinesgleichen.

Über die nun folgenden Ereignisse schreibt Slatin in seinem Buch nur, daß er in der britischen Offiziersmesse der ägyptischen Garnison sehr freundlich aufgenommen worden sei. Bei allen Vorträgen und Zeitungsinterviews in Europa hat er kaum mehr darüber gesagt. Aber die fünf britischen Offiziere, die an jenem Tage in der Messe waren, haben seine Ankunft sehr lebendig geschildert.

Es war kurz nach 12.00 Uhr mittags, die Offiziere warteten auf das Essen, als eine Ordonnanz dem Kommandanten und Gouverneur des Grenzbezirks, Oberst Hunter, meldete, ein Mann stehe draußen und wünsche, ihn zu sprechen. In abweisendem Ton ließ der Oberst ihm sagen, er möge bis nach dem Essen warten. Nach wenigen Minuten kam die Ordonnanz zurück und berichtete, der Mann lasse sich nicht abweisen und bäte dringend, „im Namen Gottes" vorgelassen zu werden.

„Der Kerl soll gefälligst warten", erwiderte ungehalten der Oberst, der offenbar ebenso standesbewußt wie auch hungrig war. Er war aber doch neugierig genug, zu fragen, wer der Mann sei und was er wolle.

Diesmal meldete die Ordonnanz, der mysteriöse Gast habe sich vor der Tür niedergelassen und weigere sich, etwas zu sagen. Aber jetzt war das Interesse des Majors Jackson und eines zweiten Offiziers geweckt; sie überredeten den Kommandanten, den Kerl hereinzulassen. Der Major erzählt:

„Ein schmutziger kleiner Araber mit bloßen Füßen und einer schmierigen Kappe auf dem Kopf trat ein. Er blieb stehen, verbeugte sich und verharrte mit auf die Brust gelegten Händen und niedergeschlagenen Augen in dieser Stellung.

‚Wer bist du?' fragte ich ihn auf Arabisch.

‚Ich bin Abdel Kader', flüsterte er, ohne mich anzusehen, und das war alles, was ich aus ihm herausbekommen konnte.

Aber nun stand Archibald Hunter, der sich bis jetzt für den Vorgang nicht interessiert hatte, auf und trat neben mich. Er sah den kleinen Araber an und fragte ihn auf Arabisch:

‚Hast du keinen anderen Namen?'

Keine Antwort.

Plötzlich ging Hunter ein Licht auf. ‚Gott im Himmel!' rief er und fragte dann auf Arabisch: ‚Bist du Slatin?' Es folgte eine Pause, und dann antwortete der kleine Araber – immer noch im Flüsterton: ‚Ja, ich bin Slatin.'"

Diese Geschichte gehört in die Kategorie *si non è vero, è ben trovato.* Wir haben aber keinen Grund an ihrer Wahrheit zu zweifeln. Vielleicht war Slatin bei dem Gedanken, endlich die Freiheit wiedergewonnen zu haben, innerlich so stark bewegt, daß es ihm unmöglich war, sich auf normale Weise zu erkennen zu geben. Wir wissen zudem aus späteren Berichten, daß es einige Zeit gedauert hat, bis er sich daran gewöhnt hatte, den Menschen wieder gerade ins Gesicht zu sehen und bis er die unterwürfige Haltung aufgab, die er sich im Lauf von elf Jahren in Gegenwart des Khalifa hatte angewöhnen müssen. Andererseits hat Slatin, der während seines ganzen Lebens einen besonderen Sinn für das Theatralische hatte, vielleicht absichtlich seine Rückkehr in die Zivilisation so dramatisch gestalten wollen.

Wenn das seine Absicht war, dann ist es ihm gelungen. In der kleinen, ruhigen Offiziersmesse in Assuan wurde es plötzlich lebendig. Man bot dem Flüchtling eine Flasche Bier an, die er durstig die Kehle hinunterrinnen ließ. Der schwarze Militärkapellmeister wurde in die Messe befohlen und brachte es irgendwie fertig, seinen Musikern die schöne Melodie aus dem Streichquartett von Haydn einzuüben, die mit dem Text „Gott erhalte, Gott beschütze, unsern Kaiser, unser Land" zur österreichischen Nationalhymne geworden war. Man setzte Slatin zu essen vor, bereitete ihm ein Bad, ließ ihn rasieren, ihm die Haare schneiden und sorgte dafür, daß er sich ausschlafen konnte. Indessen suchten die Offiziere aus ihren Kleiderschränken alle möglichen Uniformstücke heraus, die man zu einer passablen österreichischen Offiziersuniform zusammenstellte. Als Slatin zum Abendessen in der Messe erschien, jetzt als Ehrengast von der österreichischen Kaiserhymne begrüßt, brach er in Tränen aus. „Aber", so schreibt Jackson, „im weiteren Verlauf des Abends hätte man ihn für einen ganz normalen ausländischen Militärattaché halten können."

In Wirklichkeit war jedoch aus Slatin jetzt viel mehr geworden als das.

8. KAPITEL

Der Liebling der Königin

Im gleichen Augenblick, als der mit Schmutz bedeckte kleine Araber Salatin die britische Offiziersmesse in Assuan betrat, wurde Sir Rudolf Freiherr von Slatin, der mit Orden bedeckte Liebling Europas im viktorianischen und edwardianischen Zeitalter, geboren. Hinter ihm, jenseits der sich viele hundert Kilometer nach Süden erstreckenden Nubischen Wüste, lagen elf verlorene Jahre. Sie waren manchmal qualvoll gewesen, oft gefährlich, noch häufiger langweilig, immer aber demütigend. Für Slatin stand die Tatsache im Vordergrund, daß er in Vergessenheit geraten war. Vor ihm lagen jetzt der Ruhm, die Auszeichnungen und die glänzende gesellschaftliche Stellung, die der ehrgeizige junge Niemand aus Wien im Sudan gesucht hatte. Paradoxerweise gelang ihm die Erfüllung seiner Wünsche nicht im Gefecht, sondern durch seine Flucht.

Slatins Flucht aus Omdurman bewegte alle Herzen und öffnete ihm alle Türen. Ohne sie wäre er für die Engländer lediglich ein vielleicht nützlicher, wenn auch umstrittener Überlebender aus der versunkenen Ära des Generals Gordon Pascha gewesen. Er wäre sicher im Lauf der Zeit aus dem Lager des Khalifa befreit worden und, wenn er Glück hatte, von den Siegern im Kampf gegen den Khalifa mit irgendeiner zeitweisen Anstellung abgespeist worden. Danach aber wäre der Fall Slatin für die Engländer erledigt gewesen. Er hätte sich entweder auf ständige Suche nach neuen Abenteuern begeben müssen, vielleicht in anderen Teilen des unruhigen Afrikas, oder als Unbekannter zu einem bequemen Leben in Vergessenheit in seiner österreichischen Heimat zurückkehren müssen.

Aber seine Flucht, die gerade zur rechten Zeit erfolgte, verwandelte sein ganzes Leben. Nicht nur sah er jetzt kaum erträumte Ziele vor sich, sondern er hatte auch die Mittel in der Hand, diese Ziele zu erreichen. Gerade in diesem Stadium des politischen Spiels um den Sudan waren seine Dienste für die Engländer, die sich darauf vorbereiteten die Niederlage von Khartum zu rächen, nicht nur nützlich, sondern von allergrößter Bedeutung. Sein plötzliches Auftauchen um seine Dienste anzubieten, wirkte wie eine aus dem Wüstensand emporgestiegene Vision. Die Umstände seiner Flucht, wie Slatin sich vom Divan des Khalifa bis zu dem britischen Messezelt durchgeschlagen hatte, ließ ihn über Nacht zu einer romantischen Gestalt, aber auch zu einem Mann von militärischer Bedeutung werden. Alles, was Slatin von nun an zustieß, die Triumphe und Ehren, aber auch der tragische Abschluß seiner Karriere und die traurige Resignation seines Alters, waren Folgen jener 24 Tage dauernden Flucht und der elf entbehrungsreichen Jahre, die ihr vorangegangen waren.

Der künftige Glanz kündigte sich schon sofort in der Form der aus Kairo eintreffenden Glückwunschtelegramme an. In der ägyptischen Hauptstadt war man seinetwegen 14 Tage sehr nervös gewesen, nachdem der Gouverneur von Suakin am 10. März einen aufregenden Bericht, stammend von einem reisenden Kaufmann, dorthin gekabelt hatte, der seine Informationen von einer mahdistischen Patrouille erhalten haben wollte. Danach war Slatin vor 14 Tagen aus Omdurman geflohen und befand sich mit einem Vorsprung von drei Tagen vor seinen Verfolgern auf dem Weg durch die Wüste. Der Chef der österreichischen Mission in Kairo, Baron Heidler, der sich persönlich immer wieder um die Fluchtvorbereitungen gekümmert hatte, wurde von dem Bericht in Kenntnis gesetzt, beurteilte ihn jedoch sehr vorsichtig. Das Telegramm, das er darüber am 11. März nach Wien schickte, schloß mit den Worten:

„Einstweilen Familie vorenthalten. Wenn wahr und Flucht gelungen, Bestätigung innerhalb fünf Tagen wahrscheinlich."

Am Vormittag des 16. März konnte er die Nachricht bestätigen:

„Slatin Bey glücklich Assuan eingetroffen. Bitte Familie verständigen."

Aus der Notiz eines Beamten des österreichischen Außenministeriums auf dem in den Wiener Archiven aufbewahrten Telegrammformular von 14.00 Uhr am gleichen Tage geht hervor, daß die Angehörigen Slatins von der glücklich gelungenen Flucht unterrichtet wurden.

Die aus Suakin kommenden Gerüchte hatten jedoch die zahlreichen Korrespondenten der internationalen Presse in Kairo in höchste Spannung versetzt, denn hier wartete auf sie die Möglichkeit, einen äußerst interessanten und abenteuerlichen Tatsachenbericht zu schreiben. Jeder von ihnen sorgte sich außerdem darum – und das ist ein besonderes Merkmal dieses Berufs –, daß irgendein Kollege die Nachricht als Erster herausbringen könnte. Der damalige Reuterkorrespondent in Kairo, David Rees, der sich sehr gut mit Wingate stand, schrieb ihm voller Unruhe: „Es wäre schlimm für mich, wenn irgendein anderer Johnny mir zuvorkommen würde."

Aber Wingate lüftete den Schleier des Geheimnisses gleichzeitig für alle „Johnnies". Am 17. gab er eine kurze aber sehr lebendige Mitteilung über Slatins Flucht an die Presse heraus, der eine Woche später eine genaue Schilderung der Einzelheiten folgte.[1] Die romantische Geschichte Rudolf Slatins wurde zu einer internationalen Sensation. Sie war damals etwa das, was heute die Flucht eines amerikanischen Agenten aus einem kommunistischen Gefängnis in der Mongolei wäre, der nach einem Marsch durch die Wüste Gobi die Freiheit wiedergewonnen hat.

Von allen englischen und österreichischen Zeitungen, die am 18. März 1895 über das Ereignis berichteten, beurteilte die *Westminster Gazette* den Wert Slatins im bevorstehenden Feldzug gegen den Khalifa am richtigsten. Sie bezeichnete das Gelingen der Flucht als „die vom militärischen Standpunkt wichtigste Beute" und fügte hinzu: „Wenn es zum Marsch nach Süden kommt, werden seine Dienste von höchstem Wert sein." Der *Manchester Courier* beschäftigte sich wieder ganz besonders mit den dramatischen Umständen des Ereignisses: „Obwohl Burke recht haben mag, wenn er sagt, das Zeitalter der Ritterlichkeit sei tot, so ist das Zeitalter der Romantik doch immer noch lebendig." Auch das Pariser Blatt *Le Temps* behandelte etwas später diesen Aspekt der Flucht und veröffentlichte am 29. März auf der Titelseite einen ausführlichen Artikel unter der Schlagzeile: *Le Roman de l'Afrique*. Hier heißt es: „Die letzten Spuren der Romantik, die aus Europa längst verschwunden sind, finden sich noch in Afrika." Slatin konnte dieses Spiel ganz einfach nicht mehr verlieren. Auf einmal stand er im Mittelpunkt des Interesses eines jeden Generalstabes, der etwas mit Zentralafrika zu tun hatte (und das waren die meisten), zugleich war er aber auch die wertvollste Beute für jede Gastgeberin in Europa, die etwas auf den Ruf ihres Salons hielt (und das taten sie alle). Der kleine Wiener ergriff dieses Zusammentreffen günstiger Gelegenheiten mit beiden Händen und nutzte sie in den folgenden zwanzig glücklichen Jahren, in denen er als Berühmtheit überall im Mittelpunkt stand, auf das Beste aus.

Während das Echo seines Namens durch die ganze Weltpresse hallte, fuhr Slatin auf einem Postdampfer nilabwärts nach Kairo. Die Reise wurde zu einem kleinen Triumphzug. In Assuan wurde er von allen englischen und ägyptischen Offizieren der Garnison an Bord geleitet. Wieder erklang die österreichische Nationalhymne *à la soudanaise*, und wieder war Slatin, wie es sich gehörte, zu Tränen gerührt. Touristen aller Nationen versammelten sich am Ufer und ließen ihn hochleben, als er die Laufplanke zum Schiff hinaufging. Ähnliche Ehrungen erwarteten ihn am nächsten Abend in Luxor, und hier nahm er eine ganze Flut von Telegrammen entgegen, unter ihnen zwei, die ihn besonders freuten, eines von seinen Geschwistern und das andere von der Wiener Stadtverwaltung. „Wie lieb diese Worte klingen", meinte er. Es waren die ersten Grüße von den Befreiten aus seiner Heimat.

Doch das alles war nichts im Vergleich zu dem Empfang, der den seinen Feinden entflohenen Held in Kairo erwartete, das er, nachdem er bei Dinga von Bord des Dampfers gegangen war, mit der Eisenbahn am Dienstag, dem 19. März, um 6.00 Uhr morgens erreichte. Baron Heidler und sein Stab hatten sich eingefunden, um ihn zu begrüßen, ebenso auch Pater Rossignoli, der dazu beigetragen hatte, den Fluchtweg Slatins zu ebnen. Mit der Menge waren auch Photographen und Zeitungsreporter gekommen, und hier auf dem Bahnsteig begegnete Rudolf Slatin zum erstenmal dem Major Reginald Wingate Bey und schüttelte ihm die Hand, dem Manne, dem er schon jetzt seine Freiheit verdankte und dem er sehr bald seine Karriere verdanken sollte.

Nach einem Augenzeugenbericht schien der „mit einer abgetragenen Khakiuniform und schäbigen Tennisschuhen bekleidete" Slatin zunächst durch die herzliche Begrüßung in seiner Muttersprache verwirrt zu sein. Es gelang ihm aber nicht nur, auf Deutsch zu antworten, sondern er dankte Wingate auch mit einer kleinen Rede auf Englisch, obwohl er diese Sprache kaum beherrschte und kaum Übung in ihr besaß. Dann fuhr er als Ehrengast Heidlers zur österreichischen Mission, wo der Baron nach demselben Bericht „schon vor Sonnenaufgang damit begonnen hatte, den Balkon mit Girlanden zu schmücken und über der Tür des Zimmers, das Slatin beziehen sollte, einen Willkommensgruß in deutscher Sprache anzubringen".

Wenige Tage später bemerkte Slatin, als er auf Heidlers Balkon saß und das frische Frühlingsgrün und jede Blume im Garten genoß, einen zahmen Reiher, der durch die Beete stolzierte. Sofort dachte er an den 1892 aus Südrußland entflogenen Kranich, der im mahdistischen Sudan geschossen und dessen Kennzeichnungsring ihm von dem mißtrauischen Khalifa unter die Nase gehalten worden war. Der Vogel im Garten des Missionschefs in Kairo war gewissermaßen ein zweites und ganz besonderes Begrüßungskomitee. Slatin eilte in sein Zimmer und schrieb an den Besitzer des Kranichs, Falz-Fein, dessen Namen und Adresse er sich gemerkt hatte.

Es folgten die ersten Ehrungen, und zugleich stellten sich auch schon die ersten Komplikationen ein. Am 21. März, nur zwei Tage nach seiner Ankunft in Kairo, wurde Slatin vom Khedive empfangen und zum Pascha ernannt. Der neue Titel paßte trefflich zu seinem Namen, und alle Welt kennt ihn seither nur noch als Slatin Pascha. Die Ernennung schuf jedoch im Zusammenhang mit seinem militärischen Rang ein schwer zu lösendes Problem. Seit seiner Ernennung zum Provinzgouverneur von Darfur 1881 trug er den Titel eines Bey, der seinem militärischen Dienstgrad eines Oberstleutnants entsprach. Wenn der neue Pascha jedoch Offizier der ägyptischen Armee blieb, dann mußte er nach Auffassung des Khedive wenigstens zum Generalmajor befördert werden, denn General war der entsprechende militärische Rang, der dem zivilen Titel eines Pascha entsprach. Das war allerdings ein sehr hoher Rang für einen Nicht-Engländer.

Für den Sirdar, den Oberbefehlshaber der Armee des Khedive, General Kitchener, und die anderen englischen Offiziere, die hier unter ihm dienten, schien dies jedenfalls eine Unmöglichkeit. Der kleine Österreicher, der plötzlich in ihrer Mitte aufgetaucht war, hatte zwar einen hohen nachrichtendienstlichen Wert und machte den Eindruck eines recht umgänglichen Menschen, aber es war unmöglich, ihn zu einem militärischen Dienstgrad zu befördern, der ihn automatisch zum Vorgesetzten fast aller Offiziere, einschließlich des britischen Generalstabschefs der ägyptischen Armee, gemacht hätte. Die Beförderung zum Oberst war das Äußerste, mit dem sie sich einverstanden erklären konnten, und auch das war schwer zu ertragen. Die Alternative wäre eine Verwendung Slatins als Zivilberater gewesen, aber dagegen sträubte sich der Held des Tages.

Baron Heidler beschreibt in einer Reihe von Berichten an das Außenministerium in Wien das Tauziehen, das im frühen Frühjahr 1895 um diese Frage entstand.[2] Weil die Engländer dabei jedoch die Schwergewichtler waren und es ihnen daran lag, Slatin an sich zu binden, stand das Ergebnis von vorneherein fest. Er wurde zum Oberst befördert, erhielt ein Jahresgehalt von 800 ägyptischen Pfund und 16500 Pfund als Gehaltsnachzahlung.

Stolz meldete Baron Heidler, mit Slatin sei zum erstenmal eine Ausnahme gemacht worden, denn es bestünde im allgemeinen die Regel, daß in der ägyptischen Armee nur britische Offiziere höhere Dienstgrade einnähmen. Er behauptet, Slatin habe sich als Gegenleistung vertraulich und schriftlich verpflichten müssen, auch wenn er weiter befördert werden sollte, nie Anspruch auf den Posten des Chefs des Stabes oder ein höheres Truppenkommando, wie etwa das des Oberbefehlshabers der Grenzprovinz oder von Suakin, erheben zu wollen. Dieser geheimen persönlichen Verpflichtung war jedoch eine weitere Geheimklausel hinzugefügt: Alle militärischen und zivilen Posten sollten für Slatin im Falle gewisser Ereignisse, wie der „Rückeroberung des Sudan", offen sein. Obwohl also die Engländer, die Ägypten praktisch schon beherrschten und sehr bald auch den Sudan beherrschen würden, Slatin rasch zu schätzen lernten und immer bereit waren, auf ihn zu hören, haben sie ihn niemals auch nur die kleinste Einheit ihrer Soldaten kommandieren lassen: Wie das Tauziehen um seine erste Beförderung zeigt, konnte er in dieser neuen Nach-Gordon-Ära niemals wirklich einer der ihren werden. Zumindest offiziell blieb diese Diskrepanz zwischen den Titeln Slatins und seinen wirklichen Amtsvollmachten immer bestehen. Für ihn selbst war es ein Segen, daß ihn die Titel stets mehr interessierten.

Auf diese komplizierte Art wurde der Oberst Slatin Pascha wieder in die ägyptische Armee aufgenommen und mit Sonderaufgaben dem nachrichtendienstlichen Büro des Majors Wingate Bey zugeteilt. Aber es warteten noch andere Ehrungen auf Slatin, mit denen er wahrscheinlich selbst schon gerechnet hatte. Es war sein Retter Wingate, nun auch sein Vorgesetzter, sein Mentor und sein Freund, der ihm dazu verhalf. Zuerst galt es, literarische Lorbeeren zu ernten, denn Verleger in allen großen europäischen Ländern interessierten sich dafür, seine spannende Geschichte in Buchform herauszubringen. Zweitens, und das hing eng mit dem ersten Unternehmen zusammen, ging es um gesellschaftliche Lorbeeren. Der einzige Palast, den Slatin bisher nicht nur als Tourist betreten hatte, war der Seiner Hoheit des Khedive von Ägypten. Jetzt öffneten sich ihm die Pforten anderer und glänzenderer Höfe.

Feuer und Schwert im Sudan ist das einzige Buch, das Slatin geschrieben hat, und der einzige Bericht über seine Abenteuer. Die Art, wie er es schrieb, war ebenso umständlich und wirr wie der Inhalt des Buches. Es gab die verschiedensten Versionen, wer eigentlich der Verfasser gewesen sei, aber die authentische gibt sicher Wingate in einem Brief an seinen Freund und Offizierskameraden, den Privatsekretär der Königin, Sir Arthur Bigge:

„Sie fragen mich, wer das Buch geschrieben hat – es war Slatin. Wir wohnten während des größten Teils seiner Entstehungszeit zusammen, und ich konnte ihm hinsichtlich der Daten usw. und des allgemeinen Aufbaus viel helfen: So wie er es (auf Deutsch) niederschrieb, wurde es von einem Syrer ins „Englische wie sie wird gesprochen" übertragen. Ich habe den Text dann umgeschrieben und in die heutige Form gebracht, und anschließend wurde es aus dem Englischen ins Deutsche rekonstruiert. So also war der etwas mühsame Vorgang."[3]

Mit anderen Worten hieß das, Slatin hatte zwar das Rohmaterial zu seiner Erzählung geliefert – und vieles davon war recht roh, denn obwohl er ein großer Erzähler war, fehlte es ihm an der Begabung zum Schreiben –, aber Wingate hat sowohl als Herausgeber als auch als Übersetzer der endgültigen englischen Ausgabe gewirkt und viel zur Verifizierung der Tatsachen beigetragen. Das Wichtigste war jedoch, daß er den Grundton des Werks bestimmte. Er hatte sehr bald ein besonders freundschaftliches Verhältnis zu Slatin gefunden, und so war dies in gewissem Sinne auch eine Art Liebesdienst. Es gab aber auch sehr gute praktische Gründe für diese mühselige Arbeit, die neben all seinen nachrichtendienstlichen Verpflichtungen und dem unbarmherzigen Druck des gesellschaftlichen Lebens in Kairo getan werden mußte. Dieser hervorragende junge britische Offizier war in der Tat einer der ersten, die psychologische Kriegsführung betrieben. Für ihn war es eine Sache einfacher Logik. Er hatte beschlossen, am Nil Karriere zu machen. Die Beseitigung des mahdistisichen Regimes im Sudan war für ihn ebenso eine zwingende Verpflichtung England gegenüber wie auch der nächste

Schritt in seiner Karriere. Das größte Hindernis für einen Feldzug zur Wiedereroberung des Südens war die Unentschlossenheit der Regierung in London (und ihr übervorsichtiger Vertreter, Lord Cromer, in Kairo). Die öffentliche Meinung Englands mußte dazu gebracht werden, die Regierung zum Handeln zu drängen. Das beste Mittel waren authentische Berichte über die Verhältnisse im Machtbereich der Mahdisten. Je grausiger sie waren, desto besser. Und die Wirksamkeit der Geschichte Slatins lag darin, daß sie klar und übersichtlich war.

Wingate hatte selbst eine Arbeit über den Mahdismus veröffentlicht, die 1891 praktisch als dessen offizielle Geschichte erschienen war. Außerdem hatte er das allgemeine Interesse in England schon mit dem Buch von Pater Ohrwalder geweckt, das 1892 in London herauskam. Wingate hatte Ohrwalders *Zehn Jahre im Lager des Mahdi* übersetzt und für die Veröffentlichung gesorgt. Der Erfolg übertraf seine kühnsten Träume. Noch vor Weihnachten 1892 erschienen sieben Auflagen. Ganz England schauderte über die Grausamkeiten der Derwische, berichtet von einem so unanzweifelbaren Augenzeugen. Königin Victoria verschlang das Buch, und selbst der Außenminister im Kabinett Gladstone, Lord Roseberry, begann nach der Lektüre ein lebhaftes Interesse für den Sudan zu zeigen.[4]

Aber der Priester Ohrwalder ließ sich an Bedeutung mit Slatin, dem hohen Offizier und ehemaligen Gouverneur unter Gordon, überhaupt nicht vergleichen. Dies galt auch für den italienischen Pater Rossignoli, der vor Slatin aus Omdurman entkommen war. Wingate hatte schon mit der Bearbeitung des Manuskripts von Rossignoli begonnen, als Slatin auftauchte. Doch jetzt überließ er den Italiener sich selbst und wendete sich – von seinem Standpunkt aus völlig zurecht – mit aller Energie dem Österreicher zu.

Slatin hatte kaum den Sand des Khalifa von den Füßen geschüttelt, als er auch schon zu schreiben begann. In den folgenden vier Monaten setzte Wingate ihm hart zu und verlangte, daß er, trotz der sommerlichen Hitze und des Berges von Einladungen, unermüdlich an der Arbeit blieb. Im April trafen Slatins Schwestern Marie und Leopoldine zu einem Besuch bei ihrem berühmt gewordenen Bruder in Kairo ein. Die Briefe, die sie während ihres sechswöchigen Aufenthalts an die anderen stolzen Familienmitglieder nach Hause schrieben,[5] vermitteln uns ein treffendes Bild von der Entwicklung Slatins zum Autor und zum Höfling an vielen Höfen. Wie ihre schlichten, begeisterten Berichte zeigen, entstanden für ihn aus diesen beiden Rollen bald allerlei Probleme.

In ihrem am 26. April abgeschickten ersten Brief nach Hause berichtet Marie über die Arbeit an dem Buch. Sie schreibt, Rudolf müsse sehr angestrengt arbeiten. Er brauche Ruhe, doch das Schreiben ermüde ihn sehr, da er in seinem Leben niemals viel geschrieben habe. In einem zweiten undatierten Brief vom April, der auch an die Geschwister gerichtet war, heißt es:

„Es geht leider mit dem Buch Rudolfs gar nicht munter vorwärts, und aufschieben will er es auf keinen Fall, und helfen kann ihm natürlich auch niemand – eine recht fade Sache, denn er sehnt sich doch schon recht nach Hause und nach Ruhe."

In einem Brief vom 8. Mai an ihren Bruder Heinrich schildert Marie auf ihre Weise die Zusammenarbeit zwischen Slatin und Wingate:

„Da das Buch anscheinend sehr viel Politik enthält und der englischen Kontrolle untersteht, wird die deutsche Ausgabe nicht nach Rudolfs Entwurf gedruckt, sondern durch einen Vertrauensmann aus dem Englischen ins Deutsche übersetzt, was die ganze Arbeit etwas kompliziert und die Vollendung des Werkes für hier nötig macht. Ob dies nur eine vertrauliche Mitteilung war, oder auch für Fremde gehört, weiß ich nicht."

In einem Brief an Heinrich vom 10. Juni 1895 beklagt sich Slatin selbst über die Mühe, die ihm seine literarische Arbeit bereitet:

„Ich schreibe von morgens bis abends an meinem Buch, und doch gehts nur langsam vorwärts, da ich alles aus meinem von der afrikanischen Hitze halb ausgetrockneten Hirnkasten herausziehen muß."

Aus dieser Familienkorrespondenz geht auch hervor, daß in jenen ersten Wochen der Freiheit und des beginnenden Ruhmes erste Anzeichen des emotionalen Tauziehens zwischen London und Wien auftraten, das Slatins ganzes Leben lang fortdauern sollte. Oft fand es nur unter der Oberfläche statt, dann wieder war es schmerzlich und peinlich fühlbar, aber es hörte nie auf. In ihrem Brief vom 8. Mai bittet Marie den Bruder Heinrich, sich über eine delikate Protokollfrage Gedanken zu machen, ein Problem, das sie ihm ausdrücklich im Namen des vielbeschäftigten Bruders vorlegt:

„Auf Schwierigkeiten wegen des Dienstes in verschiedenen Armeen rechnet er gar nicht, da er wegen seiner Bejahrtheit sicher ist, zu keiner militärischen Dienstleistung oder Waffenübung mehr zu kommen. Er hält hauptsächlich darauf, österreichischer Offizier zu sein, um allenfalls bei unserem lieben Kaiser zur Audienz in Uniform gehen zu können, da er in englisch-ägyptischer Uniform doch nicht kommen kann. Allenfalls müßte er in Zivil gehen, was ihm einerseits nicht ganz unangenehm wäre, da er keinerlei Uniform mehr besitzt, andererseits glaubt er aber, daß der Landesvater lieber Offiziere sieht und *sehr viel* auf ihn hält..."

In seinem Brief an Heinrich über die sehnsüchtig erwartete und oft verschobene Rückkehr nach Wien schreibt Rudolf:

„Vielleicht findest Du es angezeigt, irgendeiner Zeitung es mitzuteilen, daß ich *gezwungen* bin, nach England zu gehen, um nicht Mangel an Patriotismus geziehen zu werden..."

Diese Besorgnis des Helden, der sich ja erst den beiden Reichen, die Ansprüche auf ihn erhoben, präsentieren mußte, klingt merkwürdig prophetisch. Er besaß mehr als genug Patriotismus für ein jedes der beiden Länder. Die entscheidende Frage aber war, ob er oder überhaupt jemand genügend Patriotismus besitzen konnte, um sowohl gegenüber der Habsburger-Monarchie wie auch dem britischen Weltreich loyal zu sein?

Aber das lag noch in ferner Zukunft. In jenem ersten hektischen Frühjahr und Sommer seiner Freiheit dachte Slatin vor allem an die ihn erwartenden Annehmlichkeiten, nicht aber an Politik. Mit je einem Bein in einem der beiden mächtigen Lager zu stehen bot glänzende Aussichten, die Leiter des Erfolgs hinaufzusteigen, vorausgesetzt, es gelang, das Gleichgewicht zu halten. Daß ihm besondere Ehrungen bevorstanden, glaubte er zuversichtlich. In einem Brief aus Kairo vom 27. April an ihren Bruder Heinrich, dem sie im Auftrage Rudolfs schreibt, sagte Marie:

„Rudolf läßt Dich ersuchen, Du möchtest ihm außer der bereits gewünschten Miniatur-Kriegsmedaille auch eine große schicken. Seine Brust ist in der neuen Uniform, die übrigens noch nicht ganz fertig ist, so nackt, daß er sich in Erwartung noch anderen ähnlichen Schmuckes damit ein wenig bedecken kann."

Am 22. Mai schickten die Schwestern ihren letzten Brief aus Kairo ab. In aufgeregter Erwartung bereiteten sie sich auf die Abreise vor. Das wertvollste Kleidungsstück, das sie einpackten, war auch das primitivste, nämlich das arabische Gewand, in dem Rudolf geflohen war. Sie nahmen es als Erinnerungsstück und ersten Gruß des großen Mannes mit, dessen Eintreffen in Österreich sie für Anfang Juli ankündigten.

Aus der Familienkorrespondenz geht hervor, daß Rudolf nach fast siebzehnjähriger Abwesenheit am Sonntag, dem 7. Juli, in Wien ankam. Regierung, Gemeinderat, gelehrte Gesellschaften und die Presse bereiteten ihm einen überwältigenden Empfang. Die erwartete Flut von Einladungen zu offiziellen Diners und Vorträgen traf ein. Doch blieben ihm nur vierzehn Tage, um das Wiedersehen mit seiner Heimatstadt zu feiern. Spätestens am 23. mußte er nach London abreisen, wo die *Geographical Society* einen Empfang zu seinen Ehren gab und wo sein Verleger Edward Arnold ihn zu Besprechungen erwartete.

So lächerlich das klingen mag, es bereitete fast Schwierigkeiten, die Audienz bei Kaiser Franz Joseph in den Zeitplan einzubauen. Drei Wochen vor seiner Ankunft hatte Slatin an seinen Bruder Heinrich einen ängstlich besorgten Brief geschrieben, in dem er sich nach dieser Möglichkeit erkundigte:

„Da es nun meine Pflicht, mich Sr. Majestät vorzustellen, so bitte ich Dich, zu erkundigen, ob dies zwischen 8. und 20. Juli geschehen könnte, oder ob, ohne daß mir Vorwürfe gemacht werden, ich ohne Audienz wieder weggehen kann oder soll ..."

Aus den Briefen geht nicht hervor, ob der Kaiser ihn im Lauf dieser zwei Wochen empfangen hat. Man möchte annehmen, daß dies geschah. Vielleicht war es damals, daß Slatin, während er sich nervös für die Audienz im kaiserlichen Schloß umzog, seinem Neffen sagte: „Vor dieser Audienz fürchte ich mich mehr als damals vor meiner Flucht. Du bist zu jung, um zu verstehen, was es bedeutet, vor dem Kaiser Franz Joseph zu erscheinen."[6]

Der nächste Brief Rudolfs, den er im gleichen Jahr an seine Geschwister schrieb, kam zwar auch aus einem königlichen Schloß, klingt aber viel ruhiger und entspannter. Er trägt das Datum des 20. August 1895 und wurde in Osborne auf der Isle of Whight – offenbar kurz nach dem Frühstück – geschrieben. Er beginnt:

„Als Gast der Königin sitze ich in einem eleganten Schlafgemache neben meinem eben verlassenen Himmelbette und berichte Euch, daß Dinner und Audienz sehr gut verlaufen."[7]

Die glückliche Selbstzufriedenheit, die aus diesen Worten klingt, ist verständlich. Der Hauptzweck der Reise Slatins nach England war nicht die Einladung der *Geographical Society* und die damit verbundenen Ehrungen, auch nicht die Besprechungen mit Edward Arnold oder dessen gewinnbringende Verträge. Es war die alte Königin Victoria selbst. Schon wenige Wochen nach seiner Flucht hatte er von Kairo aus begonnen, um ihre Gunst zu werben und damit den Anfang zu einer dauerhaften persönlichen Beziehung gemacht. Der erstaunliche Erfolg, den Slatin bei dieser ersten Begegnung hatte, war für die Königin eines der letzten charmanten Erlebnisse ihres Lebens, das nun zu Ende ging. Für ihn war es der Grundstein für ein eben neu beginnendes Leben.

Slatin selbst hat die Ereignisse nach seiner Flucht ebenso wenig geschildert wie irgend jemand anderer. Das Buch *Feuer und Schwert im Sudan* blieb das einzige aus seiner Feder, und es endet ganz abrupt im März 1895. Er hat zwar von dieser Zeit bis zu seinem Tode ein Tagebuch geführt, das auch erhalten geblieben ist.[8] Aber zwischen den Eintragungen in den letzten Jahren finden sich große Lücken, oft über mehrere Wochen und einmal sogar über mehrere Jahre. Selbst dort, wo der Zusammenhang gewahrt ist, sind es nur kurze Notizen über Vorkommnisse auf seinen Dienstreisen und unvollständige Aufzählungen seiner Urlaubsunternehmen. Nur ganz selten gibt er einen Kommentar oder äußert eine Meinung. An keiner Stelle bringt er ein Gefühl oder eine philosophische Grundeinstellung zum Ausdruck.

In den Briefen an die Geschwister und guten Freunde ist er viel mehr er selbst, doch in den nächsten 25 Jahren vermitteln auch die Briefe ein nur unvollständiges Bild von dem, was er tat oder dachte. An seine Angehörigen schreibt er heiter und herzlich, aber meist oberflächlich. Wenn er gelegentlich wirklich ernste Fragen berührt, hat man den Eindruck, daß die Geschwister, anstatt darüber zu korrespondieren, solche Themen lieber bei ihren jährlich stattfindenden Familientreffen mündlich behandelten. Eine Korrespondenz mit den englischen Freunden, die nun in sein Leben traten, erübrigte sich, denn er war immer mit ihnen zusammen. Aber in ihren Briefen und vor allem in den Papieren des königlichen Archivs in Windsor spiegelt sich der meteorhafte Aufstieg Slatins wider.

Den ersten indirekten Kontakt Slatins mit Königin Victoria stellte Wingate her. Der englische Offizier erscheint auf der „Honours List" zum Geburtstag der Königin des Jahres 1895* anläßlich der Verleihung des *Order of the Bath* (C. B.), und am 27. Mai desselben Jahres dankte er dem Sekretär der Königin, Oberst Bigge (später Lord Stanfordham), in einem Brief für diese „wunderbare Überraschung". Darin heißt es dann weiter:

„Falls Ihre Majestät sich für die Flucht Slatin Paschas interessieren sollte, wird sie vielleicht geneigt sein, das beigefügte kleine Andenken an eine sehr ereignisreiche Periode seines Lebens anzunehmen. Das scheinbar unbeschriebene, schmutzige Stück Papier ist Slatins letzter Brief, den er einen Monat vor seiner Flucht aus Omdurman geschrieben hat, und zwar mit unsichtbarer Tinte, die wir ihm durch zuverlässige Araber schicken konnten, welche die Tinte ganz offen in einem Fläschchen mitführten, die das Etikett eines Apothekers mit der arabischen Inschrift „Fiebermedizin, dreimal täglich einzunehmen" trug. Der Brief ist auf Deutsch geschrieben, und der Text wird lesbar, wenn er ans Feuer gehalten wird. Ich füge eine Rohübersetzung bei ..."

Nachdem er Slatins Verdienste, der „alle Strapazen standhaft ertragen" habe und jetzt „ein durchaus unschätzbarer Gewinn" für den Nachrichtendienst sei, mit anerkennenden Worten gewürdigt hatte, teilte Wingate kurz mit, der Österreicher werde „wahrscheinlich im Juli in London sein ..."[9]

Für den höchst erhabenen aber abgestumpften Gaumen der Königin war dies ein unwiderstehlicher Leckerbissen. Man kann sich vorstellen, wie die alte Dame Slatins Brief höchstpersönlich an eine Lampe oder Kerze hielt und beobachtete, wie die Worte darauf erschienen, Worte in der Sprache ihres geliebten Albert, die für sie gewiß nicht übersetzt werden mußten. Der Appetit der Königin war nun angeregt, und das war sicherlich auch die Absicht Wingates gewesen.

Als die beiden Freunde sich im Juli in London wiedersahen, erhielt Slatin sehr bald eine Einladung des Prinzen von Wales, Edward, „zu einem Gespräch" in das Marlborough House zu kommen.[10] Aber wie ein am 25.

*Der Geburtstag der Königin war am 24. Mai

Juli von Bigge an Wingate gerichtetes Schreiben zeigt, ließ sich die Königin, die zur Zeit in Osborne auf der Isle of Wight weilte, nicht so schnell sprechen. Aus dem Brief geht außerdem hervor, daß Wingate sich beim Sekretär der Königin so sehr für Slatin eingesetzt hatte, wie dies nach den Umständen überhaupt möglich war. Bigge schreibt:

„Vielleicht wird die Königin Slatin zu einem späteren Zeitpunkt empfangen wollen. Hinter Ihrer Majestät liegt eine so arbeitsreiche und anstrengende Zeit, daß sie zunächst niemanden empfangen möchte, wenn dies nicht unbedingt notwendig ist. Ich werde Ihre Majestät jedoch wieder daran erinnern. Bitte verstehen Sie, daß der Grund meiner Absage nicht darin liegt, daß ich die interessanten Erlebnisse Slatins und seine wunderbare Flucht nicht zu würdigen wüßte... Ganz egoistisch gesagt gäbe ich alles darum, ihn und Sie zu sehen und zu hören. Ich notiere mir Ihre Adresse für die Zeit nach dem 3."[11]

Die Nachricht, welche die beiden Freunde mit solcher Spannung erwarteten, muß Wingate noch erreicht haben, bevor er seine Adresse geändert hatte. Am 1. August schrieb Bigge einen zweiten Brief aus Osborne und eilte mit, die Königin werde sie „sehr gerne" an einem Tag nach dem 13. dieses Monats empfangen.[12] Die Neugier der Königin, die vielleicht durch den Bericht ihres Sohnes über diesen faszinierenden Österreicher neue Nahrung erhalten hatte, schien nun doch stärker zu sein als ihre Abgespanntheit.

In den folgenden zwei Wochen waren die durch die Einladung in Aufregung versetzten Freunde Slatin und Wingate ganz mit den Vorbereitungen dazu beschäftigt. Wie die detaillierten Anweisungen Bigges zeigen, gab es auch wirklich allerhand für sie zu tun. Außer ihren gewöhnlichen Anzügen, die „ganz in ihr Belieben" gestellt waren, mußten sie Frack oder schwarzen Gehrock mitbringen „für den Fall, daß die Königin einen von Ihnen bei Tage empfangen möchte". Zum Dinner war ein offizieller Abendanzug mit Weste und Kniehosen, schwarzen Strümpfen und Pumps vorgeschrieben, „mit allen Auszeichnungen, die Sie besitzen". Da er mit Recht annahm, daß ihnen einige dieser Kleidungsstücke fehlen könnten, gab ihnen der hilfreiche Bigge Namen und Adresse seines Londoner Schneiders, „der genau Bescheid weiß", und bot ihnen an, er wolle ihnen notfalls mit Trikothosen und Strümpfen aus seiner eigenen Garderobe aushelfen.

Das große Ereignis fand am Montag, dem 19. August 1895 statt. Auf einer prunkvollen Karte, die Slatin mit vielen ähnlichen bis zu seinem Lebensende aufbewahrt hat, wurde er eingeladen, „in Osborne zu Abend zu essen ... und bis zum folgenden Tage zu bleiben".[13]

Außer der oben zitierten kurzen Mitteilung an seinen Bruder hat Slatin über den Ablauf jener 24 Stunden, die ihm den Weg in die große internationale Gesellschaft öffneten, augenscheinlich nichts niedergeschrieben, wenn er auch wahrscheinlich wochenlang kein anderes Gesprächsthema hatte. Königin Victoria hat ihr Tagebuch zum Glück gewissenhafter geführt. Ihre Eintragung für diesen Tag hilft uns, die Lücke zu füllen:

„Slatin Pascha, der vor drei Monaten aus seiner langen Gefangenschaft beim Mahdi entflohen ist, und Major Wingate, der ihm zur Flucht verholfen hat, sind angekommen...

Nach dem Dinner ein ausführliches Gespräch mit ihm und Slatin Pascha, das sehr interessant war. Der Letztere ist ein charmanter und bescheidener kleiner Mann, und niemand würde glauben, daß ein so wechselvolles Schicksal hinter ihm liegt. Aber das durchlebte Leid hat seine Spuren auf seinem Gesicht hinterlassen. Seine endliche Befreiung mutet wie ein Wunder an...

Slatin Pascha gab mir eine kurze persönliche Schilderung von seinem Entkommen. Major Wingate ist ein sehr intelligenter, verdienter Offizier und eng mit ihm befreundet. Im allgemeinen sprechen sie Arabisch miteinander, da Slatin die englische Sprache gar nicht und das Französische nur sehr unvollkommen beherrscht, während Major Wingate kein Deutsch spricht..."[14]

Was die Königin hier über die Sprachschwierigkeiten schreibt, ist einigermaßen verwunderlich. Zu dieser Zeit konnte sich Slatin sicher schon auf Englisch verständigen, und Wingate sprach auch etwas Deutsch. Er hatte sogar angeblich das Buch *Feuer und Schwert im Sudan* aus dem Deutschen ins Englische übersetzt, wenn dahinter vielleicht auch nur seine Hauptaufgabe, es herauszugeben, stand. Hätten die beiden Männer in Gegenwart der Königin Arabisch miteinander gesprochen, dann wäre das eine unverzeihliche Unhöflichkeit gewesen. Doch vielleicht haben sie sich gelegentlich entschuldigt und, um eine komplizierte Frage aufzuklären, ein paar Worte auf Arabisch gewechselt und damit dem ganzen Auftritt das „Geheimnisvolle" gegeben, von dem der Erfolg dieses Empfangs so weitgehend abhing.

Daß er zu allseitiger Zufriedenheit verlief, geht nicht nur aus dem Bericht der Königin, sondern auch aus dem Brief hervor, den Bigge in ihrem Namen den Gästen nach ihrer Abreise schrieb:

„Ihr und Slatins Besuch hat die Königin entzückt und sehr interessiert, und Ihre Majestät möchte den Letzteren wiedersehen, bevor er England verläßt. Das wird seine Reise nach Balmoral notwendig machen..."

Es folgt eine Mitteilung, aus der hervorgeht, welchen Eindruck Slatin bei seinem ersten Erscheinen am englischen Hof gemacht hat. Bigge fährt dann fort:

„Ihre Majestät, die Prinzessinnen Louise und Beatrice hätten gerne eine Photographie von Slatin. Bitte veranlassen Sie ihn, die Bilder herzuschikken..."[15]

Eine zweite von einem anderen Sekretär drei Wochen später aus Balmoral an Wingate gerichtete Mitteilung geht noch viel weiter. Diesmal scheint Slatin für einige Wochen nach Österreich zurückgekehrt zu sein, denn Wingate wird gebeten, ihm ein Telegramm zu schicken und mitzuteilen, „daß die Königin Wert darauf legt, er möge sich für Ihre Majestät während seines Aufenthalts in Wien von dem bekannten Maler, Herrn Angeli, oder falls dies nicht möglich ist, von Herrn Sohn porträtieren lassen". Der deutsche Sekretär der Königin habe sich direkt mit Herrn Angeli in Verbindung gesetzt und ihn gebeten, Slatin in dieser Sache aufzusuchen, da Ihre Majestät wünsche, die Arbeit an dem Porträt möge so bald wie möglich beginnen. Sie habe auch schon gesagt, in welcher Pose Slatin zu malen sei. Das Bild sollte „lebensgroß, Kopf und Schultern zeigend (Slatin), in seiner Derwischtracht" darstellen.[16]

Wie kam es, daß die damals im 76. Lebensjahr stehende alte Königin in sich eine so romantische Vorliebe für diesen Wiener Leutnant des Generals Gordon entdeckte? Die Erklärung dafür liegt zum Teil in der Person des Generals Gordon, aber hauptsächlich in dem Wiener Leutnant selbst.

Wie schon gesagt, war niemand in England durch die Niederlage und den Tod Gordons mehr schockiert und aufgebracht gewesen als die Königin selbst. Diese Ereignisse waren für sie nicht nur ein fast unerträglicher Schlag gegen das Prestige Englands, zu dessen wirksamen, wenn auch inoffiziellen Symbol Gordon sich gemacht hatte. Daß der fürchterliche Mahdi den General besiegen und töten konnte, war ebenso wie die Katastrophe von Khartum in ihren Augen ein Verrat an der heiligen Mission Englands in der Welt, die darin bestand, „die armen Eingeborenen zu schützen und die Zivilisation auszubreiten". So naiv und selbstgerecht solche Gefühle heute auch scheinen mögen, die Zeitgenossen der Königin Victoria vertraten sie leidenschaftlich und überzeugt, besonders diejenigen, die ihr riesiges Weltreich verwalteten. Die Demütigung von Khartum hatte sich so tief in das Herz der Königin eingebrannt, daß sie selbst nach Abschluß des erfolgreichen Vergeltungsfeldzuges und nach dem Tode von Gladstone diesem nicht vergeben konnte. Ihr persönlicher Nachruf für den verstorbenen Premierminister[17] erkannte zwar an, daß er „ein kluger und talentierter Mann" gewesen sei, aber dann habe er versagt. Nach Auffassung der Königin hatte er jeden Anspruch darauf verloren, als großer Engländer bezeichnet zu werden. „Er hat nie versucht, die Ehre und das Ansehen Großbritanniens zu bewahren." Einen seiner schwersten Fehler warf sie ihm mit einem einzigen kurzen Satz vor: „Er hat Gordon im Stich gelassen."

Wenn die alte Königin 1898, als die Vergeltung im Sudan sich schon am Horizont abzeichnete, noch so empfand, wieviel intensiver müssen ihre Gefühle gewesen sein, als sie drei Jahre früher Slatin ihre behandschuhte Hand reichte. Mit welcher Freude muß sie ihn und seinen tapferen Befreier,

Major Wingate, damals empfangen haben. Sie erblickte in ihnen in der Tat den ersten lebenden Beweis dafür, daß es England gelungen war, gegen den Tyrannen von Omdurman einen Vergeltungsschlag zu führen, den ersten süßen Vorboten der Rache. Selbst wenn Slatin dumm, linkisch und unsympathisch gewesen wäre, in Osborne hätte man ihn freundlich empfangen.

Er war jedoch das genaue Gegenteil von alledem, und hier, bei seiner natürlichen Veranlagung, liegt die andere Hälfte seines Erfolgs. Der Sinn für Humor, der trotz der elf in der Wüste verbrachten Jahre der Gefangenschaft wieder hervorsprudelte, begann in der köstlichen Freiheit auf der Isle of Wight wie ein Feuerwerk zu sprühen. Wenn es ihm mit seinem angeborenen Witz und seiner Zungenfertigkeit sogar gelungen war, den übelgelaunten und mißtrauischen Khalifa zu bezaubern, was konnten diese Gaben nicht bei einer freundlichen alten englischen Dame ausrichten, die mit Spannung darauf wartete, etwas über seine Abenteuer zu hören? Slatin wußte ebenso wie Disreali – der wie er Jude war –, wie man Frauen schmeichelt, und als überzeugter österreichischer Monarchist schwärmte er für gekrönte Häupter.

Die Gewogenheit, welche die Königin Slatin zeigte, enthielt wahrscheinlich neben dem politischen auch ein starkes persönliches Element. Unter der schweren Last der Krone und irgendwo verborgen unter all ihren Witwenschleiern blühte eine unterdrückte Liebe für das Exotische. Die ungewöhnliche Karriere, die Abdel Karim, einer der beiden indischen Diener, die ihr vor acht Jahren zum Regierungsjubiläum präsentiert worden waren, an ihrem Hof gemacht hatte, war ein Beweis dafür. Als Slatin zum erstenmal nach Osborne kam, hatte dieser verschlagene junge Mann den Zenith seiner einflußreichen Stellung erreicht, die damit begonnen hatte, daß er die Königin in Hindustani unterrichtete, und schließlich dazu führte, daß der Sprachlehrer sie darin beriet, wie Indien zu regieren sei. Den „Munshi" der Königin, wie man ihn nannte, umgab die gleiche geheimnisvolle Aura alles dessen, was aus dem Raum „ostwärts von Suez" kam, die auch Slatin aus der nubischen Wüste mitgebracht hatte. Wie im Falle Slatins hatte die Königin Angeli beauftragt, das Porträt ihres hochgeschätzten kleinen indischen Gefolgsmannes zu malen.

Slatins Abstammung und Herkunft aus sehr kleinbürgerlichen Verhältnissen hatte in den Augen der Königin nichts zu sagen. An ihrem Hof konnte das sogar einen ausgesprochenen Vorteil bedeuten, wie es der Aufstieg ihres aus dem Hochland stammenden, anmaßenden und umstrittenen Dieners John Brown bewies. Brown war erst drei Jahre vor Slatins Erscheinen gestorben, und der tiefe Kummer der Königin war ebenso wie ihr Ausspruch, „er war mir der beste und treueste Freund, und ich habe diese Freundschaft erwidert", der Beweis dafür, daß man kein blaues Blut zu haben brauchte, um das Vertrauen und die Zuneigung der Monarchin zu gewinnen. Die Jahrzehnte ihrer Witwenschaft nach dem Tode Prinz Alberts waren für sie nicht nur goldglänzend sondern auch bleiern – eintönig. Die Gesellschaft ihrer Höflinge scheint sie im Lauf dieser Zeit mehr und mehr gelangweilt zu haben, vor allem jene der steifen Aristokraten des „inneren Kreises". Ein schelmischer Till Eulenspiegel wie Slatin, der etwas Fröhlichkeit verbreiten konnte und diesen Leuten ihre Steifheit austrieb, war ein Geschenk des Himmels. Und anders als der arme Eulenspiegel, dessen Streiche schließlich zu grob wurden, ging Slatin niemals zu weit.

Das war die Bedingung, welche die Königin, ohne es je auszusprechen, stellte, und die er ohne den geringsten Versuch, über die Stränge zu schlagen, eingehalten hat. Slatin war ein Schelm, aber niemals respektlos. Sein angeborener Sinn für Humor und seine gute Laune wurden, wie schwer ihm das auch manchmal gefallen sein mag, immer durch die Verehrung im Zaum gehalten, die er jedem Monarchen und der Einrichtung der Monarchie als solcher entgegenbrachte. Aber obwohl er die Etikette und das Protokoll respektierte und ihre tiefere Bedeutung verstand, so vergaß er doch nie wie man ihnen ein Schnippchen schlagen kann, sozusagen die steife Würde um die Taille zu fassen und im Walzerschritt mit ihr davonzutanzen. (Er war übrigens ein ausgezeichneter Tänzer.)

Es gibt eine kleine Geschichte, die sich am englischen Hof zugetragen hat, und die Slatin viele Jahre später im Familienkreis erzählte. Zwar handelt es sich hier um eine andere Königin, aber die Geschichte paßt hierher. Als Gast König Edwards VII. und seiner Gemahlin, der Königin Alexandra, in Balmoral, küßte er der für galante Höflichkeit empfänglichen Königin, wie das auf dem europäischen Kontinent üblich ist, die Hand. „Das ist zwar hier erlaubt, Slatin", lächelte sie, „aber nicht bei offiziellen Empfängen". Als er die Königin das nächste Mal in der Öffentlichkeit begrüßte, verbeugte er sich ganz konventionell, aber flüsterte ihr zu: „Und darf ich nun Eurer Majestät die Hand küssen wie in Balmoral?" Sie errötete leicht und antwortete: „Beim Himmel, ich glaube, Sie sind fähig, es zu tun!" Als sie später im privaten Kreis über seine „Drohung" lachten, schüttelte die Königin den Kopf und sagte: „Bei Ihnen ist man nie ganz sicher, was Ihnen im nächsten Augenblick einfallen wird."

Auch Königin Victoria hätte Slatin etwas derartiges sagen können. Doch was immer er sich einfallen ließ – an ihrem oder an einem anderen Hof – er scheint nie daneben getappt zu sein. Er war völlig unberechenbar, aber doch ganz zuverlässig. In seiner Gegenwart fühlte sich die alte Dame sicher, hörte aber nie auf, neugierig zu sein. Und in einer Beziehung war er dem „Munshi", John Brown und sogar Disraeli überlegen. Sie konnte mit ihm in der Sprache ihres geliebten Albert – die auch die Sprache ihrer Verwandtschaft war – reden und korrespondieren, denn Deutsch war seine Muttersprache. Was hätte die alternde Matriarchin von Windsor, Balmoral und Osborne mehr wünschen können, die Matriarchin, die sich immer noch etwas von dem Lebensgefühl der romantischen jungen Dame in Kensington Palace bewahrt hatte?

Bis zur Einladung nach Balmoral hatte Slatin noch ein paar Wochen Zeit, und aus seinen Briefen entnehmen wir, daß er Ende August nach Wien abreiste und den größten Teil des September 1895 in Österreich verbrachte. Am 3. September war er jedenfalls schon in der Heimat, was ein kleines Gedicht bezeugt, das uns bis heute erhalten geblieben ist.[18] Er hat es selbst seinem Bruder Heinrich mit einem verspäteten Hochzeitsgeschenk überreicht. Das dreißig Zeilen lange, etwas unbeholfene Machwerk eignet sich nicht dazu, hier abgedruckt zu werden. Es ist typisch für den Mann, der aus neun Teilen Herz und einem Teil Intellekt bestand. Das ist vielleicht nicht die ideale Mischung, aber diese Mischung ist viel besser als die umgekehrte.

Slatins ernstzunehmende literarische Bemühungen galten während dieser Wochen in der Heimat seinem Buch, das er jetzt zum Abschluß bringen mußte. Das letzte Kapitel, in dem er seine Flucht beschreibt, ist augenscheinlich in Wien entstanden, und so war diese Arbeit Ende September, als er nach England zurückkehren mußte, endlich beendet. Weitere Versuche, literarische Lorbeeren zu ernten, hat er nicht unternommen. Ein viel wichtigeres Problem – und damit hat er sich in den folgenden zwanzig Jahren unermüdlich beschäftigt – war es, ein paar Orden zu bekommen, um sie sich an die Brust zu heften, die, wie er seinem Bruder schon vor fünf Monaten aus Kairo hatte mitteilen lassen, für einen Helden noch zu nackt war.

Der bevorstehende Besuch in Balmoral schien die beste Gelegenheit dafür zu sein, und wieder war es der treue Wingate, der den Anstoß dazu gab. Am 30. September 1895 erhielt die Königin einen Brief von Lord Wolseley mit einer Empfehlung von Major Wingate, Slatin Pascha mit „einem englischen Orden oder einer Medaille" auszuzeichnen.[19]

Doch gemessen an den Diensten, die Slatin der englischen Regierung bisher geleistet hatte, war es vielleicht noch etwas zu früh dafür, denn der Feldzug zur Wiedereroberung des Sudan, bei dem er die Aufgaben eines Beraters übernehmen sollte, hatte noch nicht begonnen, und der Sieg lag noch in weiter Ferne. Aus den Berichten der österreichischen Mission in Kairo nach Wien wissen wir jedoch, daß Slatin es kurz nach seiner Flucht abgelehnt hatte, in die Dienste des Khedive zu treten, um die Stelle beim englischen Geheimdienst annehmen zu können. Vielleicht hat General Wolseley, der selbst nicht zu den Bewunderern Slatins gehört zu haben scheint, den Vorschlag aus diesem Grunde für berechtigt gehalten. Angesichts des großen Erfolges, den Slatin bei der Königin gehabt hatte, wäre es unklug und wahrscheinlich auch zwecklos gewesen, gegen den Vorschlag Wingates Einwände zu erheben.

Zehn Tage, nachdem die Königin von der Empfehlung Wolseleys Kenntnis genommen hatte, trafen Slatin und Wingate in Balmoral ein, „um zwei oder drei Tage zu bleiben"[20] Schon nach wenigen Stunden verlieh die Königin Slatin persönlich den militärischen *Order of the Bath* (C. B.). Auch er hatte der Königin etwas mitgebracht, „einen Chronometer, der als einziger interessanter Gegenstand aus dem Besitz des Mahdi bisher erbeutet wurde".[21] Nachdem Slatin am 11. Oktober um die Erlaubnis gebeten hatte, überreichte er der Königin am nächsten Tage die Uhr des Mahdi und blieb, wie sie in ihrem Tagebuch notierte, „zu einem sehr interessanten Gespräch da, dessen Inhalt niederzuschreiben ich leider keine Zeit habe." Wie in Osborne hatte Slatin ein Andenken an seine Abenteuer im Sudan mitgebracht und im Anschluß eine lebhafte Schilderung der Verhältnisse dort gegeben. Nur hatte er das Geschenk diesmal persönlich überreicht, und das Gespräch scheint in einer weniger offiziellen Atmosphäre stattgefunden zu haben. Die Königin hatte schon einen inoffiziellen „indischen Sekretär" in der Person des Munshi. Jetzt wurde Slatin ihr inoffizieller Sekretär für den Sudan. Das erste Glied der Kette, die ihn an den englischen Hof binden sollte, wurde bei seinem Besuch in Balmoral im Oktober 1895 geschmiedet.

Wenn Slatin jetzt am englischen Hof erschien, dann fast immer in Balmoral. In den folgenden zwanzig Jahren, zu Lebzeiten der Königin Victoria und anschließend während der Regierungszeit ihres Sohnes und ihres Enkels, war Slatin fast alljährlich dort zu Gast. Die Aufenthalte in Balmoral betrachtete er sehr bald als die Höhepunkte seines gesellschaftlichen Lebens. Wenn er im Staub und in der Hitze des sudanesischen Sommers an seinen englischen adoptierten Souverän und seine adoptierte englische Heimat dachte, dann stieg vor seinem geistigen Auge zuerst das Bild dieses königlichen Schlosses im grünen Tal des Dee auf.

Aber soviel er sich in Gedanken damit beschäftigt haben mag, er hat nie etwas darüber geschrieben. Alles, was er im Lauf der Jahre über die Besuche in Balmoral in seinem Tagebuch notierte, waren kurze Datenangaben, die nur streckenweise durch seine komische Orthographie etwas belebt werden. Glücklicherweise läßt sich die Atmosphäre, die Slatin im Herbst 1895 kennenlernte, aus zeitgenössischen Berichten ins Leben rufen.[22]

Königin Victoria hatte das Schloß zu Beginn ihrer Regierungszeit von dem schottischen Großgrundbesitzer, Sir Richard Gordon, gekauft. Jenes Balmoral, das Slatin kennenlernte, war noch zu Lebzeiten ihres geliebten Prinzen Albert vor vierzig Jahren von der Königin vollständig umgebaut und neu möbliert worden. Selbst die treuesten Höflinge konnten es kaum als Traumschloß bezeichnen. Das Äußere war eindrucksvoller als schön, das Innere unbequem und schlicht. Lord Roseberry hat einmal gesagt, er habe immer geglaubt, das Empfangszimmer in Osborne sei das Häßlichste der Welt, er habe seine Meinung jedoch sofort geändert, nachdem er das Empfangszimmer in Balmoral gesehen habe. Die Möbel im ganzen Hause waren in dem überladenen Stil der mittleren viktorianischen Epoche gehalten, nur hier und dort bemühten sich ein paar lebhafte Schottenmuster, die düstere Atmosphäre des Mahagonidschungels etwas zu beleben.

Anders als in anderen Dschungeln war es hier eiskalt. Die Königin verabscheute Kaminfeuer und behauptete, „Hitze ist ungesund". Sogar die abgehärtetsten Mitglieder ihres Haushalts froren erbärmlich, wenn sie sich in diesem eisigen Schloß im Hochland aufhielten, dessen einzelne Flügel durch so riesige Korridore voneinander getrennt waren, daß seine Bewohner sich brieflich miteinander zu verständigen pflegten. Man kann sich vorstellen, wie Slatin hier gelitten hat, dessen Blut durch einen fast zwanzigjährigen Aufenthalt in der afrikanischen Sonne dünner geworden war. Ohne Zweifel schützte er sich, so gut es ging, indem er dem bekannten Ratschlag folgte, den Disraeli allen Gästen in Balmoral gab: „Versäume, wenn es irgend möglich ist, niemals, dich hinzusetzen oder eine Tür zu schließen."

Die Müdigkeit war hier ein fast ebenso gefährlicher Feind des Menschen wie der Zug. Man stand unaufhörlich herum, ganz besonders wenn man nach dem Essen darauf wartete, daß die Königin sich zurückzog. Der Arzt Sir Douglas Powell, der zur Zeit Slatins in Balmoral zu Gast war, fiel dabei einmal in Ohnmacht und mußte aus dem Empfangssalon hinausgetragen werden. Als man der Königin den Grund für die Aufregung mitteilte, meinte sie nur ärgerlich: „Ausgerechnet ein Arzt!" Sie hat niemals ganz glauben können, daß Ärzte Gentlemen seien, und erst in den 1880er Jahren erhielt ihr Leibarzt in Balmoral die Erlaubnis, an einem Tisch mit den anderen Mitgliedern des Haushaltes zu speisen.

Hier herrschte auch keine entspannte und fröhliche Urlaubsstimmung, die solche Entbehrungen ausgeglichen hätte. Obwohl Balmoral 650 Kilometer von London entfernt war, wurde hier ein großer Teil der Regierungsgeschäfte erledigt. In den langen Wochen und Monaten, in denen die Königin sich hier aufhielt, wurde das Schloß zum abgelegenen Mittelpunkt des Weltreichs. Auf der naheliegenden Bahnstation Ballater wurden ständig Depeschentaschen in Empfang genommen und abgeschickt; außer den zahlreichen persönlichen Gästen der Königin kamen und gingen Minister, Generäle, Botschafter und Erzbischöfe in ununterbrochener Prozession, und die königlichen Telegraphenleitungen nach Westminster und den überseeischen Dominions summten Tag und Nacht.

Die Tageseinteilung der Königin bestimmte das ganze Leben im Schloß wie ein Metronom, dessen Ticken von den Ställen bis zu den höchsten Türmen vernehmbar war und den nur selten variierten Rhythmus angab. Die Königin frühstücke um 9.45 Uhr in ihren Privatgemächern und arbeitete dann bis zur Mittagszeit an ihrer offiziellen Korrespondenz. Anschließend ging sie für kurze Zeit an die frische Luft; erst wenn sie das Schloß verlassen hatte, wagten es auch die übrigen Bewohner, ins Freie zu gehen. Das Mittagessen wurde um 14.00 Uhr eingenommen. Es folgte der Kaffee im Billardzimmer. Dann ruhten die Königin und das ganze Schloß bis 15.30 Uhr, um welche Zeit sie – gewöhnlich in einem kleinen Ponywagen – eine Ausfahrt unternahm. Für Slatin wäre eine Einladung, sie zu Fuß dabei zu begleiten, ein ebenso anstrengendes Unternehmen gewesen wie hinter dem Pferd des Khalifa herzulaufen, denn das königliche Wägelchen rollte mit einer Geschwindigkeit von 6,5 Kilometern in der Stunde über Moore und Berge.

Nach der Rückkehr der Königin wurde um 17.30 Uhr der Tee serviert, und von 18.00 Uhr bis zum Dinner, das um 21.00 Uhr eingenommen wurde, blieben die Gäste sich selbst überlassen. An der königlichen Tafel (es gab noch drei weitere Tafeln: die des Haushalts, der höheren Beamten und der einfachen Bedienten) war die Speisefolge normalerweise so eintönig wie der übrige Tagesablauf. Jeden Donnerstag gab es z. B. als Hauptgericht gekochtes Rindfleisch, und jeden Freitag endete die Mahlzeit mit einem Ananaspudding. Die Königin legte persönlich die Menüs für jeden einzelnen Tisch fest, wie sie auch den ganzen Tagesablauf im Schloß bis in die geringste Kleinigkeit bestimmte. Sie teilte sogar die 18 Pferde auf Balmoral in fünf verschiedene Kategorien ein und verfügte, welches Pferd welcher Kategorie an einem bestimmten Tage von wem benutzt werden durfte.

Außer Liebhaberaufführungen von Theaterstücken, deren Proben die Königin nicht nur persönlich überwachte, sondern die sie auch umschrieb, wenn sie ihr nicht gefielen, und gelegentlichen Konzerten und musikalischen Unterhaltungen unter der Leitung von Signor (später Sir) Paolo Tosti gab es im Schloß kaum irgendwelche Abwechslungen. Die Herren durften rauchen, allerdings nur, wenn die Königin außer Sichtweite war und der Geruch nicht die empfindliche königliche Nase belästigen konnte. In ihren Augen war das Billardzimmer, wo Slatin, nachdem die Königin sich zurückgezogen hatte, sich in Gesellschaft der anderen Herren eine Zigarre anzündete, kaum besser als irgendeine nächtliche Opiumhöhle.

Es gab natürlich auch Hofbälle zu Ehren hoher Gäste oder bei Besuchen gekrönter Häupter. Doch solange Königin Victoria lebte, wurde es nur einmal im Jahr in Balmoral wirklich lebendig. Das geschah, wenn der *Ghillies Ball* (der Ball der Jagdaufseher) gegeben wurde, eine übermütige, ja fast bacchantische Angelegenheit verglichen mit der sonst im Schloß herrschenden bleiernen Atmosphäre. Die Königin hat sich niemals einen dieser Bälle entgehen lassen und blieb in Balmoral, auch wenn ihre Minister sie dringend ersuchten, nach London zurückzukehren. Noch wenige Jahre bevor Slatin auf der Bildfläche erschien, beteiligte sie sich persönlich an den schottischen Rundtänzen, und noch im Alter von 72 Jahren hat die Königin 1891 auf einem inoffiziellen Ball in Balmoral getanzt. Ihre Tänzer waren nicht nur die Höflinge und Gäste, sondern auch die Gutsverwalter und Mitglieder der Dienerschaft. Es wurden, besonders wenn sie sich endlich zurückgezogen hatte, erstaunliche Mengen von Whisky getrunken. Das war das Zugeständnis, das sie den animalischen Instinkten machte, die sich unter der harten äußeren Schale des Lebens im Hochland verbargen.

Was es außerhalb des Schlosses von Balmoral zu sehen und zu erleben gab, schien auch Slatin abwechslungsreicher. Manches mußte er zuerst lernen, wie zum Beispiel die *reels*, die schottischen Rundtänze. Man konnte auch den modernen Sport des Radfahrens betreiben, denn das Tal war flach wie eine Schüssel und die Straßen eben. Außerdem gab es das Golfspiel, einen ihm noch fremden Sport. Bei gutem Wetter konnte man Boot fahren und bei jedem Wetter Lachse angeln. Es gab auch Gelegenheit zu reiten, und die Königin hatte noch 1890 ein ganz frommes, 26 Jahre altes Pferd mit Hilfe einer Trittleiter bestiegen. Aber der Hauptsport war die Pirsch auf Rotwild. Am Abend nach der Jagd tanzten die *ghillies*, die einheimischen Jagdbegleiter, im Schein von Fackeln um die ausgelegte Strecke. Das Pirschen und das an die Derwische erinnnernde Fest angesichts der erlegten Beute mochten Slatin an die Zeit im Sudan erinnern, nicht aber die volle Whiskyflasche, die jedem Gast vor der Jagd ausgehändigt wurde.

Das war das Balmoral der viktorianischen Epoche in den 1890er Jahren. Slatin hätte es auch noch genossen, wenn sich am Kaminsims Eiszapfen gebildet hätten. Anders als die Mitglieder des Haushalts war er jeweils nur wenige Tage dort, und in dieser kurzen Zeit bedeutete die Gegenwart der englischen Königin in dem trostlos langweiligen Schloß Aufregung und Wärme genug für ihn. Auch war es ihm sehr wohl bewußt, daß seine gesellschaftliche Stellung im übrigen Europa durch die Tatsache gesichert wurde, daß er hier sein durfte.

Sein erster Besuch im Oktober 1895 hatte dann auch an einem fast 2000 Kilometer entfernt liegenden Ort eine unmittelbare Auswirkung. Slatin wußte auch, daß eine Ordensverleihung meist die zweite nach sich zieht, besonders wenn man einem Lande dient und dabei der Bürger eines anderen ist. Der Wiener Hof konnte es nicht tatenlos mit ansehen, daß die Königin von England einen treuen Untertanen gewissermaßen am Teetisch mit einem begehrten Orden ausgezeichnet hatte. In einem Brief, den Wingate wenige Wochen später an Bigge schrieb, als er mit Slatin wieder in Khartum war, beschäftigte er sich mit diesem Thema:

„Slatin geht es sehr gut … Sie wissen, daß er mit den Franz-Josephs-Orden mit Stern ausgezeichnet worden ist, eine, wie ich glaube, hohe Ehre. Er weiß genau, daß die allergnädigste Verleihung des C. B. durch die Königin ihm diese zweite Ehrung eingebracht hat, und er ist außerordentlich dankbar dafür. Immer wieder spricht er mit tiefer Genugtuung von seinen Besuchen in Balmoral und Osborne ..."

Das Folgende vermittelt uns einen Einblick in die neuen Lebensumstände Slatins:

„Er hat ganz in meiner Nähe ein kleines Haus mit Stallungen, Garten etc. bezogen und ist eben vollauf damit beschäftigt, es zu möblieren und einzurichten. Ich glaube, ich habe niemals einen glücklicheren Menschen gesehen. Nach den Jahren der Entbehrungen geht es ihm endlich wirklich gut. Dienstlich wird er uns sehr nützlich sein, und er nimmt jetzt auch englischen Unterricht ..."[23]

Der glückliche Slatin selbst schreibt an seine „liebe dicke Schwägerin" in Wien über seine Tageseinteilung:

„Früh Korrespondenz der englischen Lektion und einige Privatbriefe, dann von 8 bis ca. 2 Uhr auf dem Kriegsministerium. 2 bis 3 Uhr Klub, Mittagessen, dann nach Hause und sich in Zivilkluft werfen. Habe ich nichts besonderes zu arbeiten, so habe ich bis 5 Uhr frei, und um 5 1/2 kommt der englische Lehrer, bleibt bis gegen 7 Uhr, dann wieder in Uniform schleifen und zum Abendessen im Klub oder Einladungen Folge leisten, und bei einem solchen Leben soll man nicht schlecht aussehen!"

Selbst aus der letzten ironischen kleinen Klage spricht verständliche Zufriedenheit. Zu Neujahr 1895 war er im zwölften Jahr seiner Gefangenschaft noch in Omdurman gewesen, die Fluchtmöglichkeiten hatten sich zwar schon abgezeichnet, aber die Befreiung war noch nicht in Reichweite; damals war Slatin, außer für eine bescheidene Handvoll Freunde und Verwandte in seinem heimatlichen Österreich und für eine noch kleinere Schar von Beamten in Kairo, ein Unbekannter. Zu Weihnachten desselben Jahres kannte man seinen Namen in jeder Hauptstadt der zivilisierten Welt, und an zwei der prächtigsten europäischen Höfe war er schon zu Gast gewesen. Aus Abdel Kader, dem zerlumpten Überlebenden aus der Welt Gordons, dem Gefangenen, der jeden Augenblick auf einen Wink des Khalifa hätte gehenkt werden können, war der Oberst Slatin Pascha C. B., der besondere Günstling der Königin Victoria und wichtige Berater ihres Oberbefehlshabers im jetzt kurz bevorstehenden Vergeltungsfeldzug geworden. Das war eine märchenhafte Verwandlung, wenn man bedenkt, daß sie im kurzen Zeitraum von zwölf Monaten erfolgte, und sie war so vollständig, wie man es sich eigentlich nur im Traum vorstellen kann. Im neuen Jahr 1896 sollte es sich zeigen, daß dieser Traum für den Höfling, den Soldaten und den Schriftsteller eine beständige Wirklichkeit war.

9. KAPITEL

Soldat der Königin

Nichts war bezeichnender für Englands Krebsgang bei den Vorbereitungen zur Eroberung des Sudan als der Anlaß zur Überschreitung der Grenzen durch seine Truppen: Den Anstoß gab die Großmachtpolitik in Europa weit eher als die Rivalität der Großmächte in Afrika. Nur durch Zufall wurde gerade der Khalifa zum Angriffsziel.

Schon seit Jahren drängte Italien aus seiner am Roten Meer liegenden Kolonie Eritrea weiter gegen das Innere Afrikas vor. 1896 befand es sich im Kriege mit Abessinien, das Italiens Vorstoß nach Westen im Wege stand. Am 1. März jenes Jahres brachte Kaiser Menelik der italienischen Armee eine entscheidende Niederlage bei, als diese bei Adua einen unüberlegten und schlecht vorbereiteten Angriff führte. Die Niederlage als solche war schon schlimm genug, man mußte jedoch mit einer Katastrophe rechnen, wenn die mahdistischen Streitkräfte im Sudan die Gelegenheit wahrnehmen sollten, den Abessiniern zu Hilfe zu kommen und einen Schlag gegen die ins Wanken geratene Flanke der italienischen Armee bei Kassala zu führen. Die italienische Regierung ersuchte deshalb London dringend darum, sofort von Ägypten aus gegen den Khalifa vorzugehen, um seine Streitkräfte zu binden. England war mit Italien nicht verbündet (Italien war damals bereits ein Mitglied der rivalisierenden Machtgruppierung, des sogenannten Dreierbundes, dem außerdem noch Deutschland und Österreich-Ungarn angehörten). Aber der britische Premierminister Lord Salisbury, der im Lauf der Zeit zu der Überzeugung gelangt war, eine aktivere Sudan-Politik sei notwendig, wünschte zugleich auch Rom und Berlin zu beschwichtigen. Er empfahl daher, dem Ersuchen Italiens stattzugeben.

Die internationale Diplomatie, die sich normalerweise nicht durch besondere Eile auszeichnet, arbeitete diesmal blitzartig. Was Königin Victoria und die Masse ihrer Untertanen seit Jahren gefordert hatten, geschah jetzt in wenigen Tagen. Am 12. März, kaum zwei Wochen nach der Schlacht von Adua, beschloß das britische Kabinett eine Expedition zu entsenden, um wenigstens die Nordprovinz des Sudan, Dongola, wieder zu erobern. Zehn Tage später reiste der Sirdar (Oberbefehlshaber) der ägyptischen Armee, Generalmajor Sir Herbert Kitchener, von Kairo zu seinem vorgeschobenen Hauptquartier in Wadi Halfa. Das „sudanesische Duo" aus Osborne und Balmoral, Oberst Slatin Pascha und Major Wingate Bey, begleitete ihn – und wie erregt und beglückt müssen diese Männer doch gewesen sein. Als sie sich nach Süden in Marsch setzten, hatten sie wahrscheinlich zu viel zu tun, um über die historische Ironie der Situation nachzudenken. Vor elf Jahren, als man in England leidenschaftlich Rache für den Tod des Generals Gordon forderte, war der Vergeltungsfeldzug gegen den Mahdi hauptsächlich durch ein Ereignis verhindert worden, das an einem weit vom Sudan entfernten Ort stattfand. Damals war plötzlich die Gefahr eines dritten afghanischen Krieges aufgetaucht, bei dem es auch Schwierigkeiten mit Rußland hätte geben können. Das Interesse für die schwarzen Fanatiker am Oberlauf des Nil wurde dadurch an die zweite Stelle verdrängt. Jetzt aber trieb die gleiche Machtpolitik die anglo-ägyptische Armee in den Kampf.

Die Rückeroberung des Sudan erfolgte in zwei Etappen, zwischen denen eine längere Pause lag. Die erste Phase, die Wiedereroberung der Nordprovinz Dongola, war in sechs Monaten abgeschlossen. Damit hatte man mehr erreicht als nur die schwierige Lage der italienischen Armee in Abessinien zu erleichtern. Die britische Regierung war nun unwiderruflich darauf festgelegt, die Armee das Khalifa und den mahdistischen Staat zu vernichten und den ganzen Sudan zu besetzen. Obwohl noch die lange Pause bis zur Einleitung der zweiten Phase eintrat, so mußte sie doch ebenso unvermeidlich wie die Nacht dem Tage folgen. Die öffentliche Meinung in Großbritannien hatte es kaum ertragen können, daß der Vergeltungsfeldzug um elf Jahre verschoben wurde. Nachdem der Kampf gegen die Derwische begonnen hatte, durfte keine britische Regierung, die ihn nicht mit einem triumphalen Sieg beendete, damit rechnen, länger im Amt zu bleiben.

Heute, nach mehr als siebzig Jahren, läßt sich dieser Feldzug von einem neuen Standpunkt aus beurteilen, da uns jetzt Dutzende bisher nicht veröffentlichter Privatbriefe zur Verfügung stehen, die Slatin und Wingate vom Kriegsschauplatz im Sudan an die Königin Viktoria und ihren Sekretär, Sir Arthur Bigge, geschrieben haben.

Dabei ist es wichtig, daß wir die Briefe beider Männer mit ihren Augenzeugenberichten und ihrer Stellungnahme zum Verlauf der Kämpfe gemeinsam betrachten. Slatin, der während seiner ganzen Dienstzeit keinen wichtigen Schritt getan hat, ohne sich mit seinem Mentor zu beraten, hat diese ersten Ausflüge in die hohe Politik auch sicher nicht ohne die Zustimmung

Wingates unternommen. (Wingate war ohnehin sein direkter Vorgesetzter, auch wenn Slatin zu Beginn der Expedition einen höheren Rang einnahm als er.) Wingate hat Slatin wahrscheinlich entweder gezeigt, was er an Bigge geschrieben hatte, oder ihn wenigstens von dem Inhalt seiner Briefe in Kenntnis gesetzt. Die ganze Korrespondenz war eine Fortsetzung jenes kombinierten Propagandafeldzuges, den die beiden Männer mit dem Buch *Feuer und Schwert im Sudan* in der britischen Öffentlichkeit und mit ihren Besuchen bei Hofe zur Beeinflussung der Königin geführt hatten. Aber jetzt suchten sie, ganz im Stillen Einfluß zu gewinnen, und wendeten sich dabei ganz persönlich und konzentriert an die Königin Victoria und die ihr nahestehenden Persönlichkeiten.

Zwar enthalten diese Briefe eine Menge Beiwerk in der Form von unterhaltsamen Geschichten, aber die Verfasser kommen immer wieder auf drei ganz bestimmte Themen zu sprechen. Erstens wollten sie von der Notwendigkeit überzeugen, den ganzen Sudan aus der Hand des Khalifa zu befreien, und zwar nicht nur als Vergeltung für den Tod Gordons, sondern auch als Kampf der zivilisierten Welt gegen die Barbarei, die ihrer Meinung nach der Khalifa personifizierte. Ihr zweites Anliegen war die Entsendung stärkerer englischer Truppenkontingente, um die sie dringend baten, denn zur Lösung der erstgenannten Aufgaben genüge es nicht, nur britische Offiziere in den Sudan zu schicken. Drittens kam es den beiden Briefschreibern darauf an, den Sudan im größeren strategischen Zusammenhang zu zeigen, der, wie sie fürchteten, in der Heimat unterschätzt werden könnte. Sie stellten die große Bedeutung dieses Landes als Verkehrsknotenpunkt in Zentralafrika dar, den in Besitz zu nehmen England seinen europäischen Rivalen, vor allem Frankreich, zuvorkommen müsse. Heute kann man leicht darüber lächeln, wie Offiziere vom Kaliber Wingates vor fast hundert Jahren so leidenschaftlich das Lob der Zivilisation nach der Melodie des „*Rule Britannia*" sangen. Doch bedeutete dieses Lied, sein Symbolwert, für diese Männer geradezu den wahren Sinn ihres Lebens. Und was den Sudan betrifft, so zeigt der Fortgang der Geschichte bis heute, das ihre Beurteilung der Lage nicht so unrichtig war.

Slatin hat alle seine Gefechtsberichte an die Königin in Deutsch abgefaßt, und bis auf den ersten sind sie alle in der alten deutschen Kurrentschrift geschrieben. Im Gegensatz zu seinen Tagebüchern läßt sich die schöne und klare Handschrift leicht lesen. Die Korrespondenz beginnt ganz unvermittelt am 12. Mai 1896 mit einem eleganten mitteleuropäischen Fanfarenstoß:

„Eure Majestät!

„Infolge der allerhöchsten Teilnahme, die Eure Majestät an meinem Schicksale huldvollst zu nehmen geruhten, wage ich in tiefster Ehrfurcht diese Zeilen zur gnädigen Durchsicht zu unterbreiten ..."

Aus seinen späteren Briefen geht klar hervor, daß Slatin von der Königin damals noch nicht die offizielle Erlaubnis erhalten hatte, ihr direkt zu berichten. Man kann nur vermuten, daß er während seines triumphalen Besuchs in Balmoral im vergangenen Herbst inoffiziell aufgefordert worden war. Ein so wohltönender Einleitungssatz scheint uns allerdings schon fast die offizielle Genehmigung zu ersetzen.

Zu diesem ersten Brief sind zwar einige Details über militärische Operationen enhalten, doch beschäftigt er sich hauptsächlich mit politischen Fragen. Slatin berichtet der Königin z.B. über die Stimmung bei der Truppe:

„Die Moral der Truppen ist im allgemeinen ziemlich gut. Aus politischen Gründen hetzen einige arabische Journale gegen England und gegen die englischen Offiziere der Expedition. Sie stellen die Soldaten als ein Opfer englischer Politik dar, die nur dazu bestimmt seien, für Christen (da man als Grund der Expedition angab, den Italienern in Kassala Luft zu machen) geopfert zu werden. Die meisten der ägyptischen Offiziere jedoch sehen ein, daß diese Artikel nicht durch Vaterlandsliebe inspiriert, sondern durch Frankreich bezahlte Hetzereien seien ... Überdies wurde der Postdirektion verboten, derartige Journale an die Offiziere expedieren zu lassen."

Damit wird Frankreich von Anfang an als Erzfeind Englands hingestellt. An anderer Stelle geht er auf die strategische Lage ein:

„Was nach der Besetzung Dongolas geschieht, steht bei Gott und Eurer Majestät Regierung – ich gebe mich jedoch der Hoffnung hin, daß der Sudan den Mahdisten entrissen wird, bevor es europäischen Mächten (Frankreich oder Kongostaat) gelingt, im Süden des Landes Fuß zu fassen."

Dann folgt die erste zarte Andeutung dessen, was die Königin unternehmen könnte:

„Da die Expedition *vorläufig** nur als rein ägyptische gilt, so werden die an die Bewohner des Niltales oder feindlichen Anführer gerichteten Briefe *vorläufig* nur im Namen des Khedive und des Sirdar abgesandt ..."

Zwar möchte der Briefschreiber natürlich jetzt nirgends anders in der Welt sein als auf dem Vormarsch nach Süden in das Reich des Khalifa, aber er versäumt doch nicht die Gelegenheit, im Herzen der alten Königin ein wenig Mitgefühl zu erwecken:

„Ich hatte Pläne, den Sommer über nach Europa zu gehen, um den Segen der Zivilisation, den ich so lange entbehrte, zu genießen. Nach Gottes Ratschlusse geht es statt nach Norden nach Süden, dem Lande, in dem ich so viel gelitten ..."

Mit dem Wunsch, Gott möge „Eurer Majestät langes Leben und Gesundheit schenken", schließt der erste Brief Slatins an die Königin.[1]

Man durfte kaum daran zweifeln, wie diese Mischung von Schmeichelei

* Kursiv des Verfassers

und Berichterstattung aufgenommen werden würde. Jeder Zweifel, den Slatin noch hätte hegen können, wurde durch ein persönliches Handschreiben der Königin (in deutscher Sprache) aus Balmoral vom 5. Juni 1896[2] zerstreut:

„Hoffentlich nimmt unser Feldzug einen guten Verlauf und bleiben Sie wohl und unversehrt. Ihren Brief habe ich mit ungeheurem Interesse gelesen und mit Entsetzen gesehen, was Sie durchgemacht haben. Ich verbleibe Ihre Ihnen wohlgeneigte Victoria R. I."

Das gab dem gemeinsamen Unternehmen Slatins und Wingates einen ausgezeichneten Start. In seinem Brief an Bigge aus Wadi Halfa Ende Mai ist Wingate viel sachlicher und erläutert die beiden grundsätzlichen Nachschubprobleme in diesem Feldzug, den Zustand der Eisenbahnlinie, die für die Versorgung der Expeditionsarmee gebaut worden war, und den Stand des Nil, von dem der Erfolg dieser Armee ebenso abhing wie derjenige aller anderen Armeen, die jemals dieses Wüstengebiet durchquert haben:

„Für den entscheidenden Vorstoß gegen Dongola brauchen wir eine mindestens bis nach Firket führende Bahnstrecke, denn hier müssen die neuen Heckschraubendampfer zusammengebaut werden, und hier müssen wir, um unsere Dampfer und Kanonenboote auf dieser Nilstrecke über die Katarakte zu bekommen, warten, bis der Nil genügend Wasser führt, wahrscheinlich bis etwa Mitte Juli. Wenn sich unsere Dampfer südlich von Firket befinden, brauchen wir genügend Transportmittel zum Vorstoß gegen Dongola, und unser Vormarsch dorthin dürfte nicht mehr Zeit in Anspruch nehmen als sechs Wochen ..."[3]

Zehn Tage später schreibt er an Bigge bereits aus Firket. Der Ort war erst vor 48 Stunden nach einem leichten Gefecht erobert worden, das „eher einem Manöver als einer ernsten Kampfhandlung" glich. Diesen Erfolg schreibt er zum Teil der „unermüdlichen" Arbeit Slatins für den Geheimdienst zu, der jetzt die Gefangenen verhörte. „Ins Gespräch mit einigen seiner alten Freunde vertieft, nimmt er die Fäden sozusagen dort wieder auf, wo er sie vor 1½ Jahren bei seiner Flucht verlassen hat ..."

Auch Wingate wird am Schluß des Briefes ein wenig melancholisch:

„Ich sehe, daß Sie wieder in Balmoral sind. Allein der Gedanke an die schönen Berge scheint einem Kühlung und Erfrischung zu bringen, und Slatin und ich sprechen oft von Ihnen ..."[4]

Am 20. Juni feuerten die beiden Freunde eine gemeinsame Salve gegen jene in der Ferne liegenden „schönen Berge" ab.[5] Als erster erstattete Wingate Bigge einen ausführlichen Bericht über den Sieg. Nachdem er ihm mitgeteilt hatte, daß 56 der 90 feindlichen Emire gefallen und weitere 6 verwundet in Gefangenschaft geraten seien, beurteilte er die Bedeutung der Schlacht für den ganzen Feldzug:

„Aus den spärlichen Nachrichten, die uns aus Dongola erreicht haben, entnehmen wir, daß die Auswirkungen dort beträchtlich sind und der Emir Wad Bischara dringend auf weitere Anweisungen des Khalifa wartet. Wenn der letztere ihm Verstärkungen schicken kann (was zweifelhaft ist), dann wird er wahrscheinlich versuchen, solange dort zu bleiben, bis wir ihn vertreiben, wenn der Wasserstand im Fluß gestiegen ist und wir unsere Dampfer haben. Wenn aber keine Verstärkungen aus Omdurman geschickt werden können, dann glaube ich nicht, daß sie stark genug sein werden, sich uns entgegenzustellen, und deshalb werden sie sich vielleicht zurückziehen. Sie können sich also vorstellen, wie gespannt wir den Pegelstand beobachten, der jetzt ein bis zwei Zoll täglich steigt. Der Wasserspiegel liegt immer noch sehr tief, und ich glaube, es wird mindestens ein Monat vergehen müssen, ehe wir daran denken können, mit den Dampfern flußaufwärts zu fahren ..."

Der am gleichen Tage von Slatin (wahrscheinlich im selben Zelt) an die Königin geschriebene Bericht ergänzt die strategischen Nachrichten durch eine Schilderung der menschlichen Aspekte. Hier erzählt Slatin, wie er unmittelbar nach dem Gefecht über das Schlachtfeld geritten sei und dort die vielen gefallenen Emire des Khalifa gesehen habe. Er schreibt, dies habe seltsame Gefühle in ihm wachgerufen. Er habe viele dieser Männer während seiner Gefangenschaft persönlich gekannt, und obwohl einige von ihnen ihm Freundschaft und Mitgefühl entgegengebracht hätten, sei es den meisten nur darauf angekommen, die Menschen weißer Hautfarbe zu demütigen und zu vernichten. Nun hätten sie mit zerschmetterten Gliedern tot vor ihm auf dem Boden gelegen, nachdem sie für ihren Fanatismus, mit dem sie für eine böse Sache gekämpft hätten, die gerechte Strafe ereilt habe. Dann versichert er der Königin, alle ihre englischen Offiziere hätten ihre Pflicht bis zum äußersten erfüllt und durch ihr vorbildliches Verhalten dazu beigetragen, das Vertrauen und den guten Willen der eingeborenen Offiziere und Mannschaften gegenüber ihren Vorgesetzten zu stärken.

Aber den beiden Waffenbrüdern genügte es noch nicht, diese ausführlichen Berichte geschrieben zu haben, sondern sie schickten der Königin Victoria am gleichen 20. Juni 1896 auch noch eine gemeinsame besondere Botschaft und ein besonderes Erinnerungsstück. Das war die „Dschebba" des Emirs Jusef Angar, mit der seine Leiche auf dem Schlachtfeld von Firket noch bekleidet gewesen war. Mit dem Mantel des Emir müssen noch das Blut und der Staub der Kavallerieattacke in der Wüste nach Balmoral gekommen sein, als Bigge die Begleitworte Wingates las:

„An den Löchern werden Sie erkennen, daß er mehrmals tödlich getroffen wurde."

Wingate fügte hinzu, er und Slatin überreichten dieses kleine Geschenk „ganz privat und persönlich" als Ausdruck der Dankbarkeit für alle Freundlichkeit, welche die Königin ihnen bewiesen habe. Eigentlich verstieß das alles durchaus gegen die Etikette, und Wingate war sich dessen bewußt, denn am Schluß des Briefes bittet er Bigge, die ganze Angelegenheit vertraulich zu behandeln. Aber deswegen verfehlte das Geschenk nicht seine Wirkung. Man kann sich vorstellen, wie die alte Königin das blutbefleckte Derwischgewand in die Hand nahm und die Lanzeneinstiche zählte, wie sich ihr Herz beim Gedanken an die romantischen Umstände des Sudanfeldzuges und besonders an ihre beiden Vertrauten erwärmte, die dort kämpften.

Kurz vor Eintreffen dieser grausigen Trophäe hatte sie sich schon persönlich um das Wohlergehen Slatins gekümmert. In einem privaten chiffrierten Telegramm, das sie durch ihren Sekretär an Lord Cromer hatte schicken lassen, heißt es:

> „Nehme an, alle denkbaren Vorsichtsmaßnahmen für Slatins Sicherheit getroffen, besonders im Hinblick auf die Möglichkeit eines Attentatsversuchs durch einen Beauftragten des Khalifa, der sich als Deserteur tarnt."

Lord Cromer antwortete, er werde „den Sirdar besonders auf diese Angelegenheit aufmerksam machen". Am folgenden Tage, den 21. Juni 1896, übermittelte er die Antwort des Generals Kitchener:

> „Ich glaube nicht, daß Grund zur Sorge um Slatins Sicherheit besteht. Jeder Neuankömmling aus dem Lager des Feindes wird sorgfältig untersucht, ehe er ins Lager kommt, und solange bewacht, bis der Anlaß seines Kommens genau festgestellt ist."[6]

Man geht wahrscheinlich nicht fehl, wenn man aus dieser Zusicherung eine gewisse Schärfe heraushört. Der Oberbefehlshaber war nicht nur der Meinung, daß er selbst für die Sicherheit seines Hauptquartiers sorgen konnte, ohne von einer alten Dame im weit entfernten Balmoral dazu angehalten zu werden. Kitchener hat sich auch niemals so viel aus dem kleinen Österreicher gemacht wie Wingate oder die Königin, obwohl er natürlich den nachrichtendienstlichen Wert Slatins erkannte. Manchmal hat man sogar das Gefühl, daß der General ihm nie ganz getraut hat. Persönlicher Charme war, um es milde auszudrücken, nicht gerade die Stärke Kitcheners. Vielleicht war er schon etwas neidisch, sehen zu müssen, was man erreichen konnte, wenn man den Charme höheren Orts so dick auftrug wie eine Schicht Wiener Schlagobers.

Sowohl Wingate als auch Slatin mußten es jetzt erleben, daß man ihnen die bevorzugte Stellung, die sie einnahmen, neidete. Außerdem mußte Slatin auch die Verbindungen zu seiner eigenen Regierung und seinem eigenen Monarchen in Wien offenhalten. Franz Joseph war nicht nur der Kaiser und König Österreich-Ungarns, er war auch der „Kaiser der Korrektheit". Er hätte es sich nie träumen lassen, daß einer seiner Offiziere den vorgeschriebenen Dienstweg verließ, und jeden, der so etwas wagte, sein eisiges Mißfallen spüren lassen. Slatin wußte das ganz genau, obwohl er nur Leutnant der Reserve war. Deshalb nahm er sich auch schon in den ersten Wochen dieses Feldzuges die Zeit für Briefe an den Chef der österreichischen Mission in Kairo, seinen guten Freund Baron Heidler, mit Erläuterungen der Lage, die eindeutig für die Weitergabe nach Wien bestimmt waren. Heidler enttäuschte ihn nicht. Am 11. Juli 1896 schickte der Diplomat einen Bericht an seinen Außenminister, den Grafen Goluchowski:

„Seit dem Beginne der Sudankampagne führt die Königin teils eigenhändig in deutscher Sprache, teils Englisch durch ihren Privatsekretär Colonel Bigge eine angelegentliche Korrespondenz mit Slatin.

Ihre Majestät forderte ihn unter anderem auf, ihr persönlich in deutscher Sprache über den Fortgang des Feldzuges und über die Vorgänge im Truppenlager regelmäßig und in vollster Offenheit zu berichten ..."

Nachdem Heidler ausführlich auf alle Einzelheiten eingegangen war und geschildert hatte, wie sich die Königin um die Sicherheit Slatins sorgte und wie General Kitchener ihr die „beruhigendsten Aufklärungen" gegeben habe, fuhr er fort:

„Ich entnehme brieflichen Andeutungen Slatin Paschas die große Verlegenheit, in welcher er sich durch diesen königlichen Auftrag direkter Berichterstattung, dem er sich nicht wohl entziehen konnte, versetzt sieht.

Er scheint auch einigen diplomatischen Geschickes zu bedürfen, um die Eifersucht seiner englischen Kameraden aus Anlaß dieser akzentuierten persönlichen Sympathie und Fürsorge ihrer Herrscherin für ihn, den einzigen nicht englischen (sic!) Offizier in der ägyptischen Armee zu beschwichtigen und zu überwinden."[7]

Der Gedanke, daß Slatin fast gegen seinen Willen gezwungen gewesen sei, persönlich mit der Königin Victoria zu korrespondieren, ist natürlich lächerlich. Es konnte jedoch nichts schaden, wenn man in Wien diesen Eindruck gewann.

Der Feldzug ging indessen weiter. Einen Kilometer nach dem anderen schob sich die Eisenbahnstrecke tiefer in die Nubische Wüste hinein, und entlang und voraus der eisernen Nachschublinie stießen die Truppen Kitcheners immer weiter nilaufwärts gegen Dongola vor. Nach dem Siege von Firket hatte Wingate dringend empfohlen, diese vorsichtige Strategie der schrittweisen Eroberung aufzugeben, und verlangt, man möge einen raschen Schlag gegen Dongola führen, bevor der Khalifa Verstärkungen dorthin werfen könne. Ob zu Recht oder zu Unrecht, man folgte diesem Rat nicht. Die Armee marschierte weiter nach Süden, aber nur bis Koscheh. Dort hielt sie etwa zwei Monate und wartete darauf, daß die berühmten Kanonenboote soweit flußaufwärts kämen, um gemeinsam mit den Landtruppen den letzten Vorstoß zu unternehmen.

Während der langen Wartezeit in Koscheh entstanden die amüsantesten Briefe, die Slatin und Wingate an den englischen Hof schrieben. In einem zwölf Seiten langen, im Juli verfaßten Bericht an die Königin[8] beginnt Slatin z. B. mit der militärischen Lage und erzählt, wie er persönlich die Moral der Streitkräfte des Khalifa untergraben habe. Er berichtet der Königin, wie er vier bei Firket gefangengenommene Soldaten auswählte, von denen er annahm, sie seien überzeugte Anti-Mahdisten, und sie im geheimen nach Dongola schickte, wo sie verschiedenen Emiren des Khalifa, die ihm persönlich bekannt waren, Grüße und Zusagen übermitteln sollten, nach denen sie eine gute Behandlung erwarten dürften. Die Sonderpropaganda Slatins wendete sich außerdem an die zur Armee des Khalifa eingezogenen schwarzen eingeborenen Soldaten. In Dongola sollte verbreitet werden, daß ihre Kameraden, die bei Firket in Gefangenschaft geraten waren, von den Engländern gut behandelt und verpflegt und sogar mit Gold bezahlt würden, wenn sie sich der Expedition anschlössen, die nun im Begriff war, siegreich in den Sudan einzumarschieren.

Da Slatin wußte, daß die Königin durch die offiziellen Berichte Kitcheners ohnedies über die allgemeine militärische Lage unterrichtet wurde und daß diese Berichte durch die Privatbriefe Wingates an Bigge ergänzt wurden, erzählte er ihr in seinem Brief eine jener menschlich interessanten Episoden, welche die Königin, wie er wußte, mit besonderer Freude las. Da war zuerst die Geschichte des vierjährigen eingeborenen Mädchens Kalduma, das zu Slatin gebracht worden war, damit er es seiner in Wadi Halfa wartenden Mutter zuführen sollte:

„Das kleine lustige Ding plauschte mit Wingate und mir ohne jede Scheu und freute sich, ihre Mutter bald zu sehen. Als ich ihr aber ein Stück Zukker gab, fand sie dasselbe so süß und mein Zelt, obwohl schon alt und in etwas defektem Zustande, so schön, daß sie erklärte, hierbleiben zu wollen. Erst als ich ihr unter der Bedingung, daß sie zu ihrer Mutter gehe, die ja, wie ich ihr sagte, in Wadi Halfa massenhaft Zucker besitze, einige Stück mehr gab, ließ sich das kleine Ding bewegen, mit einem Transportoffizier, unter dessen Obhut sie gestellt wurde, die Reise weiter fortzusetzen. Armes unwissendes Kind, das in seiner Unschuld die eigene Mutter eines Stückchen Zuckers wegen verleugnete."

Im Anschluß spricht Slatin von seinem heftigen Heimweh, in diesem Falle der starken Sehnsucht nach England. Er erzählt der Königin, daß er ausgerechnet in Koscheh ein Exemplar der Londoner Zeitschrift *Ladies Pictorial* in die Hand bekommen habe. Darin habe er Abbildungen von Angehörigen der englischen Aristokratie gesehen („unter denselben die Countess of Kintor mit deren beiden Töchtern, Lady Ethel und Hilda Keith-Falconer"), die wie er „die Ehre hatten, in Eurer Majestät Drawing Room empfangen zuwerden". Dann fährt er in einem Ton fort, der die Königin mit Sicherheit beeindruckt hat:

„Welch Unterschied zwischen den sandigen Hügeln der Provinz Dongola und dem Zentrum der Zivilisation der Residenzstadt Eurer Majestät! Mögen doch alle Menschen die Segnungen geregelter sozialer Verhältnisse zu schätzen wissen."

Seinen Bericht vom Kriegsschauplatz beendet er dann ausgerechnet damit, daß er der Königin von seiner ersten Rennwette erzählt. In Wadi Halfa hatte man über den Ausgang des diesjährigen englischen Derby Wetten abgeschlossen. Obwohl Slatin, wie er sagt, bisher noch nie gewettet habe, konnte er der Versuchung nicht wiederstehen, auf das Pferd Persimmon zu setzen, weil es dem Prinzen von Wales gehörte. Jetzt in Koscheh habe er von dem Sieg des Persimmon erfahren, der ihm einen Gewinn von 150 Guineas einbrachte.* Nicht der Geldgewinn habe ihn so erfreut, sondern die Tatsache, „daß der Besitzer des Siegers Euer Majestäts königlicher Sohn ist". Da die Königin eine leidenschaftliche Gegnerin des Wettens und des ganzen englischen Rennbetriebs war, so hatte Slatin mit seiner Geschichte offenbar entweder Glück, oder er hatte sie klug vorausberechnet.

Die schöne Geschichte von der verlassenen kleinen Kalduma, die Erwähnung der Abbildungen in *Ladies Pictorial* und der Sieg des Pferdes, das alles lockerte angenehm die militärischen Meldungen auf, die gewöhnlich grausig oder langweilig sind. Mit diesen Briefen gelang es Slatin, seine Stellung bei der alten Königin soweit zu festigen, daß er – zumindest gesehen durch die rosa Brillen seiner Wunschträume – schon glaubte „fast zur Familie zu gehören".

Es bestand jedoch kein Mangel an grausigen Ereignissen, die er hätte schildern können. In dem Brief vom 22. Juli hatte er die bedrohliche Choleraepidemie nur andeutungsweise erwähnt. In seinem Brief an Bigge ging Wingate fünf Tage später auf die Einzelheiten ein:

„... Sie griff allmählich immer weiter um sich. Eine Station nach der anderen wurde infiziert, am schlimmsten Halfa, aber glücklicherweise lagen hier keine starken Truppenverbände, und die Zivilisten und Ehefrauen der schwarzen Soldaten hatten am meisten zu leiden ... Sehr bald wurde auch unser Lager davon ergriffen, und in den ersten Tagen sah es aus, als werde es uns sehr schlecht gehen, aber wir verlegten das Lager vom Flußufer in die Wüste ...

Am Samstag brach die Cholera unter den Truppen aus, die an der Eisen-

* Da Persimmon mit einer Quote von 5 zu 1 gewann, muß Slatin 25 Guineas gesetzt haben, ein sehr hoher Einsatz für einen Mann in den finanziellen Verhältnissen Slatin Paschas.

bahnstrecke arbeiteten, die jetzt das Schlachtfeld bei Firket, etwa 11 Kilometer von hier, erreicht hat. Solange die Soldaten in der Wüste arbeiteten, ging es ihnen ausgezeichnet, aber als sie am Fluß ankamen, war ihre Freude so groß, daß sie sich sofort ins Wasser stürzten, das zweifellos an dieser Stelle infiziert war. Sechs Mann erkrankten unmittelbar danach, und auch der arme Fenwick und Trask steckten sich an. Am Vormittag arbeiteten sie beide noch und waren vor 17.00 Uhr schon tot, um eine oder zwei Stunden darauf beerdigt zu werden ..."[9]

Das grimmige Versteckspiel mit der Cholera dauerte noch einen Monat, bis der Wasserstand des Nil schließlich so weit gestiegen war, daß die Dampfer herankommen konnten. Am 25. August schrieb Wingate wieder an Bigge:

„Sie können sich vorstellen, mit welcher Freude wir vor zwei Tagen sahen, wie sechs bunt beflaggte Dampfer die breite Stromstrecke bei Koscheh herauffuhren. Sie sind alle beim Durchfahren der Katarakte mehr oder weniger beschädigt worden und müssen einige Tage hierbleiben, um repariert zu werden. Der neue Heckschraubendampfer, den wir hier zusammenbauen, sieht neben unseren kleinen Kanonenbooten aus wie ein Leviathan. Mit seinen zwölf- und sechspfündigen Schnellfeuergeschützen und Maxims wird er den Derwischen in Dongola einen erheblichen Schrecken einjagen ..."

Als Wingate weiterschreiben wollte, um sich mit der strategischen Frage zu beschäftigen, welchen Widerstand die Garnison des Khalifa in Dongola leisten werde und ob sie verstärkt werden könne, kam ein heftiger Sturm auf und fegte über das Lager. Ein Windstoß ergriff das Offizierszelt, wo er, Slatin und der italienische Militärattaché Graf Trombi „alle zusammen kritzelten". Damit war die Arbeit für diesen Abend zuende. Als Wingate am folgenden Morgen zu seinem Brief zurückkehrte, beschrieb er die Ereignisse höchst dramatisch:

„Alles stürzte hinaus, und wir ergriffen die Leinen, damit das Zelt nicht fortgeweht wurde, doch während wir das taten, sahen Slatin und ich zu unserem Schrecken, wie der Wind unser großes Schlafzelt in die Höhe hob, es dann wieder auf den Boden schleuderte und unsere Habseligkeiten durcheinanderwirbelte. Nach einer halben Stunde ließ der heftige Sturm etwas nach ..., und wir gingen zum Fluß hinunter, um nachzusehen, was aus den Dampfern geworden war. Kaum waren wir dort angekommen, als sich der Wind, der bisher aus westlicher Richtung geweht hatte, plötzlich nach Norden drehte und zu dem schlimmsten Sandsturm entwickelte, den ich je erlebt habe. Wir versuchten, dorthin zurückzugehen, wo wir glaubten, daß unser Lager sei. Aber die dichten Staubwolken ließen es ringsum nachtdunkel werden, und wir mußten eine halbe Stunde stehen bleiben und die ganze Wildheit des Unwetters über uns ergehen lassen. Dann wurde es einen Augenblick still, und wir stellten fest, daß die Zelte des Hauptquartiers kaum zehn Schritte von der Stelle entfernt waren, wo wir gestanden hatten. Wir hatten gerade noch Zeit, hinzulaufen, als der Orkan sich mit noch größerer Heftigkeit von neuem erhob. Es regnete in Strömen, und dazu blitzte und donnerte es unaufhörlich. Bis auf die Haut durchnäßt blieb uns nichts übrig, als uns mit aller Kraft an den Zeltleinen festzuhalten. Endlich ließ der Sturm ein wenig nach, und wir konnten zum Feldlager des Nachrichtendienstes zurückgehen, das sich auf einer kleinen Anhöhe befindet. Das Bürozelt war umgeworfen, und unsere Papiere und Karten in Richtung auf Dongola davongeweht worden. Wir retteten, was zu retten war, sammelten dann unsere durchnäßten Mannschaften, gaben ihnen Chinin, etwas zu essen und zu trinken, und richteten uns so gut es gehen wollte zur Nacht ein."[10]

Diese wilde, regnerische und schlaflose Nacht mochte in den Akten des Nachrichtendienstes ein fürchterliches Durcheinander angerichtet haben, Wingate selbst jedoch behielt klaren Kopf. So übersichtlich und ausführlich wie immer setzt er den angefangenen Brief fort und behandelt alle anderen gegenwärtig zur Diskussion stehenden Themen. Zunächst berichtet er vom Empfang einer ungewöhnlichen Botschaft, die kürzlich im Lager eingegangen war und sich an „Abdel Kader Salatin" richtete. Der Absender war kein anderer als sein ehemaliger Herr und Meister in Omdurman, der Khalifa. Der Brief war eine verspätete Antwort auf ein Schreiben Slatins, das er vor sechzehn Monaten, wenige Tage nach seiner Flucht, aus Kairo, abgeschickt hatte. Darin hatte Slatin versucht, seine Diener vor der Rache des Khalifa zu bewahren, und feierlich erklärt, der einzige Grund für seine plötzliche Abreise aus Omdurman sei die dringende Notwendigkeit gewesen, seine Angehörigen endlich wiederzusehen, eine Gnade, die ihm standhaft verweigert worden sei. Außerdem hatte Slatin versichert, er sei noch immer ein treuer Gefolgsmann des Khalifa und Bekenner des mohammedanischen Glaubens.

Auf diese letzte Behauptung nahm der Khalifa jetzt Bezug und antwortete: „Da du mit den Ungläubigen gekommen bist, bediene dich jetzt der notwendigen Kriegslist, die es uns ermöglicht, sie in einer für sie nachteiligen Situation zu überraschen. Die mohammedanischen Armeen befinden sich gegenwärtig im Vormarsch gegen sie. Alles, was ich dir im Augenblick zu sagen wünsche, ist, daß du die notwendigen Schritte ganz im geheimen unternimmst ..."[11]

Was Slatin ihm geschrieben hatte, war natürlich ein ausgemachter Schwindel, aber es ist durchaus möglich, daß der Khalifa meinte, was er schrieb, auch wenn er sich kaum Hoffnungen auf einen Erfolg machte. Was er aber auch gedacht haben mag, es zeigte sich schon jetzt, daß einige seiner

Unterführer in ihrer Loyalität wankend wurden. Wingate berichtet weiter, einige der bisher treuesten Emire des Khalifa hätten mit seinem Agenten, der erst kürzlich eine Zeitlang in Omdurman gewesen sei, privat die Verbindung aufgenommen. Sie hätten gefragt: „Wie geht es Slatin? Ist er gesund und stark?" Nachdem ihnen versichert worden sei, daß es ihm gut ginge, hätten sie gesagt: „Wir hoffen, er wird bald mit seiner Armee hier eintreffen, um uns zu befreien."

Am Schluß seines langen Berichts an Bigge betreibt Wingate weiter seine inoffizeille, aber sehr wirksame internationale Diplomatie. Er kommt darauf zu sprechen, daß Bigge demnächst mit der Königin nach Balmoral gehen werde, daß ein Besuch des russischen Zaren und der Zarin kurz bevorstehe, und Lord Cromer, von Kairo beurlaubt, vielleicht zu den Gästen gehören werde. Dann spricht Wingate von der Gefahr, daß die anderen europäischen Mächte auf dem Marsch gegen den Sudan England zuvorkommen könnten. Er betont besonders, daß die Belgier vom Kongo aus in nördlicher Richtung gegen den Oberlauf des Nil vorstoßen könnten, wo die Franzosen bereits aktiv geworden seien. Wenn Frankreich und Belgien bei diesem Unternehmen gemeinsame Sache machten, dann würde das einen schweren Schlag für England bedeuten. „Vielleicht", so schließt Wingate ganz schlicht seinen Brief, „kann das auf diplomatischem Wege abgewendet werden." Für einen einfachen Major beim Stabe des Generals Kitchener (Wingate wurde erst Ende des Jahres befördert) war dies ein recht selbständiges Vorgehen.

Endlich am 11. September setzte sich das ganze Heer von Koscheh aus in Marsch und ging gegen Dongola vor. Das war ein schwieriges Unternehmen. Sogar Slatin, der am 15. September aus Fereg an die Königin schrieb; hatte diesmal keine erheiternden Geschichten zu erzählen:

„Wir haben schwere Tage hinter uns", beginnt er nach der kürzest möglichen förmlichen Einleitung. „Ungeheure Hitze, Choleraepidemie, das langsame Steigen des Nils und zum Schlusse die Zerstörung der Eisenbahnstrecke auf mehr als zwölf Meilen durch Gewitter waren die Ursache, daß wir nicht früher daran denken konnten, gegen Dongola vorzurükken ..."

Sogar der große, mit einer Heckschraube angetriebene Dampfer, auf den Wingate so große Hoffnungen gesetzt hatte, erwies sich als ungeeignet. Slatin berichtet an die Königin:

„Wir befinden uns heute in Fereg. Am Tage unserer Abreise von Koscheh wollte man die Probefahrt mit dem neuen Dampfer machen, doch bevor er sich noch in Bewegung setzte, platzte der Zylinder, glücklicherweise ohne jemanden zu verletzen. Leider ist der Schaden ein derartiger, daß der Dampfer außer Aktion gesetzt ist und zu einem Angriffe auf Dongola oder Verfolgung des Feindes wohl zu spät kommen dürfte."[12]

Den großen Dampfer mit seiner starken Bestückung hätte man sehr günstig dazu verwenden können, feindliche Geschütze zum Schweigen zu bringen. Die eigenen Schiffe waren bei Hafir, 48 Kilometer nördlich von Dongola, wo man auf starken feindlichen Widerstand gestoßen war, beschossen worden. Sobald aber die Derwische dort geschlagen waren, fiel nach verhältnismäßig leichten Kämpfen Dongola selbst. Am 23. September 1896 ließ Kitchener seine Truppen zum Angriff gegen die Stadt antreten. Nach knapp fünf Stunden dauerndem Gefecht befand sie sich um 10.30 Uhr schon in seiner Hand. Wingate telegraphierte am gleichen Vormittag an Bigge (diesmal offiziell und im Namen Kitcheners):

„Die Derwische befinden sich auf dem Rückzug. Viele mächtige Emire haben kapituliert. Mehrere Geschütze, große Mengen von Munition und anderes Material sind erbeutet worden. Wir haben zahlreiche Gefangene gemacht . . ."[13]

In den nun folgenden Wochen mußte das Gebiet noch weiter vom Feinde gesäubert werden, und Kitchener, der 160 Kilometer in südlicher Richtung bis zur nächsten großen Nilschleife vorstieß, richtete bei Merowe am vierten Katarakt eine vorgeschobene Stellung ein. Das war aber zunächst alles. Das Expeditionsheer bezog in Dongola Ruhequartiere und wartete, bis die Versorgungswege unter großen Mühen hergestellt waren, um erst dann tiefer in das Herz des mahdistischen Staates vorzustoßen. Wingates Unwillen über diese Verzögerung wurde zweifellos durch seine Beförderung zum Oberst, die ihn nach der Schlacht bei Dongola erreichte, ein wenig besänftigt. Für Slatin brachte General Kitchener, der nach einem Besuch in London und auf Schloß Windsor Ende November in den Sudan zurückkehrte, etwas noch Wertvolleres mit als eine Beförderung: den von der Königin gestifteten Victoriaorden, dem ein fünf Seiten langer persönlicher Brief der Königin beigefügt war. In diesem Brief[14] teilt sie Slatin mit, sie verleihe ihm diese Auszeichnung „in Anerkennung der hervorragenden Dienste", die er ihr im Verlauf der Feldzuges geleistet habe.

Am Schluß dankt die Königin Slatin für seine besonders informativen Briefe und interessanten Geschenke und sagt, sie erwarte, bald wieder von ihm zu hören. Die Antwort auf den Brief kam postwendend – soweit dies von den postalischen Verhältnissen im Sudan gesagt werden kann.

Dabei schreibt Slatin, seine Feder sei zu schwach, um der Dankbarkeit Ausdruck zu verleihen, die er in Verehrung Ihrer Majestät empfinde. Aber die schwache Feder unternahm zumindest einen sehr ausführlichen Versuch.

Auch Wingate schrieb an Bigge und schilderte die Freude Slatins über die persönliche Ehrung:

„Ich glaube, es ist nicht falsch, wenn ich Ihnen ganz persönlich mitteile, daß Slatin wahrscheinlich nicht in Ägypten geblieben wäre, hätte die

Königin nicht ein so lebhaftes Interesse an ihm genommen und wäre so freundlich zu ihm gewesen."[15]

Das war ein wenig übertrieben. Sicher hatte Wingate recht, wenn er sagte, daß Slatin, mit einem Teil seines Wesens „sich nach der Ruhe und dem Frieden in seinem heimatlichen Österreich sehnte", aber das war nicht der stärkere Teil des Wesens dieses Mannes, wenigstens nicht des Mannes von 1896. Sein anderes Ich, der Abenteurer und nach Ruhm Strebende, wußte sehr wohl, daß der Wüstensand des Sudan das Salz seines ganzen Lebens sein würde. Da dem so war, hatte es keinen Sinn, sich über den bitteren Geschmack des Sandes zu beklagen.

Die lange Pause, die nun auf dem Kriegsschauplatz entstand, gibt uns Zeit, den zweiten Erfolg Slatins zu betrachten, den das Jahr 1896 ihm brachte, den Erfolg als Verfasser eines in weiten Kreisen gelesenen Buches. *Feuer und Schwert im Sudan* erschien fast gleichzeitig mit dem Abmarsch Slatins und der Expeditionsstreitkräfte von Wadi Halfa. Sein Verleger Edward Arnold brachte die englische Ausgabe gleichzeitig in London und New York heraus. Die erste von mehreren Ausgaben in deutscher Sprache erschien ebenfalls 1896 bei Brockhaus in Leipzig. Zwei Jahre später erschienen Übersetzungen auf Französisch und Italienisch.

Das Buch hätte zu keinem günstigeren Zeitpunkt herauskommen können. Im gleichen Augenblick, als der Sudan wieder Schlagzeilen machte und eine neue, von Engländern geführte Armee endlich gegen den Khalifa marschierte, erschien ein Augenzeugenbericht über diesen Derwischführer und seinen Herrschaftsbereich, verfaßt von seinem ehemaligen Gefangenen, der jetzt an der Seite Kitcheners nach Süden ritt, um Rache zu nehmen. Das Zusammentreffen all dieser Umstände war für Arnold alles, was er sich als Verleger erträumen konnte. Für Wingate, über dessen Schlüsselrolle bei der Entstehung des Buches wir schon gesprochen haben, war es ein Propagandatreffer erster Ordnung. Slatin versuchte an keiner Stelle zu leugnen, daß sowohl der Mahdi als auch der Khalifa bemerkenswerte Menschenführer waren. Aber die Königin Victoria, ihre Minister und ihre Untertanen interessierten sich für andere Aspekte der Geschichte. Diese dunklere Seite der Erzählung, die barbarische Grausamkeit, der gegen den weißen Mann gerichtete, unversöhnliche Haß und die persönliche Korruptheit dieser Leute konnte Slatin jetzt überzeugend darstellen. Hier kommt es nicht im geringsten darauf an, daß diese Männer, seien sie nun gut oder böse, im Lauf der langen Geschichte zu den ersten Unabhängigkeitskämpfern des modernen Afrika gehörten. Wir beschäftigen uns hier mit dem England und den Engländern der 1880er Jahre. Ob es nun eine Selbsttäuschung war oder nicht, sie glaubten, daß über den Fahnen der kämpfenden Regimenter des Weltreichs auch ein unsichtbares, geistiges Banner wehen sollte. Das Buch *Feuer und Schwert im Sudan* ließ sich mit größtem Erfolg für diese patriotische Rolle verwenden.

Das Verlangen, für diese edle Mission zu kämpfen, im Verein mit der Aktualität des Buches und der romantischen Gestalt des Verfassers garantierten begeisterte Rezensionen und große Umsätze. Als literarische Arbeit war es unbedeutend. Hätte Slatin nur ein Zehntel der schriftstellerischen Begabung anderer Soldaten-Autoren gehabt, die ebenfalls in der Wüste gekämpft haben, der Begabung, mit der T. E. Lawrence und Winston Churchill gesegnet waren, dann wäre sein Werk mindestens ein kleines Meisterstück geworden. Aber der Österreicher konnte nicht über seinen eigenen Schatten springen. Er war ein amüsanter Erzähler, aber kein Schriftsteller, ein Pragmatiker, aber kein Intellektueller, ein Mann, dessen Platz im Sattel, aber nicht am Schreibtisch war.

In seinem Buch spürt man etwas von dem Humor, viel vom Charme und alles von der Sentimentalität des Verfassers. Sein Mut, seine Toleranz und sein Erfindungsgeist kommen auch voll zur Geltung, doch trotz all dessen, was er in dem quälenden Zwiespalt zwischen zwei Religionen und zwei Zivilisationen in der Gefangenschaft durchgemacht hatte, sucht man auf diesen Seiten vergeblich nach einem einprägsamen, anschaulich geschriebenen Absatz oder einem tiefen oder originellen Gedanken. Auch der Druck, unter dem das Buch entstand, entschuldigt nicht die darin herrschende unglaubliche Unordnung, die langen Abweichungen vom Thema und die vielen Wiederholungen. Sie bringen die Erzählung immer wieder aus dem Gleichgewicht, bis er endlich in den Sattel seines Kamels springt, um zu fliehen. Von hier an verhält er sich in seinem Buch ebenso wie in der Wüste. Jetzt durfte er nicht mehr nachdenken, sondern mußte bis zum Ziel durchhalten.

Dennoch geben gerade seine Fehler dem Werk die Spontaneität und naive Aufrichtigkeit, die seine größten Vorzüge sind. Der Durchschnittsleser verschlang die 630 Seiten (oder die 596 Seiten der deutschen Version), denn ihn interessierte das Thema des mahdistischen Sudan, das, so exotisch und fernliegend es eigentlich war, plötzlich wieder auf jedermanns Lippen lag.

Natürlich war Slatin am Durchschnittsleser interessiert, denn wie jeder Verfasser wollte er bekannt werden, und wie die meisten Verfasser brauchte er das Honorar. Es war aber eine kleine Handvoll ganz auserwählter Leser, um die es ihm besonders ging, die Honorare besonderer Art einbrachten. Einfach und deutlich gesagt, benutzte Slatin sein Buch als weiteres Kletterseil, das ihm helfen sollte, die gesellschaftliche und berufliche Stufenleiter emporzusteigen, und er klammerte sich mit aller ihm zur Verfügung stehenden Energie daran.

Die englische Ausgabe (der von Wingate und Slatin bearbeitete Grundtext) war der Königin Victoria „mit Genehmigung untertänigst gewidmet“. Kaiser

Franz Joseph akzeptierte die Widmung der deutschen Ausgabe, und damit brachte der Verfasser seine doppelte Loyalität gegenüber beiden Monarchen geschickt ins Gleichgewicht. Doch Slatins Ehrgeiz reichte weiter als nur bis nach London und Wien. Wie seine Familienkorrespondenz zeigt, wollte er jedes gekrönte Haupt in Europa für sich gewinnen. Es existiert ein Brief an seinen Bruder Heinrich vom 16. März 1896, in dem der deutsche Botschafter in Wien, Graf zu Eulenburg, den Empfang der Prachtausgaben von *Feuer und Schwert im Sudan* bestätigt, die Slatin dem deutschen Kaiser und dem Prinzen Heinrich von Preußen zugedacht hatte. Der Botschafter teilt in seinem Brief mit, Wilhelm II. habe das Buch mit besonderem Interesse in Empfang genommen und wünsche, dem Verfasser dafür zu danken, daß er es ihm freundlicherweise geschickt habe.[16]

Solange das Expeditionsheer bei Koscheh wartete, fand Slatin trotz der Cholera, der Sandstürme, der Sonderberichte nach Balmoral und seiner normalen nachrichtendienstlichen Pflichten Zeit, sich diesem hohen Leserkreis zu widmen. Aus einem am 27. Juli 1896[17] an Bruder Heinrich geschriebenen Brief geht hervor, daß neben der Königin Victoria und dem Kaiser Franz Joseph auch der König der Belgier und der König von Italien je ein Exemplar des Buches als Geschenk angenommen hatten. Der Zweck dieses Briefes war es, noch ein weiteres Herrscherpaar zu interessieren, den russischen Zaren und die Zarin. Hier heißt es:

„Wie ich höre, kommt der Kaiser von Rußland nach Wien. Wenn es Dir möglich, so laß ihm durch seinen Botschafter mein Buch (ein Prachtexemplar) überreichen. Der Zweck wäre einzig und allein, ihn persönlich gegen die Derwische einzunehmen ... Sollte es jedoch den Anschein haben, als ob ich eine Auszeichnung dadurch zu erlangen wünsche, so würde ich darauf verzichten, denn der einzige Zweck ist, wie ich Dir schon bemerkte, daß Seine Majestät mit den Verhältnissen im Sudan bekannt werde ..."

Aber bei all ihrer Liebe und Achtung, die sie für Rudolf empfanden, kamen seine Geschwister zu dem Schluß, daß er diesmal etwas zu weit gegangen sei. Der Bruder Adolf schreibt am 12. August an den Bruder Heinrich:

„Ich bin ganz Deiner Meinung, daß es weitaus besser ist, von einer Überreichung des Buches an den Zaren abzusehen.
Es wäre zwar noch ein Prachtexemplar dafür in unserem Bücherkasten vorrätig, das kaum mehr zu einer anderen Verwendung gelangen wird. Dieser Umstand allein aber wäre keine hinreichende Motivierung für einen Akt der Aufdringlichkeit, der selbstverständlich den politischen Zweck, von dem Rudolf träumt, niemals erreichen könnte, dafür aber unbedingt als ein Versuch aufgefaßt werden müßte, eine Auszeichnung zu ergattern. Schreibe also Rudolf, daß es gescheiter ist, von dieser Sache abzukommen ..."[18]

Eine schriftliche Antwort Rudolfs ist nicht mehr vorhanden. Er scheint aber dem klugen Rat seiner Brüder gefolgt zu sein. St. Petersburg und die Romanows haben in der Tat auf seiner langen Liste der ihn willkommen heißenden Höfe und ihm freundlich gesonnener Monarchen gefehlt. Angesichts der gesellschaftlichen Verpflichtungen, die ihn später in jedem Sommer erwarteten, hat das wahrscheinlich gar nichts ausgemacht, denn man muß sich fragen, wie die Russen noch in dieses Programm hineingepaßt hätten.

Es folgten einige Wochen gesellschaftlichen Wirbels, denn nachdem die Provinz Dongola besetzt war, gingen Slatin und Wingate für eine Zeit nach Kairo. Rudolf schildert das Leben dort in einem amüsanten Brief an seine Schwägerin.[19] Da Slatin Gesellschaften liebte und stets im Mittelpunkt stand, müssen seine Klagen nicht allzu ernst genommen werden. Aber der Ball, den er beschreibt, scheint in der Tat selbst für den unternehmungslustigsten Mann eine Qual gewesen zu sein:

„Hier geht es uns miserabel. Jeden Tag Diners, Einladungen, nie Ruhe. Vor einigen Tagen gab der *Cercle Khedivale* in Alexandrien dem Sirdar und dessen Staff zu Ehren ein Diner mit darauf folgendem Ball. Nach der Abfütterung, die 2½ Stunden dauerte, und nach Beendigung einiger unvermeidlicher Toaste wurden wir in den Tanzsaal geschleppt. Der Aufenthalt in einer Folterkammer im Vergleich zu dieser Unterhaltung muß geradezu paradiesisch genannt werden. Im Saale waren nur meist alte Levantinerinnen, deren Töchter wahrscheinlich noch in Europa, Konstantinopel oder irgendwo anders weilten oder auch aus anderen Gründen nicht mitgebracht wurden. Der Sirdar hatte sich schlauer Weise beizeiten aus dem Staube gemacht, und so wollte man mir als ‚Überbleibsel' die Ehre antun, mich als Kuriosität zu betrachten. Man schleppte mich von einer Alten zur anderen, um mich vorzustellen. Jede dieser frisch angestrichenen Grazien lächelte mich an und sagte, ‚oh, wir haben viel von Ihnen gehört' oder ‚in den Zeitungen gelesen' oder ‚Ihr Bild gesehen' ... Die ganze Bande machte auf mich den Eindruck einer frisch bemalten Wohnung. Ich war wütend, wollte nach vorne beißen und nach hinten ausschlagen, mußte mich aber gezwungen anständig benehmen (Du weißt, wie mir das schwerfällt).

Doch ich, der an Flucht gewohnt, verschwand plötzlich vom Schauplatze meiner Leiden und erreichte schweißtriefend mein Hotel, Verwendung ich Gott dankend für meine Rettung aus den Händen von gierigen alten Schachteln in einen Stuhl sank ...

Nun hast Du einen kleinen Begriff, wie es Deinem armen Schwager geht – in Dongola war es mir langweilig, jetzt zurückgekehrt komm ich vom Regen in die Traufe ..."

In einem wenige Wochen später an seinen Bruder Heinrich gerichteten

Brief aus Kairo kehrt Slatin zu dem inzwischen schon gewohnten Problem zurück, das Gleichgewicht zwischen Wien und London halten zu müssen; jenes delikate Manöver, von dessen Gelingen seine ganze Zukunft abhing. Er hatte eine ganze Anzahl von Kettenhemden, Turbanen und anderen Andenken an die Derwische nach Wien geschickt. Nun stellte sich die Frage, wie man diese Dinge verteilen sollte.

„Ich glaube, es ist besser, nichts der kaiserlichen Sammlung offiziell zu übergeben, da es möglicherweise in die Zeitung käme, und es dann in England, wo ich nur privatim der Königin etwas schickte, bei den Museumsleuten Unzufriedenheit erwecken würde. Ich glaubte zuerst, es ginge bei uns wie bei I. M., ganz privatim es Maj. übergeben zu lassen, doch bin ich ganz Deiner Ansicht und bitte Dich, dies zu unterlassen, da es aussehen würde, als ob ich mich wieder in Erinnerung bringen möchte ..."[20]

In einem drei Wochen später an seinen Bruder geschriebenen Brief[21] überließ Rudolf die Entscheidung dieser Frage ganz Heinrich: er möge mit den Dingen tun, was er wolle. Zum ersten- und fast zum letztenmal mußte Slatin sich bei seinem Balanceakt zwischen den beiden Höfen geschlagen geben.

10. KAPITEL

Rückkehr als Sieger

Im Mittsommer 1897 war für Slatin endlich die Zeit gekommen, wieder nach Süden zu marschieren, um weitere Kriegsandenken aber auch noch manches andere zu sammeln. Die entscheidend wichtige, von Wadi Halfa ausgehende Wüsteneisenbahn war jetzt so weit nach Süden vorangebaut worden, daß man einen Angriff gegen Abu Hamad, zwischen dem 4. und 5. Nil-Katarakt, führen konnte. Am 7. August wurde die Stadt gegen heftigen Widerstand genommen. Am 31. August hatten die Truppen Kitcheners bereits das Provinzzentrum Berber erreicht. Dieser zweite Vorstoß bedeutete, daß die Expeditionsstreitkräfte in nur 21 Tagen weitere 240 Kilometer nilaufwärts vorangekommen waren. Damit war der Vormarsch in der Tat sehr rasch vonstatten gegangen, denn Khartum und der Khalifa befanden sich jetzt nur noch 400 Kilometer stromaufwärts in südwestlicher Richtung vor den Angriffsspitzen. Doch obwohl es militärisch notwendig gewesen wäre, den Gegner anzugreifen, solange er im Weichen war, und trotz der politischen Notwendigkeit, das strategische Zentrum des Sudan vor den Franzosen und Belgiern zu erreichen, durften es die anglo-ägyptischen Streitkräfte, so wie sie jetzt waren, riskieren, aus dieser Lage zum entscheidenden Zusammenstoß mit den feindlichen Kräften vorzurücken?

In einem im Herbst aus Merowe an die Königin Victoria geschriebenen Gefechtsbericht[1] erläutert Slatin die Schwierigkeiten, denen sich Kitchener gegenübersah:

„Wir werden außergewöhnlich eintretende Umstände (wie Tod des Khalifen, Meuterei etc. etc.) abgesehen, nicht imstande sein, Omdurman ohne Unterstützung europäischer Truppen zu nehmen. Da leider eine derartige Hilfe den herrschenden Verhältnissen nach im Laufe des Winters wohl kaum zu erwarten ist, so können wir möglicherweise in die Lage kommen, unsere Stellungen gegen einen angreifenden Feind verteidigen zu müssen.

Die Stimmung der ägyptischen Armee, die im letzten Jahre durch Reservisten und Rekruten bedeutend verstärkt wurde, ist im allgemeinen eine noch gute, doch macht sich infolge der langen Dauer der Kampagne eine leichte Ermüdung bemerkbar. Die Armee im großen und ganzen wünscht (da die meisten der ägyptischen Soldaten verheiratet, jetzt von Weib und Kind getrennt leben) die Beendigung der Kampagne...

Hoffentlich wird unser langsames Vorrücken nicht von den Franzosen und Belgiern dazu benutzt, um ihre Machtsphäre bis in das Niltal auszudehnen und so eine Situation zu schaffen, die in Zukunft für Ägypten unangenehmer und drohender wäre, als es das Derwischreich gewesen..."

In diesem Brief vermeidet es Slatin, über Nebensächlichkeiten zu berichten, und beschreibt nur das Wiedersehen mit alten Freunden und das zufällige Zusammentreffen mit einem der Führer, die ihn bei seiner Flucht glücklich durch die Wüste geleitet hatten. Aber auch diese Schilderung genügt, um das Herz der alten Königin zu erwärmen:

„Wohl erinnere ich mich an alle diese Vorgänge bis in das kleinste Detail. In der Erinnerung ziehen die Tage der Gefahr an mir vorüber – ich danke Gott, der mich aus allen Gefahren glücklich errettet, und bitte ihn auch um seinen ferneren Schutz.

Ist die Zeit auch eine wenig gefahrvolle, so ist das Leben im Sudan, von Geschwistern, Freunden und der Heimat entfernt, doch kein angenehmes zu nennen. Alle hier fühlen dies, und ich, der die besten seiner Lebensjahre gezwungen in diesen Ländern zubrachte, vielleicht mehr als andere, doch werden alle, hoch und nieder, ihr Pflicht erfüllen und ausharren bis zum Ende."

Als Slatin diesen Brief schrieb, scheint er schon im Besitz der Zusicherung der Königin gewesen zu sein, daß sie wirklich wünsche, von ihm persönlich und direkt inoffiziell auf diese Weise informiert zu werden. In den vorangegangenen Wochen hatte er sich immer wieder darum bemüht, derartige Zusicherungen auf dem Umweg über dritte Personen zu bekommen. In einem von Wingate aus Merowe am 17. September 1897 an Bigge geschriebenen Brief finden wir die folgende Passage:

„Unser guter Freund Slatin ist hier, und je näher wir an die Hauptstadt der Derwische heranrücken, desto wertvoller werden seine immense Ortskenntnis und reiche Erfahrung für die Expedition... Er ist nicht ganz sicher, ob Ihre Mitteilung bedeutet, daß er (an die Königin) direkt schreiben soll. Ich habe mir erlaubt, ihm zu versichern, daß dies so sei. Aber er ist dennoch so sehr im Zweifel, daß er mich bittet, Ihnen zu sagen, er werde an Reid* schreiben, um sich über diese Frage Gewißheit zu verschaffen."[2]

* Sir James Reid, der Arzt der Königin

Am nächsten Tage schrieb Slatin an Reid, den Leibarzt der Königin, und erörterte in diesem Brief zwei delikate persönliche Angelegenheiten. Er weist darauf hin, daß die Expedition sich für ihn sehr kostspielig gestalte, da er immer wieder alte Freunde und Fluchthelfer träfe, denen es jetzt an Mitteln fehle, und die ihn um Geld bäten, das er ihnen kaum verweigern könne. Er fügt hinzu: „Ich bin zwar noch nicht bankrott, aber das könnte geschehen."

Bei der zweiten heiklen Frage handelt es sich um seine Korrespondenz mit der Königin. Er bittet Reid, ihm zu sagen, ob es wirklich in Ordnung sei, wenn er direkt an Ihre Majestät schreibe. Er wolle schließlich nicht gegen die englische Hofetikette verstoßen. Wenn es jedoch zulässig sei, dann möge Reid ihm ein Telegramm schicken, das nur das eine Wort „Yes" und seine Unterschrift enthielte, und zwar an die Adresse „Slatin, War Office, Kairo".

Der Gedanke, die Königin von England durch ihren Arzt um Geld anzupumpen, ist als solcher schon ungewöhnlich genug, aber der Vorschlag mit dem Telegramm ist einfach bizarr. Slatin hatte bisher schon seit fast 18 Monaten regelmäßig an die Königin berichtet, und seine Briefe waren verschiedentlich durch persönliche Antwortschreiben auf das Herzlichste bestätigt worden. Jetzt war es wirklich etwas zu spät, zu fragen, ob man damit etwa gegen die englische Hofetikette verstoße. Außerdem war diese Frage überflüssig, wenn die Königin, der in Fragen der Etikette die letzte Entscheidung zustand, so offensichtlich einverstanden war. Zweifellos gab es Gerüchte über die besonderen Beziehungen Slatins und Wingates zur Königin, die steigenden Unwillen bei den ehrgeizigen jungen englischen Offizieren im Stabe Kitcheners erregt hatten. Vielleicht lag Slatin daran, einen offiziellen königlichen Auftrag zu erhalten, um das Gerede zum Schweigen zu bringen. Andererseits ist die umständliche Art, mit der Slatin das über Sir James Reid zu erreichen suchte, vielleicht nur Ausdruck einer Wiener Eigentümlichkeit unseres Helden, dessen Landsleute zu sagen pflegen: „Warum denn einfach, wenn es auch kompliziert geht?"

Doch welches auch die Ursachen der plötzlichen Unsicherheit Slatins gewesen sein mögen, er erhielt die gewünschte Bestätigung. Das läßt sich aus einer vorsichtigen Andeutung in einem Brief Wingates an Bigge aus Berber vom 11. November entnehmen:

> „Slatin teilte mir mit, das Telegramm von Reid erhalten zu haben, und ich bin froh, daß ich ihm Ihre Wünsche richtig interpretiert habe ..."[3]

Im Herbst 1897 beginnen daher die in deutscher Sprache abgefaßten Berichte wieder regelmäßig nach Balmoral, Osborne und Windsor zu gehen, ohne daß über die Berechtigung des Verfassers, sie zu schreiben, noch irgendwelche Zweifel auftauchen.

In demselben Brief aus Berber stellte Wingate die Bedenken des Nachrichtendienstes hinsichtlich der schwierigen Lage der Expeditionsstreitkräfte und des dringenden Bedarfs an europäischen (d. h. britischen) Verstärkungen viel deutlicher dar, als Slatin es in seinen Briefen an die Königin getan hatte. Er schreibt:

„Hätte man sich früher dazu entschlossen, britische Truppen zu entsenden, dann könnten wir jetzt vielleicht schon in Omdurman sein ...
Vom strategischen Gesichtspunkt und, da wir wissen, daß die Entscheidung nicht in diesem Jahr fallen kann, glaube ich, es wäre besser gewesen, unsere Front weiter rückwärts bei Abu Hamad einzurichten. Es ist möglich, daß die Derwische ruhig in ihren bisherigen Stellungen bleiben werden. Gelingt es ihnen aber, genügend Begeisterung zu wecken, um zur Offensive überzugehen, dann müssen wir uns um unsere vorgeschobenen Stellungen ernste Sorgen machen ...
Man könnte sagen, der zweite Akt sei jetzt vorüber, und wenn der Vorhang sich wieder hebt, werde die Schlußszene des sudanesischen Dramas über die Bühne gehen. Aber es würde mich nicht überraschen, wenn hinter dem Vorhang eine gewisse Unruhe entstünde. Bei einem Szenenwechsel könnte es sich zeigen, daß unsere französischen Freunde irgendwo im Niltal aufgetaucht sind, was alle möglichen Komplikationen zur Folge haben würde ..."

Das war ein in mehr als einer Hinsicht prophetischer Bericht. Innerhalb von neun Monaten tauchten die „französischen Freunde" tatsächlich im Niltal auf, als Kapitän Jean-Baptiste Marchand im Juli 1898 mit einer schwachen militärischen Abteilung in Faschoda eintraf und versuchte, das ganze obere Stromgebiet für Frankreich zu beanspruchen. Die „Komplikationen", die sich aus der direkten Konfrontation der beiden Kolonialmächte ergaben (an denen auch Wingate beteiligt war), führten fast zu einem englisch-französischen Krieg, und zwar sowohl in Europa als auch in Afrika. Aber das ist eine andere Geschichte, und sie gehört nicht hierher.

Die anderen Befürchtungen Wingates jedoch wegen der über einen zu weiten Raum verteilten Expeditionsstreitkräfte, die vom Gegner angegriffen werden könnten, ehe die notwendigen Verstärkungen eingetroffen seien, wurden von jedem Offizier und jedem Mann dieser Armee geteilt. Wenige Wochen später schien es, als würden sie sich bewahrheiten. Aus den Meldungen, die während des ganzen Dezember Aufklärungspatrouillen und Agenten ins Hauptquartier brachten, ging hervor, daß der Khalifa offenbar alle verfügbaren Kräfte bei Omdurman versammelte, um, ehe der Winter vorüber war, nilabwärts vorzugehen und die Eindringlinge aus ihren Stellungen bei Berber zu werfen. Jetzt war der Augenblick der militärischen Entscheidung gekommen, für welche Wingate und Slatin in ihren Briefen an Königin Victoria, an ihren Privatsekretär und jede einflußreiche Persönlichkeit, die nur auf sie hören wollte, den politischen Boden vorbereitet hatten.

Am letzten Tag des Jahres traf Wingate im Hauptquartier in Wadi Halfa ein und drängte Kitchener, sofort britische Truppen anzufordern, um seine ägyptische Armee zu verstärken. Der Sirdar „litt an einer heftigen Erkältung und war sichtlich beunruhigt".[4] Nach einem langen Gespräch stimmte Kitchener zu und telegraphierte nach Kairo und London. Seinem Ersuchen wurde stattgegeben, und diesmal geschah auch sofort etwas. Ende Januar 1898 war eine Brigade britischer Truppen durch Wadi Halfa marschiert und befand sich auf dem Wege zur Eisenbahnkopfstation und zur Front. Diese Brigade wurde sehr bald durch eine zweite verstärkt. Obwohl sie einer ägyptischen Expeditionsarmee angehörten, so wehte doch der Union Jack überall, ob sichtbar oder unsichtbar zwischen den Regimentsfahnen. Englands Engagement war nun ein absolutes geworden.

Am 2. Februar 1898, nachdem er den letzten Durchmarsch der britischen Brigaden mitangesehen hatte, schrieb Slatin wieder einen seiner zehn Seiten langen Briefe an die Königin. Nachdem eine Gegenoffensive der Derwische jetzt nicht mehr zu befürchten war (nach Auffassung Wingates ebenso sehr wegen Streitigkeiten im Lager des Khalifa wie des Erscheinens britischer Truppen), wendete Slatin viel Energie auf, um zu schildern, wie real diese Befürchtungen gewesen seien. Sein Brief enthält aber auch noch manches andere. Besonders spricht er von der zuversichtlichen und erwartungsvollen Stimmung der Expeditionsstreitkräfte und von dem Gefühl, daß England jetzt, da britische Truppen unaufhaltsam nilaufwärts nach Süden vorgingen, in diesem Feldzug seinen Blick über die Grenzen des wiedereroberten Sudan hinaus auf weitere Ziele werde richten müssen.

Nachdem er beschrieben hatte, wie Abteilungen der ägyptischen Armee zu Weihnachten in größter Eile aus allen möglichen Garnisonen herangebracht worden seien, um die exponierten Truppen bei Berber zu verstärken, berichtet Slatin der Königin vom Eintreffen der britischen Truppen und von der Wirkung, welche dieses Ereignis hatte:

„. . . hat nun nicht nur die gesamte Bevölkerung des Sudan, sondern auch die Armee die freudige Überzeugung gewonnen, daß die Lösung der Sudanfrage nahegerückt sei."

Ihre Majestät sollte aber nicht erwarten, daß die Truppen, die sie entsandt hatte, nun sofort in Khartum einmarschieren würden. Zwar hatte man gleich nach Eintreffen der ersten britischen Brigade die Frage einer sofortigen Offensive erörtert, diesen Gedanken aber fallengelassen „infolge der ungeheuren Transportschwierigkeiten und die (sic!) Unmöglichkeit, unsere neuen Dampfer zusammenzusetzen und dieselben über den 5. und 6. Katarakt zu bringen." Slatin sagte (wie sich herausstellte, richtig) voraus, die verstärkte Expeditionsarmee würde den Vormarsch nicht vor dem „nächsten hohen Nil, etwa im Monat August" fortsetzen können. Aber dann würde ihnen nichts mehr im Wege stehen, und „durch die Einnahme von Omdurman und Vertreibung der Mahdisten wird auch der heldenmütige General Gordon gerächt und eine alte Schuld bezahlt".

Slatin schlug jedoch nicht nur die Kriegstrommel, sondern gab zugleich auch ein nicht ganz so lautstarkes Alarmsignal. Der abessinische Kaiser Menelik, dessen Sieg über die Italiener vor zwei Jahren den ganzen Feldzug ausgelöst hatte, beabsichtigte, wie Slatin der Königin mitteilte, schon seit Monaten, in den südlichen Sudan vorzustoßen. Sein Ziel sei es, nicht nur den Raum Gallabat an seiner Grenze, sondern auch das ganze sudanesische Gebiet zwischen dem Blauen und dem Weißen Nil in Besitz zu nehmen. Man kann sich vorstellen, wie Slatin und Wingate in ihrem Zelt in Halfa diese Bedrohung all ihrer (und Englands) Hoffnungen diskutiert haben. Es ist sicher kein Zufall, sondern vielmehr ein weiteres Beispiel für ihre Methode des gemeinsamen Vorgehens, daß Wingate am Tage vor Absendung des Briefes, den Slatin an die Königin schrieb, sich selbst an Bigge wendete und ihm ebenso die Bedrohung durch Abessinien vor Augen führte. Diesmal überließ er es aber seinem Freunde, die neue strategische Gefahr in lebhaften Farben darzustellen. Slatin schreibt:

> „Nun scheint aber der König [von Abessinien], durch französischen Einfluß getrieben, die Theorie in das Praktische übertragen und die Besitzergreifung wirklich ausführen zu wollen. Sollte ihm dies gelingen (wovon ihn nur klimatische Schwierigkeiten abhalten könnten), so wäre den Franzosen die Möglichkeit geboten, der Expedition Marchand, die sich in der Nähe Faschodas befinden soll, die Hand zu reichen und so der Traum der französischen Kolonialpartei, eine Verbindung quer durch Afrika von West zu Ost zu haben, verwirklicht."

Aber Slatin hat (wahrscheinlich bringt er hier die Gedanken Wingates zum Ausdruck) einen ebenso ehrgeizigen Plan für Gegenmaßnahmen, den er der Königin nun unterbreitet. Er fährt fort:

> „Ich gebe mich der egoistischen Hoffnung hin, daß sich den Franzosen wie Abessiniern unerwartete Schwierigkeiten in den Weg stellen, es uns gelingt, Omdurman zu nehmen, um vermittelst (sic) unserer Dampfer sogleich eine Verbindung mit Dufile-Uganda herzustellen und so diesen Herren einen Strich durch die Rechnung machen, eine Verbindung durch Afrika von Nord nach Süd schaffend."[5]

Der Wunschtraum des kleinen Österreichers sollte für das England, dem er diente, früher in Erfüllung gehen, als er es sich vorgestellt hatte. Jetzt folgten aber noch sechs Monate der Langeweile und Enttäuschungen, in denen die Armee untätig blieb und darauf wartete, daß der Wasserspiegel des Nil stieg. In diesen Monaten des ungeduldigen Wartens begann Slatin zum erstenmal, sich über seine Rolle im Rahmen der Expedition zu beklagen. Er selbst hat von diesen Klagen nichts zu Papier gebracht. Die schriftlichen Beweise dafür sind die wiederholten Versuche Wingates, seinen besorgten Freund zu beruhigen. Das war keine leichte Aufgabe, denn die Ursache dieser Mißstimmung war General Kitchener.

Zu Jahresanfang war Wingate mit Kitchener an die Front nach Berber gekommen, er erhielt jedoch trotz mehrfacher Versuche nicht die Erlaubnis, Slatin nachkommen zu lassen, der die ersten Monate des Jahres 1898 etwa 640 Kilometer vom Schauplatz des Geschehens entfernt im Hauptquartier in Halfa bleiben und die routinemäßige Verwaltungsarbeit tun mußte, die ihm so zuwider war. Er bombardierte regelrecht Wingate mit Bitten, ihn von dieser Arbeit am Schreibtisch zu erlösen oder, wenn das nicht möglich war, ihm die Gewißheit zu geben, daß er wirklich dort gebraucht werde und es nicht geheime Gründe gab, ihn in Halfa zurückzuhalten. Am 14. März findet sein vielgeplagter Freund Zeit, an Slatin ein Telegramm, einen langen halboffiziellen Brief und eine kürzere private Mitteilung zu schicken, und zwar alles am gleichen Tage. Der halbdienstliche Brief beginnt mit der – für diese beiden Freunde sehr geschraubten – formellen Anrede „Mein lieber Slatin", und sollte den Gemütszustand des Österreichers offensichtlich aufheitern, indem ihm so offiziell wie möglich bestätigt wurde, wie wertvoll seine Dienste seien. Wingate teilt ihm darin mit, er habe mit dem Sirdar ausführlich über die Angelegenheit gesprochen. Aber der Oberbefehlshaber, „der zwar ganz davon überzeugt ist, daß Ihre Gegenwart hier sehr wertvoll wäre, wenn der entscheidende Vorstoß gegen Omdurman erfolgt", glaube, es sei besser, wenn Slatin zunächst dort bleibe, wo er jetzt sei, um nicht bei irgendeinem Geplänkel von einer verirrten Kugel getroffen zu werden, „was den Khalifa natürlich ermutigen und für ihn und seine Gefolgsleute Anlaß zu großer Freude wäre". Wingate fährt fort:

„Der Sirdar ist überzeugt, daß Sie diese Haltung verstehen werden, wenn sie Ihnen auf diese Weise erläutert wird, und daß Sie nicht glauben werden, es gäbe noch irgendeinen anderen Grund dafür, daß Sie jetzt nicht hier an der Front sind."[6]

Die private Mitteilung Wingates vom gleichen Tage hat Slatin wörtlich in seinem Tagebuch für das Jahr 1898 abgeschrieben. Hier versucht Wingate seinen Freund dadurch zu beruhigen, daß er ihm in kameradschaftlichem Ton das gleiche mitteilt:

„Mein lieber, alter Rowdy,
Ich weiß, daß Du die Bedeutung eines halbdienstlichen Briefes, wie ich ihn Dir geschrieben habe, verstehen wirst. Niemand wünscht sich sehnlicher, Dich hierzuhaben, als ich, aber ich glaube, der Sirdar ist völlig aufrichtig in seiner Meinung...Die Die allerherzlichsten Grüße, in alter Freundschaft..."[7]

Diese Episode ist aus zwei Gründen bemerkenswert. Erstens beweist sie, wie unsicher Slatin sich fühlte, und wie sehr er danach verlangte, von seinen neuen englischen Kameraden und Freunden als Ihresgleichen anerkannt zu werden. (Das entgegengesetzte Gefühl, die Gereiztheit darüber, daß man ihn „vernachlässigte", war natürlich ebenso akut und sollte für Slatin sehr bald ernste Folgen haben.) Zweitens erkennen wir daraus die freundschaftlichen Gefühle und die Loyalität des besten dieser Freunde, Reginald Wingates. Ebenso wie dieses Gefühl der inneren Unsicherheit, welche diese Freundschaft auszugleichen half, sollte sie für das ganze Leben Slatins bestimmend bleiben.

Daß Kitchener Slatin nicht an die Front kommen ließ, weil er für seine persönliche Sicherheit fürchtete, betonte Wingate allzu sehr, um überzeugend zu wirken. In seinen wenige Wochen später an Bigge gerichteten Briefen gibt er recht deutliche Hinweise darauf, daß dies nicht der einzige Grund war. In einem Brief vom 4. Mai, der kurz vor Slatins Abreise in den Urlaub an Bigge abging, teilt Wingate dem Sekretär der Königin mit, diese Erklärung habe „als Balsam für die verletzten Gefühle Slatins nicht genügt".[8] Einen Monat später nennt er dann das Kind beim Namen:

„Ich wünschte, unser Chef (Kitchener) würde seine (Slatins) hervorragenden Eigenschaften mehr anerkennen; doch mehr davon, wenn wir uns wiedersehen."[9]

Es läßt sich ohne weiteres erkennen, weshalb Slatin im Frühjahr ganz besonders empfindlich war. Da er weit hinter der Front in Halfa saß, versäumte er die aufregende und wichtige Schlacht vom Karfreitag, den 8. April, am Atbara-Fluß gegen die Derwische. Bei diesem Treffen warf und vernichtete Kitchener die Streitkräfte der beiden gefürchtetsten Befehlshaber des Khalifa, Mahmud Achmed und Osman Digna, die von Südosten her gegen Berber vorgedrungen waren. Es mag sein, daß die mahdistischen Truppen erschöpft und hungrig waren und die beiden Anführer auch miteinander im Streit lagen. Aber ihr gemeinsames Lager war mit Gräben und einer riesigen Zariba, dem Verhau aus Dornengestrüpp, stark befestigt. Der Durchbruch gelang den Männern Kitcheners erst nach heftigen Nahkämpfen.

Zum erstenmal in der Geschichte des Sudan waren hier britische Regimenter (der eben eingetroffenen Brigade) eingesetzt und hatten einen entscheidenden Anteil am Siege. Da der unglückliche Slatin an dem Gefecht nicht hatte teilnehmen können, so blieb es ihm versagt, einen Bericht an die Königin zu schreiben. Er hat aber den Verlauf der Schlacht in Anlehnung an die Depeschen Wingates in seinem Tagebuch beschrieben. Hier heißt es:

„Schlacht bei Atbara, 8. April. Britisch-ägyptische Kräfte stellten sich bei Tagesanbruch vor der Stellung der Derwische bereit. Maxwells Brigade (ägyptische Armee) rechts, Macdonalds Brigade (ägyptische Armee) im

Zentrum und die britische Brigade links ..... Diese Kräfte gingen bis auf eine Entfernung von 800 Metern gegen die Stellungen vor, als Longs Artillerie sie $1^1/_2$ Stunden lang beschoß und dabei dem Gegner schwere Verluste zufügte. Die feindliche Artillerie erwiderte das Feuer in dieser Zeit nicht, aber die Kavallerie versuchte, uns in die linke Flanke zu kommen, wurde durch das Feuer der Maxims abgeschlagen und ließ sich nicht wieder sehen.

Dann wurde zum Angriff geblasen, und die Brigaden stürmten die Zariba mit aufgepflanztem Bajonett. Die Camerons gingen an der Spitze der britischen Brigade vor, und als sie sahen, daß die Brigade Maxwell rechts von ihnen einen Vorsprung hatte, schlugen sie angesichts des heftigen Feuers der Derwische, die das Feuer bisher zurückgehalten hatten, eine Lücke in die Zariba. Dann brachen die Brigaden durch die Stellung der Derwische und trieben sie vor sich her. Der Infanteriekampf dauerte etwa $1^1/_2$ Stunden ... Der Angriff scheint in vorbildlicher Weise angesetzt worden zu sein und wurde von allen Waffen glänzend geführt. Dem Sirdar wurde anschließend eine gewaltige Ovation zuteil ...''[10]

In einem Brief vom Schlachtfeld schreibt Wingate an Bigge lakonisch, der Sieg sei „von Anfang bis Ende eine gute Leistung" gewesen. Es ärgerte ihn, daß fast die einzigen, die in dem von Büschen dicht bestandenen Gelände entkamen, berittene Baggara-Krieger waren, während ihre schwarzen sudanesischen Sklaven, welche die Engländer mit solcher Mühe auf ihre Seite hatten ziehen wollen, fast bis auf den letzten Mann in den Befestigungsanlagen gefallen waren. Sie hatten für ihre verhaßten Herren, die Baggara, „mit erstaunlicher Standhaftigkeit" gekämpft. Wingate schrieb darüber an Bigge: „Ist das nicht ein Rätsel?"[11]

Dieses Rätsel war ebenso blutig wie unverständlich. 7000 schwarze Krieger des Khalifa waren gefallen oder verwundet auf dem Schlachtfeld geblieben. Kitchener verlor knapp 500 Mann, darunter vier Offiziere und 104 Mann der britischen Brigade. Der Weg nach Omdurman und zum Lager des Khalifa war jetzt frei, und Slatin durfte sich nun dem weiteren Vormarsch anschließen. In einem Brief an Bigge vom 21. August 1898, den Wingate auf einem britischen Kanonenboot auf dem Nil schrieb, auf dessen Deck sich Stabsoffiziere, ausländische Militärattachés und Presseberichterstatter drängten, „die eifrig ihre Notizbücher vollkritzelten", heißt es:

„Es ist eine große Freude, wieder mit dem lieben Freund Slatin zusammenzusein ..., Ihrem Vorschlag entsprechend habe ich ihm die Lage ausführlich erläutert. Er ist sehr dankbar für all das Interesse, das man an ihm nimmt, und es ist, wie ich Ihnen schon einmal gesagt habe, diese Tatsache, die seinen gegenwärtigen Einsatz der britischen Regierung nach besten Kräften zu dienen, weit angenehmer macht, als dies sonst der Fall unter den gegebenen Umständen wäre; ich habe ihn noch nie wohler und besserer Laune erlebt als jetzt, und das Wissen, daß seine Arbeit für dieses Land in Kürze beendet sein wird, hat wesentlichen Anteil daran ..."[12]

Wingate sagt nicht, was diese neuesten Bemühungen, den gekränkten Slatin zu trösten, waren. Aber über die bevorstehende Schlacht gegen das Heer des Khalifa, der sie nun entgegendampften, schreibt er ausführlicher:

„Fast alle Truppen und der ganze Nachschub sind jetzt aus Atbara abgezogen worden, und wenn nichts dazwischenkommt, dann wird die Entscheidung in den ersten Septembertagen fallen ... Alles deutet darauf hin, daß der Khalifa sich entweder in Omdurman oder bei Kerreri zur Schlacht stellen wird ... Um einer raschen Befriedung des Landes willen, wäre es das beste, wenn das feindliche Heer kämpfen wollte und geschlagen würde."

Die Derwische wurden geschlagen, und zwar an dem Ort und zu der Zeit, die Wingate vorausgesagt hatte. Am 2. September 1898 stellte sich ihre starke Armee, in weiße Gewänder gekleidet, mit 50 000 Mann auf der sandigen Ebene zwischen Omdurman und den Kerreribergen den 25 000 Soldaten Kitcheners. Diesmal war Allah nicht auf der Seite der stärkeren Bataillone seiner Gläubigen, sondern bei den Maxim-Maschinengewehren und der Artillerie der Ungläubigen. Jetzt versuchte die Armee des Khalifa, die britischen Stellungen zu stürmen, und insofern waren die Rollen gegenüber der Ausgangslage bei Atbara vertauscht. Der katastrophale Ausgang war jedoch für die Derwische der gleiche, nur daß sich der Umfang des Gemetzels auf ein Vielfaches erhöhte und die Auswirkungen der Schlacht sich mit denen der ersten nicht vergleichen ließen.

Slatin hat der Königin wahrscheinlich einen Bericht über die Ereignisse dieses großen Tages geschickt. Wir besitzen jedenfalls noch einen von Sir James Reid fünf Tage nach dem Siege an Slatin gerichteten Brief, in dem die Königin ihm sagen läßt, er möge ihr einen „ausführlichen Bericht über die Schlacht bei Omdurman" und über seine eigenen Erlebnisse und seine Beurteilung der Lage schicken. Bezeichnenderweise fügt Sir James hinzu, dieser königliche Befehl sei nicht telegraphisch übermittelt worden, „weil es Eifersucht und Unzuträglichkeiten auslösen könnte", sollte er bei den Offizieren im englischen Lager bekannt werden.[13] Obwohl man sich nicht vorstellen kann, daß Slatin der Aufforderung der Königin nicht sofort gefolgt ist, läßt sich ein persönlicher Bericht von ihm über die Schlacht von Omdurman nirgends auffinden.

Das ist kein so großer Verlust, wie man es zunächst annehmen möchte. Die Schlacht läßt sich nach authentischen Quellen genauer rekonstruieren als dies durch einen Bericht Slatins möglich wäre, und zwar aus den offiziellen Meldungen des Generals Kitchener. Der klassische Augenzeugenbericht von Winston Churchill schildert die Atmosphäre auf der im flimmernden

Sonnenlicht liegenden Ebene vor der Hauptstadt des Khalifa an jenem Tage so lebendig, wie es der unbeholfenen Feder Slatins wohl nie gelungen wäre.[14]

Am Tage vor der Schlacht war die anglo-ägyptische Armee am linken Nilufer bis in Sichtweite der braunen Kuppel des Grabmals des Mahdi, die sich über den Lehmhäusern von Omdurman erhob, vorgestoßen. Von einer Bodenerhebung aus konnten die Engländer beobachten, wie die Derwischarmee aus der Stadt strömte, um sich im offenen Wüstengelände in Schlachtordnung aufzustellen; eine wogende, schwarze Masse von 50 000 Kriegern, die auf einer Ausdehnung von sechs Kilometern die sandige Fläche wie ein riesiger Heuschreckenschwarm bedeckte. Hunderte verschiedenfarbiger Banner wehten im Wind, und das sich hier und dort in den Speerspitzen spiegelnde Sonnenlicht ließ das phantastische Bild in der weiten Ebene noch lebendiger erscheinen. Der Eindruck chaotischen Gewimmels täuschte. Der Aufmarsch der Derwischtruppen vollzog sich vielmehr diszipliniert und straff geordnet.

Der Khalifa hatte seine Armee in fünf Heerhaufen gruppiert. Am linken Flügel der Schlachtordnung standen 5000 Mann unter der hellgrünen Fahne. Den Schwerpunkt in der Mitte bildeten 12 000 Gewehrschützen und 13 000 Speerträger unter der dunkelgrünen Fahne. Der rechte Flügel bestand aus 2000 Stammeskriegern unter einer großen roten Fahne. Den Angriffstruppen in der Mitte folgte der Khalifa selbst mit seiner ausgesuchten Leibgarde, die aus 2000 Kriegern bestand. Hinter ihm bildete die Reserve mit 13 000 Mann unter der schwarzen Fahne den Abschluß des Aufmarsches. Der Schlachtplan des Khalifa war ebenso klar und einfach wie die Aufstellung seiner Truppen. Er hatte jeden Gedanken an eine Defensive aufgegeben und wollte die Prophezeiung des Mahdi dadurch verwirklichen, daß er „die Türken" in den Fluß warf.

Den Befehlshaber dieser „Türken" störte es jedoch nicht, daß er den Nil im Rücken hatte. Erstens bedeutete dies, daß die Kanonenboote hinter seiner Front den Fluß hinauf- und hinunterfahren konnten, um seine eigenen Truppen zu überschießen und die angreifenden Derwische, deren Aufmarsch so bedrohlich wirkte, an jedem beliebigen Punkt mit Feuer zu überschütten. Er setzte große Hoffnungen in den Überraschungseffekt dieser beweglichen Feuerunterstützung vom Fluß her, und hatte sich darin auch nicht getäuscht. Zweitens war Kitchener davon überzeugt, das Heer des Khalifa, ganz abgesehen von der Feuerwirkung der Kanonenboote, werde gar nicht erst so nahe an die eigenen Stellungen herankommen, daß die Überzahl der Derwische wirksam und seine Männer auch nur um einen einzigen Meter gegen den Fluß zurückgedrängt werden könnten.

Ohne den Schutz der Häuserreihe am Flußufer auszunutzen, stellte er deshalb seine Armee in einem weiten, fast 5 Kilometer langen Bogen auf, der dort, wo er Front zum Gegner nahm, nur zwei Glieder tief war und sich in seinem ganzen Verlauf an den Fluß anlehnte. Diese offene Aufstellung gab der anglo-ägyptischen Armee die beste Möglichkeit, in der für den frühen Morgen zu erwartenden Schlacht ihre Feuerkraft zur Wirkung zu bringen. Bei einem Angriff des Khalifa im Schutz der Dunkelheit allerdings hätte sich die anglo-ägyptische Aufstellung als zu weitläufig und zuwenig gesichert erwiesen.

Aber der Khalifa griff nicht in der Nacht an. Während seine Truppen ungeduldig in der Dunkelheit auf den Tagesanbruch warteten, vollzog sich jedoch ein seltsames Schauspiel, das für die kommende Schlacht irgendwie symbolisch war. Nachdem die Kanonenboote Kitcheners die feindlichen Bereitstellungen den ganzen 1. September über beschossen hatten, gingen sie bei Einbruch der Nacht hinter dem Lager Kitcheners am Flußufer vor Anker. Um sich zu vergewissern, daß der Gegner nichts Unerwartetes unternahm, schalteten sie ihre Suchscheinwerfer ein und beleuchteten damit das vor ihnen liegende flache Gelände. Am nächsten Tage gefangen genommene Derwische berichten, wie das plötzliche Aufleuchten dieser starken, unerklärlichen Lichtbündel, welche die am Tag zuvor errichtete Zariba in der Dunkelheit abtasteten, auch die tapfersten Herzen erzittern ließen. Die Männer bedeckten ihre Gesichter, um nicht von dem feurigen Dämonenauge geblendet zu werden. Sogar der Khalifa ließ sein Zelt abbrechen, nachdem die geheimnisvollen weißen Strahlen es berührt hatten. Es sollte nicht lange dauern, bis er noch weitere Auswirkungen der modernen Technik zu spüren bekam.

Die Schlacht begann in der Morgendämmerung des 2. September. Kurz vor 6.00 Uhr brachen die fünf Kilometer vor den Anglo-Ägyptern lagernden Abteilungen des Khalifa aus ihrer Zariba hervor und stürmten gegen die Stellungen Kitcheners. Ein Angriff über offenes Gelände gegen einen Feind mit so überlegener Feuerkraft war ein selbstmörderisches Unternehmen. Der Khalifa unterstrich, ohne sich dessen bewußt zu sein, diese Tatsache noch dadurch, daß er das Gefecht mit einer Waffe, mit der er den „Türken" bestimmt unterlegen war, mit der Artillerie eröffnete. Zwei aus dem Zentrum seiner Stellung abgefeuerte Granaten schlugen weit vor den Linien der Anglo-Ägypter ein, ohne Schaden anzurichten. Kitchener wartete, bis die stetig näherrückende Masse der Derwischtruppen eine Bodenwelle überquert hatte und etwa 3000 Meter vor seiner Aufstellung in Sicht kam. Dann erwiderte er das Feuer mit allen verfügbaren Geschützen: Die britische Feldbatterie, die ägyptische Artillerie und die Kanonenboote begannen gleichzeitig zu schießen. Churchill, der mit seiner Kavalleriepatrouille in das Gelände zwischen den beiden auf einander zustrebenden Armeen hinausgeritten war, kletterte auf ein paar aufeinandergestellte Zwiebackkisten, um das Schauspiel zu beobachten. Als die Granaten im Ziel einschlugen, sah er, wie die weißen Banner der Derwische wankten und zu Boden fielen und die Krieger zu Dutzenden vom Schrapnellhagel hingemäht wurden, „bei jedem Granateinschlag durchschnittlich mehr als fünf Mann".

Die Armee des Khalifa ließ sich dadurch nicht aufhalten und stürmte voran, als werde sie nur von Fliegen belästigt. Die Derwische erreichten die einzigen beiden Bodenerhebungen, den Surgham-Höhenzug und die Kerreriberge, und strömten von hier aus in die dazwischen liegende Senke, die direkt auf die Stellungen Kitcheners zulief. Sehr bald kam der im offenen Gelände voranstürmende Feind in die Reichweite des Gewehrfeuers der Verteidiger. Die Bataillone eröffneten nach einander das Feuer, bis gegen 6.45 Uhr etwa 12 000 anglo-ägyptische Infanteristen auf eine Entfernung von weniger als 2000 Meter auf jene Heerhaufen der Derwische feuerten, die die unter der hellgrünen Fahne kämpfende Angriffstruppe bildeten. Die Gewehre der britischen Brigade wurden so heiß, daß sie gegen die Waffen der Reservekompanien ausgetauscht werden mußten. Man entleerte die Wasserflaschen der Cameron-Highlanders, um die Läufe der Maxim-Maschinengewehre abzukühlen. Als der Gegner bis auf etwa 800 Meter herangekommen war, brach der Angriff zusammen, und die Überlebenden suchten hinter den über das Schlachtfeld zerstreuten Leichen Schutz. Nur an einer Stelle, wo die Truppe mit veralteten Gewehren, die eine kurze Schußweite hatten, ausgerüstet war, kamen die Männer des Khalifa bis auf 300 Meter heran. Ein einziger alter Derwisch fiel, noch im Sturz seine Fahne schwenkend, 150 Meter vor den Linien Kitcheners.

Die an den Flanken eingesetzte anglo-ägyptische Kavallerie geriet zeitweilig in Bedrängnis. Links führten Churchills 21. Lancers eine schneidige, aber sehr verlustreiche Attacke unterhalb des Surgham-Höhenzuges. An der rechten Flanke wurde das Kamelkorps von feindlichem Flankenfeuer erfaßt und mußte zurückgenommen werden. Nur unter dem Feuerschutz der Kanonenboote gelang es, wieder die eigenen Linien zu erreichen – verfolgt von einigen Tausend Gewehrschützen.

Gegen 10.00 Uhr entstand eine noch gefährlichere Situation, als Kitchener, nachdem er den ersten Frontalangriff des Khalifa blutig abgeschlagen hatte, selbst das Lager verließ und seine Brigaden stromaufwärts gegen die verlassene Stadt Omdurman führte, um die feindliche Hauptstadt in Besitz zu nehmen, bevor der Khalifa mit den ihm verbliebenen Kräften zurückkehren konnte, um sie zu verteidigen. Der Khalifa verfügte, obwohl sein Heer schwer angeschlagen war, immer noch über 35 000 kampffähige Soldaten. Die Elite der ihm noch verbliebenen Kräfte (die besten Truppen seiner Armee), die 15 000 Mann, die als Reserve unter der schwarzen Flagge standen, führten nun einen Überraschungsangriff gegen die eine britische Brigade, die als Nachhut der Angriffstruppen Kitcheners etwas zurückgeblieben und jetzt von den Hauptkräften abgeschnitten war. Nur die sehr schnelle Reaktion des Oberbefehlshabers, der seine Brigaden hin- und herwarf wie Kompanien, und die unschätzbare Unterstützung durch das Feuer der Kanonenboote auf dem Nil verhinderten, daß die Briten schwere Verluste erlitten.

Aber sobald sich die britischen Linien wieder geschlossen hatten und alle drei Brigaden gemeinsam gegen den Heerhaufen unter dem schwarzen Banner vorgingen, wiederholte sich das, was schon beim Angriff im Morgengrauen geschehen war, wenn sich auch diesmal Kitchener in der Offensive befand. Keine einfache Zahlenüberlegenheit und kein Fanatismus der Derwische konnten dem Schrapnellhagel und dem Schnellfeuer der Maschinengewehre widerstehen. Die ganze Reserve des Khalifa wurde schließlich dort, wo sie stand, am Abhang des Surgham-Höhenzuges, vernichtet. Der Befehlshaber Jakub fiel unter dem schwarzen Banner seines Herrn.

Noch ein erbitterter Angriff der Derwische an der rechten Flanke, geführt von den letzten noch intakten Einheiten der Armee des Khalifa unter der grünen Fahne, mußte abgewehrt und zerschlagen werden, dann war alles vorüber. Um 11.30 Uhr steckte Kitchener den Feldstecher mit der berühmt gewordenen lakonischen Bemerkung, der Gegner habe offenbar „eine ordentliche Tracht Prügel" bekommen, ins Futteral. Dann führte er seine Brigaden durch das sandige Wüstengelände, auf dem die Gefallenen mit ihren weißen Umhängen herumlagen wie zerknittertes Zeitungspapier, nach Omdurman.

Auf dem Schlachtfeld lagen 12000 gefallene Derwische. In einem einzigen ihrer eigenen Lazarette zählte man 4000 Verwundete. Außerdem nahm Kitchener etwa 8000 Mann gefangen.[15] So wurde der Mahdismus im Sudan, der 1881 im Schlamm der Insel Abba gekeimt war, siebzehn Jahre später im Sand vor Omdurman vernichtet.

Slatin befand sich während des ganzen Gefechts mit Wingate beim Stab des Nachrichtendienstes. In den Berichten anderer Teilnehmer wird er nur gelegentlich erwähnt. Winston Churchill erzählt zum Beispiel, wie er am Vorabend der Schlacht, als er selbst voller Spannung jeden Augenblick den Angriff der Derwische erwartete, Slatin und Wingate im Zelt des Nachrichtendienstes angetroffen habe, wo sie in aller Ruhe eine Mahlzeit zu sich nahmen, die aussah wie „ein gutes Mittagessen vor einem großen Rennen". In einem vier Tage nach dem Sieg an seine Frau geschriebenen Brief erzählt Wingate, Slatin habe sich bei der Verfolgung des Khalifa der Kavallerie Kitcheners angeschlossen „in der Hoffnung, seinen alten Freund zu fangen".

Aber Slatin hatte in jener Mittagsstunde den falschen Weg eingeschlagen, denn der Khalifa war noch nicht geflohen. Dieser bemerkenswerte Mann beeindruckt uns nirgends mehr als in der Stunde seiner Niederlage. Während die Sieger auf dem Schlachtfeld unter den unzähligen Gefallenen und in der offenen Wüste nach ihm suchten, war er mit einer kleinen Leibwache ganz unbemerkt nach Omdurman entkommen. Dort ruhte er sich aus, meditierte und betete zwei Stunden am Grabmal des Mahdi, dessen Banner er aufgenommen und jetzt verloren hatte. Als Kitchener mit derselben schwarzen Fahne von Westen nach Omdurman einritt, verließ der Khalifa die Stadt in südlicher Richtung; sein Ziel war das Stammesgebiet der Baggara, seine Heimat in Kordofan, 800 Kilometer von hier am Oberlauf des Blauen Nil. Auf einem Teil des Weges wurde er von britischer Kavallerie verfolgt, die aber dann die Jagd aufgab und ihn vorläufig sich selbst überließ.

In der ehemaligen Hauptstadt des Khalifa angekommen, ging Kitchener daran, eine Legende zu zerstören und eine zweite neu aufzubauen. An die große Moschee ließ er Feuer legen; der Körper des Mahdi wurde aus dem Grab geholt, enthauptet und in den Nil geworfen. (Kitchener wollte den Schädel zuerst als grausiges Erinnerungsstück behalten, ließ ihn aber dann doch auf dem mohammedanischen Friedhof in Wadi Halfa beisetzen.) Es folgte, nach dreizehn Jahren und acht Monaten die Totenfeier für Gordon vor den Ruinen seines Palastes in Khartum. Vier Geistliche sprachen die Gebete, und Tausende englischer Soldaten sangen seinen Lieblingschoral „Abide with Me". Die britischen Kanonenboote, deren Vorgänger im Januar 1885 zu spät gekommen waren, um ihm noch zu helfen, feuerten auf dem Fluß die Ehrensalven. Es war, wie Königin Victoria – nachdem sie die Meldungen über all dies erhalten hatte – in ihr Tagebuch schrieb: „Jetzt ist er wirklich gerächt."

Von ihrem treuen Slatin erhielt die englische Monarchin das folgende Telegramm, das am 11. September von Khartum über Kairo an sie abgeschickt wurde:

„An: Die Königin, Balmoral.
Slatin bedankt sich untertänigst bei Eurer Majestät. Seine Rückkehr zum Schauplatz seiner langen Gefangenschaft an der Spitze (sic!) der siegreichen Truppen Eurer Majestät und ihrer ägyptischen Kameraden hat alle seine Hoffnungen erfüllt."

Die Erfüllung aller Hoffnungen Slatins wäre natürlich gewesen, den Khalifa selbst gefangenzunehmen und aus seinem ehemaligen Herrn und Meister einen Kriegsgefangenen zu machen. Aber dieser Traum von süßer Rache sollte sich nicht erfüllen. Slatin befand sich Tausende von Kilometern vom Kriegsschauplatz entfernt im heimatlichen Österreich, als der Sudan von den letzten feindlichen Kräften gesäubert wurde. Er konnte sich aber mit dem Gedanken trösten, daß es sein Freund Wingate war, der diese Operationen leitete.

Etwa zwölf Monate nach dem Sieg bei Omdurman nach einem Sommer, in dem der schwer zu fassende Derwischführer in Kordofan erhebliche Aktivität gezeigt hatte und es sogar Anzeichen dafür gab, daß sich wieder starke Kräfte um ihn sammelten, erhielt Wingate eine fliegende Brigade und den Auftrag den alten Fuchs ein für allemal unschädlich zu machen.

Die jetzt wieder aufgelebte Korrespondenz zwischen Wingate und Bigge enthält die kurze und dramatische Geschichte. In einem Brief vom 29. Oktober 1899 beschreibt Wingate die ermüdenden Versuche in der Gegend von Gerada, Funfur und Gedir im Gebiet von Kordofan, den Khalifa aus seinem Versteck zu sprengen, das er in dem mit dichtem Gestrüpp und hohem Gras bewachsenen Gelände gefunden hatte. Aber alles war umsonst.

Am 23. November stieß er endlich durch Zufall auf seine Beute, als sein Vortrupp das feindliche Lager in einer Waldlichtung bei Om Debrikat entdeckte. Das war eine wohl verdiente Überraschung. Wingate schreibt:

„Die Art und Weise, wie alle Derwische uns in die Hände fielen, läßt empfinden, daß – wie die Araber sagen – ihr Tag gekommen war und höhere Mächte als wir Sterblichen eingegriffen hatten."[16]

„Alle Derwische", das waren der Khalifa, zwei seiner Brüder, ein Sohn des Mahdi, eine Anzahl weiterer bekannter Mahdisten und etwa 5000 Krieger – die letzten Gesuchten, bewacht von den letzten Getreuen. Wingate befehligte etwa 3700 Mann, zu ihnen gehörten zwei Bataillone reguläre sudanesische Truppen und einige leichte Geschütze. Sie suchten im Mondlicht den Weg durch das Unterholz und hatten im Morgengrauen auf einer Anhöhe oberhalb des feindlichen Lagers Stellungen bezogen.

Das Gefecht war eine Wiederholung der Schlacht bei Omdurman im kleineren Maßstab. Wieder waren es die Derwische, die im Morgengrauen angriffen, wieder wurden sie von den Maxim-Maschinengewehren niedergemäht, und wieder wurde ihr Lager in einem entschlossenen Gegenangriff überrannt. Aber diesmal lag auch der Khalifa tot unter seinen gefallenen Kriegern. Wie er starb, bleibt ein Geheimnis. Bis zum heutigen Tage behaupten seine Nachkommen in Khartum, daß der Khalifa, nachdem er erkannt hatte, daß alles verloren und eine Flucht ebenso sinnlos wäre wie jeder weitere Widerstand, vom Pferde gestiegen sei und im Kreise seiner Emire auf seinen Furwa, seinem Lammfell, Platz genommen und sich einen Dolch in die Brust gestoßen habe. Wingate, der kurz nach 6.00 Uhr morgens an Ort und Stelle eintraf, berichtete über die grausige Szene, daß die Leichen des Khalifa und seiner führenden Emire alle auf verhältnismäßig engem Raum beieinander gelegen hätten. Überlebende bestätigten ihm, der Khalifa habe sich mit seinen Unterführern im Kreis zusammengesetzt, kurz ehe das Lager überrannt wurde. In seiner offiziellen Meldung fügt Wingate etwas rätselhaft hinzu: „In dieser Stellung haben sie standhaft ausgehalten und den Tod gefunden." Er sagt nicht, ob der Tod mit einer Maschinengewehrgarbe oder auf der Spitze ihrer eigenen Dolche gekommen war. Aber wie das auch gewesen sein mag, der Khalifa Abdullahi war tot, und er war einen tapferen Soldatentod gestorben.

Am folgenden Tage, den 25. November, öffnete Slatin in Österreich ein Telegramm, das ein Offizier beim Stabe Kitcheners einfach an „Slatin, Vienna" adressiert hatte, und das ihm in der Heizingerstraße 30 zugestellt wurde. Der Text war ebenso sparsam wie die Adresse. Er lautete: „Khalifa heute gefallen. Watson."[17]

Der berühmteste Gefangene des Khalifa muß auch vom englischen Hof irgendeine Nachricht erhalten haben, denn am 26. November gab er das folgende Telegramm an die Königin in Windsor auf:

„Aufs freudigste erregt über den Sieg meines Freundes Wingate danke ich Eurer Majestät ehrfurchtsvollst für die gnädige Erinnerung. Gott segne Eure Majestät und Englands Streiter!"[18]

Mehr konnte Slatin kaum tun. Es muß aber doch eine gewisse Antiklimax gewesen sein, dieses Telegramm auf einem Postamt in Wien aufzugeben, tausend Meilen weit von seinem geliebten London und viele tausend Meilen von der Leiche seines Peinigers weg. Aber diese Entfernung hatte ihre Bedeutung. Die Wahrheit war, daß der Günstling der Königin und der Soldat der Königin von der Regierung der Königin schon lange vor Ende 1898 reichlich genug hatte. Slatin fühlte sich nicht nur ausgeschlossen – im Augenblick war er auch ausgeschlossen.

11. KAPITEL

Der Generalinspekteur

Das Lebensschiff Slatins kreuzte jetzt in recht rauher See, solange bis der Sturm sich wieder legte und es von der Woge des Erfolges erfaßt wurde, die es über die Jahre seiner Lebensmitte hinwegtrug. Dieser etwas unruhige und weniger glückliche Zeitabschnitt hatte sehr bald nach der triumphalen Rückkehr nach Omdurman und Khartum im September 1898 begonnen.

In den ersten Wochen nach der Besetzung des Sudan hätte auch Kitchener zugegeben, daß dieses Wiener Protegé Wingates den Engländern unschätzbare Dienste leistete. Slatin war ganz einfach der einzige Offizier in den Expeditionsstreitkräften, der die beiden Städte in- und auswendig kannte. Er allein war in der Lage, unter den Gefangenen die großen von den kleinen Fischen zu unterscheiden, zu sagen, wer vertrauenswürdig und wer ein Heuchler war. Rachsucht und Gehässigkeit lagen nicht in Slatins Natur, und wir wissen von keinem Fall, in dem er seine Stellung dazu ausgenutzt hätte, irgendeinen seiner ehemaligen Peiniger aus persönlichen Gründen zu verfolgen. Dagegen gehörten Dankbarkeit und Großzügigkeit zu seinem Charakter, und es gibt viele Beweise dafür, daß er alles nur denkbare unternahm, um jenen zu helfen, die ihm früher einmal geholfen hatten.

Die folgende Passage ist Teil einer Denkschrift, welche die Königin Victoria in Balmoral verfaßte, nachdem sie von General Kitchener einen Augenzeugenbericht über den Sieg vor Omdurman und die Säuberung der Stadt vom Feinde erhalten hatte:

„Die Frauen (der Derwische) werden nicht so wie die anderen mohammedanischen Frauen eingesperrt, sondern sie laufen frei herum wie eine Herde Vieh... Sie sind sehr erregbar, reden unaufhörlich und sind nur spärlich bekleidet. Slatin Pascha übernahm die Verantwortung für sie, denn er konnte mit ihnen sprechen und kannte viele von ihnen. Die erste Frau des Khalifa, die dieser bei seiner Flucht zurückließ, war recht hübsch,

40 Jahre alt und 6 Fuß groß. Slatin kannte sie, und da sie sich ihm in der Zeit seiner Gefangenschaft freundlich gezeigt hatte, als er in Gefahr war durch die Grausamkeit des Khalifa zu leiden, wollte er sich jetzt für diese Freundlichkeit erkenntlich zeigen. Er verschaffte ihr ein Haus in Omdurman ..."[1]

Es stellte sich jedoch sehr bald heraus, daß Kitchener zwar froh war, in Slatin einen Führer durch die Ruinen der Stadt zu haben, er jedoch nicht bereit war, den Österreicher als Meister-Architekten für das Gebäude, das England jetzt auf diesen Ruinen errichten wollte, zu akzeptieren. Slatin beschwerte sich sehr bald bitter darüber, daß der neue Generalgouverneur des Sudan ständig seine Empfehlungen mißachtete. Er vertraute diese Beschwerden allerdings nicht seinem Tagebuch an, das hier wie immer nur die Tatsachen vermerkt und nichts über seine Gefühle aussagt. Auch hat er augenscheinlich darüber nichts an Wingate geschrieben, der immer noch sein unmittelbarer Vorgesetzter war. Er hat jedoch gegenüber seinen Landsleuten bei der österreichischen Mission in Kairo seinen Gefühlen freien Lauf gelassen. Aus ihren Depeschen nach Wien erfahren wir, was wirklich geschah.

Schon am 28. Oktober, weniger als zwei Monate nach der Einnahme von Omdurman, berichtet der österreichische Geschäftsträger in Kairo, aus einem Gespräch mit Slatin sei zu entnehmen, „daß ein längeres Zusammenarbeiten desselben mit englischen Autoritäten auf jenen Gebieten nicht recht möglich" sei. Slatin habe, so heißt es in diesem Bericht, Kitchener gedrängt, gegenüber der sudanesischen Bevölkerung eine versöhnliche Haltung einzunehmen, und vorgeschlagen, um das Vertrauen der Bevölkerung zu gewinnen, die neuen Verwaltungsmethoden der Engländer nur schrittweise einzuführen. Slatin stellte sich vor allem gegen die Rekrutierungsmethoden Kitcheners, der Leute aller Stände und Herkunft in die neue anglo-ägyptische Armee einzog, ohne Rücksicht darauf, ob es Sklaven, Hausdiener, Bauern oder sogar die Söhne einflußreicher Scheichs waren, die Slatin persönlich versucht hatte, auf die Seite der Engländer zu ziehen. Als Ergebnis dieses summarischen Verfahrens fühlten sich einerseits die Scheichs vor den Kopf gestoßen, und andererseits blieben die Felder unbearbeitet, weil die Sklaven zur Armee davonliefen. All dies war in den Augen Slatins viel zu rasch und viel zu drastisch. Aber, so berichtet der österreichische Diplomat, der seine Informationen ausschließlich aus einem längeren Gespräch mit Slatin entnahm: „Slatins Ratschläge werden gar nicht oder erst dann berücksichtigt, wenn die Folgen von entgegengesetzten Maßregeln sich bereits fühlbar gemacht haben."[2]

Drei Wochen nach Absendung dieses vertraulichen Berichts gab es jedoch Balsam für die Wunden Slatins: In London wurden die Listen der anläßlich des Sieges bei Omdurman ausgezeichneten und beförderten Persönlichkeiten veröffentlicht. Eine Sturzflut von Orden und Titeln ergoß sich über die Expeditionsarmee als Ausdruck der Dankbarkeit der englischen Monarchin und des britischen Volkes. Kitchener kam dabei natürlich am besten weg. Er wurde zum Peer erhoben, erhielt das Großkreuz des Bath, wurde Generalleutnant und bekam eine Dotation von 25 000 Pfund. Wingate wurde, wie er es verdient hatte, zum Oberst befördert und geadelt. Über Slatin berichtet der österreichische Geschäftsträger in Kairo:

„Slatin Pascha, welcher bereits zwei englische Orden besitzt, erhielt das Kommandeurkreuz mit dem Sterne des St. Michael und St. Georg, welche Dekoration bekanntlich für englische Staatsangehörige den Titel Sir und für deren Gattinnen den Titel Lady impliziert."[3]

Aber Slatin legte vorderhand noch gar keinen so großen Wert auf diesen Titel, und es sollten noch viele Jahre vergehen, bevor er eine Frau nahm, die den Titel mit ihm teilen konnte. Das Kommandeurkreuz des St. Michael und Georgs-Ordens war nur eine prächtige Ergänzung auf seiner reich dekorierten Ordensbrust, die zu schmücken er vor zwei Jahren begonnen hatte. Die Unsicherheit hinsichtlich seiner Zukunft aber warf nun einen dunklen Schatten auf all diesen Glanz.

Das wird sehr deutlich in dem Entwurf zu einem Dankesbrief an Lord Cromer, den der immer hilfreiche Wingate für Slatin als Antwort auf die Glückwünsche des großen Mannes verfaßte. Nach der förmlichen Einleitung heißt es hier:

„Jetzt, da meine Aufgabe erfüllt ist, quittiere ich den Dienst in Ägypten, und wenn alle Vorbereitungen getroffen sind ..."

Dann muß Wingate sich überlegt haben, daß Slatin zu einem so frühen Zeitpunkt lieber noch keine so drastische Erklärung abgeben sollte, wenn er auch die Probleme seines Freundes sehr genau kannte. Er strich deshalb diese Worte durch und beendete den Entwurf statt dessen mit den folgenden Worten:

„Da ich bald nach Europa gehen werde und da die Königin den Wunsch geäußert hat, mich in Schottland zu sehen, hoffe ich, die große Ehre zu haben, Ihrer Majestät persönlich für diese sehr hohe Auszeichnung zu danken."[4]

Slatin reiste – da es ja in England Winter war – natürlich nicht nach Balmoral, der Sommerrisedenz, sondern nach Windsor. Er hatte den Boden schon durch einen Brief an seinen inoffiziellen Vermittler bei Hofe, Sir James Reid, vorbereitet und ihn gefragt, ob es passend wäre, wenn er noch einige Erinnerungsstücke an den Feldzug der Königin persönlich überreiche und hatte eine zustimmende Antwort erhalten. Außerdem versuchte er die Königin zu einer Erhöhung seiner Pension zu bewegen, sollte er vorzeitig den Abschied nehmen. Diesen etwas plumpen Versuch muß der Empfänger des Briefes als recht peinlich empfunden haben. Slatin war von den Engländern schon viel zu begeistert, um sie wirklich verstehen zu können, und so war dies einer jener *faux-pas*, die er immer wieder beging. Reid gelang es jedoch sehr taktvoll darüber hinwegzugehen. Er antwortete:

„Es tut mir sehr leid, daß die Behörden sich in der Sache mit Ihrer Pension so schäbig verhalten, aber ich hoffe, sie werden die Angelegenheit noch in Ordnung bringen. Es ist eine Schande, daß Sie nach allem, was Sie durchgemacht haben, nicht anständig behandelt werden. Ich bin jedoch sicher, daß die Königin Ihre Dienste anerkennt und daß sie sich Ihnen sehr gnädig erweisen wird, wenn Sie herkommen."[5]

„Colonel Slatin Pacha (sic) K.C.M.G., C. B." wurde zum 28. Februar 1899 eingeladen, mit der Königin auf Schloß Windsor zu speisen und, „bis Freitag, den 3. März zu bleiben".[6] Am Tage seiner Ankunft führte er nach dem Tee ein langes Gespräch mit der Königin, die in ihrem Tagebuch die mitgebrachten Geschenke beschreibt. Es waren weitere Erinnerungsstücke an jene Tragödie, die zu rächen Slatin geholfen hatte: „Ein Stück Stein von der Stufe, auf der General Gordon in Khartum getötet wurde, und in einem Rahmen getrocknete Rosen aus dem Garten von Gordons Palast."

Der Besuch war auch diesmal höchst befriedigend und endete damit, daß Slatin und die Königin Photographien austauschten. Jedoch diese erste Visite Slatins in Windsor muß in ihm ein ganz besonderes *„fin de siècle"*-Gefühl hervorgerufen haben, ganz vom Datum abgesehen, denn er stand eigentlich nicht länger im Dienst der Königin. Andererseits hatte er auch noch nicht endgültig seinen Abschied genommen. Vor seiner Abreise aus Ägypten zwei Wochen früher war es ihm gelungen, im Hinblick auf seine Zukunft einen genialen Kompromiß zu schließen, der ihm alle Wege offen ließ und so typisch wienerisch war, daß nur Baron Heidler, sein Landsmann in Kairo, ihn wirklich richtig beurteilen konnte. Schon lange vor der endgültigen Entscheidung meldete der österreichische Diplomat, Slatin werde bis Ende 1899 im aktiven Dienst bleiben, um dann seine Pensionierung zu beantragen, damit die Pension nach dem dann neuerlich erhöhten Gehalt festgesetzt werden könne. Heidler spricht aber deutlich aus, daß Slatin damit nicht endgültig seinen Abschied nahm:

„Seine Wiederverwendung im Dienst ist vorbehalten und wird durch fallweise Einberufungen bei temporärer Reaktivierung bewirkt werden. – Slatin Pascha selbst zog diese Modalität, durch welche er eine größere Bewegungsfreiheit erhält und welche allein die Präterierung seiner Vordermänner in der obersten Charge ermöglichte, anderen Kombinationen vor."[7]

Auf diesen letzten Punkt kam es an. Slatin war jetzt zum Brigadegeneral in der ägyptischen Armee befördert worden. Ihm das Kommando einer Felddivision zu übertragen, daran hätte selbst ein Wingate nicht einmal im Traum gedacht, ganz besonders da jetzt britische Truppen im Sudan in großer Zahl vorhanden waren. Wollte man Slatin jedoch eine seinem Rang entsprechende Stabsstellung geben, so hätte er mindestens Chef des Stabes werden müssen. Wie er das selbst schon seit langem erkannt hatte, war dies unmöglich. Schon jetzt bestand zwischen den britischen Offizieren und ihren in ägyptischen Diensten höher eingestuften Landsleuten genügend Eifersucht. Ihnen allen einen österreichischen Geheimdienstexperten als Vorgesetzten zu geben, hätte erst recht böses Blut gemacht. Ganz abgesehen von den Spannungen, weil Kitchener kein Bewunderer Slatins war und Slatin Kitcheners Verwaltungsmethoden mißbilligte, hatte tatsächlich Slatins Beförderung seine weitere Verwendung unmöglich gemacht. Die Schwierigkeit, einen Posten zu finden, der seinem Rang und seinen Titeln entsprochen hätte, die schon 1896 recht groß gewesen war, schien jetzt unüberwindlich.

Immerhin gab es im Augenblick keine finanziellen Schwierigkeiten, wenn auch Slatin nie ein reicher Mann geworden ist. Er hatte es hauptsächlich Wingates Bemühungen zu verdanken, daß seine Pension aufgrund der jüngsten Beförderung schließlich auf 600 ägyptische Pfund* bzw. 15600 Goldfranc jährlich festgesetzt wurde.[8] Diese Summe und die Honorare für sein Buch, für Zeitungsartikel und Vorträge hätten vollkommen ausgereicht, um nach einer Pensionierung ein bequemes Leben zu führen. Die Schwierigkeit lag natürlich darin, daß der erst 41 Jahre alte Slatin nicht daran denken konnte, sich zurückzuziehen, während die Welt, in der er jetzt lebte, ebenso kostspielig wie glänzend war. Er war in schwindelnde gesellschaftliche Höhen emporgeklommen, für die er weder durch Herkunft noch durch sein bisheriges Leben prädestiniert war. Von nun an konnte er nur noch Anzüge der besten Maßschneider tragen, und er brauchte davon eine Menge. Er mußte sich Gewehre zum Jagen, Pferde zum Reiten und Golfschläger zum Spielen kaufen. Auf seinen Reisen durch Europa mußte er erster Klasse fahren. Oft war er in königlichen Schlössern oder Adelshäusern zu Gast, und dabei entdeckte er nicht als Erster, daß der Aufenthalt dort durch die Geschenke und Trinkgelder, zu denen man verpflichtet ist, teurer werden kann, als wenn man sich eine Zimmerflucht im besten Hotel nimmt.

Man fragt sich zum Beispiel, ob die Jahrespension ausgereicht hat, die Ausgaben zu decken, die ihm durch seine gesellschaftlichen Verpflichtungen 1899 entstanden. Es war das erste Jahr völliger Freiheit seit seiner Kindheit, und er genoß sie, ständig zwischen Österreich und England hin- und herreisend, natürlich in vollen Zügen. Nach dem winterlichen Besuch auf Schloß Windsor kehrte er nach Wien, und wie Reid schalkhaft bemerkt, zu den „fe-

* Ein ägyptisches Pfund entsprach damals rund 20 Mark.

schen Mädeln" zurück. Aber nachdem er einen Teil des Sommers in Österreich verbracht hatte, kam er, wie wir dem Tagebuch der Königin entnehmen, wieder nach England, war am 19. August mit Wingate in Osborne und am 11. Oktober in Balmoral. Dort beteuerte er, wie die Königin schreibt, daß er „bereit sei, jederzeit sein Blut in meinen Diensten zu vergießen". Im November kam er zum zweitenmal nach Wien, aber wohl mit den Gedanken weit weg, denn er erfuhr dort, daß Wingate den Khalifa – den er selbst doch so gerne gefangen hätte – erledigt hatte. Nun wurde es unbedingt notwendig, daß auch Slatin etwas unternahm, und zwar nicht nur, um seinen Tätigkeitsdrang zu befriedigen, sondern auch um seine Finanzen aufzubessern. In kluger Voraussicht hatte er das ganze Jahr hindurch die Vorbereitungen dafür getroffen, jetzt aber wurde die Sache spruchreif.

Anfang 1900 kehrte Slatin nach Ägypten zurück, um von dort in den Sudan weiterzureisen. Als junger Mann war er nach Afrika gegangen, um Ruhm und Schätze zu sammeln. Den Ruhm hatte er erworben, jetzt hielt er nach den Schätzen Ausschau. Slatins Reiseziel waren die Nubaberge im Süden von Kordofan. Dort wollte er nach Gold, Silber, Erdöl, Kohle und anderen Bodenschätzen suchen.

Dieses merkwürdige Kapitel in Slatins Leben hatte vor fast genau einem Jahr begonnen, als er von Kairo aus seinen langen Urlaub antrat. Ein internationales Konsortium unter Sir Ernest Cassel hatte sich durch Gerüchte über reiche Mineralvorkommen im Südsudan dazu verlocken lassen, eine Gesellschaft zu finanzieren, die nach Bodenschätzen suchen und sie ausbeuten sollte. Dann hatte man sich nach einer Persönlichkeit umgesehen, die die Schürfungsrechte mit den örtlichen Behörden aushandeln und die Forschungsexpedition begleiten könnte. 1898 gab es in Kairo niemand dafür besser Geeigneten als Slatin Pascha. Da dieser selbst sich nach einem neuen Tätigkeitsfeld umsah und nichts ihm angenehmer gewesen wäre, als Goldvorkommen zu entdecken, verständigte man sich sehr rasch. Nach dem Vertrag erhielt er kein Gehalt, sondern bekam nur die auf der Expedition anfallenden Spesen ersetzt. Dafür war ihm ein beachtlicher Gewinn sicher, falls man auf reiche Bodenschätze stieß. Der Anreiz für ihn waren Aktien der neuen Gesellschaft im Wert von 1000 Pfund, die ihm umsonst überlassen wurden. Das hätte genügt, Slatin zum reichen Mann zu machen, hätte man Gold in den Nubabergen gefunden.

Aber leider gelang das nicht. Nachdem die kleine Goldsucherkarawane am 10. Februar 1899 mit großen Erwartungen aus Kairo abgereist war und in Khartum eine kurze Pause eingelegt hatte, verbrachte sie drei Monate im öden Bergland südlich von El Obeïd, um dort nach Bodenschätzen zu suchen. Das war dieselbe Gegend, in der der Mahdi vor 16 Jahren seine Kräfte versammelt hatte, die auf ihrem triumphalen Eroberungszug gegen die Hauptstadt auch Slatin besiegten. Jeder Berggipfel und jede ausgetrocknete, steinige Rinne barg Erinnerungen für ihn. Aber mehr wollte die verlassene Gegend nicht hergeben. Die beiden Mineralogen, die sich der Expedition angeschlossen hatten, fanden nichts als Sand und Steine. Mitte Mai, als das Thermometer in diesen Breiten fast unerträgliche Hitzegrade anzeigte, beschloß Slatin, die Suche aufzugeben. Die Karawane wendete sich nach Osten und ritt bis zum Weißen Nil. Aus Khartum schickte man ihr einen Dampfer entgegen, und die ermatteten und enttäuschten Goldsucher reisten heim.

Als Slatin auf der Rückreise nach Europa in Kairo Station machte, schilderte er seinen Freunden bei der österreichischen Mission vertraulich die Gründe für das Fiasko. Ihre Berichte nach Wien sind auch in diesem Fall die freimütigste Darstellung der Ereignisse. Aus diesen Depeschen entnehmen wir, daß Slatin immer noch davon überzeugt war, man könne in den Nubabergen Gold finden. Aber, so erklärte er, die unsicheren Verhältnisse dort machten eine systematische Suche unmöglich. Der tatsächliche Machtbereich der anglo-ägyptischen Armee erstreckte sich nicht sehr weit über die Provinzhauptstadt El Obeïd hinaus, in der etwa 1000 Soldaten stationiert waren. Im südlichen Kordofan herrschten immer noch chaotische Zustände, und die einzelnen Stämme bekämpften einander, ohne daß etwas dagegen unternommen werden konnte.

Es gab aber auch noch andere Umstände, die ihn von diesem Vorhaben abhielten. Niemand hatte glauben wollen, daß der berühmte Slatin Pascha jetzt als einfacher österreichischer Zivilist zurückgekehrt war, um mit Hacke und Schaufel Geld zu verdienen. Für die örtlichen Scheichs war er immer noch die Verkörperung der Staatsautorität. Das traf besonders für Darfur zu, die Provinz, die er einst im Namen Gordons verwaltet hatte. Ali Dinar, der Sultan von Darfur, der damals erst ein Knabe gewesen war, bewunderte Slatin und hatte ihn jetzt um Rat gefragt. Der Sultan war bereit, sich den neuen Machthabern im Lande zu unterwerfen. Wie sollte er das tun? Slatin hatte ihm gesagt, er möge entweder selbst nach Khartum gehen oder um die Entsendung einer Kommission nach Darfur bitten, die auf der Zitadelle die englische und die ägyptische Flagge hissen solle.

Aus Slatins Tagebuch für diese Zeit geht außerdem hervor, daß er – wahrscheinlich nicht ganz gegen seinen Willen – dazu gezwungen wurde, in Wort und Tat die Rolle des Regierungsbeamten zu übernehmen. Die Haltung der Bevölkerung bestätigte ihm, was er eigentlich schon längst wußte. Ohne Uniform war er im Sudan ein Niemand, und für die übrige Welt bedeutete er nichts ohne den Sudan. Zusammenfassend berichtete der österreichische Geschäftsträger aus Kairo nach Wien:

„Es ist daher nicht zu verwundern, wenn die hiesigen leitenden englischen Kreise an den im Sudan so populären Pascha – wie dieser mir im Vertrauen mitteilte –, mit dem Vorschlage herangetreten sind, er möge die neu zu kreierende Stelle eines *General Adviser* für den Sudan annehmen."[9]

Dieser Bericht wurde am 15. Juni 1900 verfaßt. Er läßt ein Ereignis unerwähnt, das uns den Vorschlag leichter verständlich macht. Sechs Monate zuvor war Kitchener plötzlich nach Südafrika versetzt worden, wo der Burenkrieg ausgebrochen war, und am 21. Dezember 1899 war der jüngst geadelte Sir Reginald Wingate zum Sirdar der ägyptischen Armee und zum Generalgouverneur des Sudan ernannt worden. Das war der entscheidende Grund dafür, daß der Amateurgoldsucher wieder die Uniform anzog. Slatins bester Freund und überzeugtester Gönner sollte jetzt das Land beherrschen, das die beiden Männer zusammengeführt hatte. Ihre Sterne hatten bisher schon gemeinsam geleuchtet, und es wäre unverständlich gewesen, wenn sie nicht auch jetzt gemeinsam aufgegangen wären, es sei denn, Slatin hätte in der Wüste einen Riesenberg Gold gefunden.

Wingate war zur Zeit der Durchreise Slatins nicht in Khartum gewesen, aber das hatte nichts zu sagen. Der Österreicher wußte, daß sie sich im Sommer in Schottland treffen würden, und daß die Entscheidung auch dort vor dem Hintergrund ihrer gemeinsamen Besuche in Balmoral fallen werde. Er hatte recht. Man einigte sich im August im Hause Wingates bei Dunbar über die Details, und am 25. September 1900 wurde Rudolf Slatin zum Generalinspekteur des Sudan ernannt. Die Königin war natürlich begeistert. Das britische Außenministerium erhob keine Einwände, nachdem man festgestellt hatte, daß auch Lord Cromer in Kairo einverstanden war. Alles konnte so schnell erledigt werden, weil die Entscheidung bei so wenigen Menschen lag. Im Herbst war das alte Team wieder in Khartum und ging an die Arbeit.

Für die Position, die Slatin in den nächsten vierzehn Jahren bekleidete, gab es weder Vorbilder noch Nachfolger. Sie war auf den Leib geschneidert, und nur er konnte sie ausfüllen. Er vermochte diese Arbeit auch nur zusammen mit seinem Freund, dem unendlich geduldigen und unendlich toleranten Wingate zu leisten, der jetzt die Regierungsgewalt im neuen Sudan innehatte. Die besondere Art der Arbeit Slatins war zudem nur in diesem neuen Sudan möglich, der zur Jahrhundertwende verhältnismäßig und politisch jungfräuliches Gebiet war, in dem Improvisation und Experimente den Tagesablauf bestimmten. Auch der besondere Status, den das Land auf Anregung von Lord Cromer erhalten hatte – rechtlich ein anglo-ägyptisches „Condominium", aber praktisch ein britisches Protektorat –, zwang die Regierenden zu pragmatischem Vorgehen. Der Sudan Wingates glich, wenigstens in den ersten Jahren, einem bizarren Musikinstrument, das die Engländer nur nach Gehör stimmten und spielten.

Slatins Stellung widerspiegelte diese Situation. Wie konnte man auch die Pflichten eines österreichischen Beamten definieren, der noch ein Überlebender der bunt zusammengewürfelten, multinationalen Gordon-Ära war, in einem Regime, das zunächst von britischen Offizieren und dann von britischen Beamten geleitet wurde? Schon am 1. Oktober 1900 meldeten Slatins österreichische Landsleute in Kairo die genaue Liste der Verantwortlichkeiten des neuen Generalinspekteurs nach Wien. Nach dieser Version[10] sollte er das sudanesische Steuersystem überwachen, und dazu gehörten auch die „auf Straußenfedern, Gummi und Elfenbein zu erhebenden Steuern", die Genehmigung der Ausgabe von Lizenzen für Industrieunternehmen und Bergwerke, die Ausweisung „verdächtiger und von den Gerichten verurteilter Personen", die Schlichtung von Streitigkeiten zwischen den anglo-ägyptischen Behörden und den religiösen Führern im Sudan und schließlich Vorschläge für von Fall zu Fall notwendig werdende militärische Expeditionen und die Festlegung von Grenzen.

Die österreichische Mission hat diese seltsame Zusammenstellung der verschiedensten Aufgaben selbstverständlich nicht erfunden. Dennoch gibt es keine Beweise, daß diese Liste bei Slatins Amtseinführung oder sonst jemals offiziell im Sudan bekanntgegeben worden wäre. Ein Dokument mit der Überschrift „Pflichten des Generalinspekteurs im Sudan", das im Entwurf zwei Jahre später zur Stellungnahme in Umlauf gebracht wurde, weicht in jedem einzelnen Punkt von jener Liste ab.[11] In dieser späteren Aufstellung wird nicht gesagt, daß Slatin irgend etwas *tun* sollte, ob es sich nun um Straußenfedern oder Lizenzen für Industriebetriebe handelte. Seine Aufgabe bestand danach lediglich darin, die Verwaltung in Steuerfragen zu beraten und über Beschwerden der religiösen Führer zu berichten. Was generell über seinen Aufgabenbereich gesagt wird, ist so allgemein gehalten, daß man es fast als bedeutungslos bezeichnen könnte: „Dem Generalgouverneur Vorschläge für die Verbesserung der Verhältnisse im Sudan zu machen."

Dieser Entwurf sagt vor allem, was der Generalinspekteur nicht tun dürfe, und das ist bezeichnend. Es wird ihm untersagt, irgendwelchen Untergebenen eines „Mudir" (Provinzialgouverneurs) direkte Anweisungen zu geben, „außer in absolut dringenden Fällen, wenn der Mudir nicht an Ort und Stelle ist, um die Anweisungen selbst rechtzeitig zu geben". Die Tatsache, daß dieser Entwurf in Slatins eigener Handschrift vorliegt und Randbemerkungen in der Handschrift Wingates aufweist, zeigt, daß der Generalinspekteur schon 1902 gezwungen war, sich selbst die Flügel zu stutzen. In Wirklichkeit hatte keine dieser Aufzählungen seiner Pflichten irgendeinen Sinn. Die einzige Aufgabe, die Slatin wirklich hatte, würde auf dem Papier so lächerlich gewirkt haben, wie sie in der Praxis logisch war. Sie bestand darin, Auge und Ohr Wingates im Sudan zu sein, niemals aber seine Stimme.

Obwohl also der Generalinspekteur technisch der zweite Mann im Verwaltungsapparat war, hat Slatin niemals Wingate wirklich vertreten, außer-

bei irgendwelchen Feierlichkeiten oder wo es um reine Repräsentationspflichten ging. Es besaß keine Exekutivgewalt und auch keine fixe Stellung in der Regierungshierarchie. Wenn Wingate den Sudan verließ, nahm ein Oberster Richter oder ein dienstälterer Provinzgouverneur wie etwa Jackson Pascha, der Gouverneur der Provinz Faschoda, seine Stelle ein, und diese amtierenden Generalgouverneure waren immer ebenso britisch wie Wingate selbst. Eine Zeitlang übernahm Slatin die Pflichten eines Vorsitzenden des Rats des Generalgouverneurs, so als ob sein hoher Rang und Titel eine äußerliche Anerkennung erhalten sollten. Aber es führte zu nichts. Er besaß weder echte Autorität, noch verstand er etwas vom englischen System des Verwaltens durch Ausschüsse; wahrscheinlich redete er auch viel zuviel, um ein guter Vorsitzender zu sein. Er war vernünftig genug, von diesem Posten zurückzutreten.

Noch entschiedener blieb Slatin aus der Militärhierarchie ausgeschlossen, auf der Wingates Macht beruhte und die während der ersten Jahre auch die wichtigsten Verwaltungsbeamten stellte. Obwohl er jetzt Generalmajor der anglo-ägyptischen Armee war, konnte Slatin nicht einmal der kleinsten Wüstenpatrouille im Sudan direkte Befehle erteilen. Noch hatte der ehemalige Vize-Direktor des Nachrichtendienstes in Geheimsachen irgend etwas zu sagen. Die Armee baute ihr eigenes Nachrichtennetz auf, das von englischen Offizieren überwacht wurde und Wingate als Oberbefehlshaber direkt unterstand. Ein Grund hierfür war, daß Slatin zwar Generalinspekteur, aber nicht Engländer war.

Und doch hatte er, obzwar er keine Macht besaß, ungeheuren Einfluß. Wenn er auch niemals im Namen Wingates sprechen konnte, so konnte er doch Wingate veranlassen, an seiner Stelle zu sprechen. Und Wingate war nach Gott, dem Allmächtigen, und Lord Cromer der absolute Beherrscher des Sudan. Sein Einfluß war im ersten Jahr des Condominium am stärksten. Die Rolle, die Slatin im ganzen Sudan unter Wingate spielte, war die gleiche, die er unter Kitchener in den eben eroberten Städten Omdurman und Khartum gespielt hatte. Während alle anderen das Land nur von außen her kannten, kannte nur er es von innen. Er war in der Lage, fast jedes komplizierte Problem, das sich bei den Eingeborenen ergab, für Wingate zu interpretieren. Er wußte, welche Rivalitäten zwischen den einzelnen Persönlichkeiten, den Familien oder Stämmen bestanden. Er wußte, wer die notorisch unehrlichen Kaufleute waren, und wer zu den unverläßlichen Elementen im ehemaligen Verwaltungsapparat des Khalifa gehört hatte. Er kannte die Gesichter und die Namen und wußte sie in die richtigen Zusammenhänge zu stellen. Er war, kurz gesagt, die Brücke zwischen dem Sudan des Mahdi und dem Sudan Englands.

Slatins einzigartiger Wert wurde natürlich desto geringer, je weiter sich

Im Dienst des Khediven: Der junge k. u. k. Leutnant der Reserve, Rudolf Slatin, war knappe 23 Jahre alt, als ihn General Gordon zum Gouverneur von Darfur machte. Der ägyptische Titel Bey, den er führen durfte, entsprach dem Rang eines Oberstleutnants. Auf dieser nach einer Fotografie angefertigten Zeichnung trägt Slatin Bey die malerische Tracht des Landes.

Oben. „Erkennst du deinen Onkel?“: Das abgeschlagene Haupt General Gordons brachten die triumphierenden Derwische dem entsetzten Slatin, der damals mit 15 Meter langen Ketten Tag und Nacht gefesselt war.

Linke Seite. Der Tod General Gordons: Diese phantasievolle Darstellung des Todes Gordons bei der Erstürmung Khartums durch die Derwische stammt aus dem Buch Karl Neufelds „In Ketten des Kalifen“. Neufeld war ebenso wie Slatin ein Gefangener des Mahdi und dessen Nachfolgers.

Der „Gottgesandte“: der Mahdi Mohammed Achmed ibn Abdullahi.

Seite 198: Soldat der Königin: Rudolf Slatin, nun schon Slatin Pascha, kehrte als Generalmajor der angloägyptischen Armee und stellvertretender Direktor des Nachrichtendienstes mit den Truppen Kitcheners in den Sudan zurück.

Seite 199: Slatin in Derwischtracht: Das Bild ist allerdings erst nach der Flucht Slatins in Kairo aufgenommen worden.

Slatins Schutzherrin: Königin Victoria schenkte Rudolf Slatin besonderes Vertrauen. Ihr verdankte er seine Karriere.

Wieder in Freiheit: Slatin nach elfjähriger Gefangenschaft im Sudan bei seiner Ankunft auf dem Bahnhof in Kairo.

Feldzug gegen die Derwische: Slatin Pascha vor seinem Zelt auf dem Vormarsch nach Omdurman.

Die Schlacht von Omdurman: Der Angriff der Derwische auf die Truppen General Kitcheners.

Der Generalinspekteur: Slatin bei einem der Niloten-Stämme. Er schrieb unter das Bild: „Zwei Prinzessinnen und ein armer Mann.“

Die „sudanesischen Zwillinge“: Slatin und Sir Reginald Wingate, der Generalgouverneur des Sudan, in Balmoral.

Rudolf von Slatin
Wien, 17 Sep
1902

Oben. Freund zweier Monarchen: Rudolf von Slatin (im Hintergrund, erster v. r.) bei einem Festbankett in der Ischler Kaiservilla, das Kaiser Franz Joseph zu Ehren König Edwards gab.

Vorhergehende Seite. Im Dienst der Königin: Rudolf Slatin zu Pferd in Generalmajorsuniform vor seinem „Palais“ in Khartum.

der neue Sudan entwickelte. Der Wendepunkt kam 1904, als die ersten jungen Beamten aus England eintrafen, um ihre Pflichten in der sudanesischen Verwaltung zu übernehmen. Das waren ganz andere Leute als die Slatins und Luptons zu Gordons Zeiten. Sie unterschieden sich sogar von jener kleinen Gruppe englischer Offiziere, die in den ersten Jahren unter Wingate die politischen Aufgaben übernommen hatten. Die aus England kommenden Zivilisten waren ausgesuchte und für die Verwaltungsaufgaben im Sudan besonders ausgebildete Männer. Sie gehörten zur goldenen Jugend des edwardianischen England, waren selbstsicher und auf sich selbst bezogen. Fast jeder von ihnen hatte Oxford oder Cambridge mit mindestens gutem Erfolg absolviert. Viele waren auf der Universität Spitzen-Sportler gewesen. Slatin, der sich in dieser englischen Geheimwissenschaft nie ganz zu Hause gefühlt hat, stellte einen dieser Leute einmal als den Mann vor, „der im Oxford-Achter am schnellsten gerudert hat". Damit besaßen sie eine Ausbildung und eine gesellschaftliche Stellung, die Slatin fehlten. Noch wichtiger war vielleicht der Umstand, daß sie innerhalb einer engbegrenzten Karrierestruktur operierten, von der Slatin ausgeschlossen war. Mit einem Wort, sie waren die ersten Professionals, während er trotz all seiner Erfahrungen und Kenntnisse der letzte alte Amateur war.

Was Slatin ihnen außer seinem reicheren Wissen geben konnte, war das, was den Amateur überall im Leben auszeichnet, der weitere Horizont. Viele dieser jungen Engländer, die dem Mittelstand oder dem gehobenen Mittelstand angehörten, kannten nur das England ihrer höheren Schulen und Universitäten, und sie neigten dazu, ihr Leben im Sudan nach diesen überkommenen, starren äußeren Formen einzurichten. Aber der legendäre kleine Österreicher in ihrer Mitte, der das erstemal nur auf die Anzeige eines Buchladens hin in den Sudan gekommen war, stand mit einem Fuß im Habsburgerreich und mit dem anderen im britischen Weltreich. Er war mehr Europäer als Österreicher, und was ihm an Ausbildung fehlte, das konnte er durch Lebensklugheit mehr als ausgleichen.

Obwohl diese neue Kaste der Zivilbeamten im Sudan ihn im allgemeinen mochte und achtete, konnten sie sich als Gruppe doch nie mit ihm identifizieren. Die Freundschaften, die Slatin fürs Leben schloß, verbanden ihn vor allem mit der ersten Generation der Administratoren, Soldaten und Beamten, die Wingate bei seiner Amtsübernahme ausgewählt hatte. Zwei Beispiele dafür waren Sir James Currie, Direktor des Erziehungswesens in Khartum, und Oberst Milo Talbot, der 1903 Wingates Stellvertreter war. Ihre Namen tauchten in den folgenden Jahren immer wieder in Slatins Briefen und Tagebüchern auf. Aber auch im Verhältnis zu ihnen verbargen sich unter der glatten Oberfläche oft gewisse Spannungen. Im Januar 1902 wurde derselbe Jackson Pascha, der sich später als stellvertretender Generalgouverneur bewähren sollte, von Wingate als Sekretär der Zivilverwaltung aufgrund einer solchen Spannung entlassen. Es scheint, daß Oberst Jackson sich im Klub und sogar in offiziellen Depeschen über den österreichischen Generalinspekteur, dessen Einfluß bei Wingate ihm nicht paßte, lustig gemacht hat. Die Angelegenheit wurde beigelegt, vor allem durch das Eingreifen Cromers von Kairo aus. Aber dieser Vorfall zeigte, womit Slatin fertigwerden mußte, besonders als später so viele Berufsbeamte aus England in den Sudan kamen.

Außer der Protektion Wingates waren es zwei Dinge, die Slatin es ermöglichten, seine Aufgaben zu erfüllen. Erstens befand er sich, so hoch auch seine Stellung sein mochte, in einer Sackgasse, die ihm eine weitere Karriere im Sudan versperrte. Jedermann wußte das, und er selbst akzeptierte es. Niemand konnte daher seine Stellung anstreben, und er konnte auch niemand eine Stellung streitig machen. Der zweite und noch wichtigere Umstand lag in Slatins Charakter. Obwohl er empfindlich war, weil er sich innerlich unsicher fühlte, war er niemals nachtragend oder rachsüchtig und war kein Intrigant. Er war ein freundlicher und umgänglicher Mensch und viel eher geneigt, für irgend jemanden bei Wingate ein gutes Wort einzulegen, als ihn anzuschwärzen. Wäre das anders gewesen, dann hätte er seinen Posten keine vierzehn Monate, geschweige denn vierzehn Jahre behalten können.

Aber was hat Slatin in all diesen Jahren wirklich getan? Ebenso wie bei der Dienstvorschrift, die man für ihn entwarf, läßt sich viel eher sagen, was er nicht tat. Sein Name ist im Sudan weder heute noch damals mit irgendeiner größeren Reform oder einem wichtigen Projekt in Verbindung gebracht worden. Er hat kein College gegründet, keinen Staudamm und keine Eisenbahn bauen lassen, er hat keinen Vertrag unterzeichnet, kein Gesetz entworfen und kein soziales oder wirtschaftliches Programm angeregt, das seinen Namen trug oder von ihm gestaltet war. Der Trinkwasserbrunnen, der Jahre später zu seinem Andenken in Khartum gebaut wurde, war ein passendes Symbol; das anonyme, aber kostbare Wasser steht hier jedem frei zur Verfügung – wie damals sein Rat und seine Hilfe.

Über seine sorgfältige, bescheidene und ins Detail gehende Arbeit geben seine eigenen Tagebücher Auskunft. Anfänglich schrieb er sie auf deutsch und streute nur hier und dort ein englisches Wort ein. 1904 sind sie halb auf englisch, halb auf deutsch geschrieben, und oft wechselt er mitten im Satz von einer Sprache in die andere. In späteren Jahren schreibt und denkt er meist auf englisch, obwohl der Satzbau durch die deutsche Sprache beeinflußt bleibt und er bis zum Schluß komische orthographische Fehler macht. Man könnte ein ganzes Kapitel mit Auszügen aus diesen Tagebüchern und den nachrichtendienstlichen Berichten füllen, für die sie oft die Grundlage waren. Aber wenige Seiten sollen genügen, denn obwohl es immer wieder andere Dinge sind, mit denen er sich beschäftigt, bleibt der Grundtenor derselbe. Auf seinen ständigen Reisen beschäftigt sich der Generalinspekteur ganz einfach damit, zu inspizieren. Er ist der reisende Kundendienstmann Wingates mit dem Stethoskop, der Ölkanne und dem Schraubenschlüssel.

Das Jahr 1902 ist ein typisches Jahr und zeigt Slatin bei seiner Arbeit. Von einer Besichtigungsreise durch Kordofan zurückgekehrt, stellt er eine Liste mit 26 Besprechungspunkten zusammen, die er Wingate in Khartum vortragen will. Er schlägt vor, welche Preise die Regierung für die vertraglichen Getreidelieferungen zahlen sollte. Ein Mann namens Wright hat augenscheinlich „Gold gefunden" (dieser Eintrag steht in deutscher Sprache da, und der Vorfall muß unangenehme Erinnerungen an sein eigenes Fiasko als Goldsucher wachgerufen haben). In welcher Höhe sollten die Gebühren für den Kameltransport von Waren auf den Strecken El Obeïd–Omdurman und Omdurman–Duem festgesetzt werden? Über einen Mann namens Hanafi wird „Ungünstiges berichtet", während ein gewisser Hassan entlassen werden muß – „vertraulicher Bericht"! Der Anbau von Gummibäumen sollte gefördert werden (dieser Satz ist auf englisch geschrieben und unterstrichen). „Man sollte erlauben, daß jeder Gummikaufmann auf geradem Wege zu seinem Zielort reist." Andere Eintragungen betreffen die Telegraphenlinie bei Kawa, die Bezahlung der berittenen Polizei in diesem Gebiet und die Absicht, die Anzahl der Polizisten zu verringern, die Gewährung von Darlehen an die Landwirtschaft, Schwierigkeiten mit Viehdieben, Giraffenjägern und „Pferden, die nach Westen gebracht werden".

Auf einer Reise nach Bahr el Ghazal, der südlich von Kordofan liegenden Provinz, entsteht eine weitere Liste von Besprechungspunkten. Die Handelswege für den Elfenbeinhandel haben sich geändert; es werden Preise angegeben, zum Teil in Geld, zum Teil der Tauschwert. Hier heißt es: „Kleine Kuhkälber sollten geschickt werden, um sie gegen Elfenbein einzutauschen." Viele Dörfer werden von den Bewohnern verlassen, was „beweist, daß die Bewohner nicht gern mit Soldaten in Berührung kommen". An einem Ort verlangen die Angehörigen des Stammes der Schilluk die Unabhängigkeit von den Dinkas. Viel ist über Brunnen zu finden. Sie müssen überall verbessert werden, und Besitzer von Brunnen sollen für ihre Instandhaltung eine Entschädigung bekommen. Die Station Tschak Tschak braucht Ochsen zum Transport von Getreide; jedem Scheich sollten zwei bis drei Polizisten zur Verfügung gestellt werden; ein ungenannter Mann soll zur Belohnung einen Elefantenstoßzahn erhalten.

Im Februar finden wir Slatin im Bezirk Faschoda wieder, und hier ist es in erster Linie der Nil, dem seine Aufmerksamkeit gilt. In kaum lesbarer deutscher Schrift notiert er, man müsse hier eine Dampferanlegestelle einrichten, die Sommer und Winter in Betrieb bleibt, nach Möglichkeit auch ein Krankenhaus. Alle Kaufleute müßten ihr Gewerbe beim Mudir anmelden, und reisende Hausierer sollten zusammen mit ihren Lizenzen auch einen Sonderpaß des Nachrichtendienstes erhalten. Er schlägt vor (diesmal auf englisch), daß am 1. jedes Monats ein Postboot aus Khartum abfahren sollte, das über Faschoda nach Kenissa fährt, wo es sich am 15. eines jeden Monats mit einem aus Lado im südlichen Äquatorialgebiet kommenden trifft und wo Passagiere umsteigen und Waren umgeladen werden können. Er fügt hinzu: „Es müssen Bestimmungen für Beamte und Händler aus dem Kongo und Uganda erlassen werden." (Hier bemüht sich Slatin darum, die von den Briten kontrollierte Nordsüdachse in Afrika einzurichten, von der er in seinem Bericht vom Kriegsschauplatz an die Königin Victoria geschrieben hatte.)

Aber auch in Faschoda geht es nicht nur um den großen Fluß. Es ergeben sich zahlreiche Personalfragen, die er mit Wingate besprechen will. Ein gewisser Inspekteur Wilson hat eben seine Prüfung in Arabisch abgelegt. Eine Notiz auf französisch erwähnt eine geheimnisvolle „Affäre Angelo Capito". Blewitt (wahrscheinlich der örtliche Bezirksbeamte) möchte eine ganze Reihe von Fragen klären. Er bittet um die Erlaubnis, charakterlich ungeeignete Polizisten wieder zu den Truppenteilen zurückzuschicken, aus denen sie stammen. Er möchte einen neuen Handelsposten errichten, braucht Transportmittel für seine Patrouillen und die Erlaubnis, ein Arbeitskommando einzustellen, weil „Polizisten und Schiffsbesatzungen sich weigern, Lasten zu tragen". Aber die wichtigste Frage des englischen Bezirksoffiziers betrifft ihn selbst. Slatin notiert: „Über Blewitts künftige Stellung (vertrauliche Aussprache mit dem Sirdar)."

Die „vertrauliche Aussprache mit dem Sirdar", das ist immer wieder das Wichtigste. Die Mehrzahl aller dieser im einzelnen aufgeführten Angelegenheiten könnte den zuständigen Beamten bzw. den Behörden in Khartum vorgelegt und von ihnen entschieden werden. Es gab jedoch auch viele andere Probleme, auf die Slatin während seiner Besichtigungsreisen stieß und die er immer für eine persönliche Aussprache mit dem Sirdar reservierte. Sie fanden stets vertraulich statt, im Korbstuhl bei einem Glas Whisky auf dem Balkon des blendendweiß getünchten neuen Palasts des Generalgouverneurs in Khartum oder auf der Veranda des viel kleineren, aber geräumigen, ganz in der Nähe gelegenen Hauses von Slatin. Diese vertraulichen Zwiegespräche betrafen alle strategischen Angelegenheiten wie die Dampferverbindung mit Uganda, alle religiösen Fragen und Stammesangelegenheiten wie das Verlangen der Schilluks nach Unabhängigkeit und alles, was englische Beamte wie Blewitt in eigener Sache vortrugen, ob es sich nun um die Bezahlung, die Beförderung, den Urlaub, eine Versetzung oder die Pensionierung handelte. In diesen Dingen war für solche Beamte der österreichische Generalinspekteur des Sudan, den sie vielleicht als komischen Kauz betrachteten, zumindest wegen seines Einflusses ein wichtiger Mann.

Slatin besprach außerdem alle grundsätzlichen Fragen über die englischen Verwaltungsmethoden mit Wingate, und das war ein für beide Freunde unerschöpfliches Thema. In den Notizen über Bahr el Ghazal aus dem Jahr 1902 finden sich zwei Beispiele dafür. An einer Stelle schreibt Slatin: „Unsere Beamten mischen sich zu viel in örtliche Angelegenheiten und in die Gepflogenheiten der Landesbewohner ein." Das war ein Fragenkomplex, den Slatin sehr genau kannte und für den er sich leidenschaftlich interessierte. Zwar haßte er den Mahdismus und alles, was daraus entstanden war, aber die sechzehn Jahre, die er, zuerst als Gegner des Mahdi und dann als Gefangener, im Sudan verbracht hatte, hatten ihn gelehrt, daß die Sitten und Bräuche der sudanesischen Bevölkerung zu tief verwurzelt waren, um innerhalb von wenigen Jahren von einer zwar wohlwollenden, aber doch fremden Bürokratie mit der Wurzel ausgerissen zu werden. Immer wieder setzte er sich dafür ein, daß man die Bevölkerung weniger reglementierte und sie nur allmählich an das neue System gewöhnte. Nach seiner Auffassung sollten die hundert primitiven Stämme im Lande, die jetzt unter der Herrschaft tüchtiger weißer Herren standen, erst einmal zu Atem kommen können, denn die in Krieg und Frieden angewendeten europäischen Methoden verwirrten sie noch. Doch der Zeitgeist war ebenso gegen ihn wie die Wissenschaft des neuen Zeitalters. Ein perfektes Beispiel dafür finden wir zufällig in der nächsten Notiz, die auf dieser Reise aufgezeichnet wurde. „Betr. ‚Freiheit': entlaufene Männer und Frauen sollten, wenn keine besonderen Gründe dagegen sprechen, zu ihren Herren zurückgeschickt werden; natürlich nur, wenn sie auch schon vor der Besetzung Eigentum dieser Herren gewesen sind ... Betr. 4 Frauen des Sultans Nassr Audal."

Das Sklavenproblem in Afrika im allgemeinen war seit der Abschaffung der Sklaverei in Amerika vor 40 Jahren besonders akut geworden. Amerikanische Liberale, Kirchenleute (besonders die Quäker) und andere Reformer hatten sich in der *British and Foreign Anti-Slavery Society* zusammengeschlossen; ihr Abscheu vor der Sklaverei konzentrierte sich natürlich auf den Schwarzen Kontinent. Gordon hatte seinerzeit – allerdings erfolglos – versucht, die Sklaverei im Sudan abzuschaffen. Offiziell hatte Gordon jedoch nur im Auftrag des ägyptischen Khedive gehandelt. Jetzt teilten Engländer und Ägypter die Verantwortung für den Sudan, in der Praxis hatten jedoch die Engländer sie ganz übernommen. Die Stimmung in der britischen Öffentlichkeit machte es damals ganz unmöglich, die Reformer fernzuhalten. Sehr bald wurde in Kairo sogar eine besondere Behörde für die Abschaffung der Sklaverei eingerichtet, die ihre eigenen Inspekteure in Khartum und den sudanesischen Provinzen sowie eine Sonderabteilung der Polizei zur Überwachung der Häfen am Roten Meer – von wo immer noch Sklavenschiffe „Ware" nach Arabien brachten – unterhielt.

Slatin war im Prinzip mit der Abschaffung der Sklaverei einverstanden, hielt den Zeitpunkt aber noch für verfrüht. Anders als die Reformer hatte er selbst sogar als Gefangener des Khalifa Sklaven als Hauspersonal besessen. Er wußte, wie sehr die Wirtschaft, die Gesellschaftsstruktur und das militärische System von der Sklaverei abhängig waren. Er wußte auch, daß der Sudan, wenn man die Sklaverei aus seinem Körper wie ein bösartiges Krebsgeschwür ausschnitt, zuviel Blut verlieren könnte. Was nun Sklavinnen betraf, so besaß nicht nur Sultan Nassr Audal seine „vier Frauen". Praktisch besaß sie jedermann, der etwas darstellte, und dieses Gewohnheitsrecht ließ sich nicht ohne weiteres abschaffen, nicht einmal bei den örtlichen Beamten, deren Aufgabe es gewesen wäre, etwas dagegen zu unternehmen. Slatin hat immer wieder die Geschichte von dem Außenposten zur Beseitigung der Sklaverei, der 1907 in den Nubabergen eingerichtet wurde, erzählt. Ein eingeborener Polizist wurde dieser Behörde zugeteilt: Das erste, was er tat, war, sofort nach dem Tode seines Vaters dessen Sklavin als sein persönliches Eigentum zu beanspruchen.

Aber in einer Frage stimmte Slatin vollkommen mit Wingate und den anglo-amerikanischen Reformern überein. Er war der Auffassung, daß der Sklavenhandel im Sudan und durch den Sudan aufhören müsse. Nach Wingates eigener Schätzung war es bis 1912 gelungen, den Sklavenhandel, wenigstens in größerem Umfang, zu unterbinden. Bis zu dieser Zeit war auch die Behörde zur Abschaffung der Sklaverei als Sonderorganisation aufgelöst und der sudanesischen Polizei angegliedert worden. Aber, wie Slatin vorausgesehen hatte, gab es im Sudan auch noch lange nachdem sie aufgehört hatten, ein lohnendes Handelsobjekt zu sein, Sklaven als Hauspersonal. Die Haussklaven überlebten nicht nur die Amtszeit Slatins im Sudan, es gab sie auch noch, nachdem Slatin längst gestorben war.

Der Generalinspekteur beschäftigte sich nicht immer nur mit Einzelfragen wie Dampferfahrplänen auf der einen und der moralischen Berechtigung der Sklaverei auf der anderen Seite. Manchmal kam es vor, daß Wingate ihm ganz konkrete und wichtige politische Aufgaben übertrug. Dabei war es nicht die Schuld Slatins, wenn diese Unternehmen im Lauf der Zeit immer seltener in Angriff genommen werden konnten oder sich wieder im Sande verliefen, nachdem sie zunächst zu gelingen schienen.

Im Januar 1901, nur vier Monate nach seiner Ernennung, wurde Slatin z. B. in seine alte Provinz Darfur geschickt, wo er die besondere Aufgabe übernehmen sollte, den bisher noch nicht unterworfenen Sultan Ali Dinar zur Anerkennung des neuen Regimes in Khartum zu veranlassen. Aber derselbe Herrscher, der den Goldsucher Slatin noch vor einem Jahr dringend um Rat gebeten hatte, zeigte dem Generalinspekteur Slatin jetzt die kalte Schulter. Ali Dinar weigerte sich nicht nur, den Abgesandten Wingates zu empfangen, er wollte ihm nicht einmal erlauben, seine Hauptstadt zu betreten. Slatin versuchte es auf jede denkbare Weise, ihn umzustimmen, hatte jedoch keinen Erfolg. Der Mann, der früher im Namen Gordons die Provinz Darfur verwaltet hatte, durfte im Namen Wingates ihre Grenze nicht mehr überschreiten. Nach langen, erfolglosen Verhandlungen an der Grenze mußte er sich beugen, (er verlor dabei einen kleinen Teil seines Ansehens) und mit leeren Händen nach Khartum zurückkehren.

Ali Dinar war jedoch nicht völlig widerspenstig. Man einigte sich schließlich darauf, daß er als Symbol der Anerkennung des neuen Regimes 500 Pfund Tribut in Khartum abliefern sollte, und nach Slatin ist für 1902 diese Summe zum erstenmal bezahlt oder doch wenigstens zugesagt worden.[12] Aber obwohl der Sultan seine Schatztruhen ein wenig öffnete, hielt er seine Grenzen fest geschlossen. Während der ganzen vierzehnjährigen Amtszeit Slatins erhielten weder er noch irgendein anderer höherer sudanesischer Regierungsbeamter die Erlaubnis, nach Darfur zu kommen.

Natürlich gab es sowohl in Kairo als auch in Khartum Leute, die darauf drängten, das Sultanat mit Gewalt zu unterwerfen. Slatin machte jedesmal Einwendungen und wies darauf hin, daß, solange Ali Dinar die Zentralregierung nicht wirklich verriet oder gegen sie ins Feld zog, eine militärische Expedition zu seiner Unterwerfung nur ein verlustreiches Unternehmen sein würde, bei dem nicht viel herauskommen könne. Er blieb sogar bei dieser Auffassung, als die Franzosen 1909 vom Tschadsee aus das weite und unfruchtbare Sultanat von Wadai besetzten, das im Westen direkt an Darfur grenzte. Obwohl Ali Dinar plötzlich um militärische Hilfe nachsuchte, war Slatin überzeugt, die ganze Angelegenheit sei eine fein gesponnene französische Intrige, um England zu veranlassen, seine Machtsphäre am Rande der Sahara zu überdehnen.

So begannen nun mühselige diplomatische Verhandlungen mit den Franzosen, bei denen man versuchte, zwischen beiden Mächten eine Grenze in der Wüste festzulegen. Slatin steckte voller Ideen, wie man auf inoffiziellem Wege die öffentliche Meinung in Frankreich beeinflussen könnte, und wurde schließlich beauftragt, die sudanesische Regierung bei einer Konferenz in London oder Paris zu vertreten.[13] Aber auch dies war ein Auftrag, der sich wie mancher andere im Sande verlief. Die Schlichtungsverhandlungen wurden schließlich erst 1919 aufgenommen und 1924 abgeschlossen, zehn Jahre nachdem Slatin seinen Posten im Sudan endgültig aufgegeben hatte. Das Problem Ali Dinar wurde ebenfalls erst gelöst, nachdem Slatin seinen Posten verlassen hatte. Der unberechenbare Sultan konnte zwar in Friedenszeiten sich selbst überlassen bleiben, nicht aber im Kriege, besonders nachdem er geheime Kontakte mit der nationalistischen Bewegung der Jungtürken aufgenommen hatte. 1916 entsandte Wingate, der noch immer Generalgouverneur des Sudan war, schließlich doch eine militärische Expedition zur Unterwerfung Darfurs. Im Mai desselben Jahres wurde die Provinzhauptstadt El Fascher genommen. Sechs Monate später wurde auch Ali Dinar, der vor den Kräften Wingates geflohen war, aufgespürt und getötet.

In seiner ganzen vierzehnjährigen Amtszeit hat Slatin den Generalgouverneur Wingate nur bei einer einzigen wichtigen Gelegenheit in seiner Eigenschaft als zweithöchster britischer Beamter vertreten. Das geschah im März 1910, als der ehemalige amerikanische Präsident Theodore Roosevelt, der mit seiner Familie eine Afrikasafari unternommen hatte, nach Khartum kam. Roosevelt war eine ungeheuer einflußreiche Persönlichkeit. Er war außerdem sehr freimütig und durchaus nicht mit allen Aspekten der britischen Kolonialpolitik einverstanden. Für das Prestige des Sudan und für den guten Namen Englands im Sudan war es daher wichtig, daß der ehemalige Präsident das richtige Bild bekam und in richtiger Weise unterrichtet wurde. Unter normalen Umständen wäre dies Wingates Aufgabe gewesen. Aber er war erkrankt und befand sich gerade in Kairo auf dem Wege nach London zu einer schweren Operation. Slatin, der sogar den Khalifa mit seinem Charme bezaubert hatte, erhielt den Auftrag, als Vertreter Wingates die Rolle des Gastgebers für den großen Amerikaner zu übernehmen. Er entledigte sich dieser Aufgabe mit großem Erfolg und behandelte Roosevelt und dessen Familie mit der gleichen übersprudelnden und unorthodoxen Ehrerbietung, mit der er das Herz der Königin Victoria gewonnen hatte.

Slatins Tagebuch für diese Zeit ist wieder nach langen Pausen voll mit eng geschriebenen Eintragungen und Unterstreichungen: eine Rückkehr zu dem Stil der ersten Jahre. Er war Regisseur und Hauptdarsteller zugleich. Am 14. März fuhr Slatin in der Staatsbarkasse den Weißen Nil hinauf, dem Dampfer des Expräsidenten und dessen Begleitung entgegen. Dann brachte er ihn zum Palast Wingates, stellte ihm die Chefs der Regierungsbehörden vor und präsidierte bei einem kleinen Essen. An den folgenden beiden Tagen begleitete er Roosevelt, gefolgt von einer Schar von Pressephotographen und Berichterstattern, auf einer Besichtigungstour durch Khartum, Omdurman und die Umgebung dieser Städte. Dabei zeigte er ihm romantische Erinnerungsstücke wie sein eigenes früheres Haus in der Hauptstadt des Khalifa und beeindruckende Zeugnisse der Leistungen der gegenwärtigen Regierung wie das Zivilkrankenhaus, die amerikanische Mission und die Militärschule, die den Namen Gordons trug. Am dritten Abend brachte Slatin bei einem zu Ehren des hohen Gastes gegebenen offiziellen Essen einen Trinkspruch auf Roosevelt aus. Da diese Tischrede heikel war, das heißt ernste politische Bedeutung besaß und entsprechende Konsequenzen haben konnte, verfaßte Slatin einen Entwurf, dessen Text uns auf einer Seite seines Tagebuches erhalten geblieben ist. Er ist es wert, vollständig wiedergegeben zu werden, denn er versetzt uns in die Atmosphäre, in der die Rede gehalten wurde, und ist typisch für den Verfasser:

„Gentlemen! Ich muß zunächst meinem Bedauern darüber Ausdruck verleihen, daß ich anstelle Seiner Exzellenz, des Generalgouverneurs und Sirdar, hier stehe, der wegen einer Erkrankung nach Kairo abreisen mußte und von dem wir zum Glück die besten Nachrichten haben. Er ist ein guter Redner und kann seine Gedanken überzeugend zum Ausdruck bringen. Ich bin es nicht. Die geringen Fähigkeiten, die ich auf diesem Gebiet besessen habe, wurden mir während meines Aufenthaltes beim lieben alten Khalifa energisch ausgetrieben. Dort mußte ich ständig schweigen. So wurde die Wurzel abgeschnitten und ist nicht mehr wiedergewachsen.

Aber selbst der beste Redner wäre nicht in der Lage, alle die großen Charaktervorzüge unseres hohen Gastes aufzuzählen. Ich kann es nicht – aber jeder von Ihnen weiß,

welch großer Staatsmann,
welch tapferer Soldat,
welch guter Sportsmann,
welch edler Freund

und welch gefürchteter Gegner er ist.

Es bleibt mir daher nur übrig zu sagen, wie stolz wir darauf sind, daß er uns mit seiner Gegenwart beehrt hat, und wie sehr es uns freut, ihn in unserer Mitte zu sehen.

Meine Herren! Möge ihm ein langes Leben in guter Gesundheit beschieden sein, möge die Vorsehung ihm Kummer und Sorgen ersparen, und mögen sich alle seine Wünsche erfüllen. Das ist, dessen bin ich sicher, unser aller aufrichtiger Wunsch."

Die Tagebucheintragung schließt mit den Worten: „Danach sangen wir ‚He is a jolly good fellow . . .'."

Diese Zeilen sind ein lebendiger Ausdruck von Slatins Wesensart. Sie zeigen seine Spontaneität, die selbst in einer vorbereiteten Ansprache durchscheint, die echte und die gespielte Bescheidenheit (was er auch beim Khalifa erlebt haben mochte, Slatins Redefluß hat sich in seinem ganzen Leben niemals unterdrücken lassen) und die sehr unenglische Sentimentalität, die in den letzten Sätzen liegt. Aber weil seine ganze Persönlichkeit dahinterstand, wirkten seine Worte überzeugend und haben offenbar ihre Wirkung getan. Slatin als Touristenführer und Experte auf dem Gebiet der Kontaktpflege war im Sudan nicht zu übertreffen. Sogar der an vieles gewöhnte Expräsident war, als er am nächsten Tage weiterreiste, entzückt und von dem Generalinspekteur beeindruckt.

Das positive Ergebnis zeigte sich zweieinhalb Monate später, als Roosevelt nach seiner Ankunft in England am 31. Mai 1910 seine berühmte Rede in

Guildhall hielt. Darin beschäftigte er sich ausführlich mit seinem Aufenthalt in Khartum und sagte:

„Der Sudan ist besonders interessant, weil er das bestmögliche Beispiel dafür gibt, daß es weise ist, nicht auf die wohlmeinenden, aber unklugen sentimentalen Leute zu hören, die dagegen sind, die Zivilisation auf Kosten der Barbarei auszubreiten. Ich glaube nicht, daß man in der ganzen Welt irgendeinen Fleck Erde finden kann, der so erstaunliche Fortschritte gemacht hat wie der Sudan, wo sich unter britischer Herrschaft im Lauf der vergangenen zwölf Jahre fürchterlichstes Elend in Wohlstand und Gedeihen verwandelt hat ...

In den anderthalb Jahrzehnten, in denen der Mahdismus das Land regierte, herrschte dort eine Tyrannei, deren Grausamkeit, Blutrünstigkeit, Dummheit und destruktive Willkür alles übertrafen, was zivilisierte Menschen sich vorstellen können ... Dann kamen die Engländer, machten der Unabhängigkeit und Selbstverwaltung, die diese schlimmen Zustände hervorgebracht hatten, ein Ende, stellten die Ordnung wieder her, sicherten den Frieden und gaben jedem einzelnen eine Freiheit, die in den bösen Tagen der Selbstregierung kein einziges menschliches Wesen dort besessen hatte – mit Ausnahme des blutbefleckten Tyrannen, der das Land damals beherrschte ...

In der Verwaltung, im Erziehungswesen und in der Arbeit der Polizei haben der Sirdar und seine Mitarbeiter, die großen wie die kleinen, eine ebenso wichtige wie schwierige Aufgabe perfekt bewältigt. Die Regierungsbeamten ..., die für diese Aufgabe verantwortlich waren ..., haben die Anerkennung der zivilisierten Menschheit verdient, und das sollte offen zugegeben werden."[14]

Den Überschwang abgerechnet, gab es in dieser anerkennenden Rede nichts, was die Tatsachen nicht rechtfertigten. Der Sudan war zur Zeit der Rede Roosevelts z. B. fast solvent, und die Staatseinnahmen hatten sich seit 1900 von einem Stand von 156888 ägyptischen Pfund bis 1910 auf 1171007 ägyptischen Pfund, also fast auf das Zehnfache, erhöht. Das Bedeutungsvolle an dieser Rede war jedoch, daß ein einflußreicher und kritischer Beobachter wie der Expräsident der Vereinigten Staaten diese Entwicklung mit so warmen Worten öffentlich anerkannte. Als Wingate in seinem Krankenhaus in London am nächsten Tage die Zeitungsberichte über die Rede las, war das sicher die beste Medizin für ihn. Der gute alte Rowdy hatte seine Aufgabe zweifellos „perfekt" erfüllt.

Es gab natürlich im Verlauf der Amtszeit Slatins nicht nur solche Triumphe, sondern auch Schwierigkeiten: manchmal mit der eingeborenen Bevölkerung und manchmal auch mit den eigenen Kollegen in der englischen Verwaltungshierarchie. Von Anfang an hatte Wingate sich überall dort, wo es um religiöse Fragen des Islam ging, von Slatin beraten und weitgehend von seinen Ratschlägen leiten lassen. Der Generalinspekteur hatte schließlich zwölf Jahre am religiösen Leben in den arabischen Moscheen teilgenommen und hatte das Ritual der mohammedanischen Gebete buchstäblich am eigenen Leibe auf dem harten Weg kennengelernt, denn er hatte täglich stundenlang auf Steinfußböden knien müssen. Slatins theologische Kenntnisse stammten zwar, ebenso wie sein Arabisch, aus der keineswegs orthodoxen Varietät des Sudan. Er scheint auch niemals die Zeit gehabt zu haben oder von intellektueller Neugier geplagt worden zu sein, um sein Arabisch oder sein theologisches Wissen von diesen Spuren zu reinigen. Doch schien er, gerade weil er die sudanesischen Dialekte sprach und die hier beheimatete Abart des „wahren Glaubens" praktiziert hatte, vom Volk, mit dem ihn diese beiden Dinge verbanden, akzeptiert zu werden.

Doch konnte auch gelegentlich das gerade Gegenteil der Fall sein. Es gab Zeiten, in denen Gemeinsamkeiten zu Barrieren wurden. Ein Offizier, Major Alec Wise, der lange im Sudan gedient und 1904 bis 1911 das Kamel-Korps in Kordofan kommandiert hat, erinnert sich, daß seine eingeborenen Soldaten bei mehr als einer Gelegenheit in den Staub spuckten, wenn nur der Name Slatins erwähnt wurde. In ihren Augen (ebenso wie in den Augen des Generals Gordon) „hatte ein Mann keine Ehre, der seine Religion nur wechselte, um das Leben zu retten". Mit den gelehrten Theologen in Khartum scheint Slatin besser ausgekommen zu sein. Jedenfalls wurde 1901 auf seinen Vorschlag ein ständiger Ausschuß solcher sogenannter „Ulemas" gebildet, um Wingate in allen den Islam betreffenden Fragen zu beraten.

Die Bedeutung religiöser Probleme war offenkundig. Der Mahdiaufstand hatte sich an der Religion entzündet, und Glutstücke dieses gewaltigen Feuers schwelten unter der Asche weiter. Immer wieder schien es, als ob das Feuer sich aufs neue entflammen könnte. 1903 wurde in Kordofan ein Mann gehängt, der sich als Nachfolger des Mahdi ausgegeben hatte. Ein Jahr darauf proklamierte sich in Sinja am Blauen Nil ein anderer Mann zum Propheten Jesus, was stets eine alternative Manifestation zum Mahdismus war, und mußte unterworfen werden. Zu den ernstesten Schwierigkeiten kam es 1908 in der am Blauen Nil gelegenen Provinz Ghezira. Dabei geriet Slatin das einzige Mal in all den langen Jahren, die sie gemeinsam im Sudan verbrachten, mit Wingate in einen offenen Gegensatz.

Dort hatte die Regierung den Landbesitz eines abgesetzten mahdistischen Führers, Wad Habuba, dessen Bruder übergeben. Wad Habuba nun zettelte nach jahrelangen erfolglosen Intrigen in seinem Dorf einen Aufruhr an. Der Inspekteur dieses Gebiets, ein gewisser C. C. Scott-Moncrieff, war ein junger Mann, der erst kürzlich aus England gekommen und in den sudanesischen Zivildienst eingetreten war. Er scheint von der prächtigen Überzeugung jener

Zeit durchdrungen gewesen zu sein, ein weißes Gesicht und eine Uniform genügten überall, unzufriedene Eingeborene zur Räson zu bringen. Er ließ die Warnungen der örtlichen Scheichs unbeachtet, begab sich in Begleitung nur eines einzigen ägyptischen Beamten in das Lager von Wad Habuba und wollte ihn überreden, sich den Behörden zu unterwerfen. Er wußte zuwenig vom mahdistischen Fanatismus, der dieses Land beherrscht hatte, und mußte nun den vollen Preis für seine Torheit bezahlen. In einem Innenhof wurden beide Männer von Bewaffneten angegriffen und ermordet. Ihre Leichen wurden verachtungsvoll auf die Dorfstraße geworfen. Diese Herausforderung mußte an der Wurzel ausgerodet werden, sollten nicht andere dem bösen Beispiel folgen. Aber erst nach einem heftigen Gefecht, das beiden Seiten Verluste brachte, gelang es am 1. Mai 1908, die Aufständischen durch eine unter britischem Kommando stehende Kompanie der regulären Armee niederzuwerfen.

Die Schuld Wad Habubas, der nach dem Gefecht verfolgt und gefangengenommen worden war, lag klar zutage. Er hatte zwei Regierungsbeamte getötet. Dafür sowie für die Anzettelung des Aufstandes wurde er vor Gericht gestellt, zum Tode verurteilt und hingerichtet. Aber was sollte mit den 25 Rebellen geschehen, die mit ihm in Gefangenschaft geraten waren? Ein Sondertribunal unter dem Obersten Richter des Sudan, Wasey Sterrey, empfahl auch für sie alle die Todesstrafe mit der Begründung, daß sie das mahdistische Banner der Revolte aufgerichtet hatten, was Hochverrat und Häresie zugleich bedeutete. Aber Wingate meinte, die Hinrichtung von 25 weiteren Gefangenen würde allzu sehr an jene früher angerichteten Blutbäder erinnern, die der Sudan zu vergessen suchte. Nachdem er sich mit London beraten hatte, wandelte er die Todesurteile in Gefängnisstrafen um, allerdings anscheinend ohne seine Berater konsultiert zu haben.

Weil sie übergangen worden waren, teils aber auch, weil sie wirklich glaubten, in diesem Ausnahmefall sei eine Massenexekution als Abschrekkungsmittel notwendig, gab es unter den ranghöheren Beamten im Stabe Wingates große Erregung über diese Entscheidung. Sogar sein Sekretär für Rechtsfragen, Edgar Bonham-Carter, der sonst die Loyalität und Ruhe selbst war, drohte mit seinem Rücktritt.

Slatin, der, wenn er glaubte, übergangen zu sein, immer besonders empfindlich war und jetzt von der allgemeinen Stimmung mitgerissen wurde, ging noch weiter und reichte sein Abschiedsgesuch tatsächlich ein. Er hielt sich damals zu Besprechungen mit Sir Eldon Gorst, der vor zwei Jahren die Nachfolge Cromers als britischer Geschäftsträger angetreten hatte, in Kairo auf. Wir entnehmen Einzelheiten über diesen Zwischenfall dem Tagebuch Slatins mit seinen charakteristischen, oft unorthographisch geschriebenen Eintragungen:

„31. Mai: Essen mit Gorst, der mitteilt, daß Sirdar Todesurteile aufgehoben hat – sofort und ohne Gnadengesuch ...

1. Juni: Da ich glaube, nicht in der Lage zu sein, meine Pflichten zufriedenstellend erfüllen und den Frieden im Sudan bewahren zu können, nachdem alle Todesurteile umgewandelt worden sind und Sirdar weder mich noch Bonham oder Phipps um Rat gefragt hat, bevor er das Telegramm des Außenministeriums beantwortete, *reiche ich meinen Abschied ein!*"

Aus anderen schriftlichen Unterlagen läßt sich entnehmen, daß Slatin, der, obwohl sehr impulsiv, bei jedem Schritt, den er unternahm, eine gewisse Vorsicht walten ließ, hier nur daran gedacht hat, als Mitglied des Rats des Generalgouverneurs zurückzutreten. Aber die Tagebucheintragung und das telegraphische Abschiedsgesuch, das zuvor nach Khartum abgegangen war, enthielten diese Einschränkungen nicht. Wäre Wingate ein weniger großzügiger Mann und ein weniger guter Freund gewesen, dann hätte Slatin am gleichen Tage auf sein eigenes offizielles Gesuch hin seinen Posten verloren. Aber obwohl Wingate die Eintragungen in Slatins Tagebuch nicht kannte, wußte er doch, daß das Ganze nur wienerische Operettendramatik war. Er wollte nicht nur Slatin behalten (was ihm, wie er wußte, gelingen würde), sondern es auch seinem Freund ersparen, im weiteren Verlauf der Angelegenheit gedemütigt zu werden. So telegraphierte Wingate an den beleidigten Generalinspekteur und behauptete, seine Meinung zu teilen, aber von London zu diesem Gnadenakt gezwungen worden zu sein – obwohl beides eigentlich nicht ganz der Wahrheit entsprach. Dann drängte er den Freund, nicht zurückzutreten, und hißte die eine Fahne, der Slatin unter allen Umständen seine Ehrenbezeigung erweisen mußte, die Standarte des englischen Königshauses. Zu jenen, so sagte er, die „einen Anspruch auf unsere Loyalität in einer solchen Angelegenheit haben", gehöre König Edward VII.

Wir werden im folgenden erleben, welche große Bedeutung dieser Name in Slatins Leben gewinnen sollte. Die nächsten Worte in seinem Tagebuch für das Jahr 1908 zeigen, wie er die Krise beilegte:

„4. Juni: Auf dringendes Ersuchen Wingates nehme ich mein Abschiedsgesuch zurück."

Das Ganze war ein absoluter Unsinn gewesen. Slatin war nie ein Prinzipienreiter – weder in religiösen noch in politischen oder persönlichen Fragen –, und er hätte nie seine Karriere oder seine materielle Existenz für ein Prinzip geopfert. Das Amt des Generalinspekteurs im Sudan war sowohl seine Karriere als auch seine Existenz, und zwar nicht so sehr in Khartum, wo er die für ihn höchste erreichbare Stelle einnahm und wo sein Einfluß schon den Zenith überschritten hatte, als vielmehr in Europa, wo er eigentlich zu Hause war.

12. KAPITEL

Im Glanz der Kronen

Was war es, das die Fürsten und Prinzen im alten Europa an Slatin so besonders schätzten? Was für ein Mann war dieses – arm und namenlos geborene – neue Mitglied der *high society* des edwardianischen Zeitalters? War er auf dieser anspruchsvollen Bühne nur ein Schauspieler, oder war der mit Orden behängte Höfling Slatin derselbe Mensch wie der bescheidene Bürger Slatin? Einige seiner Charakterzüge haben wir bisher schon erkennen können: die Zähigkeit, die durch Nachgiebigkeit und Flexibilität ausgeglichen wurde, und die mit Geduld gepaarte Redegewandtheit. Aber jetzt um die Jahrhundertwende und in einem Augenblick, da auch das Schicksal Slatins eine neue Wendung nimmt, ist es vielleicht an der Zeit, festzustellen, wie seine Wirkung auf seine Zeitgenossen war.

Rudolf Slatin war verhältnismäßig klein von Wuchs, nur 1.70 Meter groß, und schlank – „kleinbeinlert", wie seine Wiener Landsleute das genannt hätten. Um 1900, im Alter von 43 Jahren, waren sein volles, dunkles Haar und der kräftige Schnurrbart schon grau meliert. Aber die lebhaften blauen Augen und die prächtigen Zähne, die bei jedem Lächeln aufblitzten, zeigten keine Spuren des Alterns. (Sein gutes Gebiß war vielleicht ein unfreiwilliges Geschenk des Khalifa. In den zwölf Jahren der Gefangenschaft hatte er als Zahnbürste Zuckerrohr benützt; die denkbar gesündeste Weise, Zähne natürlich zu pflegen). Seine Bewegungen waren elegant, und er hielt sich kerzengerade. Damit brachte er seine Statur und die reich mit Orden dekorierte Uniform aufs beste zur Geltung. Er war körperlich ungewöhnlich gewandt, und die Damen bemerkten nicht nur, daß er einer der besten Tänzer der Ballsäle seiner Zeit war, sondern bei dieser Gelegenheit auch, daß er höchst wohlgeformte Waden besaß, wie sie nur irgendwo in Europa zu sehen waren, ein Umstand, der ihm angesichts der damals am englischen Hof getragenen Kniehosen besonders gut zustatten kam.

Die leuchtenden Augen und blendendweißen Zähne waren Ausdruck seiner Persönlichkeit. Der Sohn seines besten Freundes, Sir Ronald Wingate, hat ihn so in Erinnerung:

„Das erste, was an ihm auffiel, war seine ungeheure Vitalität. Er strahlte Gesundheit und Energie aus, wo immer er einen Raum betrat, und sprudelte über vor guter Laune und Humor. Aber man hatte nie den Eindruck, daß diese Haltung nicht echt oder affektiert sei. Alles, was er tat oder sagte, kam spontan. Sein Charme äußerte sich ganz natürlich und bezauberte jeden, Männer und Frauen, Weiße und Schwarze, Junge und Alte, Hohe und Niedrige. Es war keine Spur von Aufgeblasenheit an ihm. Er wollte das Leben genießen, und jeder sollte seine Freude teilen. Er war ein großartiger Erzähler, stellte sich aber nur selten selbst in den Mittelpunkt seiner Geschichten und besaß jenen echten Sinn für Humor, auch über sich selbst lachen zu können. Machte er jemand anderen zum Objekt seiner Späße, dann stets auf die denkbar rücksichtsvollste Art. Ich bin neben ihm aufgewachsen, und in den vierzig Jahren, in denen ich als Knabe und als Mann ihn kannte, habe ich nie gehört, daß ein verächtliches Wort über irgend jemanden oder irgend etwas über seine Lippen gekommen wäre."

Slatin war kein Intellektueller. Das bezeugt jedes Wort, das er geschrieben hat, und es bezeugen seine heute noch lebenden Freunde. Aber obwohl er nur wenig las, machte er den Eindruck eines belesenen Menschen. Er hatte das richtige Gefühl für Kultur, aber kein großes Bedürfnis nach ihr. Wenn sich das Gespräch um hochgeistige Dinge drehte, glichen sein Esprit und seine Lebenserfahrung aus, was ihm an konventionellem Intellekt und an Bildung fehlte. Er war sentimental und zeigte, anders als seine englischen Freunde, seine Gefühle auch nach außen. Seine Sentimentalität äußerte sich oft in Schwermut und manchmal in Selbstmitleid. Er war ein echter Wiener mit „einem lachenden und einem weinenden Auge". Die Außenwelt sah nur sein Lachen. Die Seufzer vernahmen nur seine Familie und engsten Freunde.

Vor allem war er ein romantischer Schwärmer. Als unbekannter junger Österreicher hatte ihn seine Abenteuerlust in den Sudan gelockt. Auf lange Sicht hätte ihn wahrscheinlich auch seine Lust am Exotischen dort festgehalten, selbst wenn es der Khalifa nicht getan hätte. Als Slatin dann in Europa eine bekannte Persönlichkeit geworden war, fühlte er sich mehr durch den romantischen Zauber der alten europäischen Traditionen als durch den mit ihnen verbundenen äußeren Glanz angezogen (obgleich dieser ihm auch sehr gut gefiel). Seine romantische Veranlagung zeigte sich überall, ja sogar in seinem Snobismus. Er war natürlich ein unheilbarer Snob in dem Sinne, daß sein Leben zum größten Teil daraus bestand, hingebungsvoll die Gesellschaft von Monarchen und der großen Adelsfamilien in der Nähe der Throne zu suchen. Doch für Slatin war die Monarchie mehr als nur ein farbig illuminierter Springbrunnen, aus dem alle erstrebenswerten Titel und Orden flossen. Er glaubte wirklich an das Königtum von Gottes Gnaden und an jene gesellschaftliche Stabilität, die es noch am Anfang des 20. Jahrhunderts zu begleiten schien.

Im Hinblick auf seinen eigenen Kaiser war diese Haltung durchaus verständlich. Wenige Monarchen in neuerer Zeit haben das Gottesgnadentum besser symbolisiert als die Apostolische Majestät des alten Kaisers Franz Joseph und dessen erhabenes Schreiten durch die Jahrzehnte seiner Regierungszeit. Wie die meisten Wiener seiner Rasse war Slatin außerdem „*l'autrichien sans reserve*". Für alle bürgerlichen, aber strebsamen Untertanen des Kaisers war die Dynastie der Baum, an dem sie sich emporrankten. Die jüdischen Untertanen des Kaisers – und besonders diejenigen, die wie die Slatins ihren alten Glauben aufgegeben hatten – fanden hier auch die Wurzeln, die ihnen fehlten. Aber obwohl Rudolf Slatin für Franz Joseph mehr Ehrfurcht empfand als für irgendeinen anderen Monarchen, verehrte er ebenso auch umgänglichere Herrscher wie die Königin Victoria und Edward VII., mit denen er glänzend auszukommen wußte und in deren Gesellschaft er sich wohlfühlte. Sie alle waren gekrönte Häupter, und für ihn leuchtete um jede Krone ein mystischer Heiligenschein.

Diese romantische Einstellung milderte seinen Snobismus. Das tat auch seine freundliche und humane Haltung gegenüber anderen Menschen. Obwohl Slatin gegenüber Höhergestellten immer ehrerbietig war, ist er nach unten nie arrogant gewesen. Daß er den Großen schmeichelte, deren Gunst und Gesellschaft er suchte, konnte man erwarten. Nicht selbstverständlich war jedoch, daß er, ohne im geringsten herablassend zu sein, jedem einfachen Menschen freundlich entgegentrat. Er hob zwar ständig die Hände nach oben, trat aber nie mit dem Absatz nach unten.

Das entsprach seiner wienerischen Leichtlebigkeit und der Auffassung, man brauche sich um das Glück im Leben nicht zu streiten, es gäbe genug Glück für alle. Was Mrs. Phipps, die Gattin eines seiner besten englischen Freunde, kurz nach seinem Tode über ihn gesagt hat, zitieren wir deshalb an dieser Stelle und nicht als Grabschrift. Sie schreibt:

„Er wußte, wie angenehm es ist, wenn ein anderer einem das Empfinden des Wohlseins vermittelt, und wenn er sich manchmal in fast übertriebener Weise gerade darum bemüht hat, dieses Ziel zu erreichen, dann ist es doch wohl das Vorrecht des Genies, in seiner Zielstrebigkeit die normalen Grenzen zu überschreiten."[1]

Auch die glühendsten Verehrer Slatins hätten ihn wohl kaum als Genie bezeichnet. Aber in diesem Sinne trifft es vielleicht zu. Wenn Slatin auf irgendeinem Gebiet ein Genie gewesen ist, dann war er es in der Menschenbehandlung.

Das also war der österreichische Generalinspekteur des Sudan, der in den ersten vierzehn Jahren des 20. Jahrhunderts auf der Szene des alten Europa ein so bekannter Mann wurde. Man kann über seine Jahre als Salonlöwe ebensowenig chronologisch berichten wie über die dazu parallel laufenden Jahre des Beamten – oder auch über die vorangegangene Zeit als Gefangener. Es ist dies keine Geschichte, in der sich die Ereignisse allmählich entwickeln, sondern das gleiche Muster wiederholt sich immer wieder, und nur gelegentlich gibt es leuchtende Höhepunkte, an denen die Farben deutlicher hervortreten als an anderer Stelle.

Der Jahresablauf war in seinem Grundrhythmus immer der gleiche. Von Mitte Oktober bis Anfang Juni blieb Slatin im Sudan und unterbrach seinen Aufenthalt dort nur durch kurze dienstliche oder private Reisen nach Kairo. Im Sommer und Frühherbst gönnte er sich einen ausgedehnten Urlaub in Europa. Dort begegnete man ihm in Wien, in der schönen, am See gelegenen Villa in Traunkirchen im Salzkammergut, wo sich seine beiden unverheirateten Schwestern niedergelassen hatten; in den böhmischen Badeorten; auf der Jagd in Ungarn; in Rom oder Paris; an den Höfen Bayerns, Sachsens oder irgendwelcher kleinerer deutscher Fürsten, mit denen er Bekanntschaft geschlossen hatte; in London; auf dem Lande in England in den Häusern seiner Mitarbeiter in der Regierung des Sudan; bei Wingate in dessen schottischem Haus in Dunbar; natürlich aber vor allem in Windsor, Balmoral, Sandringham oder wo auch immer die englische Krone, deren Glanz ihn stets von neuem anzog, den Generalleutnant Baron Sir Rudolf von Slatin Pascha hinbefehlen mochte.

Die Monate im Sudan und die Monate in Europa waren sowohl in gesellschaftlicher als auch in dienstlicher Beziehung eng miteinander verknüpft. Schon vor der Jahrhundertwende galt es unter den wohlhabenden und vornehmen Europäern als standesgemäß, den Winter in Kairo zu verbringen. Als der Sudan nach 1900 befriedet war und eine moderne Hauptstadt erhalten hatte, gehörte die romantische Reise nilaufwärts nach Khartum sehr oft zu diesem Vergnügen. Keine bedeutende Persönlichkeit, die Khartum besuchte, hätte es versäumen wollen, Slatin Pascha kennenzulernen, und auch Slatin legte Wert darauf, keinen dieser Besucher zu verpassen.

Gelegentlich kamen sogar gekrönte Häupter als Touristen nach Khartum, und obwohl diese Besuche nicht die politische Bedeutung hatten wie jener des Präsidenten Roosevelt, waren sie doch für den Sudan und besonders für Slatin wichtig. Die Bedeutung des Landes und die Bedeutung des Mannes gewannen dabei. Aus einer Tagebuchnotiz Slatins vom 25. März 1911 sehen wir sehr deutlich, was er selbst darüber dachte:

„Am letzten Sonntag reiste König Friedrich August (von Sachsen) aus Khartum ab, und am Montag traf König Albert von Belgien ein. Zwei

Könige an zwei Tagen – der Sudan macht Fortschritte. Beide Majestäten interessieren sich sehr für unsere Arbeit im Sudan ... Beide Könige baten mich, sie bei meiner Rückkehr in Europa zu besuchen."

Es war mehr die Jagd als der Besuch von Sehenswürdigkeiten, welche die Majestäten in den Sudan lockte, denn hier gab es reichlich Gelegenheit, auf die verschiedensten Wildarten zu jagen. Slatin selbst besaß Trophäen von Elefanten, Flußpferden, Giraffen, Krokodilen, Antilopen und Kuhantilopen. Auch in Österreich war die Jagd damals selbstverständlich der Sport der vornehmen Welt. Der alte Kaiser pirschte gern auf Hirsch, Reh und Gemse, und der Thronfolger, Erzherzog Franz Ferdinand, war gewiß einer der schießwütigsten Jäger und vielleicht auch der erfolgreichste Vertilger von Flugwild in Europa. Der grundbesitzende Adel folgte nur allzugern dem Beispiel der kaiserlichen Familie. Die vom englischen Adel gepflegte „fox-hunt" kannte man in der Monarchie kaum.* Die englische Leidenschaft des Fliegenfischens war noch ganz unbekannt. Schrotflinte und Büchse dominierten im Jagdsport des österreichischen Adels, und der Zyklus der Jagd- und Schonzeiten bestimmte den Ablauf des Jahres strenger als irgendein Ballkalender.

Slatin in seiner Heimat sozial tief unter der Schicht glücklicher adeliger Jagdenbesitzer geboren, verkehrte nun mit ihnen im Sudan als Gleichgestellter. „Rowdy House" in Khartum war nun sein Schloß, und die Wüste entlang des schlammigen Nil sein Jagdrevier. Im Lauf der Jahre tauchen in seinen Tagebüchern immer häufiger die Namen bekannter österreichischer Familien auf. Alle diese Männer besuchten den Generalinspekteur während der Wintermonate, um im Sudan zu jagen.

„12. März 1907:	Graf Franz Kinsky trifft, vom oberen Nil kommend ein und nimmt bei mir Quartier.
29. März 1908:	Prinz Fritz Liechtenstein kommt zur Jagd.
3. Februar 1910:	Fürst Franz Auersperg und Prinz Vincenz Auersperg sind zu einem Besuch bei mir eingetroffen."

Die Kinskys waren, wie wir wissen, die Patronatsherren der Familie Slatin gewesen. Es muß für Rudolf Slatin eine wundervolle Befriedigung gewesen sein, sie jetzt als Gäste an seinem eigenen Tisch zu haben und von seiner Dienerschar bedienen zu lassen. Neben den sportlichen Vergnügungen am Tage müssen die Abende in dem von einer breiten Veranda umgebenen Hause Slatins einen besonders ungezwungenen Charme gehabt haben. Das kommt auf einer Einladungskarte Slatins vom 19. Januar 1905 in typischer Weise zum Ausdruck:

* Das einzige größere Revier in Böhmen für die Fuchsjagd war Pardubitz, aber auch in Ungarn wurden einige Meuten gehalten.

„Kommen Sie bitte am nächsten Montag, abends um 9.30 Uhr, zum Tanzen ins ‚Rowdy House'.
Dabei gibt es die Gelegenheit:
viel zu tanzen,
genug zu trinken,
etwas zu flirten,
ein wenig zu essen
und kein Bridge.
(Es gibt leider nur einen Tisch.)
Seien Sie so freundlich und kommen Sie."

Ebenso wie die ausländischen Monarchen, so luden auch die Grafen und Fürsten seiner eigenen Heimat Slatin zu Gegenbesuchen ein. Die vierzehn Jahre als britischer Beamter in Khartum brachten ihm gesellschaftlich weit mehr ein, als vierzig Jahre einem österreichischen Beamten in Wien einbringen hätten können.

Doch obwohl „Rowdy House" eine besondere Attraktion für seine illustren Gäste darstellte, so war es doch die Protektion der englischen Krone, die Slatins Karriere untermauerte. Es war eine äußerst persönliche Protektion, und Slatin mußte hart daran arbeiten, diese persönliche Beziehung zu jedem der drei Souveräne, denen er diente, neu herzustellen. Als die von ihm so geliebte Königin Victoria schließlich am 22. Januar 1901 starb, fürchtete Slatin, seine Zukunftsaussichten hätten nicht wiedergutzumachenden Schaden erlitten. Er war nicht der einzige, der dachte, der Tod der alten Matriarchin sei ein Weltuntergang. Aber unter Edward VII. drehte sich die Erde nicht nur weiter, sondern begann, was das gesellschaftliche Leben anlangte, direkt um ihre Achse zu wirbeln, und Slatin sauste bald fröhlich in diesem Karussell mit im Kreise.

Er war von König Edward mehrmals empfangen worden, als dieser noch Prinz von Wales gewesen war, und scheint im Sommer 1903 einen sehr günstigen Eindruck auf den Monarchen gemacht zu haben. Das war die erste wirklich glanzvolle Saison, die der Generalinspekteur erlebte. Sie begann mit einem Aufenthalt in St. Moritz, wo er, wie wir seinem Tagebuch entnehmen, alle dort versammelten österreichischen Erzherzöge kennenlernte. Im Palasthotel dinierte und tanzte er mit Damen der Gesellschaft wie Lady Sassoon. Von St. Moritz reiste er nach Wien, um an einem Diner im Palais der Fürsten Liechtenstein teilzunehmen. Es folgten zehn verhältnismäßig ruhige Tage in der Villa in Traunkirchen. Ende August kehrte er zu einem Staatsbesuch Edwards VII. bei Kaiser Franz Joseph nach Wien zurück. Zum erstenmal war Slatin zugleich mit dem Monarchen, dem er diente, und dem Kaiser, dessen Untertan er war, zusammen.

Wenn bei diesem Wiener Staatsbesuch die Diplomatie zu kurz gekommen ist (die Greueltaten der Türken in Mazedonien waren das einzige Gesprächsthema, das in diese Kategorie gehörte), dann kann man das von den Festlichkeiten nicht sagen. Jetzt kamen Slatin die Vorteile zugute, die er der einzigartigen Stellung verdankte, welche er in seinen Beziehungen zu Österreich und England einnahm. Er wurde zu jeder gesellschaftlichen Veranstaltung eingeladen und natürlich auch zu dem Galadiner, das der Kaiser seinem englischen Gast gab, und zu dem glänzenden Empfang im Wiener Jockey Club, der für den als Rennsportenthusiasten wohlbekannten König gegeben wurde.

Slatin, der sich erinnerte, welch große Dinge im Gefolge des Austauschs von Photographien mit der Mutter des Königs für ihn eingetreten waren, kehrte nun in bezug auf ihren Sohn zu dieser Idee zurück. Schon Anfang des Sommers hatte er den König um ein Porträt für das Empfangszimmer des Gouverneurspalasts in Khartum gebeten. Jetzt ließ er ihm eine persönlichere Bitte vortragen. Aus Traunkirchen schrieb er an ein Mitglied des königlichen Gefolges:

„Ich besitze von allen Mitgliedern der königlichen Familie Photographien mit Unterschrift – von der verstorbenen Majestät, der Königin, mehrere, ebenso auch von der jetzigen Königin als Prinzessin von Wales. Könnten Sie Ihre Majestäten darum bitten, mir ihre Photographien zu widmen? Natürlich überlasse ich es Ihnen zu beurteilen, ob ein solcher Wunsch angemessen ist, und wenn Sie mein Ersuchen nicht weiterleiten können oder wollen, glauben Sie bitte nicht, daß mich das kränken wird. Halten Sie mich nicht für aufdringlich, aber ich würde eine solche Widmung als einen besonderen Gunstbeweis ansehen ...

Vielleicht besteht die Möglichkeit, Sie in Ägypten zu sehen. Wir werden uns alle bemühen, Ihren Aufenthalt ‚am oberen Nil' so angenehm wie möglich zu gestalten."[2]

Das war wieder einmal die für Slatin typische Mischung. Auf der einen Seite bemühte er sich ängstlich um besondere Vergünstigungen, auf der anderen wollte er auf keinen Fall aufdringlich erscheinen – so wie man auf der Bühne „leise gehen" mimt: auf den Fußspitzen, den Körper leicht nach hinten gelehnt. Aber so schwierig das auch sein mochte, er verlor niemals das Gleichgewicht. Er bekam seine Bilder, und zwar sowohl die offiziellen Porträts für Wingates Gouverneurspalast als auch die privaten Aufnahmen für sich persönlich. So begann die große Zeit Slatins in seinen Beziehungen zum Hause Windor – wie es später genannt wurde – und zu König Edward VII., mit dem ihn mehr verband als bloße gute Bekanntschaft, denn das Verhältnis zwischen beiden Männern wurde fast zu einer echten persönlichen Freundschaft. Wir können verstehen, warum Slatin sich über eine so intime Beziehung zum König freute. Aber auch das aufrichtige Vergnügen, das der König in der Gesellschaft Slatins empfand, ist leicht verständlich, wenn wir uns das

Temperament und den Geschmack dieses Monarchen vergegenwärtigen. Ebenso wie Slatin war König Edward kein Bücherfreund und kein Intellektueller; sein größtes Vergnügen war vielmehr das gesellschaftliche Leben; er genoß jede Stunde und jede Minute des Tages. Nichts war ihm widerwärtiger als die Langeweile, die sein wahrer Erzfeind war. Um ihr zu entfliehen, suchte er wie Slatin keine ästhetischen oder geistigen Genüsse, sondern ganz diesseitige Vergnügungen – gutes Essen und guten Wein, elegante und schöne Frauen, Reisen, Kartenspiel, Pferde, Jagd und die Gesellschaft von Männern, die es verstanden, fröhlich und witzig zu sein, aber nicht zu hohe geistige Ansprüche stellten. Beide Männer hätten den Ausspruch Popes, „der Mensch ist das wichtigste Studienobjekt der Menschheit", unterschrieben, wenn sie ihn wahrscheinlich auch nicht hätten zitieren können. Beiden waren persönliche Beziehungen das Wichtigste, und jeder suchte, auf seinem Niveau, mit allen Kräften seine Freundschaften zu bewahren. Man hat sogar das Gefühl, daß, hätten sie ihre Standorte im Leben getauscht, jeder sich sehr ähnlich wie der andere verhalten hätte. Slatin hätte in Balmoral und Sandringham ebenfalls ein rastloses gesellschaftliches Leben geführt; er würde – so wie Edward es zu tun versuchte – regiert haben, in dem er Männer, die er mochte und denen er vertraute, auswählte, nicht aber indem er jedes Kabinettsaktenstück und jedes Verwaltungsdekret studierte. Wäre Edward Generalinspekteur des Sudan gewesen, dann hätte es im „Rowdy House" in Khartum bestimmt ebenso ausgesehen wie unter Rudolf Slatin.

Für König Edward spielte ihre so ganz verschiedene Herkunft hinsichtlich der Nationalität, Rasse und Geburt nicht die geringste Rolle. Was die Nationalität betraf, so war der König von England ohnedies in erster Linie Europäer, ein Mann, der sich in Böhmen oder Biarritz ebenso zu Hause fühlte wie in Birmingham (und was diese Stadt betraf, sogar weit mehr). Daß Rudolf kleinbürgerlicher und jüdischer Herkunft war, konnte ihn in den Augen des Königs nicht disqualifizieren. In seinem Lande waren Angehörige der englischen *haute juiverie* wie Arthur, Albert und Reuben Sassoon schon lange vor der Jahrhundertwende, als er noch Prinz von Wales gewesen war, in den engeren Freundeskreis Edwards aufgenommen worden. Der jüdische Financier Ernest Cassel (der, wie es der Zufall wollte, die gescheiterte Goldsucherexpedition Slatins finanziert hatte) wurde zu dem vielleicht engsten persönlichen Freund des Königs und zu seinem geschicktesten Sachwalter in geschäftlichen Angelegenheiten. Und Cassels Herkunft aus dem Köln der 1850er Jahre spielte dabei ebensowenig eine Rolle wie die Slatins aus dem Wien des gleichen Jahrzehnts.

Die Tatsache, daß Slatin gerade in Wien und in kleinbürgerlich-jüdischen Verhältnissen geboren worden war, hat ihn dem König sogar vielleicht ganz besonders empfohlen. Als Prinz von Wales hatte Edward ganz deutlich seine

Abneigung gegen die Art gezeigt, mit der im Habsburgerreich die alten österreichischen Familien den neu geadelten Juden die kalte Schulter zeigten, Männern, die sie auf jedem Gebiet außer in der Länge ihrer Ahnentafeln übertrafen. Als er daher 1881 als Prinz von Wales nach Wien reiste, um an der Hochzeit des Kronprinzen Rudolf mit der Prinzessin Stephanie von Belgien teilzunehmen, bezog er absichtlich ein Hotel, um dort die österreichischen Rothschilds empfangen und einladen zu können, die trotz all ihrer Millionen von einem großen Teil des österreichischen Hochadels verächtlich als Geldbarone angesehen und behandelt wurden.

Als er 1890 wieder nach Wien kam, diesmal, um am Grabe des Kronprinzen Rudolf einen Kranz niederzulegen, schockierte Edward die Aristokraten noch mehr, als er einen ungarischen jüdischen Finanzmann zu sich einlud, der nicht einmal das internationale „cachet" der Rothschilds besaß. Das war Baron Maurice Hirsch, ein genialer Mann, der sich aber den Aufstieg auf der gesellschaftlichen Stufenleiter mit rücksichtslosen Methoden erkämpft hatte. Hirsch hatte dem in argen Geldverlegenheiten befindlichen Prinzen von Wales eine größere Summe geliehen und war, bis der gewaltige Cassel diese Aufgabe übernahm, sein inoffizieller Finanzberater gewesen. Edward mochte Hirsch, obwohl er ihm peinlicherweise Geld schuldete, und hielt bis zu dessen Tode im Jahre 1896 treu zu ihm. Selbst daß Hirsch immer zudringlichere Forderungen stellte – nicht nach Bezahlung der Schulden, sondern nach gesellschaftlicher Förderung –, brachte Edward von seiner freundschaftlichen Haltung nicht ab. Und nun saß also dieser „Emporkömmling" am 6. Oktober 1890 im Wiener Grand Hotel am Mittagstisch des Prinzen Edward, und zwar neben Gästen, zu denen auch der König von Griechenland gehörte. Aber das war nicht alles. Nach dem Essen reiste der Prinz mit seinem Gefolge an die österreichisch-ungarische Grenze und blieb zehn Tage auf dem Besitz von Hirsch als dessen Jagdgast. Mit zehn Flinten schossen die Herren bei dieser Gelegenheit zehntausend Rebhühner, und Edward schrieb in sein Tagebuch, „das wird mir ganz die Freude an der Jagd zu Hause verderben".

Slatin konnte mit dieser Art von Gastfreundschaft nicht aufwarten und hatte auch kein Geld, um es auszuleihen. Er besaß aber die Gabe, jede Gesellschaft, in der er sich befand, aufs beste zu unterhalten, und das genügte, um ihm die Zuneigung des Königs zu sichern. Allerdings war diese edwardianische Welt, in die Slatin jetzt Zugang gefunden hatte, trotz ihres atemberaubenden Glanzes für Slatin keineswegs völlig fremd. Denn einige Erscheinungen von seiner Art hatte es schon früher – aber auch zu seiner Zeit – auf der gesellschaftlichen Szene Englands gegeben.

Von nun an bis zum Jahr 1909, dem letzten, das der König von Anfang bis Ende erlebte, drehte sich das Leben Slatins um das des englischen Monarchen. Der König kam jeden Sommer regelmäßig nach Marienbad, wo er im

Hotel Weimar eine eigene Zimmerflucht bewohnte. Wohl lag der böhmische Kurort mitten im Reich Kaiser Franz Josephs, doch wenn Edward dort erschien, wurde er vorübergehend zur Residenz seines eigenen umherziehenden europäischen Hofes. 1904 besuchte ihn der Kaiser in Marienbad, allerdings ohne mit ihm über hohe Politik zu sprechen. Staatsmänner und Diplomaten kamen regelmäßig nach Marienbad, um ein wenig Ferienpolitik zu treiben. Aber sie wurden im Zaum gehalten. König Edward sorgte dafür, daß das viel wichtigere Geschäft, sich zu amüsieren und mit Hilfe des Marienbader Wassers abzunehmen – um dann das verlorene Gewicht durch von berühmten Küchenchefs hergestellte Menüs wieder auszugleichen –, nicht gestört wurde.

Slatin machte alljährlich seine fröhliche Wallfahrt in das von Edward beherrschte Marienbad, und wenn er auch nur zwei oder drei Tage dortblieb, hatte der König hier doch mehr Zeit für ihn, als wenn er einen ganzen Monat am Hof in England zugebracht hätte. Nach 1904 finden wir in den Tagebuchnotizen Slatins über diese Besuche immer wieder den Namen des Königs Edward.[3] Der Höhepunkt kam 1908, als er als persönlicher Gast des Königs drei Tage im Hotel Weimar zubrachte, und zwar fast ununterbrochen in dessen Gesellschaft. Der erste Tag mag als Beispiel gelten:

> „28. August: Eintraf Marienbad aus Wien 6.48 Uhr, Frühstück mit dem König um 9.00 Uhr. Fuhr mit König zum Lunch bei Mrs. Waddington. Dinner mit dem König um 6.45 Uhr, dann mit ihm in die Oper (Walzertraum) in der königlichen Loge. Abendessen mit dem König um 10.00 Uhr abends nach der Oper."

Und so geht es weiter, bis ein erschöpfter, aber strahlender Slatin am Abend des 30. August wieder den Zug nach Wien bestieg.

Für die außerordentlichen königlichen Gunstbeweise gab es jetzt auch ganz besonders triftige Gründe, denn Slatins König und Slatins Kaiser hatten es sich zur Gewohnheit gemacht, Mitte August für einen oder zwei Tage zusammenzukommen, zuerst in Marienbad und dann in Franz Josephs geliebter Sommerresidenz Bad Ischl zwischen den Bergen und Seen des österreichischen Salzkammerguts. Da Slatin der beste Anglo-Österreicher war, über den jeder der beiden Monarchen verfügte, war er bei diesen Begegnungen immer anwesend. König Edward kam 1907 zum erstenmal nach Ischl; die Atmosphäre war dort ebenso wie in Marienbad viel zwangloser als bei dem ersten Zusammensein der beiden Monarchen vor vier Jahren in Wien. Slatin wagte es allerdings niemals, sich in Gegenwart seines Kaisers auch nur für eine Sekunde gehenzulassen, denn Franz Joseph war für ihn selbst im Jagdrock aus Loden und den Lederhosen, die er zu tragen pflegte, wenn er von Ischl in die Berge zur „Gamsjagd" fuhr, ganz und gar die ehrfurchtgebietende Apostolische Majestät. Dennoch war es hier in der kaiserlichen Sommervilla viel leichter, „mit dabei" zu sein, als in der Hofburg oder in Schönbrunn, denn hier ersetzte der Rauchsalon den Großen Audienzsaal.

So schrieb Slatin etwa am 15. August 1907 in sein Tagebuch: „Führte vor und nach dem Abendessen lange Gespräche mit Kaiser und König." Als König Edward am nächsten Morgen abreiste, erfreute er Slatin mit einer besonders freundlichen persönlichen Geste: Er ließ den Zug in Traunkirchen halten und besuchte dort die beiden unverheirateten Schwestern Slatins, mit denen er ein paar Minuten plauderte. „Viele Schaulustige, aber starker Regen" notierte der Bruder in seinem Tagebuch.

Obwohl Slatin nicht angibt, welches der Inhalt der „langen Gespräche" war, wissen wir aus anderer Quelle,[4] daß König Edward nicht nur nach Ischl gekommen war, um auf die Jagd zu gehen und die berühmten Bäckereien im Café Zauner zu probieren. Deutschlands Flottenbauprogramm lag wie eine schwere Wolke über dem englischen Horizont, und Edward wollte Franz Joseph veranlassen, auf seinen deutschen Verbündeten, Kaiser Wilhelm, einzuwirken, diese Wolke zu verkleinern, wenn es schon nicht gelang, sie völlig aufzulösen. Im folgenden August besuchte König Edward auf der Reise nach Marienbad den Kaiser noch einmal in Ischl und sprach mit ihm noch dringlicher über das gleiche Thema. Dabei deutete er sogar an, daß Österreich-Ungarn die Bindungen an Deutschland lockern und statt dessen näher an England heranrücken sollte.

Aber der alte österreichische Monarch berief sich 1908 ebenso wie 1907 auf die Heiligkeit der Verträge und auf die mystische Einheit der deutschen Nation – sosehr er auch gelegentlich die Haltung Kaiser Wilhelms mißbilligte, weigerte er sich doch standhaft, die engen Bindungen zu Berlin aufzugeben. Niemand hat damals in Bad Ischl oder auch irgendwo anders geahnt, daß er mit dieser Weigerung die Katastrophe einer europäischen Massenvernichtung und den Untergang seiner eigenen Monarchie einen Schritt nähergebracht hatte. Die beiden Monarchen trennten sich vielmehr in bester Ferienstimmung; König Edward vermerkte, daß es ihm gelungen sei, den Kaiser zur ersten Automobilfahrt seines Lebens zu bewegen. Es war freilich nicht ganz das, war er in Ischl hatte erreichen wollen.

Slatin war ungefähr das allerletzte Mitglied dieser illustren Gesellschaft, das irgendwelche bösen Vorahnungen gehabt hätte. Er konnte sich eine Welt nicht vorstellen, in der sein englischer König und sein österreichischer Souverän etwas anderes taten als äußerstenfalls höflich verschiedene Meinungen über politische Fragen auszutauschen, um dann sofort wieder über Jagdtrophäen zu plaudern. Je häufiger sie sich trafen, um eben dies zu tun, desto glücklicher war Slatin, denn er liebte und verehrte beide. Je besser sie sich verstanden, um so höher stieg Slatins Stern. Denn dieses Klima war es, das den Regen der Ehrungen auf Slatin niedergehen ließ.

Kaiser Franz Joseph hatte im März 1899 Rudolf Slatin den Ritterstand verliehen. Das war fast der niedrigste Rang auf der langen Stufenleiter der Adelstitel der Monarchie. Nun durfte er vor seinen Familiennamen „Ritter von" setzen und sein Briefpapier, seine Hemden, sein Gepäck und alle Gegenstände, bei denen es der gute Geschmack zuließ, mit einer fünfzackigen Krone schmücken. Am 24. Oktober 1906 wurden Rudolf und sein Bruder Heinrich in den Rang von Freiherren erhoben, und aus der fünfzackigen wurde eine siebenzackige Krone. Sie schmückte das neugeschaffene Wappen Rudolfs, das weniger als zwei Monate vor dem ersten Treffen in Ischl, am 27. Juni 1907, zusammen mit seinem Adelspatent registriert wurde. Unter der Krone zeigt das Wappenschild eine hohe, den Sudan bezeichnende Palme, einen schwertschwingenden Löwen, der eine zerbrochene Kette hinter sich herzieht, die symbolische Darstellung der Leiden und Kämpfe Slatins im Sudan. Schließlich zeigt das Wappen noch einen Stern zwischen zwei Waagschalen, deren Bedeutung nicht so offensichtlich ist. Die afrikanischen Symbole waren aus seinem Wappen von 1899 übernommen worden, ebenso auch das Motto: „*festina lente*" – „Eile mit Weile!" (Für den geschäftigen Slatin ein eigenartiges Motto: „Schmiede das Eisen, solange es heiß ist", hätte besser gepaßt.)

Die nächste Ehrung, die ihm zuteil wurde, war wieder ein Beispiel für seinen unermüdlichen Opportunismus. Im Juni 1907 kam auch Wingate nach Wien. Der Kaiser verlieh ihm das Großkreuz des Franz-Josephs-Ordens und lud ihn am 20. Juni nach Schönbrunn zum Essen ein. Man sprach über den Sudan, und Wingate versäumte nicht – zweifellos ganz spontan –, die wertvollen Dienste zu erwähnen, die Slatin England dort leistete. Aber die Hand Slatins ist fast unverkennbar in dem, was sein stets hilfsbereiter Freund und Förderer dann unternahm. Seit der Rückeroberung des Sudan hatte sich Slatin nach der wirklichen britischen Uniform gesehnt, zusätzlich zu jener der ägyptischen Armee, die er schon länger als zehn Jahre trug. Jetzt schien es an der Zeit, in dieser Sache etwas zu unternehmen. Er hatte sein neues Adelspatent in der Tasche, sein bester englischer Freund hatte in Wien eine hohe österreichische Auszeichnung erhalten, und sein englischer König würde bald auf österreichischem Boden mit seinem österreichischen Kaiser zu Gesprächen zusammentreffen.

Ein Brief,[5] den Wingate noch im gleichen Sommer an den Privatsekretär König Edwards, Lord Knollys, in dieser Angelegenheit schrieb, erwähnt, wie der Kaiser sich über die Anerkennung der Verdienste Slatins gefreut habe. Dann fährt Wingate fort:

„Als ich vor wenigen Wochen in London war, habe ich mit Lord Camperdown über Slatin gesprochen und nebenbei erwähnt, ich sei überzeugt, die Ernennung Slatins zum Generalmajor ehrenhalber in der britischen

Armee würde nicht nur vom Kaiser, sondern auch von der österreichischen Armee und dem österreichischen Volk als ein großes Kompliment angesehen werden ..."

In dem guten Klima, das gerade jetzt in den englisch-österreichischen Beziehungen herrschte, konnte niemand einem so sorgfältig gezielten „Rempler" widerstehen. Drei Tage später erklärte sich der Kriegsminister, Lord Haldane, bereit, Slatin zum Generalmajor ehrenhalber zu ernennen, und am 22. August konnte Wingate wieder an Knollys[6] schreiben, um seiner Freude über diesen Beschluß Ausdruck zu verleihen. Er fügte hinzu: „Der Freudenbecher wird für Slatin bis zum Rande gefüllt sein." Die Ernennung erreichte ihn nicht mehr vor dem diesjährigen Treffen in Ischl, aber im August 1908 begrüßte Slatin König Edward in der vollen Uniform eines englischen Generalmajors auf der Bahnstation von Bad Ischl.

Aber auch für weitere Orden mußte Slatin in seinem „Freudenbecher" bald noch Platz finden. Während seines dreitägigen Aufenthalts in Marienbad im gleichen August verlieh ihm sein Gastgeber, König Edward, der ihn hier schon 1904 mit dem Kommandeurskreuz des Victoriaordens (C. V. O.) ausgezeichnet hatte, jetzt den nächsthöheren Rang des Ritterkreuzes des Victoriaordens (K. C. V. O.) und damit den zweiten britischen Adelstitel. Obwohl Slatin noch genug Dankbarkeit für weitere Orden zur Verfügung hatte, hatte er doch kaum mehr Platz für sie auf seiner Brust. Als König Edward sich der ordensübersäten Frackbrust Slatins gegenübersah, auf der österreichische, englische, preußische, sächsische, italienische und türkische Orden einander den Platz streitig machten, schlug er lachend vor, Slatin solle sich umdrehen, damit er ihm den Ordensstern auf dem Rücken befestigen könne.

Das nächste Jahr, 1909, und damit der letzte Sommeraufenthalt des Königs in Marienbad, war nicht das glücklichste. Die hohe Politik überschattete die Crocket- und Golfpartien, die Picknicks und die festlichen Diners. Jetzt gab es nicht nur Meinungsverschiedenheiten zwischen England und Österreich-Ungarn über Deutschland, sondern die beiden Monarchien hatten auch direkte Differenzen miteinander. Die „Aktivisten" unter seinen Beratern hatten Kaiser Franz Joseph im vergangenen Oktober dazu überredet, Bosnien und die Herzegowina zu annektieren. Obwohl die beiden türkischen Provinzen schon seit 1878 von österreichischen Truppen besetzt waren, erregte dieser einseitige Akt der offiziellen Annexion einen Proteststurm in jeder größeren europäischen Hauptstadt außer Berlin, wo Kaiser Wilhelm sich auf die Seite seines österreichischen Verbündeten stellte. König Edward schrieb einen vorwurfsvollen Brief an Kaiser Franz Joseph und weigerte sich dann ostentativ, dem österreichischen Außenminister Aerenthal, der in erster Linie für diesen Schritt verantwortlich war, zu dessen Erhebung in den Grafenstand zu gratulieren, die in Anerkennung treuer Dienste erfolgt war. Aerenthal rächte sich damit, daß er den Kaiser dazu überredete, seine alljährlichen sommerlichen Zusammenkünfte mit König Edward aufzugeben, es sei denn, die englische Königsfamilie richtete ein förmliches Ersuchen an den österreichischen Monarchen. Das war eine unannehmbare Bedingung.

Im August 1909 blieb Franz Joseph also in Ischl, während König Edward Marienbad nicht verließ. Auf seinen täglichen Spaziergängen durch den Kurpark kam der König immer wieder an einem großen unbehauenen Steinblock vorüber, in den zwei Medaillons mit seinem und dem Porträt des österreichischen Kaisers eingelassen waren. Man hatte diesen Stein zur Erinnerung an ihr erstes Zusammentreffen im Jahr 1904 errichtet in der Hoffnung, damit die solide Basis auf der die Freundschaft der beiden Monarchen und ihrer Länder symbolisch und massiv gegründet war, darzustellen.

König Edward war in diesem Sommer gezwungen, nur mit einem Medaillon von Franz Joseph vorlieb zu nehmen; Slatin dagegen war wieder persönlich erschienen und wohnte als Gast des Königs im Hotel Weimar. Wie man sich vorstellen kann, hatte es der Generalinspekteur, dessen Schicksal und dessen ganzes Glück an diesem jetzt so gespannten Faden der anglo-österreichischen Freundschaft hing, diesmal nicht ganz leicht. Die damals bedeutendste Wiener Zeitung *Neue Freie Presse* schickte ihm kurzerhand einen Berichterstatter, der ihn fragte, wie er als österreichischer Untertan über die Lage dächte. Der redegewandte Pascha tat sein Bestes:

> „Sie haben ganz recht", antwortete er, „wenn Sie annehmen, daß diese Angelegenheit mich sehr hart getroffen hat. Sie wissen sehr wohl, daß ich, obwohl ich England als General diene, österreichischer Untertan geblieben bin und großen Wert darauf lege, es zu bleiben. Es hat mir verständlicherweise leid getan, zu sehen, daß es zwischen Österreich-Ungarn und England eine öffentliche Kontroverse gibt, und es betrübt mich besonders, daß König Edward in der Hitze des Gefechts persönlich angegriffen worden ist. Ich kann Ihnen nur versichern, aufgrund langer Beobachtungen – und diese Eindrücke sind bei meinem gegenwärtigen Aufenthalt hier mit Seiner Majestät verstärkt worden –, daß Österreich-Ungarn in der ganzen Welt keinen aufrichtigeren Freund besitzt als den König von England und daß es auf dieser Erde niemanden gibt, der für unseren eigenen König und Kaiser Franz Joseph I. eine aufrichtigere Achtung empfände als er."[7]

Slatin hatte es bisher nur einmal erlebt, daß die beiden Pferde, die ihn so glatt durchs Leben zogen, ganz unerwartet nacheinander schnappten. Das geschah während des Burenkrieges, als die Öffentlichkeit in Österreich, dem deutschen Beispiel folgend, zeitweilig eine feindliche Haltung gegenüber England einnahm. Slatin, der sich gerade in Balmoral aufhielt, hatte der Königin Victoria höflich versichert, diese Feindschaft sei nur auf die „Unwissenheit und Dummheit der (österreichischen) Kleinbürger zurückzuführen, die nie das eigene Land verlassen hätten".[8] Diese zweite Entfremdung von 1908/09 war ernster, weil der Anlaß der Heimat näher lag und sie auf einer politischen Bühne erfolgt war, auf der es weniger Raum zum Manövrieren gab, nämlich im Herzen des unruhigen Balkan, den alle europäischen Mächte einschließlich Englands schon jetzt als größte latente Bedrohung des Weltfriedens betrachteten. Aber die Bedrohung war im Augenblick eben noch latent. Die Hauptstadt der annektierten Provinz Bosnien, Sarajewo, blieb noch für eine kurze Zeit für die Welt nichts weiter als ein geographischer Begriff. Slatin hatte deshalb ganz recht, wenn er dem Wiener Journalisten, der ihn in Marienbad interviewte, sagte, die durch die Annexion entstandene Spannung sei „so gut wie vorüber". Die Abkühlung in den Beziehungen zwischen London und Wien war sogar noch kurzlebiger als im Jahr 1900 und hörte mit Beginn des neuen Jahres auf.

Aber 1910 erlebte Slatin einen viel schwereren Schock. Nach kurzer Krankheit, die einer Erkältung gefolgt war, starb König Edward am 6. April friedlich im Buckinghampalast im 69. Lebensjahr. Wie beim Tode seiner Mutter vor neun Jahren schien es, als sei eine ganze Ära mit dem Souverän, deren Namen sie getragen hatte, gestorben. Wie 1901 gab es nur wenige britische Untertanen, die den Tod des Königs tiefer betrauerten als der Österreicher Rudolf Slatin. Seine Trauer bestand aus einer Mischung aufrichtigen Kummers und praktischer Erwägungen. Zwei Eintragungen in seinem Tagebuch für 1910 lauten:

„5. Mai: Der König ist krank.
7. Mai: Der König starb gestern abend um 11.45 Uhr.
Der denkbar schwerste Verlust für mich!"

Dieser Verlust ließ sich in der Tat nie mehr ganz wiedergutmachen. Slatin erreichte mit dem neuen Monarchen, George V., niemals ein ähnliches Ausmaß unbeschwerter Intimität wie jenes mit dessen Vater. Denn der Sohn war jedenfalls viel weniger extrovertiert und machte sich längst nicht so viel aus den Genüssen des Lebens. Dennoch sollte sich schließlich in mancher Beziehung George V. für Slatin als noch besserer Freund erweisen als es König Edward gewesen war. Die Umstellung auf den neuen Monarchen gelang Slatin schneller und müheloser als 1901. Im September 1910, knappe sechs Monate nach der Thronbesteigung König Georges, waren Slatin und Wingate wieder in Balmoral. Die Eintragungen gehen diesmal mehr ins Detail und sind an mancher Stelle herzerfrischend.

„2. September (Freitag): Dinner mit dem König und der Königin – sitze zur Linken des Königs. Bridgespiel mit dem König, Asquith und Wingate und gewinne £ 2.5.0.

3. September (Samstag): Verlasse das Schloß um 11.00 Uhr vormittags mit

dem König, dem Prinzen von Wales, Sir Charles Frederick und Sir Harry Legge zu einer Treibjagd auf Rehe. Mittagessen im Wald. Im dritten Treiben schieße ich einen guten Bock. Wir kehren um 6.00 Uhr abends zurück. Schoß nur einmal und erlegte einen Bock. Prinz von Wales schoß zweimal vorbei. Der König schoß 3."

Der Sonntag war, wie in Balmoral üblich, ein ruhiger Tag mit einem Kirchgang am Morgen und einem Teeausflug am Nachmittag. Am Montag besuchte Slatin Lord Knollys, der bei seiner Beförderung zum Generalmajor Pate gestanden hatte. Er berichtet, der König habe ihm einen Spazierstock geschenkt und ihm sein mit Picks rassigen Zeichnungen „Lord Humbug auf Reisen" dekoriertes Badezimmer im Schloß gezeigt. Besonders anzumerken war das Eintreffen von Mr. Lloyd George zu einem längeren Besuch. Slatins Aufenthalt endete in bester Stimmung:

„6. September (Dienstag): Beim Lunch saß ich neben der Königin, und nach dem Essen gab sie mir Feuer für meine Zigarre. Ich sagte ‚Thanks, Majesty'. Sie erwiderte, ‚Sie müssen „ich küss' die Hand" sagen'.*
Die Unterhaltung beim Essen war sehr angeregt, und wir lachten die ganze Zeit."

Den Höhepunkt des Tages brachte ein Telegramm von Fürst Montenuovo, Obersthofmeister des Kaisers Franz Joseph. Darin teilte er Slatin mit, der „Allerhöchste Herr" lade ihn für den 12. September nach Schönbrunn ein. Bis dahin war nur noch eine Woche Zeit, und so mußte Slatin sich bald auf den Weg nach London machen. Er konnte am nächsten Tage aber noch an einem fröhlichen Picknick teilnehmen. („Nach dem Tee rannten wir herum – die Königin, die Kinder und ich.") Ehe er den Nachtzug bestieg, saß er noch einmal beim Dinner neben der Königin und erhielt als Andenken an diesen Besuch signierte Photographien des Königspaares. „Es tut mir leid, daß Sie uns wieder verlassen", waren die letzten Worte der Königin Mary, und wir dürfen glauben, daß sie so gemeint waren.

Die Tatsache, daß Slatin die Photos diesmal bekam, ohne darum gebeten zu haben, zeigt uns, wie sehr er schon ein gewohntes Möbelstück des königliches Hofes geworden war. Die Szenerie war jetzt freilich ausschließlich England. Die fröhliche Ausgelassenheit in Marienbad war mit König Edward für immer dahin; ebenso auch die königlichen Staatsbesuche in Bad Ischl. Dafür aber war das große Ereignis in London, dem Slatin und mit ihm jeder, der in Europa etwas bedeutete, mit Spannung entgegensah, mehr als ein Ersatz für diese Bäderdiplomatie: die Krönung von König George und Königin Mary am 22. Juni 1911. Slatin scheint einen Augenblick die panische Angst gehabt

* Königin Mary war eine geborene Prinzessin Teck und sprach Deutsch ebenso gut wie Englisch.

zu haben, übergangen zu werden. Das deutet ein Telegramm an, das er augenscheinlich als Antwort auf eine dringende Anfrage am 6. Juni in Wien von Sir Arthur Bigge erhielt und wörtlich in sein Tagebuch aufnahm:

„Ihr Name erscheint auf der ersten Liste, die der König für die Vergabe seiner Plätze in der Abbey schon vor einigen Monaten aufgestellt hat. Wohin soll die Einladung gehen?"

Eine angenehmere Nachricht hätte er nicht erhalten können. Hocherfreut machte sich Slatin Ende der Woche mit seiner kompletten Ausstattung auf den Weg nach London. In Paris legte er einen Zwischenaufenthalt von wenigen Tagen ein, um Berufliches mit Vergnügen zu verbinden – nämlich französische Kolonialpolitik mit französischen Gräfinnen. Er führte, wie er berichtet, „sehr befriedigende" Gespräche mit dem Kolonialminister M. Massimy und einigen seiner höheren, für Französisch-Afrika zuständigen Beamten. Er besuchte Politiker wie Felix Chautemps und einflußreiche Journalisten wie die Herausgeber der *Temps* und des *Matin*. Auf der gesellschaftlichen Seite war sein hartnäckigster Verfolger eine Dame, die er als „Princess Bonoparte de Moskawa" bezeichnet. Sie lud ihn an jedem einzelnen Tage seines Aufenthalts zum Essen ein und fing ihn auch zweimal ein.

Aber der Besuch in Paris war nur eine angenehme Ouverture für das großartige Schauspiel, das anschließend in London gegeben wurde. In den letzten Junitagen 1911 machte die Stadt einen chaotischen Eindruck. Sie hatte sich in ein Kosmopolis verwandelt. Nachdem der König und die Königin am 17. Juni von Windsor in den Buckinghampalast zurückgekehrt waren, um sich auf das anstrengende prunkvolle Schauspiel vorzubereiten, dessen Mittelpunkt sie bilden sollten, begannen sich die Abgesandten aller zu diesem Ereignis eingeladenen Staaten der Welt in ihrer Hauptstadt zu versammeln. Um die glänzende Atmosphäre der Krönungsfeierlichkeiten einzufangen, müssen wir unser Material woanders suchen als in den sparsamen Tagebuchnotizen Slatins, der das Ereignis in vollen Zügen genossen, aber nur wenig getan hat, um uns daran teilnehmen zu lassen.

Delegationen von 58 Staaten – von Argentinien bis Sansibar – waren eingeladen worden. Die sonst meist graue Londoner Atmosphäre wurde zur Zeit der Krönung durch exotische Farbenpracht belebt. Es kamen die Sultane von Perak und Kedah, die zu ihren westlichen Anzügen prächtige Kopfbedeckungen trugen, und die Damen ihrer Begleitung erschienen in ihren schönen heimatlichen Gewändern. Die Delegation aus Äthiopien wurde von einem Vetter des gleichen Kaisers Menelik angeführt, der Ende des vergangenen Jahrhunderts Slatin und Wingate am oberen Nil solche Sorgen bereitet hatte. Die abessinischen Krieger, gekleidet ganz in Weiß, mit Ausnahme der farbigen seidenen Innenseiten ihrer Umhänge, spazierten nun als friedliche Gäste eines befreundeten Landes umher.

Dies war in der Tat das letzte große Aufgebot der alten Ordnung Europas, und die Menschen, die hier in den Ballsälen zusammengekommen waren, sollten sich bald auf den Schlachtfeldern gegenüberstehen. Sogar hier warfen die künftigen düsteren Ereignisse schon ihre Schatten voraus. Die Rivalität zwischen Großbritannien und Deutschland zur See war vielleicht der unbedeutendste der zahlreichen Faktoren, die nur drei Jahre später den Kriegsbrand von einem Ende des Kontinents zum anderen aufflammen lassen sollten. Aber 1911 war diese Frage für die Öffentlichkeit und die Regierung in England die ärgerlichste. Kaiser Wilhelm hatte einen seiner Söhne ausgerechnet auf dem neuesten deutschen Schlachtschiff „Von der Tann" nach England geschickt. Dieses schwer bestückte und gepanzerte Kriegsschiff war das Gegenstück zu den englischen Dreadnoughts und damit eine peinliche und vielleicht sogar beabsichtigte Erinnerung an den Wettlauf in der Flottenrüstung.

Die britische Hauptstadt selbst erstrahlte im Glanz der Farben und Lichter. Straßen, Denkmäler und Häuser lagen miteinander in der Darstellung patriotischer Gefühle im Wettstreit. Piccadilly war mit lampenbehängten Girlanden geschmückt. Oxford Street säumten blau-goldene Urnen. Greife, Löwen und Engel standen in Whitehall Wache. Jeder Klub in der Pall Mall war mit illuminierten Kronen und Zweigen dekoriert. Um jede Säule rankten Girlanden, und aus jedem Schaufenster blickten Medaillons mit den Porträts des Königs und der Königin. Hätte man einen Preis für das am prächtigsten geschmückte Gebäude ausgesetzt, dann hätte ihn wahrscheinlich Lord Rothschild gewonnen, an dessen Haus an der Hyde Park Corner ein Riesenmonogramm „G M" aus zweitausend Glühbirnen prangte.

Am Krönungstag, dem 22. Juni, muß man den Eindruck gehabt haben, die ganze exotische und heimische Farbenpracht sei wie durch ein Brennglas in die Westminster-Abtei zusammengeführt worden. Bis zum Chorgitter war der Gang mit einem wunderbaren und speziell für diese Gelegenheit gewebten, wappenblauen Teppich ausgelegt. Die Sitze bedeckten blaue und rehfarbene Brokatüberzüge. In den Seitenschiffen hingen schottische Wandteppiche, und an den Wänden waren Ritterrüstungen aus dem Tower aufgestellt. Man hatte sich jedoch darum bemüht, die Kirche nicht mit Dekorationen zu überladen, da man wußte, die Versammlung selbst werde den glänzendsten Eindruck machen.

Die Gäste, zu denen auch Slatin Pascha gehörte (der mit seinem guten Platz in der Galerie des Südchors sehr zufrieden gewesen zu sein scheint), begannen um 7.00 Uhr morgens ihre Plätze einzunehmen, um sie erst nach acht Stunden, um 3.00 Uhr nachmittags, wieder zu verlassen. Merkwürdigerweise schreibt Slatin in seinem Tagebuch nur, das Schauspiel sei „sehr eindrucksvoll" gewesen.

Diese knappen Worte können keinen Eindruck vermitteln: Wer um sich blickte, sah ein gewaltiges, aus Menschen gebildetes Kreuz, das in vielen Farben schillerte. Slatin selbst war hier nur ein kleines Fleckchen. Man sah die Peers, deren Roben in Kastanienbraun und Silber gehalten waren, man sah die Ordensmäntel der Inhaber des St.-Michaels- und Georgsordens in Blau, das Bath in Venetianischrot, des Sterns von Indien in Himmelblau, die prächtigen Turbane der indischen Fürsten, die granatfarbenen Roben der Richter, das ganze weite Spektrum der Offiziersuniformen der Kriegsflotte und des Heeres, die Bürgermeister und Ratsherren, die Höflinge und Prälaten in den verschiedensten Uniformen und Amtstrachten. Auch spricht Slatin nicht von dem elektrifizierenden Augenblick (sosehr sein romantisches, royalistisches Herz dabei auch bewegt worden sein mochte), in dem der König und die Königin die Abtei betraten und die Angehörigen der Westminster School auf den Rängen den Ruf ertönen ließen: „Vivat rex Georgius, vivat, vivat, vivat!", der durch die ganze Kirche schallte.

Etwas eingehender beschäftigte er sich mit der großen Flottenparade in Spithead, die drei Tage später stattfand und für viele ausländische Gäste den großartigsten Teil des ganzen Programms der Krönungsfeierlichkeiten bildete. Die Hotels und Pensionen in den kleinen Städten dieser bescheidenen Küstengegend waren für 24 Stunden überfüllt von dem Strom vornehmer Besucher. Wingate und Slatin mußten mit einer bescheidenen Unterkunft in Gosport vorliebnehmen. „Queen Street 2, sehr, sehr kleine Zimmer", notierte Slatin leicht enttäuscht in seinem Tagebuch.

Aber die Parade selbst entschädigte ihn reichlich für diese Unbequemlichkeit. Die beiden Freunde wurden eingeladen, den Tag auf dem neuen britischen Kreuzer H. M. S. *Gloucester* zu erleben, wo eine angenehme Überraschung auf sie wartete. Der Kapitän hatte mit ihnen am Nilfeldzug teilgenommen, und jetzt ergab sich die Gelegenheit, Erinnerungen und Trinksprüche auszutauschen. Der stets den praktischen Dingen des Lebens zugeneigte Slatin verlieh seinen Eindrücken von der großartigen Flottenparade, die er aus nächster Nähe beobachten konnte, in nüchternen Zahlen Ausdruck. „Die britischen Kriegsschiffe stellen einen Wert von £ 82,000.000 und die ausländischen Schiffe von £ 15,000.000 dar."

Was Slatin hier sah, waren 167 verschiedene Schiffe der königlichen Flotte. Unter ihnen befand sich auch ein Doppelgeschwader mit zwölf britischen Dreadnoughts, den häßlichsten, aber wirkungsvollsten Kriegsmaschinen auf den Meeren ihrer Zeit. Ihnen gegenüber lag in der Reihe der ausländischen Kriegsschiffe ihr Rivale, die „Von der Tann", vor Anker. Die nebeneinanderliegenden britischen Schiffe stellten allein ein Viertel der Gesamttonnage aller Kriegsflotten dar, die auf den Weltmeeren schwammen, und der bei Spithead versammelte britische Flottenverband war dabei nur ein Teil der gesamten Kriegsmarine Großbritanniens. Die Britannia hatte ihren Dreizack in jenem Krönungsjahr in der Tat noch fest in der Hand.

Ob es nun die Folge der traditionellen Gastfreundschaft der Royal Navy war oder nicht, die orthographischen Fehler in seinem englischen Tagebucheintrag von diesem Abend, an dem die ganze Flotte auf ein vom Flaggschiff gegebenes Raketensignal illuminiert wurde, häuften sich mehr, als das sonst der Fall war:

„Von dem in der Nähe des Pear *(i. e. „pier": Kai. A. d. Ü.)* gelegenen Hauses von Mr. May aus sahen wir die abendliche Illumination. Um 10.00 Uhr flammten die Lichter auf allen Schiffen auf. Ein großartiger Anblick."

Darunter befestigte Slatin, der seit seiner Knabenzeit ein eifriger Briefmarkensammler gewesen war, die Penny- und die Half-Penny-Marke der neuen Ausgabe mit dem Kopf des Königs George.

Die nächsten vierzehn Tage stürzte er sich in das rauschende gesellschaftliche Leben Londons, das auch Leute, die wie Slatin solche Vergnügungen gewohnt waren, in diesem Ausmaß nicht wieder erleben sollten. Wie beliebt er war, erkennt man am besten daran, wie viele und welche Einladungen er absagen mußte, und weniger daraus, an welchen Gesellschaften er teilnahm. Am 30. Juni notierte er drei Absagen von Einladungen zum Dinner, darunter auch eine im Hause der Countess Strafford. (Er nahm an diesem Abend an einem Essen bei der Lady St. Hilier teil.) Am folgenden Tage mußte er sich bei zwei Damen des englischen Hochadels entschuldigen, deren Einladungen zum Lunch er nicht annehmen konnte, und sagte außerdem eine Wochenendeinladung bei der Countess Jersey ab, die ihn gebeten hatte, nach Osterley zu kommen. Auch am Montag und Dienstag konnte er den Aufforderungen, zu einem Lunch und zu zwei Dinners zu erscheinen, nicht folgen, und bis zum Juli, als sein Aufenthalt in London zu Ende ging, häuften sich die Absagen, die er auf den Seiten seines Tagebuchs vermerkte. Allein am 6. mußte er drei Einladungen zum Lunch ablehnen, unter ihnen eine des Earl of Roseberry und eine zweite der vom Pech verfolgten Countess Strafford. Selbst der Aufforderung, an einem Dinner der Marchioness von Salisbury zu Ehren des Herzogs und der Herzogin von Connaught teilzunehmen, konnte er nicht folgen, da er vorher schon eine Ball-Einladung angenommen hatte. Vor der Abreise frühstückte er am 7. Juli noch bei Lady St. Hilier, aber der Countess of Strafford scheint es nicht mehr gelungen zu sein, Slatin in ihrem Hause zu bewirten. Diesmal muß er aufgeatmet haben, als er im Oktober endlich wieder das Schiff bestiegen hatte, um in den Sudan, zurück an die Stätte seines Wirkens, zu reisen.

Die letzten Jahre vor Kriegsausbruch waren nicht so hektisch und brachten keine so glänzenden Feste mehr, aber dennoch erlebte er während dieser Zeit besondere Freuden. Anfang 1912 hatte Slatin zum Beispiel das Vergnügen,

König George und seine Gemahlin bei sich am oberen Nil zu begrüßen. Das Königspaar befand sich auf dem Rückweg von dem großen Delhi Durbar, der Galaaudienz des britischen Monarchen als Kaiser von Indien in Delhi, der Hauptstadt Indiens. Als der König im September nach Balmoral zurückgekehrt war und Slatin wieder zu Gast gebeten hatte, verlieh er ihm persönlich das Großkreuz des Victoriaordens. Da es an die Stelle des Ritterkreuzes trat, das er bereits besaß, mußte der König nicht wie sein Vater vor vier Jahren in Marienbad auf dem Rücken Slatins nach einem Platz für die neue Auszeichnung suchen.

Das Jahr 1913 brachte ihm eine ganz andere Ehrung und Tröstung. Nach energischen Bemühungen bei päpstlichen Würdenträgern und dem österreichischen Gesandten beim Heiligen Stuhl brachte es Slatin zuwege, am 3. Juni 1913 in Privataudienz vom Heiligen Vater empfangen zu werden und dessen persönlichen Segen zu erhalten. Slatin hat nie geleugnet, daß er es mit seinem Katholizismus eher leicht nahm. Aber aus einigen seiner Briefe geht hervor, daß die Blitzbekehrung zum Islam 1893, zu der er sich auf dem Schlachtfeld des Sudan gezwungen gesehen hatte, nie aufgehört hat, sein Gewissen zu belasten. Aber was auch später in ihm vorgegangen sein mag, durch die Papst-Audienz des Jahres 1913 war er von der Kirche wieder als treuer österreichischer Katholik in Gnaden aufgenommen worden. Wie bei Slatin nicht anders zu erwarten, mußte das an höchster Stelle geschehen.

Der September in Balmoral verlief in jeder Beziehung zufriedenstellend. Zu den Gästen gehörten die Politiker Arthur Balfour und Winston Churchill (mit dem letzteren konnte Slatin Erinnerungen an gemeinsame Erlebnisse vor Omdurman austauschen). An einem Ball am 19. September nahmen zahlreiche Mitglieder der königlichen Familie teil, und Slatin notierte, er habe „mit der Kronprinzessin, der Prinzessin Maud, der Prinzessin Mary und der Prinzessin Viktoria von Schleswig-Holstein" getanzt. Nach der Abreise am 21. September 1913 heißt es in seinem Tagebuch: „Ihre Majestäten gaben der Hoffnung Ausdruck, mich nächstes Jahr wieder in Balmoral zu sehen." Natürlich ahnte er nicht, wie ironisch dieser Satz zwölf Monate später klingen würde.

Zu Beginn des Jahres 1913 sah alles auch noch sehr rosig aus. Slatin stand auf dem Gipfel des Erfolgs. Die Schaukel der einander ablösenden englischen und österreichischen Gunstbezeigungen hatte ihn in immer größere Höhen hinaufbefördert, denn jeder aus London kommende Anstoß erzeugte automatisch den Gegenschwung aus Wien. Er besaß jetzt zwei britische Adelstitel, einen davon doppelt, war Companion des Order of the Bath und Generalmajor ehrenhalber, der österreichische Kaiser hatte ihn in den Freiherrnstand erhoben, und fast alle europäischen Fürsten hatten etwas dazu beigetragen, seine Uniform zu schmücken. Der Khedive hatte ihn neben anderen Ehrungen zum Generalleutnant der ägyptischen Armee befördert. Er gehörte den vornehmsten Klubs an, dem Marlborough Club in London und dem Jockey Club in Wien (ein weiteres Beispiel für den Schaukel-Effekt). Auf dem ganzen Kontinent war er in den Salons der großen Gesellschaftsdamen ein gerngesehener Gast, und er stand immer noch in den besten Mannesjahren.

Es fehlte ihm zur Vervollständigung dieses Bildes nur noch eines, eine liebende Ehefrau aus gutem Hause. Sie zu gewinnen sollte ihm 1914, kurz bevor der Vorhang endgültig fiel, noch gelingen.

13. KAPITEL

Alice

Das Privatleben Rudolf Slatins ist eine Legende und ein Geheimnis; und die eine ist Teil des anderen. Die Legende entstand, unvermeidlich und sofort, nach der Flucht, die ihn zu einer romantischen Berühmtheit machte. Alle europäischen Prinzessinnen in ihren schönen Abendkleidern, die er in Berlin, Wien, Paris, London oder Balmoral so gewandt über das Tanzparkett führte, wußten aus seinem Buch und natürlich auch aus allen möglichen mündlichen Berichten, daß der Mann, der sie im Arm hielt, noch vor gar nicht langer Zeit mit afrikanischen Prinzessinnen, schwarzen Damen aus den Königshäusern von Darfur oder Abessinien, verheiratet gewesen war und daß er als Mohammedaner mit ihnen und einer nicht genannten Zahl niedrig geborener farbiger Frauen und Sklavinnen zusammengelebt hatte. Sie wußten auch, daß aus diesen Verbindungen einige Kinder entsprossen waren.

Was mag da hinter vorgehaltenen Fächern von jenen geflüstert worden sein, an denen er im Walzerschritt vorübertanzte? Durch welche, scheinbar harmlosen Fragen mögen diese Damen versucht haben, ihn zum Reden zu bringen, und welche Gespräche mögen erregte Mütter und atemlose Töchter anschließend im Schlafzimmer miteinander geführt haben? Jedes Wort, das er sagte, bereicherte natürlich die Legende von seiner Vergangenheit. Schwieg er, dann nährte das diese Legende erst recht. Ob er es wollte oder nicht, in seinem ganzen Leben war Slatin dazu verurteilt, das schöne Geschlecht zu reizen und zu bezaubern.

Schlimm ist nur, daß wir nicht wissen, wie weit ihm das angenehm war, und noch weniger, wie weit er die exotische Wirkung, die von ihm ausging, während der langen Jahre als Junggeselle ausgenutzt hat. Er war ein sehr männlicher Mann und besaß daher wahrscheinlich auch den sexuellen Appetit, der mit solcher Männlichkeit einhergeht. Als Generalinspekteur des Sudan in Khartum mußte er bei der Befriedigung solchen Appetits natürlich sehr diskret sein. Es lebten zu wenige Europäer in der Hauptstadt, als daß man die Affäre mit einer Europäerin hätte vertuschen können, und niemand, der Slatin kannte, erinnert sich daran, daß es auch nur die Andeutung eines Skandals in dieser Richtung gegeben hätte.

Andererseits scheint er sich dort noch einen kleinen schwarzen Harem gehalten zu haben, ein sentimentales oder erotisches Relikt aus der Zeit als Mohammedaner – oder beides. Sein englischer Freund und Kollege Wheatley berichtet, in einem abgelegenen Teil seines Gartens hätten, abgeschirmt vor den Blicken der Öffentlichkeit, „zwei oder drei seiner früheren Ehefrauen oder Konkubinen" in Lehmhäusern gelebt.[1] Sie traten nie in Erscheinung, trugen niemals europäische Kleidung, aber sie waren da. Wheatley, der einige Jahre in seinem Bungalow in der unmittelbaren Nachbarschaft Slatins gelebt hat, müßte das wissen.

Was romantische Abenteuer mit Europäerinnen betraf, so hätte es ihm natürlich, sobald er Khartum verließ, nicht an Gelegenheiten gefehlt. In Kairo, das Slatin oft besuchte, war man ebenso tolerant wie kosmopolitisch, und das galt auch für das edwardianische Europa, wo er seine Sommer zubrachte. In den ersten Jahren sprach man aber nur davon, daß Slatin jetzt ein ganz ruhiges und gesittetes Leben führte. Schon sehr bald nach seiner Flucht fragte ihn eine Dame bei einem Diner in Kairo ganz unverblümt, ob er sich jetzt nicht verheiraten wolle. Die Tischgesellschaft brach in schallendes Gelächter aus, als Slatin in unbeholfenem Englisch antwortete:

„Heiraten? Ich? Nein, nein! Ich bin schon durch vierzehn Jahre Gefangener gewesen – nie wieder!"

Aber aus den Briefen, die er an seine Verwandten schrieb, die sich in Österreich schon nach einer geeigneten Braut für den berühmt gewordenen Rudolf umsahen, sieht man, daß er diesen Gedanken durchaus nicht von sich wies. Im ersten Jahr des Feldzuges zur Wiedereroberung des Sudan schreibt er an seine Schwägerin zu Hause z. B. in einem flotten, launigen Brief:

„Also Du bist auf der Suche für (sic) einen neuen Kerkermeister, der mich in Banden schlagen soll! Und eine Bisguhre* soll es sein – Oh contrair im Gegenteil – ich akzeptiere nur ein recht armes Hascherl – verstanden vous Madama. Braucht nicht armes Hascherl an Moneten zu sein – armes Hascherl in bezug auf Widerspenstigkeit – Eigensinn, unnötige Ansprüche und anderen Leibschaden, die wie Du weißt so häufig bei Damen vorkommen. Da Du, Herminka und Schwestern alle in meinem Interesse tätig seid – so werdet Ihr eine solche Masse ‚brautfähiger Madeln' zusammenbekommen, daß diese dann unter einander eine sogenannte Stichwahl werden abhalten müssen . . ."[2]

* „Bisguhre" (Bisgur'n) wienerisch für: böses zänkisches Weib.

Wenige Monate später schreibt Slatin noch einmal aus Kairo:

„Was ist's denn mit dem Heiratsbüro – noch immer keine passende Gefängniswärterin resp. Pflegerin gefunden? Ich bemerke einen Rückgang Deiner Tätigkeit vielleicht zu meinem Glücke?"[3]

1897 kommen in zahlreichen Briefen an seine Verwandten[4] ein gewisses Heimweh und die Sehnsucht nach den wohlproportionierten, sanften Wiener Madln zum Ausdruck, und diese Gefühle scheinen in ihm eine schwermütige Stimmung erzeugt zu haben. Im Februar beklagt er sich darüber, daß man über ihn „getratscht" habe, „weil mir meine kleine Tante Dolly ... lieber ist als andere Töchter Albions", aber doch scheint er sich nach einer Wienerin gesehnt zu haben, die ihm als Ehefrau Sonnenschein ins Haus bringen sollte. Am 20. August 1897 schreibt er seiner Schwägerin aus dem Stabsquartier in Merowe:

„Ich stimme mit Dir ja ganz überein, daß es Zeit wäre, den Orient aufzugeben, und es für mich angenehmer wäre, bei meinen Schwesterln zu sein als im Sudan herum ‚zu strawanzen'* (sic)."

Doch in einem zweiten Brief vom 7. Dezember 1897 an die gleiche Adresse denkt er nicht mehr so viel an die Schwestern in Traunkirchen, sondern an ein eigenes Haus und eine eigene Familie in Österreich. Er will wissen, was mit den Photographien der als Bräute in Aussicht genommenen jungen Damen geschehen sei, die die Schwägerin ihm habe schicken wollen. Zwar betrachtet er ihre Bemühungen, eine Heirat zu vermitteln, als „fast hoffnungslos", möchte sie aber nicht davon abbringen, weitere Versuche anzustellen:

Doch im nächsten Jahr scheint Slatin das Interesse am Heiraten verloren zu haben. Er schreibt nur:

„Ich wollt, ich wär in Wien im Kreise der Blonden und Braunen – die ganz schwarzen machen mich schaudern! Ach Schwarze – mir graust vor dir!"

Doch was die Heiratsaussichten angeht, heißt es:

„Hast ganz recht – bellende Hunde beißen nicht – also ist vorläufig keine ernste Gefahr in punkto Heiraten vorhanden resp. scheint dieselbe schon lange vorüber zu sein."

Das ist dann auch für lange Zeit das Letzte, was wir über irgendwelche Heiratsprojekte hören oder lesen. In seinem Tagebuch, wo er kurz über die heiter verbrachten Sommermonate zur Zeit König Edwards in Europa schreibt, werden Frauen nur gelegentlich erwähnt, und auch dann nur die vornehmen Damen, die darauf aus sind, ihn in ihren gesellschaftlichen Kreis zu ziehen. In einem Sommer im August ist er in Salzburg häufig mit einer Gräfin Juliette Hoyos zusammen, die er sogar in sein Hotel zum Souper *tête-à-tête*

* „strawanzen" wienerisch für: umherstreunen

einlädt. Aber dann taucht die Gräfin nicht wieder auf. In London hatte er am 1. Juli 1908 eine weitere erregende Begegnung. Nachdem er einen Lunch mit dem Herzog und der Herzogin von Connaught notiert hat, schreibt er: „Nachmittag Hull (Miss Winifred)". Der Name der jungen Dame ist zweimal dick mit roter Tinte unterstrichen. Wichtige Passagen im Tagebuch hat Slatin sonst höchstens mit der gleichen Tinte, mit der der übrige Text geschrieben ist, durch eine Wellenlinie kenntlich gemacht. Auf diese Weise bezeichnete er auch die einzige Meinungsverschiedenheit mit Wingate und sein erfolgloses Rücktrittsgesuch. Miss Winifred muß in ihm noch weit stärkere Aufregung hervorgerufen haben, denn sonst hätte sie nicht die einzigartige Auszeichnung genossen, daß ihr Name mit andersfarbiger Tinte doppelt unterstrichen wurde. Aber wieder bleibt es bei dieser einen Erwähnung. Selbst wenn Miss Winifred im Juli 1908 nicht aus Slatins Leben entschwunden sein sollte, aus seinem Tagebuch verschwindet sie jedenfalls völlig und spurlos.

Slatin war ohne Zweifel ein Frauenliebling, aber er hat auch seine große Begabung zu echter Freundschaft gegenüber Frauen bewährt. Mit vielen verband ihn eine herzliche, mit Humor gewürzte Beziehung, die ein ganzes Leben währte, ohne daß vielleicht je von romantischer Liebe die Rede war. Ein Beispiel dafür war „Miss Elizabeth". Ihr begegnete Slatin auf einer Schiffsreise über das Mittelmeer, als er eine im reifen Alter stehende, gefeierte Persönlichkeit und sie ein junges Mädchen von noch nicht 20 Jahren war. Ihre Eltern waren wohlhabende und einflußreiche Leute, und diese beiden Eigenschaften sind Slatin niemals gleichgültig gewesen. Aber aus den 150 Briefen, die er ihr im Lauf der Jahre geschrieben hat,[5] spricht eine Zärtlichkeit, die nicht berechnend klingt. Am Anfang gibt er sich große Mühe, sie davon zu überzeugen, daß er wirklich Wert darauf legt, mit einem so jungen und unerfahrenen Menschen zu korrespondieren. So schreibt er z. B. im Januar 1909:

> „Zuerst muß ich Ihnen also, wie es mir scheint, sagen, ob Ihre Briefe mich langweilen. Können Sie logisch denken? Sie sind ein reizendes und natürliches junges Mädchen, 20 Jahre alt und aus guter Familie. Ich bin ein 50 Jahre alter General und eine bekannte Respektsperson ... Ich hätte absolut keinen Grund, eine Korrespondenz zu führen, die mir keine Freude macht. So schreiben Sie mir auch weiter – vielleicht wie eine Nichte ihrem Onkel schreiben würde, und erzählen Sie mir rückhaltlos, was Sie freut und was Sie ärgert, was Sie erstaunt und was Sie enttäuscht ..."

Das war der erste einer ganzen Flut von Briefen, die, je älter „Miss Elizabeth" wurde, an Zärtlichkeit und Freimut zunahmen. Die Beziehung endete erst, als die kleine „Nichte", die inzwischen selbst eine Dame mittleren Alters geworden war, sich am Totenbett Slatins von ihm verabschiedete. Eine ähnliche Freundschaft entstand mit der jungen Österreicherin Irmina Köchert, die aus der wohlhabenden und hochgeachteten Familie der Wiener Hofjuweliere stammte. Auch diese Korrespondenz erstreckt sich über die ganze Zeitspanne von mehreren Jahrzehnten des Friedens und des Krieges, der dann wieder vom Frieden abgelöst wurde.[6]

Aber obwohl es Hinweise darauf gibt, daß Slatin im reifen Alter einige Liebesaffären hatte, und trotz dieser sehr handfesten Beweise für Freundschaften, die ein ganzes Leben dauerten, hören wir um die Jahrhundertwende, als er auf dem Gipfel seines Ruhmes und seiner körperlichen Leistungsfähigkeit stand, nichts mehr von Heiratsabsichten. Was war der Grund? Schließlich liebte Slatin doch das Familienleben und war ein großer Kinderfreund.

Gewisse finanzielle Schwierigkeiten können natürlich eine Rolle gespielt haben. Das Jahresgehalt von 1450 ägyptischen Pfund, das er als Generalinspekteur bezog, genügte, wie wir gesehen haben, für ein bequemes Leben in Khartum, reichte aber nur knapp, um alle Ausgaben zu decken, welche die gesellschaftlichen Verpflichtungen in Europa mit sich brachten. Dabei führte er ja außerhalb des Sudan das Leben eines Junggesellen ohne eigenen Haushalt. Als verheirateter Mann, der dafür hätte sorgen müssen, daß eine Wohnung, Schmuck, Kleider und Equipagen seiner Frau zur Verfügung standen, die außerdem die Europareisen mit ihm unternommen hätte, wäre dieses Einkommen zu niedrig gewesen, denn er besaß weder Grundbesitz noch Kapital. Es gab natürlich genug reiche Erbinnen und wohlhabende Witwen in den Salons, die Slatin jeden Sommer besuchte. Auch die geheimnisvolle Miss Winifred ist vielleicht nicht ein leicht errötendes, blutjunges Mädchen, sondern eine reife junge Dame mit ansehnlichem Bankkonto gewesen. Außerdem wären auch noch gewisse religiöse Probleme zu klären gewesen, besonders in der österreichischen Heimat Slatins, hatte er ja doch vor den Mündungen der Gewehre des Mahdi seinen katholischen Glauben, der nicht die Religion seiner Väter gewesen war, abgelegt und dafür die ihm fremde Religion Mohammeds angenommen.

Aber obwohl wir nur Vermutungen anstellen können, liegt der Hauptgrund für sein langes Suchen und Zögern wahrscheinlich weniger in finanziellen oder religiösen Problemen als in der Frage der „gesellschaftlichen Stellung". Der Begriff hat heute viel von seiner Kraft verloren; aber er bedeutete Sonne, Mond und Sterne am viktorianischen und edwardianischen Firmament, wo Slatin selbst glitzerte. Der Sohn seines besten Freundes, Sir Ronald Wingate, äußert sich dazu:

„Es hätten sich ohne Zweifel gesellschaftliche Hindernisse in den Weg gestellt, wenn er jemals daran gedacht hätte, eine Europäerin aus der höchsten Gesellschaftsschicht zu heiraten, in der er ständig verkehrte. Sein Ruhm und seine Stellung hatten es ihm ermöglicht, Zugang zu einer

Gesellschaftsklasse zu finden, die hoch über jener stand, in die er hinein geboren war."[7]

Ob sich seine ungewöhnlich späte Verheiratung damit erklären läßt oder nicht, dieser Umstand berührt einen weiteren schwachen Punkt in Slatins Leben. Er war nicht nur ein Mann zwischen den Religionen und zwischen Imperien. Er war auch ein Mann zwischen den Klassen. Das spielte keine Rolle, solange er als unbekümmerter Junggeselle unter dem mächtigen und sehr kosmopolitischen Schirm seines Protektors, des Königs Edward, stand. Hätte er die richtige Frau gefunden, dann wäre für Rudolf Slatin auch noch Platz in der zeitgenössischen englischen Gesellschaft gewesen, die einem breiten und schnellfließenden Strom vergleichbar war. Dieser Strom floß über den soliden, felsharten Untergrund des landbesitzenden Adels, doch kamen von den Ufern stets neue Zuflüsse, die Reichtum, Intelligenz, Leistung und selbst reine Schönheit und Charme, die um ihrer selbst willen akzeptiert wurden, mit sich brachten.

Selbst diese Gesellschaft anerkannte zwar einerseits durchaus die Stellung, die Slatin sich im Leben errungen hatte, blieb sich aber zugleich durchaus der Tatsache seiner bescheidenen Herkunft bewußt. Im Tagebuch einer jungen Engländerin, Miss Esme Elliott, findet diese Haltung ganz unbewußt ihren Ausdruck. Dieses junge Mädchen nahm 1895/97 an den gesellschaftlichen Veranstaltungen in Kairo teil, wo es mit seiner Mutter und seinem Stiefvater, dem Befehlshaber der britischen Besatzungsstreitkräfte in Ägypten, Generalmajor Sir Charles Knowles, lebte. Das waren die Jahre unmittelbar nach Slatins Flucht und er war damals der Held des Tages. Miss Elliott spricht von ihm als von „einem liebenswürdigen, bescheidenen und unkomplizierten kleinen Mann". Sie ist damals oft mit ihm zusammengekommen, und schreibt, er sei ein enger Freund der Familie gewesen.

Aber sie berichtet, ohne irgendeine Spur von Bosheit, Slatin habe seine Karriere als ein Niemand begonnen. Sie nennt ihn sogar einen „gewöhnlichen kleinen österreichischen Abenteurer". Über seinen Lebensweg erzählt sie folgendes:

> „Er bereiste den Sudan, wurde vom Mahdi gefangen genommen und blieb zwölf Jahre in Gefangenschaft. Er wechselte seine Religion und wurde nach einiger Zeit nicht allzu schlecht behandelt ... Wingate arrangierte seine Flucht, die erfolgreich verlief. Als er in Kairo eintraf, wurde viel Aufhebens um ihn gemacht, man schickte ihn nach England, und dort wurde er von der Königin Victoria empfangen und geadelt. Dann bereiste er die europäischen Fürstenhöfe und wurde überall mit Orden ausgezeichnet."[8]

An anderer Stelle berichtet Miss Elliott, daß sie mit Slatin Radtouren unternommen hat. (Sie lernten sogar gemeinsam das Radfahren und übten auf der Aschenbahn des Rennplatzes in Kairo. Zu Anfang stürzte Slatin jedesmal, wenn er, um sie zu grüßen, eine Hand von der Lenkstange nahm und den Hut lüften wollte.) Man hat aber den Eindruck, daß sie es nie in Betracht gezogen hätte, ihn zu heiraten, auch wenn er fünfzehn Jahre jünger gewesen wäre. Er war eben doch nur ein „gewöhnlicher kleiner österreichischer Abenteurer", und der Gedanke daran hätte höchstwahrscheinlich jeder Romanze den Garaus gemacht.

Aber Engländer von der Art der Miss Elliott bemühten sich – so wie sie – nach Kräften, Slatin das Gefühl zu geben, er sei völlig anerkannt und aufgenommen. In noch höherem Maß galt das für jene seiner Kollegen, mit denen er dienstlich zu tun hatte und die seine Freunde wurden. Als Slatin sich jedoch darum bemühte, in seiner österreichisch-ungarischen Heimat in die Gesellschaft aufgenommen zu werden, mußte er feststellen, daß die Dinge hier ganz anders aussahen. Es lag nicht nur daran, daß er in Wien natürlich nicht jene Kontakte besaß, die er als hoher Kolonialbeamter, General und Träger hoher Orden in England zu Angehörigen der guten Gesellschaft hatte. Die standesbewußten Österreicher waren sowohl viel weniger taktvoll als auch viel unduldsamer, was ihre Tabus betraf.

Kaiser Franz Joseph hatte es ebensowenig wie König Edward VII. nötig, ein Snob zu sein. Aber der Hochadel rund um den Thron hielt viel auf Etikette – das spanische Hofzeremoniell war noch in Geltung – und strenge Rangordnung nach dem „Protokoll"; Ebenbürtigkeit und Nachweis adeliger Ahnen, damit der Sohn Kämmerer, die Tochter Sternkreuzordensdame werden konnten, galten als wichtig und führten zu Inzucht und unsinniger Ahnenverehrung. Diese Umstände haben zum Teil auch dazu beigetragen, ein politisches Schicksal zu besiegeln, aber das ist eine andere Geschichte.

Zur Zeit als Slatin in Wien noch zur Schule ging, hatte eine englische Gräfin in eine Familie der österreichischen Hocharistokratie hineingeheiratet. Trotz ihres Ranges (und Reichtums) stieß sie auf heftige Ablehnung, weil einer ihrer Großväter – obwohl adelig wie alle ihre Vorfahren – einst Bankier gewesen war. Wenn das einer englischen Lady geschehen konnte, die reich und mit neun Zacken in der Krone geboren worden war, was durfte dann Rudolf Slatin erwarten, der arm geboren worden war und sich seine sieben Zacken in der Krone selbst hatte verdienen müssen!

Allein der Freiherrntitel, den der Kaiser ihm verliehen hatte, machte ihn dem österreichischen Geburtsadel verdächtig. Barone galten der Hocharistokratie nur dann als ebenbürtig, wenn sie zum alten Adel gehörten und große Güter besaßen. Hier war man erst „vom Grafen aufwärts" etwas, und auch der Grafentitel mußte einige Jahrhunderte alt sein. Am besten aber war es, wenn man ein „Reichsunmittelbarer" war, also einem der mediatisierten Häuser ehemals souveräner Kleinherrscher des römisch-deutschen Reiches entstammte. Daß die Habsburger seit jeher Bürgerlichen niedere und hohe

Adelstitel verliehen hatten und besonders Kaiser Franz Joseph in den letzten Jahrzehnten seiner Regierungszeit Wissenschaftler, Beamte, Ärzte, Offiziere, Ingenieure, Künstler usw. als „Edle von", „Ritter von" und „Freiherren von" geadelt hatte, wurde von den alten Familien als exzentrische Laune angesehen oder bestenfalls als eine notwendige, aber eigentlich abzulehnende Geste gegenüber dem „Fortschritt".

Natürlich konnte es unter keinen Umständen in Frage kommen, diese „Parvenüs" in den engen Kreis der sogenannten „ersten Gesellschaft" aufzunehmen. Ihre Namen erschienen in anderen Ausgaben des „Gotha", des Adelskalenders, und diese Leute wurden auch zu anderen Hofbällen – es gab den Unterschied „Hofball" und „Ball bei Hof" – eingeladen. Vor allem aber wurden sie nicht, wie das unter Standesgenossen üblich war, mit „Du" angeredet, sondern mit „Sie". Das galt auch für Slatin und hätte auch noch gegolten, wenn hundert englische Monarchen seine persönlichen Freunde gewesen wären.[9] Für diese adelsstolzen Aristokraten war Slatin zwar geadelt worden, war aber nicht wirklich adelig, und daran war nichts zu ändern. Verglichen mit dem breiten, schnell dahinfließenden Strom der englischen Gesellschaft war dies ein erstarrter Gletscher hoch über der Vegetationsgrenze, der nur sein eigenes Eis als Gesellschaft hatte. Slatin wurde Mitglied der obersten Gesellschaftskreise Europas und sogar Ehrenmitglied „der oberen Zehntausend" Englands, ohne daß es ihm je gelungen wäre, in den inneren Kreis der ersten Gesellschaft seiner Geburtsstadt Wien einzudringen. Das war einer der Umstände, die ihn – glücklicherweise – dazu verdammten, Kosmopolit zu sein, und das war er ganz gern.

Aber seine Braut fand er schließlich doch in Wien. Sein Bruder Heinrich hatte im Oberststallmeisteramt* einen Kollegen namens Victor Freiherr von Ramberg und dieser, der Junggeselle war, besaß eine Schwester namens Alice, die ihm das Haus führte. Obwohl Rudolf Slatin, weder als er Alice zum erstenmal sah, noch auch für Jahre später Heiratsabsichten hatte, war sie doch eigentlich genau die Frau, die er brauchte. Slatin würde einiges von seiner glänzenden Position in der europäischen Gesellschaft verloren haben, wenn er ein bloßes „Fräulein", eine Bürgerliche, geheiratet hätte. Andererseits waren all die Prinzessinnen und Gräfinnen, die eine solche Position vollendet ausgefüllt hätten, völlig außerhalb Slatins Reichweite.

* Der Oberststallmeister war neben dem „Ersten Obersthofmeister", dem „Oberstkämmerer" und dem „Obersthofmarschall" einer der höchsten Hofwürdenträger – Ämter, die dem Hochadel vorbehalten waren. „Hofstäbe" waren die wirklichen Hofverwaltungsämter. In diesem Bereich wirkte Heinrich von Slatin zuletzt als Leiter des Oberststallmeisteramtes mit „Titel und Charakter" eines Sektionschefs, Kanzleidirektors und Hofrats. Das waren die höchsten Beamtenränge.

Alice aber fiel aufs beste zwischen beide Extreme. Ihr Großvater war Berufssoldat gewesen und hatte als österreichischer Adjutant Wellingtons die Schlacht bei Waterloo mitgemacht, 1849, im zweiten Jahr der langen Regierungszeit Kaiser Franz Josephs, war er geadelt worden. Ihr Vater war pensionierter General der Kavallerie, und ihr Onkel ein berühmter Maler. Ihre Mutter war zwar eine geborene Gräfin von Breda, doch war dieser Zweig der Familie weder so reich noch so bedeutend, als daß dadurch das Gleichgewicht gestört worden wäre. Die Rambergs standen auf der gesellschaftlichen Stufenleiter zwar ein gutes Stück oberhalb von Slatin, gehörten aber doch mit ihm in die Klasse des neuen österreichischen Verdienstadels. Die Tatsache, daß Victor und Heinrich in dem gleichen Hofamt Seite an Seite arbeiteten, unterstrich noch die Ähnlichkeit.

So ideal das alles in der Theorie aussehen mochte, es dauerte lange, bis wirklich etwas geschah. Alice hatte für ihren Bruder zu sorgen. Slatin war entweder im Sudan oder reiste in Europa umher. Die ersten Begegnungen zwischen Alice und Rudolf Slatin waren kurz, und man traf sich nur gelegentlich in Wien. Aber von Anfang an verband sie eine Zuneigung, aus der sich nach 1903 eine regelmäßige Korrespondenz entwickelte. Mehr als hundert ausführliche Briefe von Alice sind erhalten geblieben.[10] Diese Briefe sind nicht nur Zeugnisse einer allmählich aufblühenden Liebe, sie sind auch das Porträt einer ihrer selbst sicheren Frau, in einer sicheren und geordneten Welt, jener Welt vor 1914, die ständig auf die Katastrophe zutrieb, aber die Gefahr auch dann nicht erkannte, als sie schon am Rande des Abgrunds und ihres Untergangs stand.

Die Vertrautheit der beiden entwickelte sich mit den Jahren langsam und stetig. 1910 hat man schon das Gefühl, daß sie – obwohl noch nicht verheiratet – zur selben Familie gehören. Alice beginnt alle Briefe an Slatin in dieser Periode mit „liebes Bruderl". Einen typischen Brief schreibt Alice ihm am 11. November 1910 aus Gravosa, wo sie an Österreichs dalmatinischer Küste die letzte Herbstsonne genießt. Sie beklagt sich darüber, daß er zum Jahresende wieder in Darfur sein wird, und sie Tausende von Kilometern entfernt von ihm in Wien für ihren „Adoptivbruder" eine Kerze am Weihnachtsbaum werde anzünden müssen. Augenscheinlich hatte Slatin ihr gesagt, er sehne sich danach, seinen Posten aufzugeben, wenn die Briten ihm dies nur erlauben wollten, denn sie fährt fort:

> „Ich finde es schrecklich traurig, daß Sie sich auch noch weiter in Ägypten plagen müssen[11] ... Ihr Leben muß sehr faszinierend und tausendmal interessanter sein als das eines „Europäers", aber wenn es Ihnen schon langweilig wird ..., warum *müssen* Sie daran festhalten ...
> Sie schulden weder England noch dem Sirdar etwas. Auch wenn man Sie mit Ehrungen und Auszeichnungen überschüttet hat, dann ist das nur in

Anerkennung Ihrer Dienste geschehen, oder weil der egoistische John Bull Sie braucht...

Aber wenn es sein muß, dann möge Gott Sie auf Ihrem Wüstenschiff schützen, das all unsere Gedanken und herzlichsten Wünsche begleiten..."

Rudolf Slatin wollte sich damals durchaus noch nicht aus den Diensten John Bulls lösen, vielmehr war er damals gerade daran, mit Wissen von Alice, für ihren Bruder Victor einen Posten bei der Kolonialverwaltung zu bekommen. Natürlich mußte Wingate die Rolle des Vermittlers übernehmen. Am 9. Dezember 1910 erhielt er in dieser Angelegenheit einen Brief von Harcourt aus dem Kolonialamt:

„Mein lieber Sirdar,

Vielen Dank für die Übersendung des Briefs von Sir Rudolf Slatin mit der Mitteilung, sein Freund Baron Ramberg wolle sich um einen Posten im Kolonialdienst bewerben. Ich habe den Namen von Baron Ramberg auf die Liste der Anwärter gesetzt und werde nicht vergessen, was Sie und Slatin mir gesagt haben, aber es gibt nur wenige Stellen, die seinem Alter und Rang entsprechen, und diese werden meist durch Beförderung aus dem Verwaltungsdienst besetzt."[12]

Das war wieder einmal einer jener ungeschickten Versuche, die Slatin manchmal unternahm, ein *faux pas*, der bewies, wie wenig er eigentlich seine geliebten englischen Freunde und Vorgesetzten verstand. Seine Ernennung war eine einmalige Ausnahme gewesen und nur möglich geworden, weil er über seltene Fähigkeiten verfügte und Wingate sich so sehr für ihn eingesetzt hatte. Das war jetzt schon zehn Jahre her. 1910 hatte, wie Slatin selbst genau wußte, die britische Beamtenhierarchie im Namen des Königs die Verwaltung der Besitzungen in Afrika übernommen. Es war grotesk zu glauben, daß ein österreichischer Hofbeamter direkt in diesen in sich geschlossenen Verwaltungsdienst „versetzt" werden könnte. Wingate hatte nur nach London geschrieben, um Slatin einen Gefallen zu tun, und aus Höflichkeit gegenüber beiden hatte das Kolonialamt freundlich geantwortet.

Aber zurück zu Alice. In früheren Briefen, die sie von dem gleichen Aufenthalt in Gravosa an das „liebe Bruderl" schrieb, lassen sich Anzeichen dafür erkennen, daß Slatin jetzt schon etwas mehr für sie bedeutete. Das Thema Liebe wird nur ganz delikat und andeutungsweise erwähnt, aber es besteht kein Zweifel, daß zärtliche Gefühle vorhanden sind, daß beide sie empfinden und beide dies noch nicht recht zugeben wollen.

Am 29. September schreibt sie:

„Glauben Sie wirklich, daß man zur alten Jungfer wird, weil man leidenschaftlich danach verlangt?... Nicht jedes junge Mädchen, das den Mann nicht heiraten kann, den es liebt, kann sich dazu überwinden, einen anderen zu nehmen. Und ich glaube wirklich, ohne aufrichtige Liebe zu heiraten ist das Schlimmste, was man sich selbst und dem betreffenden Mann antun kann. Erinnern Sie sich noch an den Ball in Kairo, auf dem ich nicht tanzen wollte? Ich wußte damals schon seit zwei Jahren (und das waren recht traurige Jahre), daß die Zeit des Tanzens und der Liebe für mich vorbei war.''

Das klingt nach vollständiger Resignation. Aber im nächsten Monat beantwortet sie einen eben von Slatin eingetroffenen Brief wie folgt:

,,Nur eines muß ich Ihnen noch sagen. Ich habe niemals von Ihnen geglaubt, daß Sie versuchen würden, mit Ihrer Freundschaft andere Gefühle zu erkaufen. Ich habe immer gewußt, daß Sie dazu einen viel zu edlen Charakter haben ...

Wenn Sie sich fragen, warum ich Ihnen das alles schreibe, ‚*tant mieux*'. Aber wenn ich Sie mit diesen Zeilen nur im geringsten verletzt habe, vergeben Sie mir bitte.''

Am 22. März 1914 schrieb Slatin in sein Tagebuch:

,,Morgen wird es zwölf Jahre her sein, daß ich Alice Ramberg kennengelernt habe.''

Und hier ist ihr Name mit der zarten Wellenlinie unterstrichen, die in ganz seltenen Fällen seine Gefühle anzeigt. Das scheint anzudeuten, daß die Dinge sich der Entscheidung nähern.

Und wirklich, im Juni desselben Jahres beginnen ihre Briefe, in denen sie ihn seit 1903 immer mit ,,liebes Bruderl'' angeredet hatte, ganz plötzlich mit ,,Mein Liebling'', und aus dem ,,Sie'' wird ein ,,Du''. Im Alter von 57 beziehungsweise 41 Jahren werden aus Rudolf und Alice Verlobte.

In ihrem Fall hat die lange Brenndauer der Zündschnur die Heftigkeit der Explosion nicht vermindert. In der zweiten Junihälfte trennte sich das Brautpaar, und bis zur Hochzeit schrieb sie ihm täglich einen und manchmal zwei Briefe. Kein junges Mädchen könnte an den Geliebten glühendere Liebesbriefe schreiben als diese reife Frau an ihren schon bejahrten Helden. Obwohl die Korrespondenz in den nachgelassenen Papieren Slatins enthalten und der Öffentlichkeit zugänglich ist, behandelt man sie auch heute nach fast sechzig Jahren am besten als Privatangelegenheit. Wir wollen deshalb nur die Passagen zitieren, die sich direkt auf Slatins Charakter und seine Probleme beziehen. Denn in diesen Liebesbriefen gibt uns Alice Ramberg, ohne es zu wollen, Einblick in die verschlungenen Wege, die das Leben ihres Verlobten genommen hat.

So heißt es z. B. in einem der ersten Briefe nach der Verlobung, den Alice am 13. Juni 1914 aus Golop in Ungarn schreibt, die exotische afrikanische Vergangenheit Rudolfs habe bei ihrer Familie gewisse Befürchtungen geweckt. Sie berichtet, eine ihrer Großmütter, wahrscheinlich die alte Gräfin von Breda, sei „wütend" gewesen, weil Slatin vorhabe, Alice nach der Hochzeit für eine gewisse Zeit in Europa zurückzulassen, um allein in den Sudan zu reisen und dort die letzten Bindungen aus seinem Junggesellenleben zu lösen. Alice fährt fort:

„Sie sagt, wir sollen entweder heiraten oder nicht. Wenn wir es tun, gehörten wir zusammen. Ich solle wenigstens in Khartum warten, wo wir einander erreichen können, und nicht in Gravosa, wo jeder Brief erst nach vierzehn Tagen ankommt... Sie ist durchaus nicht damit einverstanden, daß ich die Rolle einer demütigen, gehorsamen Sklavin übernehme. Ich glaube, sie fürchtet, ich würde Dich nicht fest genug an den Zügel nehmen – Du weißt, die schöne Dame aus Darfur"[13]

An anderer Stelle zitiert Alice Äußerungen der gleichen Großmutter über Slatins verhältnismäßig bescheidene Herkunft. „Großmama", so sagt sie, sei bereit, angesichts der gesellschaftlichen Stellung, die er jetzt einnähme, seine „bürgerliche Herkunft" zu akzeptieren. Das Klassensystem, gegen das Slatin in seinem heimatlichen Österreich das ganze Leben zu kämpfen hatte, ließe sich kaum besser illustrieren. Alice versucht mit diesen Worten nicht, ihre Überlegenheit zu zeigen oder auch nur ihn zu necken. Sie ist wie immer zärtlich und liebevoll. Was sie an ihn weitergab, war ja in Wirklichkeit der Segen der Großmutter. Es mag ihm zwar peinlich gewesen sein, den großmütterlichen Segen in so herablassender Form zu bekommen, aber er hat sich sicher nicht beleidigt gefühlt. Er war in die österreichische Gesellschaft durch die Vordertür hineingekommen, aber er war dabei rückwärts gegangen, denn er wurde als britischer Beamter und englischer „Sir" aufgenommen. Nach österreichischen Begriffen war die Heirat zwar keine regelrechte Mesalliance, aber doch ein leichter Affront gegen die Standesprinzipien, die angeblich die Monarchie zusammenhielten. Weder Alice noch er sahen etwas darin, daß dieser Umstand erwähnt wurde. Großmama tat es auf jeden Fall ganz unverblümt.

Eine andere heikle Frage, die zur Sprache zu bringen Alice sich verpflichtet fühlte, war die der Religion. Sie heiratete als fromme Katholikin, die aus einer streng katholischen Familie stammte, einen Mann, der, wie er selbst zugab, seinen katholischen Glauben nie sehr ernst genommen hatte und einmal sich sogar gezwungen gefühlt hatte, ihn ganz aufzugeben. Trotz der Privataudienz in Rom und des persönlichen päpstlichen Segens im vergangenen Jahr gab es auf diesem Gebiet für das Brautpaar noch ungelöste Probleme.

Am 3. Juli schreibt Alice ihm aus Graz:

„Ich glaube, *unsere* Religion ist im ganzen die gleiche, auch wenn ich noch an Praktiken festhalte, die Du glaubst, für Dich nicht zu brauchen. Beichte und Kommunion haben mir in sehr schweren und traurigen Zeiten geholfen, als ich niemanden hatte, den ich hätte um Hilfe bitten können, und ich möchte beides jetzt nicht aufgeben, da ich glücklich bin und dieser Dinge vielleicht weniger *bedarf*. Lieber Rudolf, Du weißt, daß Du vor unserer Trauung zur Beichte wirst gehen müssen. Wäre es Dir recht, wenn wir ohne alle Sentimentalität gemeinsam zur Kommunion gingen ... Ich weiß, Du tust es nicht regelmäßig. Deshalb wäre es mir lieb, wenn wir es dies eine Mal gemeinsam täten. Wenn Du es aber lieber nicht tun willst, sage es mir ganz offen. Mein geliebter, mein einzig geliebter Mann ..."

Andere kleinere Sorgen entstanden schon allein durch die Tatsache, daß sie so spät heirateten, und daß Rudolf (ebenso wie sie, aber sie denkt dabei nur an ihn) ganz feste Lebensgewohnheiten aufgeben mußte. Es gab wenigstens eine englische Freundin – die in seinem Tagebuch nicht erwähnt wird –, und diese offenbar enge Beziehung mußte jetzt auf eine neue Basis gestellt werden. Alice schreibt:

„Arme Stella. Aber, mein Geliebter, Du mußt, wenn sie Dich braucht, immer ihr Freund und Berater bleiben. Ich weiß, da Du mir gehörst, mir ganz allein, beneide ich sie nicht um Deine Freundschaft, wenn ihr Leben dadurch etwas glücklicher werden kann."

Aber viel größere Sorgen als die „arme Stella" bereiteten ihr die beiden unverheirateten Schwestern Rudolfs in der Villa in Traunkirchen. Elf Jahre lang hatten sie und die ganze Familie jeden Pfennig zusammengekratzt, den sie entbehren konnten, und nach Kairo geschickt, um alle möglichen Rettungsprojekte zu finanzieren. Nahezu zwanzig Jahre danach hatten sie sich im Glanz des Ruhmes und Erfolgs des zurückgekehrten Helden gesonnt. In Traunkirchen stellten sie als Rudolfs Schwestern etwas dar, als die Schwestern, die er alljährlich besuchte, und für die Edward VII. sogar seinen Sonderzug hatte anhalten lassen. Die Villa in Traunkirchen war Rudolfs Zuhause. Sie war außerdem so etwas wie ein kleines Heiligtum, denn hier wurden seine Bücher, Kleidungsstücke, Photos und Andenken liebevoll gepflegt und abgestaubt, bis die Schwestern jeden Sommer in zwei wunderbaren Wochen den Höhepunkt des Jahres genossen, wenn ihr Bruder sie besuchte. Jetzt, wenige Jahre vor seiner Pensionierung, nach der sie damit gerechnet hatten, mit ihm zusammenzuleben, heiratete er plötzlich und löste sich damit von ihnen. Nun würde er doch einen eigenen Hausstand gründen, und eine andere Frau würde liebevoll für ihn sorgen. Das war nicht leicht für die altgewordenen Schwestern. Noch schwieriger war aber die Situation für Alice, wie das in ihrem Brief vom 9. Juli aus Traunkirchen zum Ausdruck kommt:

„Mein Liebling, ich scheine Dich hier noch mehr zu vermissen als anderswo. Deine Schwestern sind sehr freundlich zu mir, aber weißt Du, ich bin ihnen gegenüber recht schüchtern und fürchte mich vor ihnen. Ich kann mir nicht helfen, aber ich habe das Gefühl, sie *müssen* mich kritisieren. Ich bin sicher, sie *müssen* mich ansehen und denken, ‚*das* also ist die Frau, auf die Rudolf so lange gewartet hat, welche Verschwendung!'."

Auch ohne die Befürchtungen, die die Schwestern in Traunkirchen in ihr weckten, machte sich Alice Sorgen genug darum, daß sie für den berühmten Rudolf Slatin etwas zu alt und zu wenig reizvoll sein könnte. Doch auch er scheint nervös gewesen zu sein und gefürchtet zu haben, er werde jetzt im Alter von 57 Jahren als Ehemann im Alltag der Legende nicht mehr gerecht werden können, die ihn umgab. Es gibt einen bewegenden Brief von ihr über dieses Thema. Anders als die übrigen trägt er kein Datum, und das ist auch nicht nötig. Der folgende Abschnitt ist auf Englisch geschrieben, und sie verwendete diese Sprache immer dann, wenn es galt, ganz intime Dinge zum Ausdruck zu bringen:

„Und nun, mein einzig Geliebter, Deine letzte Frage... Du fragst mich, ob ich mich entschlossen hätte, Dich zu heiraten, wenn ich angenommen hätte, Deine Liebe zur mir sei nur „platonisch". Darling, ich glaube nicht, daß ich eine sinnliche Frau bin. Ich bin es wohl nie gewesen. Liebe hat für mich vielleicht mehr die Bedeutung von Freundschaft gehabt, und ich habe mir eher gewünscht, Freundin, Kamerad und Gefährtin zu sein. Nach dem anderen habe ich nie *verlangt*. Im Gegenteil – seit ich von diesen Dingen *wußte*, habe ich eher das Gefühl gehabt, eine Ehe müsse etwas Fürchterliches sein. Natürlich wußte ich, daß es das, wenn ich heiratete, würde geben müssen. Ich habe nie davon geträumt, nicht die Frau des Mannes zu sein, den ich heiraten würde, aber es erschreckte mich. Ich sage Dir ganz offen, Rudolf, daß ich noch letztes Jahr bei diesem Gedanken geschaudert habe. Als Du mir diesen Winter so oft über Dein Alter und über die nur freundschaftlichen Gefühle zu mir schriebst, glaubte ich, Du wolltest mir zu verstehen geben, ich solle nur Deine Freundin, Deine Kameradin und die Frau sein, die für Dich sorgt. Aber ich finde nicht, daß dieses „nur" die Bedeutung eines „weniger" hat. Verstehst Du mich, mein einzig geliebter Rudolf?"

Slatin war vielleicht nicht mit der schönsten, reichsten oder sogar edelsten Dame der Monarchie verlobt, aber selbst wenn er noch einmal 57 Jahre lang gesucht hätte, so hätte er kaum ein liebenswürdigeres und sanfteres Wesen finden können.

Bis zur Sommermitte schreibt Alice diese Briefe, die pulsierend, perlend ihr Wesen zeigen. Sie enthalten sehr intime Dinge wie zum Beispiel Gedanken über die Möglichkeit, Kinder zu haben, beschäftigen sich aber auch mit sehr oberflächlichen Themen wie z. B. damit, wie das wenige Geld, über das sie verfügen werden, am besten zu verwenden sei, wo die Hochzeitsgeschenke untergebracht werden sollen und wie die Hochzeitsfeierlichkeiten zu arrangieren seien. Aber ironischerweise übergingen beide gerade das Ereignis, das ihre ganze Existenz erschüttern sollte, als ginge es sie nichts an. Am 28. Juni wurden der österreichische Thronfolger, Erzherzog Franz Ferdinand, und seine morganatische Gattin, die Herzogin von Hohenberg, in Sarajewo ermordet, als das Paar in einem offenen Auto durch die Straßen der unruhigen bosnischen Hauptstadt fuhr. Alice nahm die Nachricht auf, wie man das von der Tochter eines österreichischen Kavalleriegenerals erwarten würde. Am folgenden Tag, dem 29. Juni, schreibt sie aus der Ferne eines Landaufenthalts in Ungarn an Rudolf:

„Geliebter, ist das nicht schrecklich, dieses furchtbare Unglück in Sarajewo? Wir kennen noch nicht die Einzelheiten. Das Telegraphenamt in Tallya hat nur bekanntgegeben, daß der Erzherzog und die Hohenberg von einer Bombe getötet worden sind.[14] Die schrecklichen Serben! Es waren sicher nicht nur Anarchisten, sondern die Serben ... und immer noch bilden sich die Leute in Wien ein, unsere Südslawen seien loyal. Wir sind alle erschüttert, und Gusti (ihr Bruder Victor) empfindet es als besonders hart, denn er stand sich so gut mit dem Erzherzog ... der ihm so wohlgesonnen war. Es ist ein Segen für das arme Paar, daß auch sie getötet wurde. Man sagt, sie habe den Erzherzog aufrichtig geliebt und sich sehr um ihn bemüht. Die armen Kinder! – und der arme Kaiser, dem kein Kummer erspart bleibt ...

Ich weiß, Du mochtest den Erzherzog Franz nicht, und er hat sich Dir gegenüber nicht besonders freundlich verhalten. Vielleicht ist es auch für Österreich besser so, denn jetzt stellt die Nachfolge kein Problem mehr dar ... Wenn das alles nur dem Kaiser nicht schadet ..."

Aber schon im nächsten Satz beteuert Alice, wie sehr sie Rudolf liebt, und wie schlimm es für ihn sei, eine so „alte, häßliche Frau" zu bekommen. Und dann ist sie wieder bei Stella. Ob Stella wohl glaube, daß ihr Rudolf nur *einer* der liebsten und besten Männer der Welt sei, oder *der* liebste und beste. Sarajewo ist schon vergessen.

Rudolf erhielt diesen Brief in London, wo er sich wie alljährlich in das gesellschaftliche Treiben gestürzt hatte. Auch für ihn scheint Sarajewo zunächst nur einen vorübergehenden Schock bedeutet zu haben. In Wien mochte man Trauer tragen, aber in London, das seine letzte glänzende Saison erlebte, war alles noch Seide und Samt und Champagner. In der österreichisch-ungarischen Botschaft am Belgrave Square herrschte natürlich Trauer; nachdem er dort angefragt hatte, fühlte Rudolf sich verpflichtet, an einem Ball im Buckinghampalast nicht teilzunehmen, weil dieser eine offizielle Veranstaltung war. Aber er genügte damit der Traueretikette. Noch hatte das alles nichts mit internationaler Balkanpolitik zu tun.

Ehe er nach Wien zurückkehrte, um zu heiraten, nahm Rudolf nicht viel anders als sonst an allen privaten gesellschaftlichen Veranstaltungen teil.

Obgleich er noch vor Sarajewo mit Alice übereingekommen war, die Hochzeit in aller Stille und in möglichst bescheidenem Rahmen zu feiern, durfte niemand erwarten, daß jemand vom Naturell Slatins die eigene Heirat geheimhalten würde. Er war Alice nicht nur aufrichtig zugetan, sondern auch stolz auf sie und ihre Familie. Es gab so viele Leute in London, die daran interessiert und vielleicht sogar beeindruckt sein würden, wenn sie erfuhren, daß er im Begriff stand, die Nachfahrin eines Adjutanten des „eisernen Herzogs" zu heiraten. Er erzählte es deshalb nicht nur seinen besten Freunden, sondern sogar Leuten wie Lord Kitchener, mit dem er sich niemals besonders gut gestanden hatte. Aber es war nicht nur so, daß Slatin die Neuigkeit nicht bei sich behalten konnte, er wollte vielmehr, daß sie in London, in Wien und überall in Europa bekannt würde.

Ursprünglich hatte er am Freitag, dem 24. Juli heiraten wollen (Alice hatte nach London geschrieben: „Ich bin nicht abergläubisch. Ich selbst bin am Karfreitag geboren, und wenn Du mich liebst, dann ist das Glück genug für mich ..."). Aber sie verlegten die Trauung doch um ein paar Tage vor, und zwar auf Dienstag, den 21. Juli. In seinem Tagebuch unterstrich Slatin, der Bedeutung dieser Eintragung angemessen, den folgenden Satz: „Wurde heute um 4.00 Uhr nachmittags in der Votivkirche von Erzdiakon Probst mit Alice getraut." Selbst wenn man ihr reifes Alter und die Staatstrauer in Wien berücksichtigt, so war es doch eine sehr bescheidene Veranstaltung. Die einzigen Gäste beim Hochzeitsessen (das im Volksgarten-Restaurant unweit der Kirche an der Ringstraße stattfand) und anschließend in der doppeltürmigen Votivkirche waren die Mutter von Alice, die Baronin Ottilie von Ramberg, Alices Bruder Victor und der jüngere Bruder Rudolfs, der Rechtsanwalt Adolf Slatin. Es fiel auf, daß die beiden Schwestern aus Traunkirchen nicht gekommen waren.[15] Zwei Stunden später reiste das Brautpaar im Schlafwagen von Wien nach Südtirol. Um die Mittagszeit des nächsten Tages waren Slatin und seine junge Frau in Cortina d'Ampezzo angekommen, wo sie ihre Flitterwochen verbringen wollten. Eine Tagebucheintragung Slatins für den 22. Juli zeigt, daß er an diesem Tage eigentlich in London bei Lord und Lady Farquhar hätte dinieren sollen, um dort „Ihre Majestäten, den König und die Königin zu treffen". Stattdessen soupierte er mit Alice und verbrachte mit ihr die Brautnacht in der Pension „Tre Croce" in den Dolomiten. Aber wie Slatin ohne Zweifel gehofft hat, die europäischen Fürsten dachten an ihn. Unter den im Hotel eintreffenden Glückwunschtelegrammen befand sich auch eines von König George V.: „Die Königin und ich wünschen Ihnen und Lady Slatin alles Gute für die Zukunft." Das Telegramm des Kaisers Franz Joseph war von seinem Generaladjutanten, Graf Paar, unterschrieben. Weitere Glückwünsche kamen von König Don Alfonso von Spanien, von dem Herzog und der Herzogin von Cumberland und mehreren Erzherzögen. Slatin notierte sie alle liebevoll in seinem Tagebuch für Donnerstag, den 23. Juli. Er wußte nicht, daß der österreichische Gesandte, Baron Giesl, am gleichen Tage um 6.00 Uhr nachmittags in Belgrad dem serbischen Außenministerium das österreichische Ultimatum wegen des Attentats in Sarajewo überreicht hatte.

Die Flitterwochen dauerten noch 14 Tage. Zwar verschlang Slatin jede Zeitung, die er auftreiben konnte, um die sich ständig zuspitzende europäische Krise zu verfolgen, blieb aber in den nächsten Tagen froh gestimmt und fast naiv optimistisch. In einem aus Cortina an Wingate in Schottland geschriebenen Brief erwägt er zwar die Möglichkeit eines Krieges, aber er denkt nicht daran, daß dies sich auch auf sein eigenes Schicksal auswirken könnte:

„Ich überlege mir, was die Zukunft bringen wird. Wird es zu einem europäischen Kriege kommen? Es wäre schrecklich. Aber was auch geschehen mag, ich hoffe, die Serben, diese Mörder von Männern und Frauen, werden eine ordentliche Lektion erteilt bekommen...

Wenn es die Umstände notwendig machen sollten, daß ich früher in den Sudan zurückkehre (ich meine nur infolge von europäischen Komplikationen), dann bin ich bereit, jeden Augenblick abzureisen wie ein alter Soldat das tun muß..."

Der Rest des Briefes beschäftigt sich nur mit dem Ausbau seines Bungalows in Khartum, um dort für Alice Raum zu schaffen. Außerdem bittet er seinen guten Freund in dessen Eigenschaft als Generalgouverneur, die Genehmigung für die Erstattung der Umbaukosten von 140 bis 180 ägyptischen Pfund aus einem Sonderfonds zu geben.

Noch am 30. Juli, unmittelbar nachdem Rußland die schicksalschwere Entscheidung getroffen hatte, die allgemeine Mobilmachung anzuordnen, die nach Auffassung militärischer Kreise überall nur zu einem europäischen Kriege führen konnte, weigert sich Slatin, die heranziehenden Gewitterwolken als solche zu erkennen, ja noch am gleichen Tage schreibt er:

„Es sieht jetzt friedlicher aus, und vielleicht kann eine europäische Komplikation vermieden werden."

Aber am 3. August, nachdem die Deutschen ihr Ultimatum an Belgien abgeschickt haben, bekommt sogar Slatin Angst.

Er und seine Frau packen die Koffer und reisen per Pferdewagen und Eisenbahn nach Wien, während aus der Landschaft rund um sie die Feriengäste verschwinden und dafür überall die Soldaten auftauchen. Bei ihrer Ankunft in Adolfs Wohnung am 5. August treffen sie dort auf die beiden Schwestern, die der Trauung ferngeblieben waren, aber nun sich fürchten, allein in Traunkirchen zu bleiben.

Das bisherige Leben Slatins mit England hatte fast zwanzig Jahre gedauert. Sein neues Leben mit Alice war noch nicht zwanzig Tage alt. Alles beides aber wurde nun so drastisch verändert, daß es nie mehr wiederzuerkennen war.

14. KAPITEL

August 1914: Der Zerrissene

Als Rudolf Slatin in der Wüste von Darfur zum Islam übertrat, in dem Versuch seine Soldaten und sich vor dem Mahdi zu retten, war dies die erste große Zäsur seines Lebens gewesen. Jetzt, dreißig Jahre später, kam die zweite. Diesmal mußte er nicht zwischen zwei religiösen Bekenntnissen, sondern zwischen zwei Vaterländern wählen. Wie bei der früheren Gelegenheit war es ein Fall von übereilter Entscheidung, und langdauernder Reue.

Bevor wir den Spuren seiner erstaunlichen Irrwege und Kehrtwendungen im Spätsommer 1914 folgen, lohnt es sich, noch einmal die Lage des Sir Rudolf Freiherrn von Slatin Pascha zu betrachten, als er mit seiner Frau am 5. August, vierzehn Tage nach der Hochzeit, in der Wohnung seiner Verwandten in der Reichsratstraße eintraf. Trotz aller Titel, Ränge und Ämter, mit denen die englische Krone ihn ausgezeichnet hatte, betrachtete sich Slatin von jeher im Hinblick auf die internationale Politik als Österreicher. Er hatte 1908 öffentlich diesen Standpunkt vertreten, als die auf die Annexion Bosniens folgende Balkankrise zu einer zeitweiligen Abkühlung der Beziehungen zwischen dem englischen und dem österreichischen Hof geführt hatte. Nach Sarajewo hatte er die gleiche patriotische Haltung eingenommen und stimmte mit Alice darin überein, daß die Serben für die Ermordung des Erzherzog-Thronfolgers zur Rechenschaft gezogen werden müßten. Anfangs war es nicht schwierig gewesen, sogar in London Sympathien für diesen Standpunkt zu wecken. Der österreichische Jurist und Politiker Josef Redlich berichtet in seinem Tagebuch, daß König George V. noch am 18. Juli 1914 in einem Gespräch mit Slatin nicht nur seinem tiefen Kummer über die Ermordung des Erzherzogs, sondern auch der „Verachtung" Ausdruck gegeben habe, die er für die Serben empfand.[1]

Aber jetzt befinden wir uns nicht in Balmoral, wir sind in Wien, der 18. Juli ist vorbei und man schreibt den 5. August. In dieser kurzen Zeit war die

Welt auseinandergebrochen. Alle europäischen Großmächte mit Ausnahme von Österreich-Ungarn sahen sich unerwartet miteinander im Krieg, und Deutschland war von allen Seiten bedroht. Österreich-Ungarn hatte am 28. Juli Serbien den Krieg erklärt, Rußland am 30. Juli mobilisiert, Deutschland darauf am 1. August an Rußland und am 3. August an Frankreich den Krieg erklärt. Der deutsche Einmarsch in das neutrale Belgien am 4. August hatte die britische Kriegserklärung an Deutschland herbeigeführt. Das Zweierbündnis mit Berlin war der Grundstein (und Mühlstein) der österreichischen Politik, und daher war es unvorstellbar, daß Österreich sich aus diesem Krieg hätte heraushalten können. Ebenso unvorstellbar war es, daß es daran nicht als Deutschlands Verbündeter teilnahm. Es mußte deshalb als Feind Englands in den Krieg eintreten. Slatin, der sich im Mittelpunkt des Geschehens in Wien befand, hätte das eigentlich wissen müssen. Aber noch am 6. August – an welchem Tag Österreich-Ungarn den Krieg an Rußland erklärte – notierte Slatin in seinem Tagebuch:

„Ich bitte die Polizei um einen Paß. Präsident Gorup und Reg.R. (Regierungsrat) Walderdorf sind recht freundlich. Aber doch muß ich von Pontius zu Pilatus laufen. Man sagt mir, ich brauchte eine Sondergenehmigung des Oberkommandos."

Um diese Zeit beantragten in Wien natürlich alle möglichen Leute Pässe und Reisegenehmigungen. Aber Slatin hatte eine einzigartige Begründung. Er bat um die Aushändigung seines Passes und eine „Sondergenehmigung", um Österreich-Ungarn endgültig verlassen und zu Wingate reisen zu können, an dessen Seite er auch weiterhin den Engländern im Sudan dienen wollte. Wäre Slatin, als er diesen Entschluß faßte, im Marlborough Club in London oder in Wingates schottischem Haus in Dunbar gewesen, wo seine Bindungen an England und alle englischen Einflüsse direkt fühlbar waren, so wäre es dennoch ein bemerkenswerter Schritt geblieben. Diesen Entschluß jedoch in Wien, der Hauptstadt seines Heimatlandes zu fassen, das knapp vor dem Krieg mit England stand, war erstaunlich.

Zugegeben, es gab bestimmte besondere Umstände. Zunächst hatte Wingate ihn offiziell zurückbeordert, ohne Zweifel als Antwort auf Slatins schriftliches Angebot – das wir oben zitiert haben – jederzeit in den Sudan zurückzukehren, was immer für Komplikationen in Europa auch entstehen sollten. In seinem Tagebuch vermerkt Slatin am 3. August nur, er habe am gleichen Tage ein Telegramm von Wingate erhalten, ohne etwas über den Inhalt zu sagen. In einer besonderen Denkschrift, die Wingate nach dem Kriege verfaßte, als er bemüht war, Slatin gegen Vorwürfe in Schutz zu nehmen, füllt er diese Lücke aus:

„Als am 4. August 1914 Deutschland der Krieg erklärt wurde, befand sich Slatin Pascha auf Urlaub in Wien. Vor der Ernennung von Lord Kitchener zum Kriegsminister war es dessen Absicht, sofort auf seinen Posten als Generalkonsul in Ägypten zurückzukehren. Er und ich waren damals in London, und mit seinem Einverständnis telegraphierte ich an Slatin Pascha und bat ihn, mit uns in Marseille zusammenzutreffen, von wo Lord Kitchener, er und ich mit einem britischen Kreuzer nach Alexandria fahren sollten ..."[2]

Folgte Slatin der Aufforderung des Mannes, der noch sein Generalgouverneur war, so mochte er sich vielleicht bei dem Gedanken getröstet haben, daß er sich technisch im Dienst der gemeinsamen anglo-ägyptischen Verwaltung im Sudan befand, einem Condominium am Nil, in sicherer Entfernung von der Explosion in Europa. Wingate hat in der Tat versucht, ihn von diesem Standpunkt zu überzeugen, obwohl beide Männer nach dem 4. August innerlich recht beunruhigt über die Zukunft gewesen sein müssen. Unruhe mußte jedoch noch nicht Verzweiflung bedeuten. Das Europa von 1914 war auch im Kriege noch ein Kontinent, auf dem Höflichkeit und persönliche Loyalität gelegentlich mehr galten als streng nationalistische Interessen.

Hierfür gab es in eben jenen Tagen gerade in Österreich zwei gute Illustrationen, durch die persönliche Großmut des Kaisers Franz Joseph. Der serbische Generalstabschef war von der Kriegserklärung Österreichs an sein Land in einem steirischen Kurort überrascht worden. Obwohl der General den Österreichern nachrichtendienstlich von größtem Wert sein mußte, entschied der Kaiser, daß, da der unglückliche Mann das Alarmsignal offensichtlich überhört hatte, es ein Gebot der Ritterlichkeit sei, ihn abreisen zu lassen. Trotz der Proteste des k. u. k. Kriegsministeriums verließ er unangefochten Österreich. Zwei weit höher gestellte Geiseln, die durch den Kriegsausbruch in Österreich überrascht wurden, waren die beiden Prinzen Sixtus und Xavier von Bourbon-Parma, die sich gerade bei ihrem Schwager, Erzherzog Karl, der nach dem Unglück von Sarajewo der neue Thronfolger war, zu Gast befanden. Obwohl die beiden französischen Prinzen mit Kriegsbeginn zu feindlichen Ausländern wurden, wollte es der alte Kaiser nicht zulassen, daß persönliche Gäste seiner Familie irgendwelche Unannehmlichkeiten hätten. Auf seine Veranlassung durften sie am 20. August 1914 über die Schweiz nach Frankreich zurückfahren.[3]

Aber auch wenn wir die schwierige Doppel-Stellung Slatins bei Kriegsausbruch und die damals herrschende, verhältnismäßig große Toleranz berücksichtigen, so war es doch eine kräftige Belastung, wenn er sich in Wien bei allen möglichen Ämtern so energisch darum bemühte, einen offiziellen Paß zu bekommen, um zu seinem Dienst unter einer sehr bald feindlichen Fahne zurückzukehren. Denn anders als die beiden französischen Prinzen (mit denen, wie es der habsburgischen Familienetikette entsprach, niemals über militärische Fragen gesprochen wurde), hatte Slatin jahrelang in engen Beziehungen zu den politischen und militärischen Führern der Monarchie gestanden. Er kannte ihre Überlegungen recht genau und selbst einige ihrer Geheimnisse. Man durfte theoretisch nicht ausschließen, daß er dieses Wissen sehr bald gegen sie verwenden könnte.

Die österreichischen Behörden müssen ähnliche Überlegungen angestellt haben, denn wie Slatin feststellte, wurden sie unzugänglicher und waren nicht mehr so liebenswürdig, je länger er sich um eine Ausreiseerlaubnis bemühte. Sogar in den kurzen Notizen Slatins spürt man die Sorgen, die ihn in den folgenden Tagen quälten.

Man spürt aber noch etwas anderes. Nur andeutungsweise taucht in seinem Unterbewußtsein vielleicht der Gedanke auf, daß der Sudan ihm allmählich entgleite und seine Heimatstadt ihn an sich ziehe. In seinem Tagebuch, das bis zum 6. August schon jahrelang fast ausschließlich auf Englisch geschrieben ist, wechselt er ganz plötzlich am 7. August mitten im Satz in die deutsche Sprache über. Vierundzwanzig Stunden später tut er einen weiteren Schritt in die Vergangenheit zurück und benutzt jetzt die alte „Kurrent-Schrift", die er als Kind gelernt hat. In dieser oft schwer leserlichen Handschrift müssen wir von nun an seiner Geschichte folgen.

Er schreibt, er habe vor, über Italien zu reisen, da dieses Land sich noch nicht im Kriege befinde und noch Schiffsverbindungen aufrecht erhalte. (Das Treffen in Marseille erwähnt er nicht, obwohl wir aus Wingates Denkschrift wissen, was sein Ziel war.) Um die Ausstellung seiner Reisepapiere zu beschleunigen, versucht er zunächst, einen Freund bei Hofe, den Grafen Bolfras, einzuschalten. Aber der Graf teilt ihm mit, er sei für solche Angelegenheiten nicht zuständig. Am 8. August spricht er wiederholt bei den Wiener Militärbehörden vor, aber trotz der persönlichen Intervention des Herzogs Elias von Parma, der mit ihm zur Stadtkommandantur geht, teilt man ihm mit, die Militärs könnten in solchen Dingen nichts unternehmen, da sie in den Zuständigkeitsbereich der Polizei gehörten. Am gleichen Abend gelingt es endlich dem fast schon verzweifelten Rudolf Slatin, bei der Polizei Sonderpässe für sich und seine Frau zu bekommen.

Aber noch hält Wien ihn fest. Als er am nächsten Morgen zum Bahnhof kommt, um nach Triest zu fahren, gibt es wieder alle möglichen Schwierigkeiten, und er kann nicht abreisen. Er bringt den größten Teil des Tages im Außenministerium zu und versucht hier, die nicht näher bezeichneten Schwierigkeiten aus dem Wege zu räumen. Ein höherer Beamter rät ihm, in Wien zu bleiben und die Entwicklung der Lage abzuwarten. Ein zweiter, der ihn, wie er selbst sagt, recht kühl empfängt, lehnt es ab, ihm irgendwelche Ratschläge zu erteilen. Das ist kein Wunder. Der europäische Krieg währte jetzt schon fünf Tage. Dieser englische Ritter und britische Generalmajor ehrenhalber muß einen etwas exzentrischen – und manchen Leuten sogar einen wenig vertrauenswürdigen – Eindruck gemacht haben, als er jetzt noch versuchte, sein Vaterland zu verlassen, um sich ins feindliche Lager zu begeben.

Aber wie ein Lachs, der hartnäckig über Stromschnellen aufwärts springt, setzte Slatin seine Versuche fort. An diesem Abend fuhr er mit Alice, begleitet von seinen Geschwistern, zum Südbahnhof, und diesmal reisen sie vier Minuten nach Mitternacht tatäschlich ab. Alice hielt sich erstaunlich tapfer. Es war das größte und vielleicht das erste Abenteuer in ihrem bisher so behüteten Leben. Sie war mit ihrem geliebten Rudolf beisammen und hoffte, mit ihm in seinen geliebten Sudan reisen zu können. Am folgenden Tage schreibt Slatin, während der Zug durch die Steiermark rattert, seine geliebte kleine Frau sei tapfer, und bis auf ein paar unterdrückte Tränen, fast fröhlich.

Rudolf selbst befindet sich jedoch in einem traurigem Zustand. Seine Nerven sind überspannt, und sein Magen macht ihm zu schaffen.

„Ich fühle mich sehr krank und leide an einer akuten Kolik. Ich kann den ganzen Tag nichts bei mir behalten außer etwas Milch, die der Schaffner besorgt. Zum Glück habe ich etwas Burrough and Wellcome (*sic*) Dover Powders bei mir ... Wer hätte noch vor zwei Wochen gedacht, daß sich alles so entwickeln würde?"

Gestärkt durch das Mittel gegen Seekrankheit, kam Slatin nach einer fast 48 Stunden dauernden Reise am Abend des 11. endlich in Triest an. Er nahm Zimmer im Hotel Excelsior, das er gut gekannt haben muß, denn hier war er häufig zu Beginn seines Urlaubs, aus Afrika kommend, glücklich gelandet. Vielleicht würde sogar dieser Alptraum ein glückliches Ende nehmen? Am Abend konnte er wieder etwas essen, ein wenig Hühnerfleisch mit Reis.

Es folgte ein weiterer Tag vergeblicher Mühen. Slatin sprach bei dem britischen Generalkonsul in Triest vor, der im Gegensatz zu den österreichischen Diplomaten in Wien „sehr freundlich" war. Durch das Konsulat ließ Slatin die folgende Mitteilung an die britische Botschaft in Rom weitergeben:

„Slatin bittet, Wingate mitzuteilen, daß er sich ihm wenn möglich anschließen wird."

Auch dem amerikanischen Konsul stattete er einen Besuch ab und unterbreitete ihm den Vorschlag, die Amerikaner sollten einen Lloyddampfer kaufen oder anheuern, um alle amerikanischen Staatsangehörigen zu evakuieren, die in Österreich oder Deutschland lebten. Was auch in seinem Unterbewußtsein vorgegangen sein mag, er verhielt sich immer noch so, als stünde er ganz auf der Seite der Angelsachsen.

Dann kam am Vormittag des 13. August um 10.15 Uhr, als er gerade mit Plänen beschäftigt war, über Neapel nach Alexandrien zu reisen, das unvermeidliche Erwachen. Die Nachricht von der Kriegserklärung Englands an Österreich-Ungarn (sie erfolgte am 12. August, jene Frankreichs schon am 11.) erreichte Triest. Slatin erwähnt davon nichts in seinem Tagebuch, aber es ist klar, daß er sofort alle Reisepläne fallen ließ. Das war verständlich. Doch es folgte ein weiteres erstaunliches Beispiel für seine Flexibilität. Noch am gleichen Tage besichtigte er zusammen mit dem österreichischen Admiral Kudelka das Passagierschiff *Afrika*, das als Lazarettschiff für die k.u.k. Flotte umgebaut wurde. „Sehr gute Arbeit", stellte er fest. „Admiral Kudelka ist sehr zufrieden." Slatin hatte, als er gezwungen wurde, seinen Union Jack einzuziehen, keine Zeit verloren, an seiner Stelle den schwarzen österreichischen Doppeladler zu hissen.

Am Samtag, dem 15. August, schon auf der Rückfahrt nach Wien, schreibt er im Zuge:

„Ich bin überzeugt, richtig gehandelt zu haben. Zuerst einmal bin ich Österreicher, und noch dazu Wiener. Als solcher ist es für mich unmöglich, einem England zu dienen, das sich mit meinem Vaterland im Kriege befindet."

Erstaunlich mit welcher Schnelligkeit die Verwandlung jenes Mannes vor sich geht, der noch vor 48 Stunden versucht hatte, sich zum Dienstantritt bei den gleichen Engländern zu melden. Hatte Slatin wirklich hoffen können, es werde nicht zur Kriegserklärung Englands kommen? Vielleicht hatte er im tiefsten Herzen, so widerwillig und sogar unbewußt das geschehen sein mochte, diesen Krieg schon am 5. August erklärt. War dem so, dann hatte er seit diesem Tage sich jedenfalls wie ein Schlafwandler benommen, mit all jener trügerischen Entschlossenheit, die in den Bewegungen eines Schlafwandlers liegt.

Man möchte das gerne glauben, denn was Rudolf Slatin jetzt zu tun im Begriff stand, bedarf zu seiner Erklärung sehr viel Nachsicht. Um seine nächsten Schritte zu rekonstruieren, ist sein Tagebuch eine sehr schlechte Quelle. Über die kritischen Punkte enthält es überhaupt nichts. Aber die unwiderlegbaren Beweise sind da, vergraben in den Geheimdepeschen seines eigenen österreichischen Außenministeriums vom August und September 1914 und in den noch geheimeren Berichten des britischen Nachrichtendienstes aus der damaligen Zeit.

Sein Verhalten unmittelbar nach der Ankunft in Wien war ganz verständlich, und hier erfährt man aus dem Tagebuch die wichtigsten Tatsachen. Am Montag, dem 17. August um 10.00 Uhr vormittags meldete er sich im Schloß Schönbrunn bei seinem Freund Graf Paar, dem Generaladjutanten des Kaisers, um ihm mitzuteilen, daß er seinen Dienst bei der sudanesischen Regierung aufgegeben habe und gekommen sei, um dem Kaiser seine Dienste in jeder beliebigen Stellung anzubieten. Hoffnungsvoll notiert er, seine militärischen „Kenntnisse und Erfahrungen würden vielleicht nicht ganz in den Rahmen der k. u. k. Armee passen", aber er sei überzeugt, eines Tages werde man eine geeignete „Stellung oder Arbeit" für ihn finden.

Am nächsten Tage übergab er der amerikanischen Botschaft in Wien (der Geschäftsträger, Frederic Penfield, war mit Slatin von Kairo her befreundet) eine offizielle Rücktrittserklärung an Wingate zusammen mit einem zweiten privaten Brief an ihn. Beide Schreiben sollten über die amerikanische Botschaft in Rom nach Khartum geschickt werden. Die englischen Originale beider Briefe sind noch vorhanden.[4]

Der offizielle Brief beginnt mit der knappen Anrede „Exzellenz" und begründet dann den Rücktritt Slatins als Generalinspekteur des Sudan „als Folge der durch die Kriegserklärung Großbritanniens an Österreich geschaffenen politischen Lage". In seinem persönlichen Schreiben nimmt er eine ganz andere Haltung ein. Menschen haben in Slatins Leben immer eine wichtigere Rolle gespielt als die Politik, und wo er auch sonst geschwankt haben mag, im Hinblick auf seine Freundschaften hat er es nie getan. Jetzt mußte er sich von seinem ältesten und besten Freund verabschieden:

„1. Reichsratstraße 7
18. VIII. 14

Mein lieber alter Rex,

Es ist sehr traurig, aber wir wollen sagen, es ist das Schicksal, und es mußte kommen. Ich habe nie im Traum daran gedacht, meine Beziehungen zum Sudan aus politischen Gründen lösen zu müssen, aber es hat keinen Sinn, dem nachzutrauern.

Bis zur Kriegserklärung habe ich mein bestes getan, mich Dir anzuschließen, aber infolge der Mobilmachung war es mir unmöglich, dieses Land früher zu verlassen ...

Jetzt glaube ich, es ist besser so, denn welchen Sinn sollte es haben, unter derart veränderten Umständen unter guten Freunden zu sein? Ich, der Österreicher, als Gefangener der Briten – mit denen und für die ich die besten Jahre meines Lebens verbracht habe!

Meine persönliche Freundschaft zu Dir, mein lieber alter Rex, soll nicht leiden, obwohl ich die Entscheidung Deiner Regierung, gegen Österreich, den traditionellen Freund Englands, zu kämpfen, verdamme – möge der Allmächtige das gerechte Urteil sprechen ...

Ich überlasse es ganz Dir, über das Schicksal meiner Dienerschaft zu entscheiden und über mein persönliches Eigentum zu verfügen.

Wenn der Allmächtige es will, dann werden wir uns vielleicht auf neutralem Boden wiedersehen – so friedlich wie in alten Zeiten als gute Freunde.

Meine Frau läßt Dich herzlich grüßen.

Lebe wohl, mit herzlichen Grüßen,

Dein alter Rowdy."

Und nach der Unterschrift steht ein seltsames Fragezeichen, das aussieht, als sei sich der Schreiber nicht einmal mehr seiner eigenen Identität sicher gewesen.

Beide Briefe erreichten Wingate am 31. August in Kairo. Aber schon einige Zeit zuvor hatte Wingate im Glauben, daß Slatin mit der Familie Ramberg noch an der Adria sei, ein zweites Telegramm über die amerikanischen Vertretungen in Rom und Triest an ihn abgeschickt. Es lautete:

„Bitte teilen Sie Sir Rudolf Slatin in Ragusa mit, daß der Sirdar seine baldmögliche Rückkehr nach Ägypten wünscht."

Eine Randbemerkung in Slatins Handschrift auf dem Telegramm zeigt, daß er es am Sonntag, dem 23. August, durch seinen amerikanischen Freund Penfield in Wien erhalten hat. Aber nun war es in jedem Sinne des Wortes zu spät für Slatin, zu seinen englischen Freunden zurückzukehren. Er war nicht nur nach Wien zurückgekommen und hatte seinen Dienst bei der anglo-ägyptischen Regierung im Sudan quittiert. Er war sogar schon damit beschäftigt, die österreichische Regierung zu beraten, wie England in Ägypten und im Sudan unterminiert und von den Mittelmächten angegriffen werden könnte.

Am 24. August 1914 um 4.00 Uhr morgens schickte der österreichische Außenminister, Graf Berchtold, das folgende chiffrierte Telegramm an seinen Botschafter in Konstantinopel, den Markgrafen Pallavicini. Das Telegramm wurde auch an den österreichischen Gesandten in Athen durchgegeben, der es über griechische diplomatische Kanäle an den österreichischen Geschäftsträger in Kairo, Graf Ludwig Szechenyi, schickte:

„Streng vertraulich.

Slatin Pascha, der hier von jeder Verbindung mit Ägypten abgeschnitten, meint, die Nachricht, daß er, Slatin, den Dienst Englands verlassen und nicht mehr nach dem Sudan zurückkehre, weil er England nicht mehr dienen wolle, sollte durch die Türken in Ägypten und im Sudan verbreitet werden; hierzu könnten türkische Verwandte ägyptischer Offiziere benützt werden. Er verspricht sich hiervon einige Wirkung auf die Sudanesen. Ganz unzweifelhaft könnte aber die Türkei auf Ägypten und den Sudan stark einwirken. Die Entsendung einiger weniger türkischer Bataillone nach Suez würde den Engländern, die in Ägypten nur einige tausend Mann, im Sudan nur einige hundert Weiße stehen haben, nicht geringe Verlegenheiten bereiten. Die Sperrung des Suezkanals wäre für England eine Katastrophe.

Bei den Mohammedanern schwarzer Rasse hätte das Wort des Khalifen größte Bedeutung. Eine kluge und vorsichtige Ausnutzung des Einflusses des Khalifates den Mohammedanern Indiens gegenüber, könnte auch dort den Engländern sehr peinlich werden ..."[5]

Der österreichische Gesandte, Graf Szechenyi in Kairo erhielt den Auftrag, „im Sinne obiger Andeutungen zu wirken", ohne sich zu kompromittieren. Pallavicini sollte mit seinem deutschen Kollegen in Konstantinopel Verbindung aufnehmen und versuchen, mit deutscher Hilfe den türkischen Großwesir, Said Pascha, zu veranlassen, im Sinne der Vorschläge Slatins aktiv zu werden. Aus früheren Berichten Pallavicinis nach Wien glaubte Berchtold jedoch entnehmen zu können, daß der Großwesir im Augenblick „kaum zu einem energischen Vorgehen gegen England zu haben sein dürfte". (Der Hauptgrund war die starke, vor den Dardanellen vor Anker liegende englische Flotte.)

Nun wäre es ganz falsch, wollte man annehmen – wie das geschehen ist –, daß diese Vorschläge allein von Berchtold ausgingen[6] und Slatin nichts damit zu tun gehabt habe. Der Text der Telegramme macht es vollkommen klar, daß jeder einzelne Vorschlag von Slatin kam und der Außenminister diese Anregungen dann mit seiner eigenen Zustimmung nach Konstantinopel weitergab.

Zwei Tage nachdem die Telegramme abgegangen waren, kam Slatin sogar noch einmal zu Graf Berchtold, um seine Vorschläge, wie man den Engländern Schwierigkeiten bereiten könnte, zu erweitern und durch neue zu ergänzen. In seinem Tagebuch schreibt Slatin nur, er hätte mit dem Außenminister drei Viertelstunden über die politische Lage gesprochen. Ein weiteres Telegramm, das Berchtold am folgenden Morgen an Pallavicini nach Konstantinopel schickte, zeigt, welches der Inhalt dieses Gesprächs gewesen war:

> „Baron Slatin Pascha, welcher infolge Kriegsausbruches seine Stellung im anglo-sudanesischen (*sic*) Dienste niedergelegt hatte, äußerte sich anläßlich eines mir abgestatteten Besuches über eine türkische Aktion gegen Ägypten dahin, daß die Pforte die Engländer durch Entsendung einer syrischen Division an den Suezkanal beunruhigen sollte. Gleichzeitig wäre es möglich, durch einige mit Ekrasitpatronen ausgerüstete Hodjas die stellenweise Verschüttung des Suezkanals zu bewerkstelligen ..."[7]

Aber wenn Graf Berchtold sich auch noch lebhaft für die einfallsreichen Vorschläge Slatins interessierte, so waren der österreichische und der deutsche Gesandte in der Türkei es inzwischen schon überdrüssig geworden, sich aus weiter Entfernung von dem Mann Ratschläge erteilen zu lassen, der noch vor wenigen Wochen Generalinspekteur des Sudan gewesen war, und trauten ihm auch nicht ganz. Am 28. August schickte Pallavicini zwei Telegramme über Slatin nach Wien. Das erste war die Antwort auf die Vorschläge für einen anti-englischen Propagandafeldzug und besagte, man habe mit dem Großwesir darüber gesprochen; dieser habe Pallavicini gesagt, „seiner Ansicht nach dürfte in Ägypten nicht viel zu machen sein, hingegen wohl im Sudan".[8]

Das geschah am Vormittag. Nachdem der österreichische Diplomat nach dem Essen die weiteren Instruktionen Berchtolds über die drastischeren Vorschläge Slatins erhalten hatte, antwortete er in viel kühlerem Ton mit der Mitteilung, alle Vorschläge Slatins für Aktionen gegen Ägypten seien von den Türken bereits in Erwägung gezogen worden. Dann kommt ein Zusatz mit dem Vermerk „streng vertraulich":

„Khedive* hat den deutschen Botschafter vor Slatin warnen lassen. Es wäre dessen genaue Überwachung ratsam, da nicht ausgeschlossen, daß er ein Doppelspiel treibt."[9]

In seiner Antwort wies Berchtold die gegen Slatin Pascha geäußerten Verdächtigungen empört als „unbegründete, bewußte Verleumdungen seitens dieses charakterlosen hohen Herrn" zurück. Ob nun aber beim österreichischen Außenminister ein leiser Verdacht geweckt worden war oder nicht, von nun an gingen keine Telegramme mit Vorschlägen Slatins darüber, wie man den Krieg gegen England gewinnen könnte, mehr nach Konstantinopel. Auch gibt es kein offizielles Dokument, aus dem man entnehmen könnte, daß Slatin weitere Ratschläge unterbreitet hätte.

Wahrscheinlich wird man ihm am besten gerecht, wenn man sein Verhalten mit einer Mischung aus den beiden oben erwähnten Möglichkeiten erklärt, einer Mischung aus Opportunismus und Verwirrung der Gefühle, ohne herumzurätseln, welcher Umstand stärker und welcher weniger stark ins Gewicht fiel. Was den Opportunismus betrifft, so hatte sich allerdings sein ganzes früheres Leben auf Abenteuerlust, Ehrgeiz und auf den Glauben, daß zuerst das eigene Überleben komme, aufgebaut. Er hatte sich zumindest schon einmal, als er in einen für ihn zu starken Sturm geraten war, einfach den äußeren Umständen gebeugt und seine Prinzipien aufgegeben. Slatin konnte es einfach nicht ertragen, beiseite gestellt zu werden. Wir werden es in der Tat sehr bald erleben, wie er in Wien an alle möglichen Türen klopft und alle seine einflußreichen Freunde mobilisiert, um eine geeignete Stellung zu finden, und hier wurden seine Beziehungen zu England, die bisher seine Stärke in Wien gewesen waren, über Nacht zu seiner Schwäche.

Das erklärt jedoch sein Verhalten wahrscheinlich noch nicht vollständig. Vielleicht ist es nicht einmal der wichtigste Teil der Erklärung. Rudolf Slatin war kein schlechter Mensch. Er war vielmehr jemand, der sich mehr von seinen Gefühlen als von seinem Intellekt leiten ließ. Mehr als zwanzig Jahre hatte er einen delikaten Balanceakt zwischen zwei Monarchen und zwei Ländern vollführt und war dabei auf der euroäischen Stufenleiter hoch hinaufgekommen. Aber die latente Belastung, das Gleichgewicht zwischen beiden

* Der Khedive Abbas Hilmi war wenige Monate zuvor von den Engländern abgesetzt worden und hielt sich im Exil in Konstantinopel auf.

Treueverpflichtungen halten zu müssen, war ihm stets fühlbar gewesen. Gelegentlich hatte er unter dieser Belastung gelitten, ob er sich nun Sorgen machte, seinen eigenen Souverän durch die persönlichen Dienste zu kränken, die er dem englischen König erwies oder ob er fürchtete, seinem englischen Protektor zu mißfallen, weil er bei politischen Meinungsverschiedenheiten wie in der Krise, die 1908 anläßlich der Annexion Bosniens und der Herzegowina ausbrach, die Partei Österreich-Ungarns ergriff.

Nun war jene Leiter, auf der er trotz all dieser Belastungen so hoch hinaufgeklommen war, plötzlich zusammengebrochen, und er lag unter ihren Trümmern. Mit diesem Sturz kann er durchaus einen emotionalen Schock erlitten haben, und in diesem Zustand der Betäubung mußte er sich natürlich an das klammern, was ihm geblieben war, sein eigentliches Vaterland. Auf dem Rückwege von Triest hatte er in seinem Tagebuch bekannt, er sei Österreicher und vor allen Dingen Wiener. Dieser eine Satz erklärt vielleicht am besten seine Handlungsweise. Er erklärt, warum er so handeln mußte, und wie er es tat.

Ironischerweise hat er weder für die Mittelmächte in Konstantinopel noch für sich selbst in Wien etwas erreicht. Darüber hinaus ist ihm der britische Nachrichtendienst in Kairo sehr bald auf die Spur gekommen. Es muß für seine englischen Freunde ein schwerer Schock gewesen sein. Sie hatten ihn vor allem einmal aus den Klauen des Khalifa befreit. Dann hatte er drei Jahre direkt und weitere vierzehn Jahre indirekt für den englischen Nachrichtendienst gearbeitet. Nun, wenige Wochen nach Kriegsausbruch, erschien der Generalinspekteur des Sudan plötzlich in ihren Akten als verdächtig, ein Helfer des Feindes zu sein.

Am 14. September erhielt der britische Außenminister, Sir Edward Grey, das folgende Telegramm von seinem Botschafter in Petersburg, Sir George Buchanan:

> „Die russische Regierung hat mich aufgrund zuverlässiger Nachrichten davon unterrichtet, daß der österreichische Botschafter in Konstantinopel angewiesen wurde, die Pforte zu drängen, eine Division türkischer Truppen an den Nil zu verlegen, um den Fluß an verschiedenen Stellen zu blokkieren.
>
> Die dem österreichischen Botschafter übermittelten Instruktionen gründen sich auf einen Rat, den Graf Berchtold von Slatin Pascha erhalten hat, der erklärte, die betreffende Maßnahme werde genügen, ägyptische Truppen zu binden.[10]

Die Nachricht schien zunächst unglaubwürdig, kam aber aus einer offiziellen Quelle und war ausdrücklich bestätigt worden. Zudem wußte man, daß der russische Nachrichtendienst über ausgezeichnete Verbindungen in den höchsten Kreisen des kaiserlichen Wien verfügte, wie der Skandal bewies, den es vor drei Jahren um den Oberst Redl gegeben hatte.* Der britische Außenminister, der Slatin von gesellschaftlichen Veranstaltungen in London gut kannte, gab deshalb den Bericht an die britische Mission in Kairo weiter, und sein Kommentar zeigt eher Empörung als Ungläubigkeit:

„Sie sollten, wenn das möglich ist, ohne die Quelle zu nennen, die Nachricht, die wir erhalten haben, an Slatin weitergeben und andeuten, wir könnten nicht glauben, daß er das Vertrauen, das so lange zwischen ihm und uns bestanden hat, auf diese Weise mißbraucht, und daß es uns schwerfiele, an die Richtigkeit dieser Behauptungen zu glauben."

Darauf antwortete der amtierende „Political Agent" (Geschäftsträger) in Kairo, ein Mr. Cheetham nur, Slatin Pascha sei nicht an seinen Posten im Sudan zurückgekehrt, und man erwarte auch nicht, daß er es tun werde. Die Antwort von Sir Edward Grey bestand nur aus einem einzigen Satz, der wie ein Peitschenschlag wirkte: „Es muß sofort ein Ersatzmann gefunden werden."

Slatins Freunde und Kollegen in Kairo hielten es nicht nur für unwahrscheinlich, sondern für ganz unmöglich, daß die Meldung stimmen könne. Man kam jedoch überein, Slatins Chef davon zu unterrichten. Deshalb schrieb Captain Clayton vom Büro des Nachrichtendienstes in Kairo am 18. September einen als „streng vertraulich" gekennzeichneten Brief an Wingate, der auch den Wortlaut des Telegramms aus Petersburg enthielt. Er nahm auf die Gefühle Wingates Rücksicht und wiederholte nicht die Stellungnahme von Sir Edward Grey. Stattdessen schrieb er in einem Ton, als wolle er die ganze Angelegenheit zu den Akten legen:

„Mir ist nicht ganz klar, woher die Russen so sichere Informationen über einen solchen Gegenstand bekommen sollten! Zweifellos liegt das auf der gleichen Linie wie die unerhörten Behauptungen, die einem auch hier manchmal zu Ohren kommen."[11]

Clayton schrieb damals als jüngerer Offizier an den großen General Wingate, der, wie jeder wußte, Slatins bester Freund war. Daraus erklärt sich vielleicht auch die wegwerfende Art, mit der er die Mitteilung des russischen Geheimdienstes – der schon mit der Affäre des Oberst Redl in Wien so verheerende Wirkungen erzielt hatte – bagatellisierte. Aber auch Wingate wäre gar nicht in den Sinn gekommen, die Sache ernst zu nehmen. Sein „lieber alter Rowdy" konnte etwas derartiges ebenso wenig tun wie er selbst, und damit war die Sache für ihn erledigt. Wingate schrieb daher Clayton durchaus zustimmend, die ganze Affäre sei nichts als „ein bewußter Versuch unserer Feinde, böses Blut zwischen Slatin und den Briten zu erzeugen".[12]

* Oberst Redl war ein österreichischer Generalstabsoffizier, der sich das Leben nahm, nachdem er als russischer Spion entlarvt worden war.

Ironischerweise erwartete Wingate gerade um diese Zeit eine Antwort auf einen zweiten und sehr energischen Versuch, Slatin ohne Rücksicht darauf, ob nun Krieg war oder nicht, zur Rückkehr in den Sudan zu bewegen. Wieder ging er die Sache auf zwei Wegen an, und zwar schrieb er einen offiziellen Brief, dem ein ganz persönlicher folgte. Obwohl Slatins Rücktrittserklärung vom 18. August vor ihm lag, setzte sich Wingate am 1. September in seinem Büro in Kairo an den Schreibtisch und adressierte seine Antwort unbeirrt an „Generalmajor Sir R. Baron von Slatin G.C.V.O., K.C.M.G., C.B., Generalinspekteur des anglo-ägyptischen Sudan." Er bestätigte den Empfang der Rücktrittserklärung und wies darauf hin, daß der Generalinspekteur sich vielleicht gewisser Sonderregelungen nicht bewußt sei, die es hinsichtlich „der Untertanen von kriegführenden Staaten, die sich jetzt im Dienst der Regierung des Sudan befinden", gäbe. Diese Bestimmungen ermöglichten es solchen Personen, auch im Kriege im Amt zu bleiben. Angesichts dieser Umstände, so schrieb Wingate, wolle er die Rücktrittserklärung noch nicht annehmen und bäte seinen Generalinspekteur aufrichtig, sich die Sache noch einmal zu überlegen. Er teilte Slatin sogar mit, offiziell betrachte man ihn nur als „beurlaubt bis zur Wiederaufnahme der offiziellen Dienstpflichten", und auch wenn seine Rückkehr noch auf unbestimmte Zeit verschoben werden müsse, wolle man im Hinblick auf die Bezahlung seines Gehaltes und auf Sondervergütungen „besondere und der Lage entsprechende Vorkehrungen treffen".[13]

Wingates persönlicher Brief, der am gleichen Tage nach Wien abging, unterstrich noch einmal nachdrücklich die offizielle Lage der Sache. Aber auf der persönlichen Ebene fügte er hinzu:

> ... „Der Sudan ohne Dich ist undenkbar – ganz abgesehen von dem tiefen und aufrichtigen Kummer, mit dem ich persönlich die Lösung Deiner Verbindung von unserer Arbeit und von mir selbst, Deinem ältesten und besten Freunde in diesem Lande – und vielleicht in der Welt – betrachten würde.
>
> ... Als Soldaten können wir beide es uns leisten, bis der Krieg vorbei ist, jede Erörterung über die Schuldfrage zu vermeiden, und ich kann Dir versichern, daß wir es nach Deiner Rückkehr in den Sudan alle vermeiden werden, auf dieses Thema zu kommen. Ich glaube nicht, daß sich das nicht arrangieren ließe ...
>
> Überlege deshalb, lieber alter Rowdy, genau, was ich in diesem und in meinem offiziellen Brief gesagt habe. Ich behandle die ganze Sache absolut vertraulich ... so daß nichts davon bekannt ist oder werden wird, bevor ich wieder von Dir gehört habe. Selbstverständlich will ich deshalb auch hier nicht ‚good bye' sagen, denn ich hoffe nach wie vor, daß wir noch viele Jahre zusammenarbeiten werden – zum Wohle des Sudan und seiner

Bevölkerung, die ebenso wie ich den Gedanken, ihren geliebten alten ,Slatin' zu verlieren, für unerträglich halten würde."[14]

Die in diesem Brief ausgedrückten Hoffnungen waren nicht so naiv, wie es zunächst klingen mag. Slatin stand – ebenso wie Wingate – im Dienst der ägyptischen Regierung, und obwohl sie in Wirklichkeit beide Großbritannien dienten, wurden sie aus der Staatskasse des Khedive in Kairo und nicht vom Schatzamt in London bezahlt. Der Krieg hatte außerdem eben erst begonnen. Viele Beobachter hofften und glaubten, er werde bald vorüber sein, und indessen war der Sudan sehr weit von den europäischen Schlachtfeldern entfernt. Was dem armen Wingate nicht im Traum eingefallen wäre, war die Tatsache, daß der zwischen England und Österreich hin- und hergerissene Slatin sich bereits endgültig für die Dauer des Krieges für das Land seiner Geburt entschieden hatte.

Wie sehr Slatins Persönlichkeit in diesen Wochen gespalten gewesen ist, zeigen die Antworten, die er Ende des Monats auf Wingates Briefe verfaßte.[15] In seinem offiziellen Brief, der für die Behörden und die Akten bestimmt war (vielleicht mehr für jene in Wien als in Kairo), führt er die Sprache des österreichischen Patrioten. Nachdem er noch einmal den Wunsch ausspricht, Wingate solle seinen Namen aus der offiziellen Liste des Sudan streichen, fährt er fort:

„Als österreichischer Untertan mußte ich mich nach der Kriegserklärung bei meiner Regierung melden und als tauglicher Mann meinem Vaterland meine Dienste anbieten ...

Als Baron des österreichischen Kaiserreichs und ehemaliger Offizier seiner Armee sehe ich mich nicht in der Lage, die Bedingungen zu unterschreiben, denen die Untertanen kriegführender Staaten unterworfen sind, die jetzt im Dienst der sudanesischen Regierung stehen."

Für einen Kosmopoliten im englischen Stil wie Rudolf Slatin war das ein sehr steifer und schwülstiger Brief. Ein paar Sätze, mit denen er ohne weiteren Kommentar seinen Entschluß bedauernd bestätigte, wären wohl würdevoller gewesen. Aber jene Zeiten waren voller Überschwang der Gefühle, und Slatin war ein Mann, der dazu neigte, pathetisch zu sein. In beiden kriegsführenden Lagern übertönte ja der „vaterländische" Trommelwirbel die Harmonien des alten Europa. Am gleichen Tage schrieb er einen persönlichen Brief an Wingate:

„Du weißt nicht, mein lieber alter Rex, wie sehr es mich betrübt, daß unsere beiden geliebten Länder gegeneinander Krieg führen und daß ich mich von Dir, meinem ältesten und besten Freunde, trennen muß, daß ich vom Sudan und seinen Bewohnern Abschied nehmen muß, die für mich soviel bedeuten, als seien sie ein Stück von mir ...

Aber dennoch – wir alle müssen durchhalten, und wir können nur hoffen, daß unsere Länder und ihre Herrscher in nicht allzu ferner Zukunft wieder Frieden schließen werden. Wenn es mir die Lage dann erlaubt, in den Sudan zurückzukehren, und *wenn ich dann noch gebraucht werde* (Kursiv Slatins), dann werden wir uns vielleicht wiedersehen ..."

Diesem Brief, der von Sehnsucht und Zuneigung geradezu überfloß, folgte ein weiteres offizielles Schreiben, in dem Slatin mitteilt, die noch in seinem Besitz befindlichen englischen Chiffrierbücher lägen „versiegelt und wohlverwahrt" in seinem Safe und würden notwendigenfalls vernichtet werden.[16] Das war ein anerkennswerter Versuch, in anständiger Weise die Neutralität zu wahren, denn Slatin wußte nicht, daß die beiden Chiffrierbücher überholt waren. Aber Wingate, der Sudan und die englische Krone hätten wirklich mehr verdient als diese eine Geste ihres Generalinspekteurs.

Die Tragödie lag aber auch darin, daß all sein lautstarker, aber verworrener österreichischer Patriotismus Slatin in Wien überhaupt nichts nützte. Die Akten des k. u. k. Kriegsministeriums ab August 1914 erzählen die dramatische Geschichte von Slatins wiederholten Angeboten in jeder beliebigen Position zu dienen; Angebote, denen die zuständigen Behörden durch wiederholtes Ausweichen oder höfliche Ablehnung begegneten. Das Vaterland hatte jetzt, da es darauf ankam, keine Verwendung für Slatin.

Zuerst versuchte er es wieder bei dem Generaladjutanten des Kaisers. In einem Brief vom 8. August an den Grafen Paar bat er seinen „erlauchten Freund", er möge ihm behilflich sein, einen militärischen Posten zu bekommen, und versicherte ihm, er sei bereit, jede gewünschte Arbeit zu übernehmen. Graf Paar gab die Bitte Slatins an den Kriegsminister Krobatin weiter. Am 13. September teilte er Slatin mit, das Ministerium habe das Angebot zur Kenntnis genommen, doch müsse das Armeeoberkommando über die Frage einer Verwendung Slatins entscheiden.[17]

Zunächst mußte sich Slatin also damit begnügen, daß sein Name auf die Liste der Freiwilligen gesetzt worden war. Aber er sorgte dafür, daß er auf der richtigen Liste und in der richtigen Gesellschaft geführt wurde. Es genügte ihm nicht, daß er beim Kriegsministerium und beim Oberkommando „registriert" war, sondern er veranlaßte den Grafen Paar, daß sein Name zusammen mit jenen einer kleinen Gruppe von Personen auf einer Sonderliste der Militärkanzlei des Kaisers aufschien, die dort als Freiwillige „für eventuelle Sonderaufgaben im In- oder Auslande für die Dauer des gegenwärtigen Krieges" registriert waren. Auf dieser Liste standen die verschiedensten enttäuschten Offiziere hohen Standes, die aus den verschiedensten Gründen nicht zum Dienst an der Front einberufen worden waren. Obzwar Slatins militärischer Rang als „ehemaliger britischer Generalmajor und ägyptischer Generalleutnant" sie alle weit übertraf, wurde er wieder von ihnen gesellschaftlich deklassiert: Zu ihnen gehörten der Oberst Dom Miguel, Herzog von Braganza (der portugiesische Thronprätendent), der Major Fürst Alfred zu Windisch-Graetz und einige österreichische Grafen, die es leid waren, in Wien Hofdienst tun zu müssen.[18]

Aus diesen Militärakten geht hervor, daß Slatin seine Dienste zugleich auch dem Außenministerium angeboten hatte. Die Antwort vom 6. November war die gleiche; man werde ihn vormerken, aber im Augenblick gäbe es im diplomatischen Dienst keine geeignete Stelle für ihn. Graf Berchtold fühlte sich jedoch augenscheinlich gegenüber Slatin verpflichtet und glaubte, ihn für seine bei Kriegsausbruch gemachten interessanten und höchst patriotischen Ratschläge belohnen zu müssen.

Berchtold richtete daher an den damaligen Ministerpräsidenten Graf Stürgkh eine Denkschrift, in der er vorschlug, Slatin „durch ein Zeichen der Allerhöchsten Gnade" zu ehren, da er seine glänzende Stellung bei den Engländern aufgegeben und „damit seinen loyalen patriotischen Gefühlen in hervorragend selbstloser und aufopfernder Weise Ausdruck gegeben" habe.[19] Drei Wochen später teilte Graf Stürgkh mit, Slatin sei die Würde eines „Geheimen Rates" verliehen worden. Eine Stellung oder ein Gehalt waren damit nicht verbunden. Wenigstens aber war Slatin von diesem Tage an berechtigt, sich „Exzellenz" zu nennen. Die Auszeichnung kam im rechten Augenblick. Im November 1914 beschloß der türkische Generalstab schließlich doch, einen Angriff gegen den Suezkanal zu führen. Wie Slatin es vorgeschlagen hatte, verwendete man bei diesem Unternehmen syrische Truppen. (Allerdings waren diese Einheiten für einen Wüstenfeldzug die einzig in Frage kommenden.)

Ende des Jahres versuchte Berchtold noch einmal, etwas für Slatin zu tun und ließ – wahrscheinlich im Hinblick auf die bevorstehende Invasion der Sinaihalbinsel – in Konstantinopel vorfühlen, ob es nicht angebracht sei, Slatin zum Generaladjutanten des Sultans zu ernennen.* Aber der Sultan, der Slatin nicht besonders schätzte, lehnte den Vorschlag ab, und Berchtold gab nun seine Bemühungen auf. Slatin durfte jetzt nur noch auf einen Posten in der Armee hoffen.

Im Mai 1915 hätte sich fast eine Gelegenheit ergeben. Nach neunmonatigem Hin- und Herschwanken und Verhandeln trat Italien schließlich in den Krieg ein– und zwar auf seiten der Gegner seiner deutschen und österreichischen Verbündeten. Italien besaß Kolonien in Afrika und unterhielt Wüstentruppen in diesen Kolonien. Vielleicht gab es jetzt eine Möglichkeit für den Veteranen von Omdurman, wieder die Uniform anzuziehen, auch wenn er

* Der im Frühjahr 1915 begonnene Angriff wurde von britischen und französischen Streitkräften, die das Ostufer des Kanals verteidigten, blutig abgeschlagen. Nach diesem Fiasko unternahmen die Türken keinen weiteren Versuch.

es diesmal als Gegner des Union Jack würde tun müssen. Am 3. Juni richtete Slatin einen weiteren persönlichen Brief an den Kriegsminister.

Zu Beginn schreibt er: „... ohne aufdringlich sein zu wollen erlaube ich mir, meinen Namen Eurer Exzellenz in Erinnerung zu bringen. Unter den jetzigen Verhältnissen ist es vielleicht doch möglich, mich zu irgendeiner Dienstleistung, sei es an der Front oder direkt unter dem Befehl Eurer Exzellenz, heranzuziehen ..." Er meint, vielleicht gäbe es „doch irgendeine Stellung oder Arbeit, die ich während des Krieges dauernd ausfüllen, respektive auszuführen imstande wäre, und ich dadurch die Genugtuung hätte, in dieser schweren Zeit auch etwas für mein Vaterland, in das ich ohne Zögern aus der Fremde zurückkehrte, getan zu haben".

Aber auch dieser Antrag hatte keinen Erfolg. Eine kurze Notiz auf dem betreffenden Aktenstück[20] besagt, daß der Armeeoberkommandant, Erzherzog Friedrich auf die „Dienstleistung ... nicht reflektiert". Der Kriegsminister gab die Entscheidung „mit lebhaftem Bedauern" an Slatin weiter. General Krobatin erwähnt dabei nicht einmal die zweite Möglichkeit, von der Slatin gesprochen hatte, nämlich unter ihm persönlich zu dienen. Eine Woche darauf unternahm Slatin einen letzten Versuch und bat schriftlich darum, zu einem persönlichen Gespräch vorgelassen zu werden. Der Adjutant des Ministers antwortete etwas förmlich, Seine Exzellenz halte jeden Donnerstag (außer an öffentlichen Feiertagen) zwischen 11.00 und 1.00 Uhr Audienz. Es wurde kein bestimmter Tag in Aussicht gestellt, und es gibt auch keinen Hinweis darauf, daß Slatin den Minister aufgesucht hat.

Schließlich scheint es aber doch General Krobatin gewesen zu sein, der Slatin aus der Verlegenheit geholfen hat. Im September 1915 wurde er zum stellvertretenden Direktor des zentralen Informationsbüros für Kriegsgefangene und zum Vizepräsidenten des Kriegsgefangenenausschusses des österreichischen Roten Kreuzes ernannt. Das war eine ideale Lösung für einen Mann mit Slatins Kenntnissen und Erfahrungen. Es ist erstaunlich, daß niemand, nicht einmal Slatin, schon früher an diese Möglichkeit gedacht hat.

Blickt man auf diese trautige, verworrene Episode zurück, dann erkennt man die verschiedensten Gründe dafür, daß Slatin für eine Verwendung bei der aktiven Truppe im Felde nicht infrage kam. Welche hohen militärischen Ränge er im Sudan auch erworben haben mochte, in der k. u. k. Armee war er nur ein einfacher Leutnant der Reserve. Er hatte nie in Europa gekämpft, und seine Kriegserfahrungen waren zwanzig Jahre alt. Er kannte nur den Wüstenkrieg gegen die Derwische, und mit 57 Jahren war er zu alt, um militärisch umgeschult zu werden.

Schließlich erscheint es einem aber doch etwas eigenartig, daß man, wenn es schon kein militärischer Posten sein konnte, länger als ein Jahr in dem riesigen bürokratischen Bienenstock des kaiserlichen Wien mit seinen zahllosen

Ministerien, Kanzleien, Behörden und Ämtern keine passende verantwortliche Stelle für ihn hat finden können. Man wird das Gefühl nicht los, daß Slatin wie schon früher manchmal, zum Teil über seinen eigenen Eifer gestolpert ist. Für eine Arbeit, bei der militärische Geheimnisse gewahrt werden mußten, waren die engen englischen Beziehungen Slatins keine Empfehlung.

Das soll nicht heißen, daß Außenminister Graf Berchtold oder Kriegsminister Krobatin, die beide viel weniger mit ihm befreundet waren als Graf Paar, jemals im Ernst geglaubt hätten, Slatin könnte gegenüber den österreichischen Interessen zum Verräter werden. Aber ebenso wie Lord Wolseley im Sudanfeldzug vor fast zwanzig Jahren gegenüber Slatin eine vorsichtige Haltung eingenommen hatte, mögen auch bei der Weigerung des österreichischen Oberkommandos, ihm in Wien oder an der Front einen Posten zu geben, allgemeine Sicherheitserwägungen eine Rolle gespielt haben. Für den Generalstab einer Armee beziehen sich die Sicherheitsbestimmungen nicht nur darauf, was jemand tun oder unterlassen könnte. Es muß auch daran gedacht werden, welche Möglichkeiten bestehen, so gering das Risiko auch sein mag. Die Vergangenheit Slatins hielt diesem strengen Test nicht stand. Ganz wird sich die Sache niemals klären lassen. Er selbst fühlte sich jedenfalls verwirrt und gekränkt.

Anfang 1915 wurde zu der Tragikomödie der doppelten Bindungen Slatins noch ein eigenartiger Epilog geschrieben. In einem anonymen Artikel in der englischsprachigen Zeitschrift *Near East* vom 8. Januar bezeichnete der Verfasser das Leben Slatin Paschas als „eine lange Karriere der Wandlungsfähigkeit und des Opportunismus" und behauptete dann, die letzte Episode dieser Karriere hätte darin bestanden, daß Slatin auf alle ihm von Großbritannien verliehenen Ehrungen verzichtet habe. Das allgemeine Urteil des anonymen Verfassers war feindlich, aber wenigstens diskutabel. Aber gerade diese Beweisführung war falsch und lächerlich. Jeder, der wußte, wie sehr Slatin an seinen Auszeichnungen hing, war überzeugt davon, daß er auch dem Teufel keinen Orden zurückgegeben hätte, geschweige denn dem König von England. So fiel es seinen Freunden auch nicht schwer, ihn zu verteidigen. Der Herausgeber der Zeitschrift veröffentlichte nicht nur alle Gegenerklärungen, sondern entschuldigte sich sogar am 2. Februar 1915 ganz unterwürfig dafür, daß er solche Behauptungen abgedruckt habe.

Natürlich stellte sich Wingate auf die Seite Slatins, wenn es ihm auch um mehr ging als um den Herausgeber der Zeitschrift. Er ließ Slatin von den Beschuldigungen in Kenntnis setzen und bat um ein Dementi, das postwendend in einem Brief vom 8. Februar 1915 aus Wien eintraf:

„Meine Dekorationen sind mir alle von Souveränen verliehen worden, mein C.B. und mein K.C.M.G. von Königin Victoria, mein K.C.V.O. von König Edward VII. und mein G.C.V.O. von König George V. – alles persönliche Erinnerungsstücke, und so etwas gibt man nicht zurück. Sie befinden sich noch im meinem Besitz, wenn ich sie auch nicht trage, solange zwischen den beiden Ländern noch kein Frieden herrscht."[21]

Wingate schickte den Brief sofort mit einem Anschreiben an Lord Stamfordham weiter, der ihn dem König vorlegen sollte. Am 12. April 1915 antwortete Stamfordham:

„Mit großer Erleichterung habe ich Ihren Brief vom 7. März mit dem anliegenden Schreiben unseres lieben alten Freundes Slatin erhalten ... Jeder, der Slatin gekannt hat, hätte nie an die häßlichen Geschichten glauben können, die ... über die verächtliche Behandlung seiner britischen Auszeichnungen durch ihn verbreitet worden sind."[22]

Wingate wußte nicht und fragte auch nicht danach, ob der König durch seinen Außenminister, Sir Edward Grey, etwas über die viel ernsteren „häßlichen Geschichten" erfahren habe, die über das anti-britische Verhalten Slatins im Umlauf waren. Fürs erste war Slatin noch einmal davongekommen. In den Londoner Klubs und britischen Offiziersmessen empörte man sich über die „Flegel", die es gewagt hatten, diesem loyalen Diener Englands etwas am Zeuge zu flicken. Nur auf gewissen Aktenstücken aus dem August 1914 in Whitehall blieb das große Fragezeichen hinter dem Namen Slatins stehen. Wie wir sehen werden, stand es, als der Krieg zuende war, immer noch dort.

15. KAPITEL

Im Zwielicht

Wie so vieles andere haben – bis auf wenige Fragmente – auch die Akten des österreichischen Roten Kreuzes aus dem Ersten Weltkrieg den Zusammenbruch der Habsburger Monarchie 1918 und den Aufstieg und Sturz von Adolf Hitlers kurzlebigen Dritten Reich nicht überstanden. Slatins Tagebücher helfen uns verhältnismäßig wenig, um die nächste Phase seines bunten Lebenslaufes zu rekonstruieren; ja nach 1916 findet sich dort sogar eine Lücke von zwölf Jahren. Sein Name taucht aber immer wieder in englischen Archiven auf, und auch in den noch erhaltenen Akten der k.u.k. Militärkanzlei in Wien wird er manchmal erwähnt. Briefe Slatins an seine Freunde jedoch, besonders die an seine englischen Freunde, beleuchten am besten jene im Schatten liegenden Kriegsjahre. Sie zeigen uns nicht nur die wechselnden Schauplätze seines Wirkens, sondern auch den vielfachen Wechsel in seiner Stimmung.

Vielleicht ist es der Einfluß seiner Tätigkeit gewesen, die schon durch ihre besondere Natur es mit sich brachte, politische Dogmen der Linderung menschlichen Leidens unterzuordnen. Vielleicht war es auch die einfache Tatsache, daß er endlich wieder etwas zu tun hatte und daß sein Unmut nicht mehr durch die frustrierenden Folgen der Untätigkeit verschärft wurde, vielleicht war es die ernüchternde Erkenntnis, daß, als der zweite Kriegswinter herannahte, ein Ende des Konflikts noch nicht abzusehen war und daß ganz Europa unter Umständen der Zerstörung entgegenging. Welches auch die Gründe gewesen sein mögen, nach den ersten zwölf Monaten des Krieges wurde seine Haltung plötzlich viel nachgiebiger.

Das patriotische „Hurra!", das er in seinem Tagebuch zunächst hinter jeden Bericht über österreichische oder deutsche Erfolge an den Fronten setzte, verschwand. Ebenso verschwanden abwertende Bemerkungen, die er bis dahin über seine englischen Freunde gemacht hatte. Als etwa nach Kriegsausbruch der österreichische Botschafter in London, Graf Mensdorff, nach Wien zurückkam, erzählte er Slatin, wie Sir Edward Grey sich von ihm mit Tränen in den Augen verabschiedet habe. Der echte Slatin, der England begeistert gedient hatte und Grey bewunderte, hätte sich entweder jeder Stellungnahme enthalten oder hätte in seinem Tagebuch dem eigenen Kummer Ausdruck verliehen. Aber der empfindliche, theatralisch-patriotische Slatin schrieb im August 1914 dazu: „Was hat *das* für einen Sinn?" Das war ein typisches Zeichen dafür, wie die innere Spannung seine natürliche Gemütslage verändert und ihn auf den Kurs gebracht hatte, den er in den ersten Kriegswochen verfolgte.

Aber noch ehe ein Jahr vergangen war, hatte er diese Stimmung überwunden. Er behauptete nicht einmal mehr, daß England am Kriege schuld sei. Niemand war schuld daran. Der Krieg war eine entsetzliche, unerklärliche Tragödie, die nur beendet werden konnte, wenn das gute Einvernehmen zwischen den europäischen Fürsten wieder hergestellt würde. In einem vom 29. Juli 1915 aus Wien datierten Brief an seinen „lieben alten Rex"* schreibt er:

> „Wenn Du, ich und der alte Graf Metternich die Könige in der Hand hätten, dann glaube ich, würden wir zu einer vernünftigen Einigung kommen."[1] („Zweifelhaft!!" schrieb der vernünftige Wingate an den Rand.)

Ein anderer Brief an Wingate vom 2. Februar 1916 zeigt nicht den wilden Krieger, sondern den sorgenvollen Friedensstifter, eine Rolle, in die Slatin mit der Zeit immer mehr hineinwuchs:

> „Weißt Du, welchen Ehrgeiz ich noch habe? Ich würde gern nach England reisen, um einflußreiche ehemalige Freunde in einem freundschaftlichen Gespräch nach ihren Wünschen zu fragen – warum man den Krieg fortführen muß, der uns allen nur Unglück bringt ..."[2]

Im Mai 1916 hat sich Slatin bereits soweit normalisiert, daß er sich schon wieder Sorgen um die Pension macht, welche die Regierung des Sudan ihm schuldet. Schon vorher hatte er Wingate ausdrücklich mitgeteilt, seine Arbeit beim österreichischen Roten Kreuz sei ehrenamtlich. Jetzt schreibt er:

> „Ich kenne nicht die gesetzlichen Bestimmungen, nach denen man den Anspruch auf Pensionen geltend machen kann. Da es keine offiziellen Verbindungen gibt, kann ich auch keinen Antrag stellen. Wie du weißt, habe ich seit Mai 1914 keine Pension (Gehalt?) bekommen, und ich weiß, daß ich auch jetzt nichts erhalten werde. Ich hoffe aber, daß die rückständige Pension nach dem Friedensschluß zwischen unseren beiden Ländern neu festgesetzt werden wird ..."[3]

* Slatin konnte während des ganzen Krieges über die diplomatischen Vertretungen der neutralen Länder in Wien oder bei seinen Reisen ins neutrale Ausland mit seinen englischen Freunden korrespondieren.

Auf einer seiner Reisen hatte Slatin einige alte Ausgaben der *Illustrated London News* in die Hand bekommen und darin eine Abbildung des Prinzen von Wales bei einem Besuch in Khartum im Kreise der örtlichen Würdenträger gesehen. Das brachte ihn offenbar ganz spontan in eine schwermütige Stimmung voller Heimweh. Er schreibt: „Der alte Schurke Ibrahim als erster in der Reihe: Wer weiß, wann die sudanesischen Zwillinge* sich wieder ihre alten Streiche spielen werden?"

Welchen seelischen Spannungen dieser Wahl-Engländer im zeitweiligen Exil in seinem heimatlichen Österreich ausgesetzt war, zeigt sich in einer jener seltenen kurzen Tagebuchnotizen Slatins vom gleichen Sommer. Am 6. August verbrachte er den Tag in den Kriegsgefangenenlagern in Wieselburg und Purgstall und unterhielt sich dort mit britischen und französischen Offizieren. Die augenscheinlich sehr freimütigen Gespräche über Krieg und Frieden scheinen Slatin sehr erregt und die Qual der geteilten Loyalität neu in ihm wachgerufen zu haben. Nach Wien zurückgekehrt schreibt er: „Nach all diesem Austausch der Meinungen fühle ich mich so unwohl, daß ich mich zu Bett legen muß."[4] Und dort blieb Se. Exzellenz, der Herr Geheime Rat, die nächsten beiden Tage.

Slatin befand sich im Rahmen seiner Arbeit für das Rote Kreuz ständig auf Reisen zwischen den neutralen europäischen Hauptstädten, besonders Bern, Kristiana (Oslo), Kopenhagen und Stockholm, und sowohl aus den offiziellen Dokumenten als auch aus seiner Privatkorrespondenz geht hervor, welchen unschätzbaren Wert seine gesellschaftlichen Kontakte aus der Zeit vor dem Kriege dabei für ihn hatten. Das zeigt sich auch in dem oben zitierten Brief vom Mai 1916 an Wingate. Slatin schildert, wie er nach einem langen Gespräch mit König Haakon von Norwegen („wir sprachen viel über die alte Zeit, in der wir in Osborne und Windsor zusammengewesen waren") die Freigabe von 150.000 Paar Stiefel und Schuhen für österreichische Kriegsgefangene in Rußland erhielt.

Im Jahr darauf sind es in erster Linie seine englischen Freunde, auf deren Hilfe er baut. Bei jeder Anfrage in London beruft er sich auf alte Freundschaften, und jedesmal wächst sein Verlangen nach Frieden und seine Sehnsucht nach England, eine Sehnsucht, die Slatin jetzt nicht mehr zu unterdrücken versucht. Im Juni 1917 schreibt er direkt an Stamfordham („Mein lieber Lord und Freund") und versucht, im Kriege gültige wirtschaftliche Sanktionen zu umgehen. Es handelt sich um die Beschaffung von Blech, das man in Kopenhagen brauchte, um monatlich 400 bis 500 Kisten für den Versand von Lebensmitteln durch das Rote Kreuz an österreichische Kriegsgefangene in sibirischen Lagern herzustellen. Dabei kann er nicht der Versuchung wider-

* der Spitzname für Wingate und Slatin bei der britischen Armee.

stehen, auch etwas über seine Begegnungen mit Fürstlichkeiten einzuflechten. Er berichtet, er sei mit dem König und der Königin von Dänemark zusammengekommen und mehrmals auf Schloß Bernsdorff gewesen, dem Geburtsort der Witwe König Edwards VII., der Königin Alexandra: „So werde ich immer wieder an vergangene glückliche Tage erinnert und erkenne erst jetzt, wie glücklich wir vor dem Krieg gewesen sind."[5]

Stamfordham antwortet im gleichen Ton: „Man denkt gern an die glücklichen Tage zurück und lebt in der Hoffnung auf die Zukunft." Aber trotz all dieser freundschaftlichen Gefühle muß Stamfordham ihm sagen, daß man der Bitte um eine Blechlieferung in Whitehall nicht entsprechen könne. Die Exportrestriktionen könnten nicht gelockert werden. Über den spanischen Botschafter in Wien, der damals die britischen Interessen dort vertrat, erhielt Slatin die offizielle Absage.[6]

Was Slatin aber jetzt in London erreichen wollte, ging weit über eine Lieferung von Blech hinaus. Er bemühte sich um nichts weniger als geheime Friedensverhandlungen zwischen den beiden kriegführenden Lagern. Das erste offizielle Echo dieser Bemühungen erscheint in einem Telegramm des britischen Gesandten in Kopenhagen, Sir Robert Paget, an das britische Außenministerium vom 7. Mai 1917:

> „Slatin Pascha ist hier bei Prinz Waldemar (von Dänemark). Er sagt, Österreich müsse Frieden haben, es habe keinen Streit mit England, während die Österreicher die deutsche Tyrannei als unerträglich empfänden ... Prinz Waldemar möchte versuchen, die Österreicher und uns zusammenzubringen, fürchtet jedoch, die Deutschen würden Dänemark dafür zur Rechenschaft ziehen ..."[7]

Vielleicht ist es nur ein Zufall, daß Slatins Bemühungen in Kopenhagen den viel energischeren Friedensfühlern seines Souveräns, des jungen Kaisers Karl,[8] auf dem Fuße folgten, welche dieser in den letzten drei Monaten in London und Paris ausgestreckt hatte. Es ist sehr unwahrscheinlich, daß Slatin trotz seiner guten Beziehungen bei Hofe etwas von den Vorgesprächen erfahren hat, die später als „Sixtus-Affäre" bekannt wurden, weil sie von den beiden französischen Schwägern des Kaisers, den Prinzen Sixtus und Xavier von Bourbon-Parma geführt wurden. Vielmehr wissen wir aus dem Munde der Kaiserin Zita, daß, außer dem Kaiser, nur sie selbst und der damalige Außenminister Graf Czernin in Wien in diese streng geheime und politisch explosive Affäre eingeweiht waren, das letzte Unternehmen der alten dynastischen Diplomatie in der europäischen Geschichte.[9]

Andererseits wurde Slatin oft zu Kaiser Karl zur Audienz befohlen, um mit ihm über Kriegsgefangenenfragen zu sprechen, und sein Bruder Heinrich hatte als Hofbeamter noch engere Beziehungen zu Hofkreisen. Es war allgemein bekannt, daß der neue Herrscher nicht nur den Krieg, den er nicht begonnen hatte, beenden wollte, sondern auch das Bündnis mit Deutschland, das er sogar im Frieden so fürchtete. Slatin, der vor dem Kriege den Engländern gedient hatte und als europäischer Hofmann über Beziehungen an allen neutralen Höfen und in den Hauptstädten der neutralen Länder verfügte, konnte sie jetzt als Funktionär des Roten Kreuzes beliebig oft besuchen, ohne Verdacht zu erregen. Er eignete sich natürlich sehr gut dafür, als Vermittler die geheime Mission des Prinzen Sixtus in den westlichen Hauptstädten zu unterstützen. Es ist daher durchaus möglich, daß Slatin, als er diese Auffassung in Kopenhagen vortrug, dazu von einer maßgeblichen Persönlichkeit in Wien ermuntert worden ist. Die einzige überlebende Teilnehmerin an der österreichischen Friedensoffensive von 1917, die Kaiserin Zita, ist überzeugt davon, ihr Gatte, der Kaiser, sei selbst diese Persönlichkeit gewesen.[10] Aber wir wissen es nicht genau. Der Kaiser hat auch mit seiner Gattin nicht darüber gesprochen. Die Archive geben uns keine Hinweise, und auch Slatin erwähnt die Sache weder in seinen Briefen noch in den nach dem Kriege von ihm verfaßten Denkschriften.

Im Mai 1917 war es jedoch schon zu spät, um das österreichische Friedensangebot in seiner ursprünglichen Form noch weiter zu betreiben. Der englische Premierminister Lloyd George war der einzige Staatsmann im Westen, der bereit gewesen wäre, darauf einzugehen, denn er sah darin ein Mittel, nicht nur das seit langer Zeit bestehende politische Bündnis zwischen Österreich und Deutschland zu zerschlagen, sondern auch die Erstarrung an den militärischen Fronten zu lösen. Die Franzosen – unter einer neuen Regierung – konnten sich nicht zur Zustimmung entschließen. Die Italiener, denen man große Gebietsteile des Habsburgerreichs nach einer österreichischen Niederlage versprochen hatte, waren entschieden dagegen. Knappe drei Wochen bevor Slatin seine Erkundungsgespräche in Kopenhagen führte, waren die Vertreter der drei alliierten Mächte auf einer Sonderkonferenz in St. Jean de Maurienne übereingekommen, daß es „nicht opportun" wäre, zu diesem Zeitpunkt in Gespräche mit den Österreichern einzutreten. Der Text dieses Dreimächtebeschlusses wurde am 11. Mai 1917 dem britischen Botschafter in Kopenhagen, Lord Hardinge, telegraphisch zugeleitet. Also war für den Augenblick nichts zu machen.

Aber Slatin fand sehr bald einen anderen Weg, um seine Friedensfühler nach London auszustrecken, und dieser Weg konnte durch diplomatische Konferenzen nicht blockiert werden. Der Kurier war ein hochgestellter englischer Kriegsgefangener, für dessen Entlassung sich Slatin eingesetzt hatte, und ihn schickte er nicht in das Außenministerium, sondern direkt zu König George V. Dieser Offizier war der Oberstleutnant Henry Napier, mit dem Slatin schon im Oktober 1916 in einem Offizierslager in Salzerbad gesprochen hatte.[11] Ende 1917 gelang es ihm, den Austausch Napiers gegen einen österreichischen Kriegsgefangenen zu erwirken. Wenige Wochen später nahm Lord Stamfordham die Sache in einer geheimen Denkschrift an König George vom 31. Januar 1918 wieder auf:

„Untertänigst vorgelegt.

Heute habe ich Oberstleutnant Hon. Henry Napier, den Sohn des verstorbenen Lord Napier of Magdala, besucht, der kürzlich aus österreichischer Gefangenschaft entlassen worden ist, hauptsächlich durch die Hilfe und Vermittlung von Sir R. Slatin. Er traf auf der Durchreise in Wien mit Slatin zusammen, der ihn bat, mir mitzuteilen, er betrachte sich noch als britischen General und treuen Diener des Königs George – und er sähe keinen Grund, warum er nicht zugleich auch ein loyaler und treuer Untertan seines Kaisers sein könne –. In dieser seiner Doppelrolle wäre er vielleicht in der Lage, an der friedlichen Beilegung des Krieges mitzuarbeiten. Er sagte zwar, ein Separatfrieden zwischen England und Österreich käme nicht infrage, er glaube jedoch, die elsaß-lothringische Frage könne sich regeln lassen, wenn dieses Gebiet unter deutschem Schutz die Autonomie erhielte. Auch über Triest könnte man sich einigen. Oberstleutnant Napier sagte, er habe mir zwar diese Botschaft übermitteln wollen, bäte jedoch, auch Lord Hardinge melden zu dürfen, was Slatin gesagt habe. Das hat er getan. Ich werde mit Lord H. sprechen. S."

Hier hört man das Echo der Sixtus-Affäre und ihrer Nachwirkungen viel deutlicher heraus. Die Unterstützung der französischen Ansprüche auf Elsaß-Lothringen war der stärkste Anreiz, den Kaiser Karl der Entente zu bieten hatte. Im vergangenen Frühjahr war er den Verbündeten allerdings viel weiter entgegengekommen als Slatin in seinen Andeutungen. Außerdem hatte der Kaiser sich, ohne Triest zu erwähnen, verpflichtet, Teile seiner italienischen Provinzen abzutreten, wenn er damit einen allgemeinen Frieden erkaufen könnte.

Kurz vor der Abreise des Oberstleutnants Napier nach England hatte sich Slatin einige Tage im Gefolge des Kaisers befunden. Der junge Monarch hatte die italienische Front inspiziert, an der er vor der Thronbesteigung ein österreichisches Armeekorps befehligt hatte. Daß Slatin an dieser Inspektionsreise teilnahm, können wir heute nur noch feststellen, weil es dabei zu einer komischen Episode kam, die hier um ihrer selbst willen geschildert werden soll. Auf der Rückfahrt von einem Divisionsstabsquartier am 10. November fuhr die kaiserliche Autokolonne neben dem nach heftigen Regenfällen Hochwasser führenden Fluß Torre her. An einer beschädigten Brücke kam der erste Wagen, in dem der Kaiser und sein Chef des Stabes, General Arz, saßen, vom Wege ab und rutschte wenige Meter in den Fluß hinein. Nur die Räder standen unter Wasser, so daß die hohen Herrschaften im Wagen unversehrt und trocken auf ihren Plätzen sitzen bleiben konnten. Der junge Kaiser, dem der kleine Unfall nichts auszumachen schien, lachte fröhlich.[12]

Aber seine Begleitung schien entschlossen, die Angelegenheit zu dramatisieren. Nach aufgeregtem Winken und Rufen brachte man einen Lastwagen heran, stellte ihn am Ufer auf und versuchte, den im Wasser stehenden Wagen mit einer Kette an den Lastwagen anzuhängen. Aber die erste Kette war zu kurz. Während man noch nach einer zweiten suchte, nahm der Bursche des Kaisers die Sache in die Hand bzw. auf die Schultern. Zusammen mit einem Soldaten des Begleitkommandos watete er in den Fluß und überredete den Kaiser, sich ans Ufer tragen zu lassen. Der Bursche war sehr klein, der Wachsoldat sehr groß, und so fiel der Kaiser, nachdem er sich für nur wenige unsichere Schritte auf den Schultern der beiden getreuen, aber ungleichen Retter hatte halten können, ins Wasser. Immer noch bester Laune und außerhalb jeder ernsten Gefahr wartete er, bis zum Gürtel, aber auf festem Schilfuntergrund im Fluß stehend, auf die nächste Rettungsaktion.

Die Aufregung am Ufer kannte jetzt keine Grenzen mehr, denn für Seine Apostolische Majestät war das eine unmögliche Lage. Ein Hofbeamter wollte dem Kaiser seinen Mantel zuwerfen, aber auch das mißlang, denn die Entfernung war zu groß. Nun watete Prinz Felix von Bourbon-Parma[13] ins Wasser und ließ eine Reihe von Soldaten hinter sich eine Kette bilden. Mit Hilfe dieser Männer und einer Stange von der beschädigten Brücke zog sich der Kaiser schließlich ans trockene Land. Slatin, der in einem der letzten Wagen der Kolonne saß, hat sich die ganze Sache wahrscheinlich in aller Ruhe von dorther angesehen, ohne sich von seinem Sitz zu rühren. Der Chef des Stabes, General Arz, war noch phlegmatischer. Er blieb im kaiserlichen Wagen sitzen und ließ sich in diesem, ohne daß ein Faden an seiner Uniform naß geworden wäre, von dem Lastwagen ans Ufer ziehen.

Der Kenner Österreichs und österreichischer Verhältnisse könnte in dieser kleinen Episode auf manches Typische hinweisen. Sie wäre aber niemals in den offiziellen Akten festgehalten worden, hätte der Pressesekretär des Kaisers, Karl Werkmann, diese Geschichte nicht für propagandistisch so wertvoll gehalten, daß man sie unbedingt veröffentlichen müsse. Sie wurde noch am gleichen Abend in hochdramatischer Form an alle Presseberichterstatter beim Hauptquartier weitergegeben, die sich pflichtschuldigst daranmachten, sie noch dramatischer darzustellen. Die treuen Untertanen des Kaisers in Österreich-Ungarn erfuhren daher am folgenden Morgen zu ihrem Entsetzen, daß ihr Souverän um Haaresbreite kurz hinter der italienischen Front ertrunken wäre. Die Erregung und die Erleichterung, die man in Wien empfand, waren, wenn auch unbegründet, so doch echt. In den Kirchen wurden Dankgottesdienste abgehalten, und das Herrenhaus trat zu einer Sondersitzung zusammen, um der Gefolgschaftstreue und Dankbarkeit seiner Mitglieder Ausdruck zu verleihen.

Dem Kaiser blieb nichts übrig, er mußte die ihm zugedachte Rolle spielen. Bei einer feierlichen Zeremonie im Speisewagen des Hofsonderzuges am 12. November (bei welcher der Kaiser und mancher andere Anwesende wahrscheinlich nur mit Mühe die Haltung bewahrten) erhielten seine „Retter aus der Todesgefahr" alle möglichen Auszeichnungen. Prinz Felix bekam die goldene Tapferkeitsmedaille für Offiziere, der kleine Bursche und der große Gardesoldat erhielten die gleiche Auszeichnungen für Mannschaften, obwohl sie ihren Kaiser hatten in den Fluß fallen lassen, und das Verhalten des Freiherrn Rudolf von Slatin Pascha wurde „ehrend erwähnt", obwohl er die ganze Zeit seinen Wagen nicht verlassen hatte.[14] Wir verdanken es nur dieser offiziellen Erwähnung und der Komödie an den Ufern des Flusses Torre, die ihr vorausging, daß wir wissen, wo Slatin sich in der zweiten Novemberwoche 1917 aufgehalten hat. Natürlich hatte er mit dem Kaiser andere Gesprächsthemen als nasse Füße, und zu diesen Themen mag auch die bevorstehende Reise des Oberstleutnants Napier nach England gehört haben.

Ein weiterer und deutlicher erkennbarer Grund für Slatins Reise an die italienische Front war es sicherlich, daß er dem Kaiser über den Verlauf einer wichtigen internationalen Konferenz berichten sollte, an der er im vorangegangenem Monat in Kopenhagen als Vertreter Österreichs teilgenommen hatte. Zwar hatten die Bolschewiken in Rußland noch nicht die Macht ergriffen, aber die Märzrevolution, die den Zaren gestürzt hatte, war schon sechs Monate alt. Man wußte nicht genau, ob die Provisorische Regierung den Kampf fortsetzen werde, und Berlin und Wien unternahmen lebhafte Anstrengungen, den Kampfeswillen der Russen zu erkunden, beziehungsweise zu schwächen. Vor diesem Hintergrund setzten sich Vertreter der russischen Armee und des russischen Roten Kreuzes im Oktober 1917 in Kopenhagen mit Vertretern der verbündeten Mittelmächte Deutschland, Österreich-Ungarn, der Türkei und Bulgarien zu einem Gespräch über die Versorgung und den möglichen Austausch von Kriegsgefangenen zusammen. Slatin vertrat dabei das österreichische Rote Kreuz, und die Quellen im Archiv der k. u. k. Militärkanzlei zeigen, daß er sich dabei gut bewährt hat.

In einem aus Wien vom 17 November 1917 datierten Bericht des Kriegsministers an Kaiser Karl[15] heißt es, die Teilnahme Seiner Exzellenz, des Baron Slatin, habe sich auf den erfolgreichen Abschluß der Verhandlungen besonders wertvoll ausgewirkt. Er sei wiederholt in der Lage gewesen, eine weitere Verschärfung von Spannungen schon im Keime zu verhindern, und ausgleichend auf die Delegationen einzuwirken, und zwar sowohl dank der hohen Achtung deren er sich erfreute, als auch aufgrund seines Scharfsinns und seiner Erfahrungen auf außenpolitischem Gebiet.

Etwas später wurde Slatin für diese Leistungen mit dem Ehrenzeichen 1. Klasse ausgezeichnet. In der Verleihungsurkunde heißt es, daß Slatin in den vergangenen zwei Jahren außerordentlich erfolgreich für das Wohl der österreichischen Kriegsgefangenen und Zivilinternierten in feindlichen Ländern gewirkt habe.[16] Während Wingate weiterhin die Regierungsgeschäfte in Khartum wahrnahm und Slatin im neutralen Europa „wie der ewige Jude" – wie er selbst in einem Brief an einen alten österreichischen Freund schreibt – herumreiste, erlebten beide im persönlichen Bereich Kummer sowohl wie Freude. Am 12. November 1916 ging für Alice Slatin der vielleicht größte Wunsch ihres Lebens in Erfüllung; sie schenkte Rudolf in ihrem dreiundvierzigsten Lebensjahr ein Kind. Slatin hatte, wie er Wingate am 28. Mai jenes Jahres schrieb, eigentlich „einen kleinen Rowdy" erwartet. Wenn er jedoch enttäuscht gewesen ist, weil es eine Tochter war, die den Namen Anna Marie Helene erhielt, dann zeigte er es nicht. Er schrieb in fröhlichem Ton an Wingate: „Mutter und Kind sind wohlauf. Das kleine Mädchen sieht aus wie ein Affe, und jeder behauptet, sie sähe mir sehr ähnlich."[17]

Wingates Leben verlief während des Krieges in ganz normalen Bahnen, bis die Familie im Februar 1918 den damals so häufigen tragischen Schicksalsschlag erlitt. Einer seiner beiden Söhne, Malcolm, fiel an der Westfront. Er war erst 24 Jahre alt, aber schon Major und mit dem Distinguished Service Cross, dem Military Cross und dem Croix de Guerre ausgezeichnet. Der glühende Chauvinismus in Slatins Brust war schon längst ausgebrannt, aber dieses Ereignis löschte die allerletzten Funken aus. Über die durch den Krieg errichteten Barrieren hinweg schrieb er an Wingate einen Brief, der, abgesehen von der Rechtschreibung, von jedem englischen Freund hätte verfaßt sein können:

> „Mein lieber alter Freund, mein Kummer ist größer als ich es ausdrücken kann. Der arme Malcolm ist für immer von uns gegangen, so ein guter, intelligenter, tapferer Junge, so ein guter Sohn. Wie deutlich erinnere ich mich an ihn; der kleine blonde Bursche, er war damals drei oder vier Jahre alt, stand auf einem Stuhl und hielt uns eine Predigt. Dir und Lady Wingate mein tiefstes und aufrichtigstes Mitgefühl. Dieser unselige Krieg soll unsere freundschaftlichen Gefühle nicht beeinträchtigen, und keine tausend Kriege könnten mich veranlassen, auch nur ein Atom der Zuneigung zu verlieren, die ich für Dich und Deine Lieben empfinde ..."[18]

Das Rad hatte seine Drehung vollendet. Die persönlichen Beziehungen, die für Slatin immer viel mehr bedeuteten als alles andere, hatten die Politik jetzt wieder vollkommen verdrängt. Es hätte sein eigener Sohn sein können, der in Frankreich gefallen war. Es kam nicht mehr darauf an, durch wessen Kugel und in welchem Schützengraben der junge Mann getötet worden war. Der Krieg, den Slatin wie so viele andere zuerst mit so theatralischer Gebärde zu seiner eigenen Sache gemacht hatte, war zu einem anonymen universalen Feind geworden, den alle in gleicher Weise zu erdulden hatten.

Doch es sollte nicht mehr lange dauern. Etwas mehr als drei Monate nachdem Slatin diesen Brief geschrieben hatte, begann das komplexe österreichisch-deutsche militärische Gebäude, das bis jetzt trotz so vieler Spannungen und Hammerschläge noch irgendwie zusammengehalten hatte, plötzlich morsch zu werden. Bulgarien, der kleinste und schwächste Bündnispartner der Mittelmächte, brach am 25. September 1918 zusammen und entblößte damit die Südostflanke Österreich-Ungarns. Die Habsburgermonarchie, die sechseinhalb Jahrhunderte überdauert hatte, sollte keine sechseinhalb Wochen mehr am Leben bleiben. Nach der Niederlage an den Fronten begann jetzt auch der Zusammenbruch im Inneren.

Beginnend mit den Tschechen, Ungarn, Kroaten, Slowenen und Polen erklärten die einzelnen Völker des Habsburgerreichs ihre Unabhängigkeit. Ironischerweise hatte ihnen die Krone dazu die Vollmacht erteilt. Der junge Kaiser hatte, in dem verzweifelten Versuch seine Reiche zusammenzuhalten, die Monarchie in den letzten Wochen ihres Lebens zu einem aus selbständigen Ländern bestehenden Bundesstaat erklärt. Seine Völker griffen nun nach der Selbständigkeit und lehnten die Zugehörigkeit zum Bund ab. Das Ende kam am 11. November um die Mittagszeit, als sich Karl formell „von der Teilnahme an den Regierungsgeschäften zurückzog" und am nächsten Tag in Wien die Republik ausgerufen wurde.

Slatin befand sich zur Zeit des Zusammenbruchs in der kaiserlichen Hauptstadt. Wie die meisten ihrer Einwohner, erschütterte und erschreckte ihn dieses Erdbeben, das die gesamte politische und gesellschaftliche Landschaft um ihn her auslöschte. In seinen Briefen und Tagebüchern sagt er an keiner Stelle, welche Folgen des Krieges er erwartet hat, aber wahrscheinlich hat er seine Hoffnungen auf irgendeinen Kompromiß zwischen beiden Lagern gesetzt, der es der Monarchie ermöglicht hätte, ihre Wunden zu heilen und das eigene Haus in Ordnung zu bringen. Daß diese Wunden nicht mehr heilbar waren und das Haus den Menschen über dem Kopf zusammenstürzen würde, hatten sich die Österreicher vom Schlage Slatins in ihren schwärzesten Träumen nicht vorstellen können. Das war mehr als eine Niederlage; das war die Vernichtung. Er war eher der Diener einer Dynastie als der Bürger ihres Reiches gewesen. Jetzt waren fast über Nacht das Reich und die Dynastie hinweggefegt worden. Wohin sollte er sich wenden? Was sollte er tun?

Slatin war insofern ausnehmend, ja fast einzigartig glücklich, als er nicht nur einen Platz hatte, wohin er gehen, sondern auch eine ganz bestimmte Aufgabe besaß, die er erfüllen konnte. Es war eine Aufgabe, in deren Rahmen es ihm möglich war, für die Republik zu arbeiten, ohne dem Kaiser die Treue zu brechen. Sehr bald nach dem Waffenstillstand reiste er nach Bern, um die Arbeit für das Rote Kreuz, die er in den vergangenen zwei Jahren geleistet hatte, zu Ende zu führen; eine Arbeit, die jetzt, da die Entlassung von Hunderttausenden österreichischer Kriegsgefangener bevorstand, den Wendepunkt erreichte. In weiser Voraussicht nahm er seine Frau und seine zweijährige Tochter mit (ihr Geburtstag fiel auf den Tag der Ausrufung der Republik). Wien war schon eine frierende, hungernde Stadt, in der Revolution in der Luft lag. Dies war nicht mehr *sein* Wien, und so kam es ihm auch nicht wie Fahnenflucht vor, als er auf dem Westbahnhof den Zug bestieg, um in die neutrale Schweiz zu fahren, wo es Wärme und genug zu essen gab.

Slatin selbst war ein kranker Mann. Bald nach seinem Eintreffen in Bern wurde er wegen einer Bronchitis und Herzschwäche in das Sanatorium „Victoria" eingeliefert. Aber das Österreich, das er verlassen hatte, war viel schwerer krank. Wien war jetzt nur noch die Hauptstadt einer winzigen verarmten Republik, die nur sieben Millionen Einwohner besaß. Der alte Glanz und Einfluß der „Kaiserstadt" galt nichts mehr in den Nachbarländern, die sich ihrer neu erworbenen Selbständigkeit erfreuten und es den Österreichern nur zu gerne fühlen ließen, das nun die Rollen vertauscht waren. Die einzige Hoffnung der vielgeplagten Männer, die in die Schuhe der Habsburger geschlüpft waren, war, daß die siegreichen Westmächte die sogenannten „Nachfolgestaaten" zwingen würden, Wien mit Lebensmitteln und Brennstoffen zu versorgen. Es war eine groteske Situation, in der die ehemaligen Feinde Österreichs gebeten werden mußten, die ehemaligen Untertanen der Habsburgermonarchie zur Ordnung zu rufen. Slatin, mit seinen einzigartigen Beziehungen, schien der beste Mann, solche Verhandlungen zu führen: Und so wurde sein Krankenzimmer im Sanatorium „Victoria" zu einem diplomatischen Büro.

Es begann damit, daß Slatin am 9. Dezember ein dringendes Telegramm erhielt. Es war gemeinsam von dem Wiener Bürgermeister Dr. Weiskirchner und von Dr. Otto Bauer, dem Staatssekretär für Äußeres in der provisorischen Regierung des sozialistischen Kanzlers Karl Renner, unterschrieben. Der folgende Text ist eine ungenaue Wiedergabe, denn er ist die Übersetzung der von Slatin ins Englische übertragenen Fassung:

> „Lage in Wien infolge Kohlenmangels katastrophal. Flehe Eure Exzellenz an, sofort mit amerikanischer und britischer Gesandtschaft Verbindung aufzunehmen, um auf tschechoslowakische Regierung einzuwirken, sie möge Kohlen nach Wien liefern. Das ist nicht eine Frage von Tagen, sondern von Stunden. Die Bevölkerung einer Zweimillionenstadt kann nicht in Hunger und Kälte im Dunklen bleiben. Wie soll ich unter solchen Umständen in Wien für Ordnung und Ruhe sorgen? Bei äußerster Sparsamkeit werden die Lebensmittelvorräte bis Ende dieses Monats reichen."[19]

Slatin hat vielleicht mit fanatischen neuen Republikanern wie Bauer nichts zu tun haben wollen. Er konnte aber den Wienern nicht den Rücken kehren, besonders da sich so viele seiner eigenen Verwandten und Freunde unter den Betroffenen befanden. Er tat deshalb sofort alles in seiner Macht Stehende. Natürlich dachte er zuerst an seinen „lieben Lord und Freund". Am nächsten Tage schickte er seine Übersetzung des obigen Telegramms aus Wien an Lord Stamfordham und bat diesen „als meinen treuen Freund... , Seine gnädige Majestät und die Minister für den traurigen Fall meines armen Landes und der Stadt Wien zu interessieren".[20] Dabei zeigte er Stamfordham die letzte Trumpfkarte, welche der österreichischen Republik noch geblieben war: „Ich fürchte, Österreich wird sich sehr bald in einem ähnlichen Zustand befinden wie Rußland. Es ist unmöglich, ein Volk zu regieren, besonders wenn es sich um Großstadtbewohner handelt, wenn man ihnen nicht Licht, Heizung und Lebensmittel geben kann."

Slatin hatte den mächtigen Berater des Präsidenten Wilson, Colonel House, niemals kennengelernt, aber er ließ sich davon nicht einschüchtern. Er schrieb ihm am 10. Dezember einen Brief, in dem er die Anrede „You" stets groß schrieb, so als wolle er andeuten, die Amerikaner seien jetzt die wahren Herren und Herrscher der Welt. Da die Amerikaner aber von all dem recht weit entfernt waren, so hielt er es für richtig, ein wenig mehr von den Hintergründen Mitteleuropas zu erklären. Er legte auch hier die Trumpfkarte des bolschewistischen Schreckgespenstes mit Nachdruck auf den Tisch:

> „Wien wurde bisher aus Mähren und Böhmen mit Kohle versorgt... und diese Kohlenbergwerke liegen fast alle in den Teilen Böhmens, die von einer deutschstämmigen Bevölkerung bewohnt werden. Seit unserem katastrophalen Zusammenbruch erlaubt die tschechoslowakische Regierung, obwohl die Kohle dort im Überfluß vorhanden ist, keine Lieferungen nach Wien.
>
> Es wird unausweichlich, wenn keine Hilfe gewährt wird, zu schweren Unruhen ‚à la bolschewiki' kommen, und das wird nicht nur für die Stadt, sondern auch für das ganze Land und später vielleicht sogar für die Nachbarländer tödliche Folgen haben.
>
> Colonel House, ich flehe Sie deshalb im Namen der Menschlichkeit an, Mittel und Wege zu finden, um die tschechoslowakische Regierung zur Erteilung der Erlaubnis zu veranlassen... Es liegt in den Händen der Alliierten, uns vor dem Bolschewismus zu retten und Österreich, d. h. Wien, seine alte Hauptstadt, wieder aufzubauen, oder die Stadt der Vernichtung preiszugeben..."[21]

Für einen kranken Mann in einem schweizer Sanatorium war dieser Brief, den er geschrieben hatte, um einem Vaterland zu helfen, das – so wie er es kannte und liebte – versunken war, keine schlechte Leistung. Die österreichischen Behörden wendeten sich damals auf jedem Wege, der ihnen offen stand, an alle Mächte der Entente, aber Slatins Versuch scheint eine nicht unbeträchtliche Wirkung gehabt zu haben. Das österreichische Rote Kreuz führt in seinem „Generalbericht für das Jahr 1918" (eines der wenigen Dokumente des Roten Kreuzes, die überlebt haben) an, es sei Slatins Brief an Colonel House gewesen, der Präsident Wilson veranlaßt habe, auf der alliierten Konferenz für Österreich zu intervenieren und „Hilfe in Form von Lebensmittellieferungen an Deutsch-Österreich zu gewähren".[22] Slatin notiert vierzehn Tage nach Absendung seines Schreibens nach Washington nur: „Oberst House schrieb mir einen sehr freundlichen Brief und sicherte Hilfe für Österreich und besonders für Wien zu." Zu dieser Zeit, so fügt er hinzu, war jedoch noch keine tschechische Kohle in der österreichischen Hauptstadt eingetroffen.[23]

Der Text des Briefes von Oberst House hat sich nicht mehr auffinden lassen. Wir besitzen aber einen Brief von Lord Stamfordham. Er schreibt am 19. Dezember aus dem Buckinghampalast an Slatin:

„Ich habe mich vergewissert, daß die Tschechoslowaken aufgefordert worden sind, Wien mit jeder Menge Kohle zu versorgen, die sie entbehren können.

Die Frage der Lebensmittelversorgung ist sehr dringend, und wir werden von allen Seiten gedrängt, denen zu helfen, mit denen wir uns erst kürzlich im Kriege befunden haben. Die Angelegenheit liegt in den Händen des *Comité Internationale de Ravitaillement*. Man hat großes Mitgefühl mit den Leiden besonders der ärmeren Bevölkerungsschichten."

Am Schluß des Briefes folgen ein paar persönliche Worte:

„..... uns geht es gut, aber für viele von uns cst ôi§s eine traurige Zeit. Ich hoffe auf die Wiederherstellung des Friedens und bin überzeugt, daß der Tag nicht mehr fern ist, an dem wir Sie wiedersehen werden."[24]

Auch Slatin hoffte auf die Nachkriegs-Welt und die Rückkehr zu normalen Verhältnissen der Friedenszeit, die sozusagen schon um die Ecke – im neuen Jahr – wartete. Je mehr er in seinem Sanatorium in der Schweiz über diese Frage nachdachte, desto stärker wurde in ihm die Überzeugung, daß seine Zukunft dort läge, wo auch seine Vergangenheit lag – in England. Allerdings wollte er sich 1919 noch nicht in England niederlassen. Noch war ihm der bloße Gedanke an das englische Klima allzu kühn. Aber es war eben so, daß sich Slatin nirgends in Ruhe niederlassen hätte können, ohne das Gefühl, daß nach der allgemeinen Verbitterung im Kriege und den Gerüchten über sein Verhalten, nun mit seinen englischen Freunden alles wieder in Ordnung sei. Es gab außerdem den sehr handfesten Grund, daß er es sich nicht leisten konnte, sich irgendwo niederzulassen, ohne für seinen Lebensunterhalt zu arbeiten, wenn diese englischen Freunde ihm nicht zu seinen vor dem Kriege erworbenen Pensionsrechten verhalfen.

Die beiden Probleme – seinen guten Ruf wieder herzustellen und sein Geld zurückzubekommen – waren, wie er wußte, eng miteinander verknüpft. In den letzten Tagen des Jahres 1918 entschloß er sich, beide Probleme gemeinsam anzupacken. Er hatte erst vor kurzem mit beredten Worten um Sympathie und Hilfe für die österreichische Republik geworben. Jetzt war es höchste Zeit, daß man Rudolf Slatin die gleichen Dienste leistete. Die Art und Weise, wie er das tat, war bezeichnend für den Übereifer, der so sehr zu seinem Wesen gehörte. Außerdem war die Art seines Vorgehens vielleicht auch symptomatisch für die Nervosität und das schlechte Gewissen im Hinblick auf sein Verhalten im August 1914. Er schrieb an seine beiden engsten und einflußreichsten englischen Freunde, von denen keiner je davon geträumt hatte, ihn während des Krieges der Illoyalität zu bezichtigen, und übersandte ihnen eine sehr detaillierte Denkschrift, die seine Loyalität beweisen sollte.

Der erste Brief an Wingate[25] ging am 21. Dezember ab. Der Brief an Lord Stamfordham folgte drei Tage darauf am Heiligen Abend.[26] Da beide Briefe dem gleichen Zweck dienten und den gleichen Stil und Inhalt hatten, können wir sie gemeinsam behandeln. Zu Beginn eines jeden Schreibens schildert Slatin seine gegenwärtige unangenehme Lage und fragt, ob es möglich wäre, ihm die Monatspension der sudanesischen Regierung in Höhe von 50 Pfund schon jetzt in die neutrale Schweiz zu überweisen, obwohl der Friede noch nicht geschlossen sei. Dann beginnt er mit seiner Verteidigung, so als wolle er Zweifel zerstreuen, die den Empfängern der Briefe kommen könnten, oder sich gegen Vorbehalte wenden, die von dritter Seite vorgebracht werden mochten.

Zuerst erklärt er, er habe bei Kriegsbeginn alle Angebote für Ernennungen auf dem militärischen oder zivilen Sektor abgelehnt, die seine eigene Regierung ihm in Wien gemacht habe, um stattdessen ohne Bezahlung für das Rote Kreuz zu arbeiten. Dann zählt er die Angebote auf, die ihm im Kriege von anderer Seite gemacht worden seien, und die er ebenfalls abgelehnt habe. So behauptet er, im Dezember 1914 habe der Khedive Abbas von Ägypten (der damals bereits von den Briten abgesetzt und ins Exil gegangen war) ihm bei einem Besuch in Wien einen Posten in seinem persönlichen Stabe angeboten. Slatin habe abgelehnt und dazu gesagt, daß „ein entlassener Pascha, der noch Sympathien für England hat, und ein entlaufener Khedive ein sehr schlechtes Gespann wären".

Als Anlage zu beiden Briefen fügte Slatin eine Darstellung seiner Tätigkeiten während des Krieges bei, die aus numerierten Absätzen besteht:

„1. Nach der Kriegserklärung der Türkei erhielt ich das Angebot, in den Dienst ihrer Regierung zu treten und als Berater gegen Ägypten und Arabien zu arbeiten. Ich habe abgelehnt, ohne in Verhandlungen einzutreten.

2. Nachdem Deutschland Truppen in die Türkei und nach Syrien verlegt

hatte, wurde ich vom deutschen Botschafter in Wien gefragt, ob ich den Posten eines politischen Offiziers bei den deutschen Streitkräften übernehmen und Expeditionen durchführen oder leiten wolle, wie sie von den Herren Frobenius, Turstig, Neufeld und anderen unternommen worden sind. Ich lehnte ab, ohne in Verhandlungen einzutreten.

3. Vor seinem Rücktritt kam der Reichskanzler Bethmann-Hollweg Ende 1916 nach Wien und bot mir durch den deutschen Botschafter dort an, in den Dienst der deutschen Regierung zu treten. Er erklärte, er habe den persönlichen Befehl des Kaisers, mir dieses Angebot zu machen – der Kaiser wisse, daß meine Fähigkeiten von Österreich nicht ausgenutzt würden. Man schlug mir vor, beim Eintritt in deutsche Dienste den gesamten Gegenwert meines jetzt von der britischen Regierung beschlagnahmten Geldes und Eigentums zu meiner unwiderruflichen Verfügung auf jede von mir genannte Bank einzuzahlen. Dazu sollte ich einen hohen militärischen Rang und einen hohen Orden erhalten. Ich erklärte, unter den folgenden Bedingungen in Verhandlungen eintreten zu wollen:

1. Ich müsse im einzelnen wissen, welche Dienste von mir erwartet würden, um beurteilen zu können, ob es sich dabei um ein faires Spiel handele und ob ich die Eignung besäße, die deutschen Forderungen zu erfüllen. (Ich glaubte, es sei nicht unmöglich, mich bei Friedensverhandlungen als Mittelsmann zwischen Deutschland und England zu verwenden.)

2. Mein Eintritt in den Dienst der deutschen Regierung sei nur möglich, wenn mein eigener Kaiser Franz Joseph den Wunsch äußerte, daß ich es täte.

Später teilte mir der deutsche Botschafter mit, dem Kaiser habe meine Antwort nicht gefallen, und er wünsche meine Dienste nur, wenn ich mich bedingungslos dazu bereiterklärte. Ich lehnte ab, und die Verhandlungen wurden abgebrochen."

Da dieses Dokument in dem schon sehr umfangreichen britischen Aktenstück über die Tätigkeiten Slatins während des Krieges häufig zitiert wird, lohnt es sich, es Punkt für Punkt zu untersuchen. Es erweist sich als ein erstaunliches Gemisch aus Halbwahrheiten, Wahrheiten und Fragezeichen. Die zu Beginn aufgestellte Behauptung, er habe alle Angebote seiner eigenen österreichischen Regierung zu Anfang des Krieges abgelehnt, wird von seinem Tagebuch widerlegt. Der Posten beim Roten Kreuz war für ihn nur „zweite Wahl"; er hat ihn erst angenommen, nachdem 1915 alle anderen Bemühungen, einen militärischen Posten zu bekommen, fehlgeschlagen waren.

Was das Angebot des Khedive Abbas im Dezember 1914 in Wien betrifft, so gibt es dafür keine Bestätigung von anderer Seite. Dagegen spricht die Tatsache, daß der Khedive, wie allgemein bekannt, Slatin in der Zeit vor dem Kriege nicht mochte, weil er ihn für ein Werkzeug der Engländer hielt. Dafür spricht der Satz, den Slatin als Begründung seiner Ablehnung zitiert. Er ist sehr typisch für Slatin in seiner wienerischen Ironie und seinem „Weltschmerz".

Zu der nächsten Behauptung, er habe ein Angebot erhalten, nach dem Kriegseintritt der Türkei als Sonderberater des Sultans zu fungieren, gewinnt man aus den in den Wiener Archiven liegenden Akten den Eindruck, daß der österreichische Außenminister Graf Berchtold wegen einer solchen Verwendung Slatins in der Türkei vorgefühlt hat. Es fehlt jede Reaktion aus Konstantinopel und jeder Hinweis darauf, daß der Großwesir nach Slatin verlangt hätte.

Auf seine letzte Behauptung, von Kaiser Wilhelm ein dringendes Angebot zum Eintritt in die Dienste der deutschen Regierung erhalten zu haben, geht Slatin am genauesten ein, und sie ist der interessanteste Teil seiner Geschichte. Leider läßt sich in österreichischen Archiven nichts über ein solches Angebot finden, und auch in den Memoiren des deutschen Kanzlers Bethmann-Hollweg, dessen Namen er nennt, ist nichts darüber enthalten. Das beweist natürlich nicht, daß das Angebot nicht gemacht worden wäre. Es ist nicht unbedingt notwendig, daß eine solche Angelegenheit, die schließlich im Sande verlief, überhaupt schriftlich erwähnt wurde.

Wie immer aber sich auch die Dinge verhalten haben mochten, der Zweck der Weihnachtskampagne Slatins war jedenfalls erfüllt. Aus einem späteren Brief an Wingate[27] sehen wir, daß der ehemalige Generalinspekteur neun Monate später seine Monatspension von 50 Pfund in die Schweiz geschickt bekam. Diese Pension wurde ihm auch in Zukunft regelmäßig überwiesen, und sie war bis zum Ende seines Lebens seine Haupteinnahme. Weder Lord Stamfordham noch General Wingate sind näher auf die detaillierte Verteidigungsschrift eingegangen, die Slatin ihnen über seine Tätigkeit während des Krieges zugeschickt hatte. Beide Männer haben sich ihm gegenüber jedoch versöhnlich und freundschaftlich verhalten. Slatin sollte sich noch für die nächsten ein, zwei Jahre in einem höchst unangenehmen Schwebezustand, einer Art Fegefeuer, befinden. Zum Glück gab es jedoch für ihn noch eine wichtige und ehrenvolle Aufgabe, die er inzwischen für Österreich zu lösen erhielt.

16. KAPITEL

Verlorene Vergangenheit

Das schlimmste Erbe, das die kleine Republik „Deutsch-Österreich" (wie sie sich zunächst nennen wollte), von der verschwundenen Monarchie übernommen hatte, war der verlorene Krieg. Es war aber auch die unvermeidlichste Erbschaft. Um welche anderen „Legate" des Habsburgerreiches die neuen Herren in Wien sich auch zu drücken versuchten (und sie wanden sich nach Kräften), dieses eine mußte akzeptiert werden. Ob kaiserlich oder republikanisch, Österreich gehörte in das Lager der Besiegten. Nun mußten Bevollmächtigte ernannt werden, um die Friedensbedingungen mit den Siegern auszuhandeln.

Als es dazu kam, eine Arbeitsgruppe von Fachleuten für Kriegsgefangenenfragen zusammenzustellen, war es nur natürlich auch Slatin auf die Liste zu setzen. Schon mehr als drei Jahre hatte er sich mit dieser Aufgabe beschäftigt, und seine Beziehungen zu den Siegermächten der Entente reichten weit über den Rahmen des Roten Kreuzes hinaus, wie er das eben anläßlich der Lebensmittel- und Brennstoffversorgung Wiens bewiesen hatte. Wenn es dem pensionierten englischen Generalinspekteur von seinem Bett in einem schweizer Sanatorium aus gelungen war, mit zwei Briefen an den Privatsekretär eines Königs und den Berater eines Präsidenten soviel Sympathie für die schwierige Lage Österreichs zu wecken, was würde er dann nicht persönlich erreichen können, wenn er an der Friedenskonferenz in Paris teilnahm und dort seine guten Beziehungen spielen ließ! Doch abgesehen von seinem Gesundheitszustand war es fraglich, ob der Freiherr von Slatin bereit sein würde, das neue Österreich in einer offiziellen Stellung zu vertreten. Die Führer der neuen sozialistischen Republik in Wien hatten es nicht immer leicht, unter den verbitterten Monarchisten der Hauptstadt die Fachleute zu finden, die sie brauchten. Der Appell, den Dr. Otto Bauer, der Staatssekretär für Äußeres in der Regierung Renner, am 3. Mai 1919 an Slatin richtete, war deshalb in sehr dringlicher, aber taktvoller Form verfaßt. Bauer telegraphierte an Slatin:

„Ich würde den größten Wert darauf legen, wenn Sie sich bereit erklären würden, sich der am 12. Mai in Paris eintreffenden Friedensdelegation als Referent für Kriegsgefangenenfragen anzuschließen. Ich weiß in ganz Deutsch-Österreich niemand, der so geeignet wäre wie Sie, die Führung dieser Verhandlungen zu übernehmen. Ich kenne wohl Ihren Standpunkt, daß sie eine politische Mission nicht übernehmen wollen... Wenn Sie die Führung der Verhandlungen über die Kriegsgefangenen übernehmen, so ist Ihre Aufgabe rein humanitärer Natur. Selbstverständlich wäre es mir auch außerordentlich wertvoll, wenn Sie Ihre weitreichenden Beziehungen nicht nur für diese Zwecke verwenden, sondern auch dazu benutzen würden, um die Stellung unserer Delegation zu erleichtern ..."[1]

Dieser letzte Satz in Bauers Telegramm widersprach natürlich direkt dem vorher Gesagten. Er ist ein typisches Beispiel dafür, daß der echte Wiener, sei er nun Monarchist oder Republikaner, statt „ja" oder „nein" lieber „vielleicht" sagt. Slatins Antwort war ebenso doppelbödig. Nachdem er zunächst mitteilte, sein Gesundheitszustand erlaube es ihm zu seinem größten Bedauern nicht, den Posten anzunehmen, fügte er hinzu:

"... Sollte sich im Laufe der Verhandlungen herausstellen, daß ich in strittigen Punkten als Vermittler von beiden Seiten gewünscht werde, bin ich, wenn es mein Zustand erlaubt, bereit, auf kurze Zeit nach Paris zu gehen ..."[2]

Für den Fall, daß der Staatssekretär den Hinweis nicht richtig verstanden hätte, bat Slatin sogar darum, man möge ihn sofort verständigen, wenn die Abreise der Delegation sich um einige Tage verzögern sollte. Aber Otto Bauer war weit davon entfernt ein Einfaltspinsel zu sein und hatte genau verstanden, was Slatin meinte. Am 5. Mai wiederholte er seinen Angriff mit einem zweiten Telegramm nach Bern. Darin bat er Slatin, die Frage „noch einmal zu überlegen". Er versicherte ihm, er wolle ihm aufreibende Verhandlungen über Details nicht zumuten. Hier gehe es nur darum, daß Slatin seine einzigartigen Beziehungen in Ententekreisen dafür einsetzte, Grundsatzfragen zu klären. „Eine vorherige Rücksprache in Wien wäre nicht notwendig. Sie brauchten sich der Kommission nur auf ihrer Durchreise in der Schweiz am Samstag oder Sonntag auszuschließen ..."[3]

Damit hatte Bauer natürlich gewonnen. Slatin antwortete noch am gleichen Tage, sein Arzt sei zwar nicht für die Reise, aber er wolle seinen „guten Willen beweisen" ... und wäre bereit, sich „nur als Berater" der Mission anzuschließen. Er schlug sogar vor, eventuell als Stellvertreter des Delegationsleiters zu fungieren, wenn dieser das Referat für Kriegsgefangenenangelegenheiten übernähme. Schließlich nominierte Slatin zwei Personen, die er als Sekretär und als besonderen Kenner der sibirischen Kriegsgefangenenlager mitnehmen wollte. Am Schluß des mit der Schreibmaschine geschriebenen Entwurfs für das Telegramm fügt Slatin handschriftlich hinzu: „Bitte jedoch meinen Dienst nur zu beanspruchen, wenn es dringend notwendig erscheint." Hier kommt sein altes Verlangen, dringend gebraucht zu werden, wieder zum Ausdruck, und er will sich das schriftlich bestätigen lassen.

Man hat Slatins Wünsche, jedenfalls soweit es die beiden Mitarbeiter betraf, augenscheinlich erfüllt, denn er erschien wie vorgesehen mit der österreichischen Delegation in Paris und blieb dort bis zum August, während der Friedensvertrag von St. Germain zwischen seinem Lande und den Ententemächten ausgehandelt wurde. Er hat uns keinen zusammenhängenden Bericht über seine Zeit dort hinterlassen, und in den offiziellen Akten wird seine Tätigkeit bei der Konferenz nur gelegentlich erwähnt. Aber schon daraus ergibt sich, daß er es bei der Durchführung der ihm übertragenen Aufgaben nicht leicht hatte. Anfang Juni hatte Bauer ihn von Wien aus angewiesen, in erster Linie die baldige Entlassung aller österreichischen Kriegsgefangenen aus den italienischen und vor allem aus den sibirischen Lagern zu erwirken, wo Tausende ihrem sechsten Winter in der Gefangenschaft entgegengingen.[4] Für den Fall, daß Slatin noch an der Dringlichkeit dieses Problems zweifeln sollte, schrieb auch Kanzler Renner an ihn und schilderte, wie die Angehörigen österreichischer Kriegsgefangener in Sibirien vor dem Kanzleramt in Wien demonstriert und Renner mehr als zwei Stunden in seinem Büro festgehalten hätten.[5]

Die Kriegsgefangenen wurden schließlich entlassen, aber es ging nicht so schnell und so glatt wie Slatin gehofft hatte. Im Juli schrieb er z. B. seiner Frau aus St. Germain:

> „Bis jetzt habe ich noch keinen Erfolg gehabt, und wenn Verwandte und Freunde ungeduldig werden, dann wundert es mich nicht... Ich bin in keiner glücklichen Stimmung... In der Kriegsgefangenenabteilung gibt es eine Menge kleinlicher Intrigen..."[6]

In einem im folgenden Monat aus St. Germain an Wingate geschriebenen Brief kommt seine bittere Enttäuschung zum Ausdruck:

> „Es tut mir leid, sagen zu müssen, daß meine Forderung, die Gefangenen zu repatriieren, abgelehnt, und das Ersuchen, man möge mir gestatten, drei oder vier Vertreter des Roten Kreuzes nach Sibirien zu schicken, um diese Unglücklichen zu trösten, ‚nicht genehmigt' wurden."[7]

Natürlich nutzte Slatin seine alten englischen Beziehungen aus, so gut es ging, aber aus den wenigen Stellen in den Akten des Außenministeriums, in denen seine Tätigkeit auf der Konferenz erwähnt wird, geht hervor, daß diese Beziehungen im Sommer 1919, als die Friedensbedingungen seinem besiegten kleinen Land praktisch diktiert wurden, nicht mehr sehr viel wert waren.

Zugegebenermaßen hat Slatin, der allen Schriftkram verabscheute und den Amtsschimmel haßte, seiner Sache nicht genützt, wenn er gelegentlich versucht hat, „außerhalb des normalen Weges" etwas zu erreichen. Bevor er nach Paris ging, schrieb er z. B. an seinen Bekannten, Lord Acton, bei der britischen Gesandtschaft in Bern und bat ihn, sich bei den schweizer Behörden für die Entsendung einer Mission des Roten Kreuzes zu den sibirischen Kriegsgefangenenlagern einzusetzen. Die Korrespondenz über dieses Thema ging weiter, als Slatin in St. Germain als Mitglied der österreichischen Friedensdelegation arbeitete, eine Indiskretion, die in London erheblichen Unwillen erregte. Slatin erreichte nichts, während Lord Acton vom britischen Außenminister, Lord Curzon, persönlich gerügt wurde, weil er durch die „direkte Korrespondenz mit einem feindlichen Ausländer" gegen die Regeln verstoßen habe.[8] Dennoch wandte sich Slatin bald darauf wieder an einen seiner Freunde, Lord Newton, um die Freilassung österreichischer Kriegsgefangener aus Malta zu erreichen. Freilich war auch dies vergeblich.

Für die Regierung der österreichischen Republik war es jedoch wichtig, daß Slatin alle diese hochgestellten Persönlichkeiten kannte und ihnen private Briefe schreiben konnte. Möglicherweise hat er mit einigen von ihnen auch Kontakte aufgenommen, um hochpolitische Fragen zu erörtern. Obwohl er seiner Delegation als Experte und nicht als politischer Berater angehörte, geht aus dem Tagebuch eines österreichischen Delegierten[9] klar hervor, daß Slatin oft zugegen war, wenn politische Fragen und nicht nur die Rückführung von Gefangenen in der Delegation besprochen wurden. Als er sich nach Abschluß der Friedensgespräche bereitmachte, St. Germain zu verlassen und in die Schweiz zurückzukehren, stand Slatin jedenfalls bei seinen republikanischen Auftraggebern in hohem Ansehen. In einem aus Paris an Wingate geschriebenen Brief hatte er nebenher die Frage aufgeworfen, was er nach Abschluß der Konferenz tun solle, und ob man ihm gestatten werde, London zu besuchen. Ohne daß Slatin es wußte, hatte Kanzler Renner in Wien ähnliche Überlegungen angestellt. Das Resultat war ein sensationeller Vorschlag. Würde Slatin bereit sein, als erster Missionschef die österreichische Republik am Hof von St. James zu vertreten?

Wieder war es Staatssekretär Bauer, der sich mit dieser Frage an ihn wendete:

„Wien, den 11. Juli 1919.

Herr General!

Nach Abschluß der Friedensverhandlungen dürfte wohl sofort die Wiederaufnahme der diplomatischen Beziehungen zu den Ententemächten erfolgen können, und muß ich es mir daher schon jetzt angelegen sein lassen, Umschau nach jenen Männern zu halten, die geeignet erscheinen, an die

Spitze der Missionen zu treten, welche unser junger Staat zu seiner Vertretung in das bisher feindliche Ausland entsenden wird. Bei der besonderen Wichtigkeit, die der Londoner Posten besitzt, wüßte ich keine bessere Wahl als Sie. Ich verkenne nicht, daß dessen Annahme bei Ihrem vorgerückten Alter für sie ein Opfer bedeutet, ich bin aber ebenso überzeugt, daß Sie dasselbe zu bringen bereit sein werden in der Erkenntnis, Sie seien wie kein anderer in der Lage, durch Ihre persönlichen Verbindungen zu wirken und dem Vaterlande hierdurch in einer Weise zu dienen, die ihm in der ersten Zeit dieser Wiederaufnahme der Beziehungen über manches Mißtrauen und vielleicht auch über noch geringeres Wohlwollen hinweghelfen... und das so wünschenswerte gute Verhältnis zu England anbahnen könnte..."[10]

Der Text der Antwort Slatins, die am 16. Juli nach Wien ging, ist nicht erhalten geblieben. Aber ein zweiter nach vier Tagen an Slatin gerichteter Brief des enttäuschten Dr. Bauer befindet sich in den Akten.[11] Aus ihm geht hervor, daß Slatin für sein Zögern, das Angebot anzunehmen, einen ganz unerwarteten Grund angegeben hat. Dieser legendäre Diener der englischen Krone und ehemalige Liebling der Londoner Gesellschaft schien jetzt daran zu zweifeln, daß der Hof von St. James bereit sein werde, ihn zu empfangen. Aber bezeichnenderweise hatte Slatin die Möglichkeit dennoch offen gelassen. Bauer schreibt:

"... Ich hätte gerne eine feste Zusage von Ihnen bekommen, bin auch vollständig überzeugt, daß Sie in England genehmer wären als jeder andere. Beharren Sie auf Ihrer Ansicht, so darf ich wohl Ihren Brief in folgendem Sinne auffassen: Ich werde zunächst einen Geschäftsträger in London bestellen, der Gelegenheit nehmen wird, so schnell als möglich die Stellung der englischen Regierung zu Ihrer Bestellung zu sondieren. Wenn sich dann – woran ich nicht zweifle – herausstellen wird, daß die englische Regierung einverstanden ist, dann werden Sie – so hoffe ich – unserem Rufe folgen und Ihre Kraft, von deren Wirksamkeit ich mir so viel verspreche, uns zur Verfügung stellen..."

Aber das ist das Letzte, was wir von offizieller österreichischer Seite – im Gegensatz zu der englischen – über diesen Vorschlag hören. Wenn Dr. Bauer getan hat, was er tun wollte, dann kann man nur annehmen, daß die österreichischen Sondierungen in London zu dem von Slatin befürchteten Ergebnis geführt haben. Das ist jedoch nur eine Annahme, denn man weiß darüber nichts Genaues. Schwerer ist zu verstehen, weshalb Slatin Bauer überhaupt in diesem Sinne geantwortet hat. Eine mögliche Erklärung fand sich bald. Seinen Freunden teilte Slatin indessen eine ganz andere Version von dieser Episode mit.

An „Miss Elizabeth", mit der er während des ganzen Krieges korrespondiert hatte, schrieb er z. B. am 27. Oktober des gleichen Jahres aus der Schweiz:

„Es ist wahr, daß man mir schon in St. Germain den Posten des österreichischen Gesandten in England angeboten hat, aber ich habe dankend abgelehnt. Ich bin niemals Diplomat oder Politiker gewesen. Mein Gesundheitszustand erlaubt es mir nicht, meinen gesellschaftlichen Verpflichtungen nachzukommen, und ich habe ohnedies kein Geld für ein repräsentatives Auftreten. So würde ich auch jetzt noch das Angebot einer solchen Ehrung dankend ablehnen ..."[12]

Als Gerüchte über die Ernennung Slatins zum Gesandten in London drei Wochen später in der britischen Presse erschienen, schrieb er auch Wingate etwas darüber. Seinem alten Freunde sagt er mehr. Zunächst erklärt er, er habe das Angebot des Kanzlers aus Gesundheitsgründen, Geldmangel und geringem politischem Interesse abgelehnt, aber dann fährt er fort:

„... und *last but not least* glaube ich nicht, daß meine Ernennung der britischen Regierung genehm wäre, selbst wenn das *agrément* gegeben würde, und daß Österreich durch meine offizielle Entsendung nach England gedient wäre ..."[13]

Es gab in der Tat zwei weitere Umstände, die Slatins Nervosität im Hinblick auf seinen Empfang in England in ganz akute Furcht verwandelten. Er erwähnt sie beide im selben Brief an Wingate. Erstens macht er sich Sorgen darum, daß Lord Stamfordham ihm zwar Anfang 1919 sehr freundliche Briefe geschrieben habe, seither aber nicht wieder. Slatin fragt: „Glaubst Du, daß er etwas gegen mich hat, oder muß man sein Schweigen nur auf seine Stellung und auf die allgemeine Lage zurückführen?"

Im Hinblick auf das zweite Problem aber gab es kein Fragezeichen. Der Beweis lag, während er schrieb, vor ihm auf dem Schreibtisch. Am 10. September hatte er in London offiziell um die Erlaubnis nachgesucht, England zu besuchen, und zwar nicht in irgendeiner offiziellen Kapazität, geschweige denn als Gesandter, sondern als gewöhnlicher ehemals feindlicher Ausländer, der seine alten Freunde wiedersehen und private Angelegenheiten ordnen wollte. Bevor er seinen Antrag abschickte, hatte er, wie es schon immer seine Art gewesen war, Unterstützung bei einflußreichen alten Freunden gesucht. Aber diesmal hatte es ihm nichts genützt. Der Friedensvertrag mit Österreich war noch nicht ratifiziert, und obwohl einige ehemalige feindliche Ausländer die Erlaubnis erhalten hatten, aus familiären Gründen noch vor der Ratifizierung nach England zu kommen, gehörte Slatin trotz seiner einzigartigen guten Verbindungen aus der Zeit vor dem Kriege nicht zu ihnen. Schon am Tage bevor er seinen Antrag aus der Schweiz abschickte, war er in London praktisch abgelehnt worden. In einer kurzen Aktennotiz des Außenministeriums vom 9. September 1919 heißt es:

„Ich sehe keinen Grund dafür, mit dem Antrag von Slatin Pascha eine Ausnahme zu machen – soweit ich weiß, wäre nichts damit gewonnen, wenn er nach England käme."[14]

Was Slatin in seinem Hotelzimmer in der Schweiz jetzt vor sich liegen sah, war das offizielle Ergebnis dieser Entscheidung. Es war ein schreckliches Stück Papier ohne Unterschrift und ohne Anrede. Absender war das Innenministerium in Whitehall, das Datum der 29. September 1919:

„Der *Under Secretary* teilt Mr. Slatin in Beantwortung seines Briefes vom 10. ds. mit, daß eine Erlaubnis für seine Rückkehr in das Vereinigte Königreich nicht gegeben werden kann."[15]

„Mr. Slatin" war in den offiziellen Vordruck für den ablehnenden Bescheid mit Schreibmaschine eingefügt worden. Diese beiden Worte müssen den zweimal zum englischen Ritter geschlagenen Mann, den österreichischen Baron und den ägyptischen Generalleutnant ebenso sehr geschmerzt haben wie die Ablehnung selbst. Nach 62 Jahren des Ringens und des Ruhmes war er als Namenloser in die gleiche soziale Stellung zurückgeworfen worden, in der er 1857 in Ober St. Veit geboren war, denn in Österreich waren jetzt alle Titel abgeschafft worden.

Slatin war innerlich tief verzweifelt. An „Miss Elizabeth" schrieb er damals:

„Diese ständigen Sorgen und Aufregungen lassen meinem alten Herzen keine Ruhe, und meine Nerven sind recht angespannt. Wer hätte gedacht, daß mir das geschehen könnte? Ich, der immer einer der Bestgelaunten unter den Gutgelaunten gewesen bin, erlebe jetzt Anfälle von Schwermut, in denen mir meine ganze Umgebung grau, grau, grau erscheint, sodaß ich ganz die Gesellschaft anderer Menschen meide."[16]

Kein Wunder, daß er sich so verlassen fühlte. Plötzlich fand sich dieser Europäer, der in zwei Ländern eine Heimat gefunden hatte, als Heimatloser wieder. England hatte ihn zurückgewiesen, und was Österreich betraf, konnte er selbst zu keinem rechten Entschluß kommen. In dem gleichen Brief an „Miss Elizabeth" schreibt er, er werde vielleicht doch nach Österreich zurückgehen, nur um wieder bei seinen Verwandten und Freunden zu sein, denn in der Schweiz habe er „niemanden außer meiner Frau und meinem Kind, für die ich alles bedeute". Aber an seinen Freund Wingate hatte er vorher geschrieben:

„Ich glaube, mit Österreich ist es für mich ein für allemal vorbei. Andere mögen sich an das neue Regime und die neuen Ideen gewöhnen, aber für einen alten Vogel wie mich ist das zu schwierig.... Ich sehne mich nach einem sonnigen Ort, der so warm ist, daß ich nicht unter Kohlenmangel leiden muß und wo ich mit meiner Familie so lange leben kann, wie es Gott gefällt..."[17]

Der düstere Herbst des Jahres 1919 brachte zwei weitere Schicksalsschläge. Kaum hatte er selbst sich wieder erholt, als seine Frau schwer erkrankte. Eines morgens wachte sie mit so heftigen Schmerzen auf, daß sie – wie er an „Miss Elizabeth" schrieb – fast in Ohnmacht fiel.[18] Die herbeigerufenen Ärzte konstatierten eine Darmverschließung. Alice wurde in aller Eile nach Lausanne gebracht, um röntgenisiert und sofort operiert zu werden. Neue Sorgen und neue Ausgaben.

Der zweite Schlag war in anderer Weise ebenso schwer. Aus den Zeitungen erfuhr Slatin Ende Oktober, daß Wingate doch nicht nach Afrika zurückkehren werde. Man hatte beschlossen, einen neuen Mann zu ernennen, der im Sudan des Nachkriegs neue politische Wege gehen sollte. Obwohl es keineswegs irgendwelche Zeichen gab, daß Wingates Fähigkeiten abgenommen hätten, wurde der berühmte Lord Allenby an seiner Stelle zum Hochkommissar von Ägypten ernannt. Sofort nach Eintreffen dieser Nachricht in der Schweiz setzte sich ein tiefbekümmerter Slatin hin, um seinem alten Freund zu schreiben:

„Für mich war es ein schwerer Schlag, aus den Zeitungen zu erfahren, daß Du zurückgetreten bist, und Lord Allenby zum Hochkommisar für Ägypten ernannt wurde. Ich kann meinen Kummer gar nicht mit Worten ausdrücken, und ich halte es für politisch falsch, daß England Dich aus Ägypten abberuft, das Du besser kennst als sonst jemand... Ist das Curzons* erste Entscheidung? In gewisser Weise ist mein Kummer auch egoistisch. Solange Du in Ägypten warst, gab es für mich noch eine Verbindung dorthin. Jetzt ist nur noch die jüngere Generation da, mit der ich keinen Kontakt habe..."[19]

Obwohl dies kaum der richtige Augenblick war, den Freund mit den eigenen Problemen zu belasten, konnte Slatin, der mit großer Sorge in die Zukunft blickte, der Versuchung nicht widerstehen. Vielleicht fürchtete er auch, daß Wingate bald jeden direkten Einfluß verlieren würde. Er bestätigte daher dankbar den Empfang der monatlichen Pension und bat Wingate, er möge ihm raten, wie er an das noch aus der Zeit vor dem Kriege auf einem Bankkonto in Kairo liegende Geld herankommen könne. Seine Briefe an die dortigenFinanzbehörden waren unbeantwortet geblieben. In seiner Verzweiflung hatte er sogar Abschriften davon an „Jimmy Watson geschickt, den Ersten, der mir am 13. März 1895 in Assuan begegnet ist, und der, wie ich annehme, mir bis heute noch die gleichen Gefühle bewahrt hat...". Dann gibt es da natürlich auch noch die schreckliche Sache mit der Ablehnung der Einreisegenehmigung nach England. Wenn das Innenministerium doch wenigstens auf dem fürchterlichen Vordruck angemerkt hätte „noch nicht"

* Der Marquess of Curzon war im Oktober 1919 zum Außenminister ernannt worden.

oder „für den Augenblick noch nicht"! Am Ende seines Briefes teilt er Wingate jedoch mit, die britische Gesandtschaft in Bern habe ihm einige Hoffnungen gemacht und ihn um Geduld gebeten.

Slatins Verzweiflung war verständlich. Mit der Entlassung Wingates waren jetzt das alte Kairo und das alte Khartum ebenso wie das alte London und das alte Wien versunken. Auch der zweite „sudanesische Zwilling" war jetzt pensioniert worden, und nie wieder würden sie sich mehr am Nil begegnen und einander „übermütige Streiche spielen". War denn nirgends etwas von der glücklichen Welt von vor 1914 übrig geblieben?

Endlich kam aber doch eine erfreuliche Nachricht. Mitte Dezember, als seine Frau nach der schweren Operation im November noch als Rekonvaleszentin in der Klinik lag, und die kleine Anne-Marie im Hotel d'Angleterre mit „recht hohem Fieber, das der Doktor sich nicht erklären kann", das Bett hüten mußte, schreibt Slatin einen überglücklichen Brief an Wingate. Die Erlaubnis zum Besuch Londons für einen „vorläufigen Aufenthalt von sechs Wochen" war eingetroffen.[20]

Wie erleichtert muß Wingate aufgeatmet haben! Er freute sich nicht nur darauf, seinen „lieben alten Rowdy" nach mehr als viereinhalbjähriger Trennung wiederzusehen, sondern er wußte auch, was Slatin gefürchtet hatte – nämlich, daß es in London einflußreiche Leute gab, die durchaus daran zweifelten, ob der ehemalige Generalinspekteur es verdiente, überhaupt nach England zurückkommen zu dürfen. Ohne Slatin etwas davon mitzuteilen hatte Wingate sich vor drei Monaten erkundigt, ob es möglich sein werde, eine Einreisebewilligung zu bekommen. Er schrieb in dieser Sache an Lord Hardinge im Außenministerium und bat ihn um Rat. Die Antwort von Hardinge muß die schlimmsten Befürchtungen, die er gehegt haben mochte, bestätigt haben:

„Mein lieber General,
ich habe über Ihren Brief vom 20. sehr genau nachgedacht und rate Ihnen, nichts zu unternehmen, um Slatins Reise zu erleichtern...
Bei einem Versuch, die Erlaubnis für ihn zu erwirken, könnten Sie auf Ablehnung und Kritik stoßen. Ist er aber einmal hier, dann muß er von den Behörden bis zu einem gewissen Grade rehabilitiert worden sein..."[21]

Natürlich hat Wingate Slatin nichts von diesem ominösen Brief mitgeteilt und gehofft, Zeit und Geduld würden eine Lösung bringen. Aber das war nicht alles, was er seinem alten Freund verschwiegen hatte. Der Anlaß dafür, daß Wingate sich im September 1919 so energisch für Slatin einsetzte, war eine offizielle Anfrage über seinen ehemaligen Untergebenen, die er schon im Frühjahr erhalten hatte. Die Akten des Außenministeriums zeigen, daß man sich sofort nach Slatins Eintreffen in Paris als Mitglied der österreichischen Friedensdelegation intensiv für ihn interessierte. Am 13. Mai 1919 schickte die britische Delegation bei der Friedenskonferenz das folgende chiffrierte Telegramm nach London:

„Bitte schicken Sie durch Kurier alle verfügbaren Unterlagen über die Tätigkeiten und Haltung von Slatin Pascha seit Kriegsbeginn insbesondere gegenüber England, und fragen Sie falls notwendig in Kairo an."[22]

Wingate war damals zu Hause in Dunbar in Schottland, und an ihn trat das Außenministerium als ersten heran. Die Anfrage bei Wingate enthielt keine besonderen Vorwürfe gegen Slatin, zu denen er hätte Stellung nehmen müssen. Sie erwähnte auch nicht die Akten aus dem August und September 1914, welche die einigermaßen zutreffende, wenn auch lückenhafte offizielle britische Version über Slatins Verhalten enthielten. Wingate nahm auf diese Episode ebenfalls nicht Bezug. Seiner Antwort vom 18. Mai 1919 war eine zweiseitige Denkschrift mit der Überschrift „Aufzeichnungen über Slatin Pascha" beigefügt. Im Begleitschreiben kam Wingate zu folgendem Urteil:

„Ich habe den Eindruck, daß Slatin Pascha sich gegenüber England so loyal wie möglich verhalten hat, obwohl er als Österreicher im Kriege mit unserem Land auch gegenüber seiner eigenen Regierung loyal sein mußte. Ich bin mir sehr wohl bewußt, daß es zahlreiche gegenteilige Gerüchte gegeben hat, glaube jedoch, sie stammen in den meisten Fällen von unwissenden und voreingenommenen Personen."[23]

Die Denkschrift, von der auch eine Durchschrift an den Buckinghampalast[24] ging, erwähnt zu Beginn die Anstrengungen Slatins, die Entlassung verschiedener britischer Untertanen zu erwirken, die von den Österreichern gefangen genommen worden waren. Zu ihnen gehörte Dr. Christopherson, ein Regierungsbeamter und ehemaliger Kollege Slatins aus dem Sudan, der mit einer Sanitätseinheit in Serbien in Gefangenschaft geraten war. Im übrigen zitiert die Denkschrift wörtlich die lange Verteidigungsschrift, die Wingate Anfang des Jahres von Slatin erhalten hatte.[25]

Wingate hat damals so viel für seinen Freund getan, wie er zu tun nur wagte, aber wahrscheinlich nicht weniger, als ihm gerechtfertigt erschien, und man hat sich augenscheinlich kein zweites Mal mehr an ihn gewendet. Aber aus dem Brief geht hervor, daß die Behörden durchaus nicht uneingeschränkt mit dem Verhalten Slatins während des Krieges einverstanden waren. Die Tatsache, daß Slatin Ende des Jahres schließlich doch die Besuchserlaubnis erhielt, zeigte zumindest, daß er, wie Hardinge es ausdrückte, „bis zu einem gewissen Grade vorher von den Behörden rehabilitiert worden sein muß." Nun kam der „liebe alte Rowdy" nach London. Was jetzt geschah, mußte man der Vorsehung und Slatin selbst überlassen.

Glücklicher Weise wußte Slatin nichts von dem Briefwechsel zwischen Hardinge und Wingate, sondern beschäftigte sich eifrig damit alle Vorbereitungen im voraus zu treffen, um für sich einen möglichst günstigen Empfang in London zu organisieren. Wie ein Brief zeigt, den er am 15. Dezember an seinen „lieben Lord und Freund" schrieb, wollte er auf dieser Reise sowohl seine gesellschaftliche Stellung festigen als auch seine Finanzen in Ordnung bringen. Nach einer genauen Schilderung der gesundheitlichen Probleme, mit denen er und seine Familie zu kämpfen hätten, schreibt er:

„Ich habe nicht vor, lange in London zu bleiben, und will meine Freunde nicht belästigen. Ich weiß, daß mir als österreischischem Untertanen die Titel und Ehren verloren gegangen sind, die mir von Ihrem gnädigen König verliehen wurden – möge Gott ihn und seine Familie für alles segnen, was er für mich getan hat...

Ich will nicht aufdringlich sein, sondern mich wie ein ‚besiegter Österreicher' benehmen. Dennoch hoffe ich, Sie sehen zu dürfen, wenn es Ihre offizielle Stellung erlaubt, einen sogenannten ‚feindlichen Ausländer' zu empfangen – der ich jedoch, weiß Gott, niemals gewesen bin!"[26]

Lord Stamfordham antwortete würdig und taktvoll, er hoffe, eine freundschaftliche Begegnung werde sich ermöglichen lassen. Aber er warnte Slatin:

„Sie wissen vielleicht nicht, welche sehr ausgeprägten Gefühle es in unserem Lande noch gibt, und in meiner Stellung muß ich meine persönlichen Gefühle den Erfordernissen der politischen Lage unterordnen."[27]

Slatins Abreise verzögerte sich um eine Woche. Diesmal waren es die Franzosen, die ihm das Durchreisevisum zunächst verweigerten, denn er wollte in Paris Station machen. Aber am 12. Januar 1920 waren alle Genehmigungen und Visa eingetroffen, und er machte sich auf den Weg zur Reise in die Vergangenheit.

Der einzige zusammenhängende Bericht Slatins über diesen Besuch (und hier sagt er nur, was er getan, nicht aber was er gedacht hat) ist keinem Engländer vor die Augen gekommen. Er war auch nicht für engliche Augen bestimmt, und das hatte gute Gründe. Slatin fuhr nämlich in offiziellem Auftrag nach England. Diesen Eindruck vermittelt jedenfalls ein Brief, den er nach seiner Rückkehr in die Schweiz an Kanzler Renner schrieb. Als Anlage fügte er einen sechs Seiten langen offiziellen Bericht über seine Tätigkeit in Paris und London im Auftrag der österreichischen Kriegsgefangenenkommision bei. Angesichts der uns bekannten Umstände (die auch Slatin sehr gut kannte), unter denen die Reise zustande kam, lohnt es sich, den ersten Abschnitt des Berichts aufmerksam zu lesen:

„In der Absicht, meine persönlichen Beziehungen mit den englischen leitenden Staatsmännern im Interesse der Kriegsgefangenen und des österreichischen Staates auszunützen, ersuchte ich die englische Regierung im Dezember vorigen Jahres um die Erlaubnis, nach England kommen zu dürfen, was mir auch zugestanden wurde. Da mir meine Freunde rieten, erst nach Weihnachten und Neujahr zu kommen, ersuchte ich Anfangs Januar um das schweizerische und französische Visum. Da sich letzteres verzögerte, konnte ich erst am 12. 1. abreisen."

Diese Darstellung stimmt nun mit der Wahrheit nicht ganz überein. Der Rest der Denkschrift aber ist eine beeindruckende Aufzählung von Verbindungsaufnahmen mit westlichen führenden Politikern. In den vier Tagen seines Aufenthalts in Paris wurde er, wie er berichtet, vom britischen Premierminister, Mr. Lloyd George, und Mr. Bonar Law empfangen, die ihm beide versprachen, bei der Rückführung österreicherischer Kriegsgefangener aus Sibirien behilflich zu sein. Im gleichen Sinne wendete er sich an hohe französische Beamte wie M. Alphand vom Quai d'Orsay.

Es folgt eine lange Liste englischer Persönlichkeiten, die er während seines fast zwei Monate dauernden Aufenthalts in London besuchte, um Kriegsgefangenenfragen mit ihnen zu besprechen. Zu ihnen gehörte auch der Kriegsminister Winston Churchill. „Er kam mir mit der größten Freundlichkeit als alter Bekannter, der mit mir zusammen in Afrika diente, entgegen..." Außerdem besuchte er den Erzbischof von Canterbury, den Präsidenten des britischen Roten Kreuzes, Sir Arthur Stanley, und eine beeindruckende Zahl hoher Militärs und Zivilbeamter, die etwas mit den damals gerade im Gang befindlichen britischen Operationen gegen bolschewistische Truppen in Rußland zu tun hatten.

Slatin behauptet – und hier haben wir keinen Grund, an der Richtigkeit seiner Aussage zu zweifeln –, er habe bei diesen Gesprächen einige konkrete Erfolge erzielt. Obwohl z. B. das größte militärische Nachschublager in Rußland von den Bolschewiken erobert worden war, hatten die britischen Expeditionsstreitkräfte in Wladiwostok noch große Mengen von Medikamenten zurückgelassen, und man versprach Slatin, sie den österreichischen Kriegsgefangenen zur Verfügung zu stellen. Am Schluß seines Berichts bezieht er sich auf einen am 23. März von den Ententemächten in Paris gefaßten Beschluß, nach dem die Republik Österreich offiziel bevollmächtigt wurde, alle österreichischen Kriegsgefangenen in Sibirien zu repatriieren, vorausgesetzt, die Österreicher finanzierten die Rückführung selbst. Obwohl Slatin nicht behauptet, dies sei die unmittelbare Folge seiner Bemühungen gewesen, darf man doch annehmen, daß seine Gespräche dazu beigetragen haben.

In seinem Schreiben an Renner berührt Slatin diese technischen Probleme, stellt aber die hohe Politik in den Vordergrund. Gegenüber allen Politikern der Entente, mit denen er zusammengekommen sei, so berichtet er dem Kanzler, habe er betont, wie wichtig es für ihre Länder sei, „in Österreich Fuß zu fassen". Er habe sie auch dringend gebeten, möglichst bald den Beitritt Österreichs zum Völkerbund zuzulassen. Sie hatten Slatin ihrerseits beauftragt, Renner das folgende auszurichten: Der österreichische Kanzler möge die Regierung in Wien unter allen Umständen stärken und jede extremistische Opposition unterdrücken. Dabei dachte Slatin höchstwahrscheinlich an die Gefahr eines kommunistischen Putsches. Der Gedanke, daß die österreichischen Monarchisten sich erheben könnten, um ihren Kaiser wieder einzusetzen, war niemandem gekommen, am wenigsten diesen Monarchisten selbst.

Soviel zur offiziellen Mission Slatins, von der die Engländer erst nach seiner Ankunft etwas erfuhren. Aber wie steht es mit der interessanten und für ihn viel wichtigeren Frage, dem persönlichen Empfang, den ihm seine ehemaligen Freunde in London bereiteten! Hier war mancher Wermutstropfen in den Freudenbecher gefallen, wenn er in seinen Briefen auch nur über die erfreuliche Seite des Besuchs spricht. Wenn er z. B. an „Miss Elizabeth" schreibt, jedermann in England „vom Höchsten bis zum Niedrigsten hat mich nicht nur freundlich, sondern auf das herzlichste empfangen"[28], dann ist das etwas übertrieben. Zutreffender hat er die Situation wenige Wochen zuvor seiner Frau geschildert:

> „Alle sind sehr nett, und bis jetzt habe ich nicht das Gefühl gehabt, als Fremder behandelt zu werden. Natürlich besuche ich nur diejenigen, die mich zu sehen wünschen . . ."[29]

(„*Vederemo* wie die Leute in London zu mir sein werden", hatte er bei seiner Ankunft in England nach „einer rauhen Überfahrt und kaltem Wind, der jeden schaudern ließ", geschrieben.)

Seine alten Freunde aus Khartum hielten selbstverständlich treu zu ihm und versuchten zu tun, als sei nichts gewesen. Sie öffneten ihm sogar ihre Häuser, und das bedeutete schon etwas angesichts der Tatsache, daß er am 16. Januar mit nur sehr wenig Geld in der Tasche in England gelandet war. Er scheint sofort die Talbots in Hartham Park in Wiltshire aufgesucht zu haben, und hier fand auch wenige Tage nach seiner Ankunft das Wiedersehen mit Wingate statt. Wenn das Zusammentreffen auch nicht gerade ein Antiklimax war, so gab es doch ein paar Wolken, die zuerst zerstreut werden mußten. Slatin blieb auch nach Wingates Abreise noch bei seinen Gastgebern und schrieb ihm von dort am 22. Januar einen Brief. Mit den ersten Sätzen trifft er gleich den richtigen Ton:

> „Mein lieber alter Rex, Du weißt nicht, was es für mich bedeutet hat, Dich wiederzusehen – den liebsten und treuesten Freund seit 25 Jahren!"[30]

Aus dem Brief sehen wir jedoch, daß die kühle Haltung von Wingates Frau Slatin Sorgen bereitet hat, denn sie hatte für seine guten Wünsche während des Krieges nie gedankt, geschweige denn sie erwidert. Wingate hatte sich nun sehr darum bemüht, Slatin davon zu überzeugen, daß keine persönlichen Gründe dahinterstünden, aber der Krieg und der Tod ihres Sohnes auf dem Schlachtfeld hätten natürlich gewisse Spannungen bewirkt. Dankbar akzeptierte Slatin diese Erklärung und schrieb nun an seinen Freund: „Ich werde die Gedanken, denen ich bei unserem Beisammensein Ausdruck gegeben habe, jetzt aufgeben."[31]

Der Brief zeigt auch, daß Slatin sich bei Wingate sehr genau erkundigt hat, an welche ehemaligen gemeinsamen Freunde er sich jetzt noch wenden könne, ohne eine Abweisung befürchten zu müssen. Offenbar hatte Lord Stamfordham ihm durch Wingate ausrichten lassen, er würde sich freuen, Slatin privat wiederzusehen, und diese Nachricht begrüßte er natürlich besonders freudig. Aber wie stand es mit all den anderen, die er zuletzt in jenem strahlenden Sommer 1914 gesehen hatte, nachdem in diesem grauen Januar 1919 eine Ewigkeit vergangen zu sein schien? Wingate hat ihm offenbar die Namen einiger Persönlichkeiten genannt, bei denen er nichts zu befürchten brauchte, denn Slatin schreibt:

„Deinem Rat folgend, werde ich gewiß Lady St. Hilier und die Midletons (*sic*) fragen, wann sie mich empfangen können, und es ist sehr tröstlich zu wissen, daß ihre Einstellung zu mir sich nicht geändert hat."

Slatin wurde, wie erwartet, von Lady St. Hilier und vielen anderen zum Lunch gebeten, ja er hatte bald genügend Einladungen gesammelt, um sein Standquartier von Wiltshire nach London zu verlegen. Er traf dort am 26. Januar ein und zog in die Wohnung eines alten Freundes aus Khartum, des Oberstleutnants R. P. Phipps am St. James Court 17. Dort ist er offenbar bis zu seiner Rückreise in die Schweiz am 15. März geblieben und hat, wie Phipps an Wingate schreibt, „eine eigene Londoner Saison veranstaltet". Das hatte er nicht nur der Treue seiner zahlreichen alten englischen Freunde zu verdanken, sondern auch seinen eigenen großen menschlichen Qualitäten.

Er war jetzt ein „feindlicher Ausländer", ohne Geld oder Stellung, aber schlechter Gesundheit; seine gesellschaftliche und politische Position war so wenig gefestigt, daß er sie sich Zoll um Zoll mit jeder Einladungskarte, die bei ihm eintraf, zurückerobern mußte. Aber ebenso wie früher wirkten seine Freundlichkeit, gute Laune und Bescheidenheit verbunden mit seinem Charme Wunder, erwärmten die Herzen für ihn und erregten Mitgefühl mit seiner schwierigen Lage. Wie sich in London eine Tür nach der anderen für ihn auftat, so belebte sich seine Stimmung wie ein Rosengarten im August nach einem warmen Regen.

In der ersten Februarwoche kann er Wingate schon von seinen Erfolgen berichten und schreibt mit einer heiteren Sorglosigkeit, die schon fast die fröhliche Stimmung aus der Vorkriegszeit erreicht:

„Ich lernte Sir Maurice de Bunsen kennen und hatte einen langen Schwatz mit ihm. Er hat den diplomatischen Dienst aufgegeben, ist aber ein einflußreicher Mann. Er sprach sehr freundlich über Dich und Deine Arbeit in Ägypten. Morgen bin ich zum Lunch bei Churchill, am Freitag bei Sir Ernest Cassel, und Freitagabend bei Haldane zum Dinner."[32]

Dann kommt wieder der typische Slatin zum Vorschein. Kaum hat er selbst einen gewissen Halt auf dem schlüpferigen äußeren Rand der Londoner Gesellschaft gefunden, da beginnt er auch schon, seinen ganzen Einfluß dafür einzusetzen, Wingate seine alte Stellung oder wenigstens eine entsprechende Kompensation zu verschaffen. Anfang Februar sah Slatin auch endlich Lord Stamfordham wieder und sprach den Sekretär des Königs sofort auf den erzwungenen Rücktritt Wingates an. Anschließend schreibt er an seinen Freund:

„St. tut sein Bestes, um die Sache in Ordnung zu bringen. Ich habe von ihm erfahren, daß Du eine öffentliche Anerkennung, eine Sonderpension und später vielleicht das Angebot einer weiteren Verwendung im Staatsdienst erhalten wirst ... Ich höre auch, daß Lord Grenfell sich sehr für Deinen Fall interessiert und bereit ist, zu helfen. Ich hielte es aber für das Beste, jetzt noch abzuwarten. Aber bitte *sprich nicht darüber*, was ich Dir geschrieben habe, denn das könnte als eine Indiskretion meinerseits aufgefaßt werden."[33]

Sicher hat Slatin mit Stamfordham auch über die Möglichkeit gesprochen, vom König empfangen zu werden. Für Slatin war das ein dringendes psychologisches und gesellschaftliches Bedürfnis. Ebenso wie seine Audienz beim Papst 1913 ihm die spirituelle Absolution für seinen Abfall vom Glauben gegeben hatte, so würde eine Audienz bei George V. ihm die politische Absolution geben, die er dringend brauchte, nachdem er in den vier Kriegsjahren so verschlungenen Pfaden gefolgt war.

Es ist nicht feststellbar, ob Lord Stamfordham beim Außenministerium angefragt hat, ob eine solche Audienz ratsam sei. Für Slatin war das um so besser, denn einige seiner unversöhnlichsten Gegner saßen dort. Aber die Tatsache, daß Slatin als Privatperson aus familiären Gründen die Einreisegenehmigung nach England erhalten hatte, machte es ohne Rücksicht auf den eigentlichen Zweck seiner Reise möglich, eine inoffizielle Audienz zu arrangieren, ohne daß dies zu politischen Komplikationen führte, vorausgesetzt der König war damit einverstanden. König George selbst ist vielleicht bereit gewesen, zu vergessen und zu vergeben, aber er hat unter Umständen gar nicht gewußt, wie viele Gerüchte es über das Verhalten Slatins während des Krieges gegeben hatte, die vergessen werden mußten. Im königlichen Archiv findet sich jedenfalls kein Hinweis auf die belastenden Telegramme des Außenministeriums vom September 1914. Die einzige Unterlage zu diesem Thema, die dort erhalten geblieben ist – und das ist höchstwahrscheinlich auch die einzige, die der König je gesehen hat –, ist eine Kopie der Denkschrift mit einigen Anlagen, die Wingate, der darin die Verteidigungsschrift Slatins wörtlich zitiert, im vorigen Frühjahr verfaßt hatte.

Was der König auch gesehen oder gehört haben mochte, er erklärte sich bereit, seinen ehemaligen Ritter und Generalmajor ehrenhalber zu empfangen. Der große Augenblick für Slatin kam am Freitag, den 20. Februar vor dem Dinner. Es gibt drei schriftliche Zeugnisse darüber, und zwei davon stammen von ihm selbst. Nach der Audienz schrieb er hocherfreut an Lord Stamfordham, er habe sich nicht vorstellen können, wie er diesen Tag besser hätte feiern können, denn am 20. Februar vor 25 Jahren habe er Omdurman und den Khalifa ohne Abschied verlassen.[34]

Der vier Tage später verfaßte Bericht an Wingate[35] ist rührend selbstbewußt, aber rührend vor allem darin, daß Slatin sich bemüht, seinem in Ungnade gefallenen Freund zu helfen:

„... Und jetzt eine streng vertrauliche Sache. Der König wünschte mich zu sehen, und am Freitag um 6.30 Uhr brachte mich Stamfordham zum Buckinghampalast, wo ich fast eine Stunde mit Seiner Majestät zusammen war. Er war freundlich wie in alter Zeit und sprach ganz zwanglos über die verschiedensten Dinge ... Ich sagte ihm, wir seien in Horsham zusammengewesen, und teilte ihm mit, was Du über Deine erzwungene Pensionierung denkst und welches meine Meinung darüber ist. Er hörte sehr verständnisvoll zu ... Ich erlaubte mir die Bemerkung, ich hoffte, Du würdest ‚ausreichende Satisfaktion' bekommen, und er sagte, er ‚hoffe das auch'. Wie ich Dir schon vorher geschrieben habe, hat Lord Stamfordham mir gesagt, Deine Freunde seien dabei, etwas für Dich zu tun. Behalte das aber bitte ganz für Dich ..."

Zum drittenmal wird das Zusammentreffen von König George V. selbst erwähnt. Der König schreibt nur zwei kurze Sätze in sein Tagebuch, aber sie kommen dem Kern der Sache wahrscheinlich näher als alles, was Slatin erzählt:

„Slatin Pascha kam, um mich zu besuchen. Er war tiefunglücklich über alles, was geschehen ist."[36]

Die Audienz wurde zwar nicht in den Hofnachrichten veröffentlicht (wie Slatin an Wingate schrieb, hatte Lord Stamfordham ihm gesagt, das würde vielleicht „zu Fragen Anlaß geben"), aber sie hatte stattgefunden, und diese Tatsache würde in London bekannt werden. Jetzt, so sagte sich Slatin wahrscheinlich, werden sich keine Türen mehr vor mir verschließen. Wenn er das wirklich gedacht hatte, dann sollte er enttäuscht werden. Bis jetzt haben wir nur die positive Seite seines Besuchs gesehen, die er natürlich auch selbst vor der Welt betonte. Es gab aber auch eine negative Seite.

Die Aufzeichnungen über diese Reise, die er als eher trauriges Andenken bis zu seinem Lebensende aufbewahrte,[37] geben uns Einblick in den wechselvollen Verlauf des Unternehmens. Auf der ersten Seite seines von der österreichischen Gesandtschaft in Bern ausgestellten Passes wird er noch als

„Freiherr von Slatin" und „Geheimer Rat" bezeichnet.* Was jedoch diesen beiden Titeln allein ihre Bedeutung verlieh, war verschwunden. Die vorgedruckten Worte „Im Namen Seiner Majestät Karl I. Kaiser von Österreich, König von Böhmen etc., Apostolischer König von Ungarn" waren durchgestrichen, und an ihrer Stelle hatte man mit Tinte die Worte „Republik Österreich" eingesetzt.

1920 hatte sich Slatin vielleicht allmählich an diese Verwandlung gewöhnt. Aber der Zettel, der daneben noch im Paß lag, war für ihn unerträglich fremd. Es war das britische Registrierungszertifikat Nr. 11703 gemäß dem Ausländergesetz von 1919. Zwar hatte er in der Spalte „Government Service" stolz die Worte „ehemaliger Generalinspekteur des anglo-ägyptischen Sudan" geschrieben, aber das bewahrte ihn und seine Freunde nicht vor der peinlichen Verpflichtung, alle seine Bewegungen, wohin er auch kam, bei der Polizei zu melden. Diese Vorschrift scheint später für ihn als besonderes Zugeständnis ausnahmsweise gelockert worden zu sein. Solange sie noch galt, machte er gute Mine zum bösen Spiel und schrieb an Alice: „Ich muß mich jetzt in Scotland Yard melden und hoffe, man wird mich nicht dortbehalten ..."

Doch trotz der guten Laune Slatins und des herzlichen Empfangs durch seine Freunde blieb es doch dabei, daß der grauhaarige kleine Mann, den Lord Stamfordham am 20. Februar in aller Stille zum König führte, noch als ehemaliger feindlicher Ausländer galt und von der Polizei desselben Königs überwacht wurde. Außerdem gab es Leute in England, die ihn durchaus als solchen behandelten. Clayton, der 1914 die Telegramme über ihn beim Geheimdienst in Kairo bearbeitet hatte, schnitt ihn z. B. vollständig. Wir wissen nicht, ob irgendeiner seiner anderen ehemaligen Kollegen das auch getan hat. Aber aus einem Brief, den Slatin drei Monate später nach England schrieb, sehen wir ganz klar, daß seine drei treuen Freunde, Wingate, Talbot und Phipps, wie die drei Musketiere die Ehre des vierten verteidigt haben. Auch jetzt noch mußten sie manchen gegen ihren alten Freund gerichteten Schlag parieren. An Wingate schreibt er:

> „Ich kann Dir nicht genug dafür danken, daß Du Dich meines Falles annimmst und den Leuten sagst, ich hätte mich wie ein Gentleman benommen und England ebenso die Treue gehalten wie Österreich. Gott sei Denk, daß ich nichts getan habe, was ich bereuen oder dessen ich mich schämen müßte. Ich wäre Deiner, Talbots und Phippsy's Freundschaft nicht würdig gewesen ..."[38]

Zu den „Leuten", die es zu gewinnen galt, gehörte auch das Komitee des Marlborough Clubs, das sich weigerte, ihn wieder als Mitglied aufzunehmen,

* Die Verwendung von Titeln war damals in Wien noch nicht offiziell verboten.

obwohl der hohe Gründer des Clubs, Edward VII., seine Aufnahme seinerzeit befürwortet hatte. Ja sogar als mit den Jahren andere vornehme Österreicher wieder aufgenommen wurden, verschloß der Club seine Türen vor Slatin, und das beweist, daß einige Mitglieder gegen seine Wiederwahl gestimmt haben.

Slatin konnte verstehen, daß er an rein militärischen Veranstaltungen wie z. B. dem jährlichen Dinner der Angehörigen der Ägypten-Armee nicht teilnehmen konnte. Jimmy Watson, der ihn seinerzeit als erster begrüßte, als er nach dem langen Wüstenritt auf der Flucht vor dem Khalifa in Assuan ankam, hatte ihm erklärt, daß 90 Mitglieder dieses Klubs im Kriege gegen das Vaterland Slatins und dessen Verbündete gefallen waren. Nicht einmal der persönliche Charme und die Beliebtheit des ehemaligen Generalinspekteurs konnten alle diese Gräber überbrücken. Aber wenn Slatin auch gewisse unumgängliche Notwendigkeiten akzeptierte, so schmerzte ihn die Ablehnung durch den Marlborough Club doch sehr. Bezeichnenderweise ließ er diese Wunde nicht in würdiger Zurückhaltung heilen, sondern riß sie immer wieder auf, indem er ständig von neuem daran rührte.

Wonach er sich jedoch am meisten sehnte, waren weder die Teilnahme an einem Erinnerungsessen noch die Mitgliedschaft bei einem Londoner Klub; es waren seine englischen Orden. Eine hohe Pension wäre ihm sicher auch willkommen gewesen, obwohl er keinen Anspruch darauf hatte. Aber die Orden wieder tragen zu dürfen, bedeutete für ihn viel mehr als Geld, so besorgt er um seine finanzielle Sicherheit auch war. Selbstverständlich war er sehr stolz auf die Auszeichnungen und die beiden damit verbundenen Adelstitel, die er von drei aufeinanderfolgenden britischen Monarchen erhalten hatte. Hier ging es jedoch um mehr als um seinen Stolz. Je größer die innere Unsicherheit eines Menschen ist, desto mehr bedeuten Titel und Ehrungen für ihn. Slatin hatte sich seit jeher unsicher gefühlt, und jetzt mehr denn je, nachdem das eine Herrscherhaus, dem er gedient hatte, vom Thron gestürzt und seine Stellung bei dem anderen höchst unsicher war. Es ging ihm nicht nur um die Insignien und Wappenschilder! Es ging ihm um seine Rüstung.

Ironischerweise und ohne es zu wissen, rührte er bei seinen Bemühungen, die äußeren Zeichen der Wiederaufnahme in die englische Gesellschaft zurückzugewinnen, nur den Staub wieder auf, der in gewissen Ämtern in Whitehall an seinem Namen haftete. Damit trat auch einer seiner mächtigsten Gegner in Erscheinung.

Slatin begann seinen Feldzug mit einem Frontalangriff. Am 5. November 1920 schrieb er an Stamfordham und fragte, ob er seine Vorkriegsdekorationen wieder tragen dürfe. Der Sekretär des Königs zögerte seine Antwort fünf Wochen hinaus und schrieb dann:

„Wenn irgendeine Rückgabe von Titeln oder Orden an Personen stattfinden sollte, die nicht britische Untertanen sind, dann werde ich Ihre Interessen wahrnehmen. Bis dahin weiß ich, daß Ihre Orden bei Ihnen in guter Obhut sind."[39]

Die britische Regierung tat, was alle Regierungen in solchen Fällen tun. Sie zog die Akten zu Rate, um ihr Gedächtnis aufzufrischen. Aus diesen Akten erfahren wir jetzt zum erstenmal, daß das Außenministerium 1920 schon zweimal wegen der Orden Slatins konsultiert worden war und ihre Rückgabe jedesmal verweigert hatte. Eine Aktennotiz vom 7. Mai 1921 von Mr. Alexander Cadogan* sagt:

„Ich erinnere mich an eine ähnliche Anfrage aus dem letzten Jahr, habe aber die Papiere nicht finden können. Soweit ich weiß, wurde der Antrag abgelehnt.

Kurz vorher reichte Mr. Winston Churchill einen ähnlichen Antrag bei Lord Curzon ein, und Mr. Campbell hat mir mitgeteilt, daß, soweit er unterrichtet sei, der Antrag habe abgelehnt werden müssen."

Aus der Erwähnung des Namens Curzon können wir schließen, daß der ganze „Akt Slatin" schon vorher einmal auf dem Schreibtisch des Außenministers gelandet war. Dieser gefürchtete Mann erledigte auch diesmal die Angelegenheit mit einem Federstrich. Eigenhändig schrieb Lord Curzon an den Rand der Aktennotiz:

„Dieser Fall ist mir im vergangenen Jahr und 1919 schon vorgetragen worden. Es gibt einen Akt darüber, vielleicht im Büro des Privatsekretärs. Ich habe damals abgelehnt, etwas zu unternehmen, und ich lehne es auch jetzt ab. Es gibt gewisse unverzeihliche Verstöße."

Solange also Lord Curzon das Ministerium leitete, kam eine offizielle Rehabilitierung Slatins nicht in Frage, und so verhielt es sich dann auch tatsächlich.[40]

Man kann nur hoffen, daß Slatin nicht genau gewußt hat, welche Haltung Curzon ihm gegenüber einnahm, denn er mußte zu dieser Zeit mit ganz anderen und schwereren persönlichen Sorgen fertigwerden. Als seine Bemühungen um die englischen Auszeichnungen ihren Höhepunkt erreicht hatten, starb seine Frau Alice am 26. Juni 1921 in Territet an Krebs. Seit der schweren Operation, der sie sich im November 1919 hatte unterziehen müssen, hat er sich wahrscheinlich keine Illusionen mehr darüber gemacht, daß ihr Leben nur noch an einem seidenen Faden hing. Als er im Juni 1920 an Wingate schrieb, war Alice zum drittenmal in zwei Jahren operiert worden. In seinem Brief heißt es: „Die Zukunft sieht sehr düster für mich aus." Dennoch traf der Verlust, als er dann wirklich eintrat, Slatin äußerst schwer. Er

* Cadogan, später Sir Alexander Cadogan, ständiger Unterstaatssekretär im Außenministerium.

hat seine Frau wahrscheinlich kaum mit der gleichen Leidenschaft geliebt, die sie ihm entgegenbrachte. Aber in allen seinen Briefen vor und nach ihrem Tode spürt man die aufrichtige Zuneigung und Achtung, die er dieser bemerkenswerten Frau entgegenbrachte.

Seine gute Freundin „Miss Elizabeth", die damals in St. Moritz lebte, war eine der ersten, die er von dem traurigen Ereignis in Kenntnis setzte, als er nach der Beisetzung in sein einsames Zimmer im Hotel d'Angleterre zurückgekehrt war. Als Antwort auf ihren Kondolenzbrief schrieb er ihr nach einigen Tagen einen ausführlicheren Bericht:

„Nun liegt sie an einer idyllischen Stelle an einem sonnigen Berghang auf dem kleinen Dorffriedhof von La Péanche, an einem Ort, den sie besonders liebte, als sie noch am Leben war ... Und so hat dieses geduldige Wesen, das auf dieser Welt ein solches Martyrium durchmachen mußte, seine letzte Ruhestätte gefunden. Möge die Erde, die sie bedeckt, nicht zu schwer auf ihr lasten ..."[41]

Jetzt müsse er, so schreibt er weiter, einen Grabstein für Alice besorgen und der Gemeinde eine ausreichende Summe zur Verfügung stellen, damit das Grab ordentlich gepflegt werde. Er hatte erst jetzt, sieben Jahre zu spät, eine gewisse Geldsumme (es waren 43 Pfund, aber in seinem Brief sagt er das nicht) erhalten, eine Spende der englischen Offiziere in der ägyptischen Armee als Hochzeitsgeschenk im Sommer 1914. Dieses Geld hatte die ganze Zeit auf einem Regimentskonto in Kairo gelegen und war vor drei Monaten freigegeben und an ihn überwiesen worden. Nun hatte er die etwas makabre Idee, es für das Grab seiner Frau zu verwenden. „Die Offiziere, die das Geld damals spendeten, haben wahrscheinlich nie daran gedacht, daß es einmal diesem Zweck dienen würde."

Slatin mußte nicht nur mit dem Schmerz des Augenblicks fertigwerden. Er sorgte sich auch um die Vergangenheit und um die Zukunft. Wahrscheinlich hat er sich gefragt, was die arme Alice von ihrer Ehe gehabt hatte. Die Hochzeit war kurz vor Kriegsausbruch gefeiert worden. Die Flitterwochen mußten wegen der europäischen Krise eine Woche zu früh abgebrochen werden. Es folgten viereinhalb schwere Kriegsjahre in Wien, und dann kamen zwei Jahre in Hotels und Krankenhäusern in der Schweiz, verdüstert durch Krankheit, Geldmangel und die Zweifel und innere Unsicherheit Rudolfs. Im Alter von 41 Jahren hatte Alice geheiratet, mit 47 war sie gestorben und hatte nie ein eigenes Heim gehabt.

Sie hatte nie geklagt. Noch auf dem Totenbett hatte sie an ihn und an ihre Tochter die abgeklärtesten und gütigsten Briefe geschrieben. In einem der bewegendsten hatte sie z. B. versucht, Anna Marie zu erklären, was es erleichtere, „physische oder moralische" Schmerzen zu ertragen. Das erste sei die „Fügung in Gottes Willen", und sie, die todkranke Frau und Mutter, müsse doch nicht so leiden wie die Mutter Gottes, „denn sie mußte die Leiden ihres eigenen Kindes mit ansehen, und das ist viel schlimmer als selbst zu leiden". Dann schreibt sie über das Problem der „höheren Geburt":

„Wir dürfen nicht stolz darauf sein, daß wir in einem höheren Stand geboren sind ... wenn wir dadurch hart und unfreundlich zu unseren Mitmenschen werden und zu denen, die unter uns stehen, aber ... gerade weil wir einem höheren Stande angehören und besser erzogen sind, müssen wir tapferer sein ... Unser Stolz – wenn wir schon stolz sein müssen – soll uns dazu führen, daß wir strenger gegen uns selbst sind ... Wenn Du daher leidest, dann versuche, einem anderen sein Leid abzunehmen. Lebe nicht nur in Dir selbst und für Dich selbst. Versuche immer und überall, an andere zu denken."[42]

Man kann sich kaum vorstellen, daß die Ideale christlicher Demut ihrer Generation reiner zum Ausdruck gebracht werden könnten. Und doch muß es Slatin beim Lesen dieser letzten Briefe bedrückt haben, wenn er auch wußte, daß seine Frau im Frieden mit sich selbst gestorben war. Er konnte das, was sie geschrieben hatte, weder nachfühlen noch aussprechen. Er wußte nur, daß sie ein sehr mageres Eheglück genossen hatte, auch wenn ihn daran keine Schuld traf.

Die einzige Realität, die aus dieser Ehe übriggeblieben war, war die jetzt viereinhalbjährige Tochter, und sie machte Slatin, wenn er an die Zukunft dachte, neben aller Freude auch Sorgen. Er war 63 Jahre alt und nicht ganz gesund (obwohl es ihm besser ging, als er dachte). Aber wenn Anna Marie erwachsen und heiratsfähig war, würde er wahrscheinlich nicht mehr am Leben sein. Wie sollte er, der die Gewohnheiten des Soldaten und des Junggesellen immer noch nicht ganz abgelegt hatte, allein dieses Kind aufziehen? Und was noch wichtiger war, wie sollte er für ihre Zukunft sorgen für den Fall, daß er starb, solange sie noch jung und unverheiratet war?

Eine rührende Nachricht, die er von englischen Freunden erhielt, bei denen er seine Tochter nach dem Tode der Mutter untergebracht hatte, konnte seine Sorgen auch nicht lindern. Sie schrieben, das kleine Mädchen weine jetzt nicht mehr jedesmal, wenn sie seine Mutter erwähnten, denn sie hätten ihm erklärt, die Mutter sei nun ein Engel. Aber eines Abends hätte das Kind gebetet: „Lieber Gott, nimm nicht auch Papi und meine Nurse als Engel zu dir, denn Du hast doch sicher schon genug Engel!"[43] Solange er lebte, wurde Slatin von der Angst gequält, er könnte zu früh sterben.

Bezeichnend ist, daß er, getroffen von all diesen Sorgen und Nöten, nicht in seinem heimatlichen Österreich Zuflucht suchte, wo seine Geschwister, wenn auch in bescheidenen Verhältnissen lebten, sondern in seine Wahlheimat England strebte, in das England, wo er nicht einmal seiner Stellung sicher war. Vielleicht hatte ein Telegramm aus Buckingham Palace etwas damit zu tun. Ende Juni hatte sein alter Freund in London, Oberst Phipps, Lord Stamfordham mitgeteilt, daß Alice gestorben war, der diese Nachricht an den König weitergab. George V. schrieb an den Rand dieser Mitteilung: „Das tut mir sehr leid. Bitte kondolieren Sie in unser beider Namen." Am 1. Juli wurde Slatin die „aufrichtige Teilnahme" der Majestäten übermittelt.[44]

Sehr bald nach der Beisetzung von Alice in Territet und nachdem er den bescheidenen Nachlaß geordnet hatte, reiste er wieder nach England. Jetzt dachte er zum erstenmal daran, ganz nach England überzusiedeln. Man ist dort zu Hause, wo das Herz ist, und das Herz eines Menschen ist gewöhnlich dort, wo seine Freunde sind. Slatin wußte, daß er nirgends auf der Welt so gute Freunde hatte wie Wingate, Talbot und Phipps, denen an vierter Stelle die Curries folgten. Wenn England auch ein unbeständiges Klima hatte, die politische Lage dort war in beruhigender Weise stabil. Die kaiserlichen und königlichen Apostolischen Majestäten waren aus Wien verschwunden, in London aber regierte noch derselbe König und Kaiser. Deshalb war es jetzt das wichtigste, einer seiner Untertanen zu werden.[45]

Slatin hat diese Angelegenheit wahrscheinlich im Sommer 1921 mit seinen engsten Freunden in England besprochen. Wir wissen nur, daß er Anfang 1922 bei einem Aufenthalt in Monte Carlo bei seinen amerikanischen Freunden Penfield die ersten Schritte in dieser Richtung unternommen hat. Von hier schrieb er an einen Bekannten im Innenministerium, John Baird, und fragte ihn geradeheraus, welche Möglichkeiten es für ihn gäbe, die britische Staatsangehörigkeit zu erwerben. Baird antwortete, es würde lange dauern und wahrscheinlich viele Rückfragen in London notwendig machen, bevor Slatin einen endgültigen Bescheid erhalten könnte. Als dieser Bescheid endlich am 2. März 1922[46] eintraf, war es eine höfliche Absage. Obwohl, wie Baird schrieb, man alle Möglichkeiten „sehr sorgfältig" geprüft habe, hätte man festgestellt, daß die Gewährung der britischen Staatsangehörigkeit an Slatin aufgrund der geltenden Bestimmungen nicht möglich sei. Er hatte nicht, wie erforderlich, ein Jahr vor der Antragstellung im Vereinigten Königreich gelebt, und die Tatsache, daß er früher seinen Wohnsitz lange Zeit im Sudan gehabt habe, genüge nicht, weil der Sudan *de jure* kein britisches Dominium sei. Aus dem gleichen Grunde könne man den Dienst Slatins dort nicht als „Krondienst" bezeichnen. Deshalb könne der Antrag auch damit nicht begründet werden.

Slatin hat, als er die ihn bitter enttäuschende Antwort las, offensichtlich nicht glauben können, daß es unmöglich sei, im Falle eines Mannes eine Ausnahme zu machen, dessen ganzer langer Lebenslauf in sich selbst eine Ausnahme war und gegen jede Regel verstieß. Bei einigermaßen gutem Willen und wenn das richtige Wort am richtigen Ort gesprochen würde, müßte man das ganze Dickicht bürokratischer Vorschriften umgehen können.

Also setzte er sich hin und schrieb wieder an seinen treuen Freund Wingate, um zu sehen, was dieser erreichen würde. Aber das Ergebnis war das gleiche. Wingate schrieb zunächst ganz einfach an die zuständige Abteilung im Innenministerium, wo man ihm mitteilte, wenn eine Ausnahme gemacht werden sollte, „müßten über den Antragsteller ganz genaue Angaben vorgelegt werden" (vielleicht ein Anzeichen dafür, daß manchmal Ausnahmen gemacht wurden). Aber in einer Antwort, die Wingate am 7. April von Baird selbst erhielt, schrieb dieser noch einmal in sehr überzeugender Form, daß die Bestimmungen die Verleihung der Staatsangehörigkeit an Slatin nicht zuließen. Er fügte hinzu: „Soweit ich weiß, ist diese Angelegenheit schon einmal zu Lebzeiten König Edwards zur Sprache gekommen, und damals wurde festgestellt, daß Slatin trotz der großen Dienste, die er uns geleistet hat, nach den geltenden Bestimmungen nicht britischer Untertan werden kann und sich in dieser Angelegenheit nichts machen läßt."[47]

Diesmal scheint sich Slatin mit dem abschlägigen Bescheid zufriedengegeben zu haben, und er versuchte nicht, seine anderen Freunde für sich einzusetzen wie in der Ordensangelegenheit.[48] Zwar gehörte England auch in Zukunft in sein Leben hinein, aber er gab den Gedanken auf, dort seßhaft zu werden. Wohin sollte er sich wenden? Nach dem Tode seiner Frau erschien es ihm unmöglich, in der Schweiz zu bleiben, die zwar ein blühendes und wohlhabendes Land, aber auch teuer und anonym war. In der Republik Österreich würden ihn die Geister der Vergangenheit verfolgen, auch wenn seine Blutsverwandten dort noch alle am Leben waren.

Irgendeine Wahl mußte getroffen werden. Das Nachkriegsprovisorium war vorüber und hatte mit dem doppelten Schlag des Todes seiner Frau und des vergeblichen Versuchs, britischer Untertan zu werden, geendet. Jetzt mußte er sich allein auf den Weg machen, um den „Platz an der Sonne" zu finden, an dem er seine Tage mit Alice hatte beschließen wollen.

17. KAPITEL

Erfüllung

Das was er suchte, fand Slatin schließlich in Südtirol. Es war ein bequemes, wenn auch recht bescheidenes Haus in Obermais, oberhalb von Meran in den Dolomiten. Die Provinz hieß jetzt allerdings „Alto Adige", aus Meran war Merano und aus Obermais Maia Alta geworden. Bei der Auflösung der Monarchie nach dem verlorenen Kriege vor einigen Jahren waren all die alten habsburgischen Gebiete südlich des Brenner an Italien abgetreten worden, wie es die Ententemächte den Italienern 1915 für den Fall versprochen hatten, daß sie ihr Bündnis mit Österreich lösen und auf ihrer Seite in den Krieg eintreten würden.

Für Slatin waren die Italiener ebenso wie für die meisten anderen Österreicher die Erzfeinde seines Vaterlandes, und für den alten Monarchisten muß es bitter gewesen sein, die italienische Fahne auf den Regierungsgebäuden der Stadt zu sehen und gezwungen zu sein, auf nach seinen Begriffen österreichischem Gebiet mit italienischen Polizeibehörden zu tun zu haben. Aber in ihrem Charakter war die Provinz noch ganz österreichisch geblieben und ist auch heute, zwei Generationen nach dem Tode Slatins, noch nicht vollständig italienisch geworden. Anfang der 1920er Jahre war die Vergangenheit hier noch stärker als die Gegenwart, und es war auch die Vergangenheit, in der Slatin jetzt zu leben begann. Ein Jahr nachdem er sich dort niedergelassen hatte, sagte er einem Freund: „In der Schweiz habe ich mich immer als Fremder gefühlt, aber in Meran habe ich das Empfinden, daß ich – *malgré le change* – noch in einem Stück des alten Österreich lebe, und da ich dort einige Freunde gefunden habe, bin ich entschlossen, zu bleiben."[1]

Abgesehen davon, daß er hier gelegentlich in unangenehmer Weise an die Annexion der Provinz durch Italien und an die italienische Verwaltung erinnert wurde, war Meran der ideale Ort, an dem er endlich seine Koffer auspakken konnte. Sein Österreich oder das, was in der geschrumpften republikanischen Gestalt davon übriggeblieben war, ließ sich über die Alpenpässe im Norden bequem erreichen. Im Süden dehnte sich die Landschaft bis an das Mittelmeer aus, das sowohl die Küsten Afrikas als auch Europas bespült. In Südtirol mit seinen Berggipfeln, Gletschern und fruchtbaren, mit Reben, Blumen und Obstbäumen bewachsenen Tälern treffen Alpenraum und Mittelmeergebiet aufeinander. So war es in gewisser Weise kein schlechtes Symbol für Slatins eigenes Leben.

Das Haus, das er mietete (zunächst, wie er an „Miss Elizabeth" schrieb, für fünf Jahre), hieß Villa Mathilde.[2] Er bezog es im Frühjahr 1923 und war erleichtert, endlich das Leben im Hotel aufgeben zu können. Er hatte aber auch das Gefühl, hier sei etwas Endgültiges geschehen, und dieses erste wirkliche Heim werde auch das letzte sein. „Möge Mathilde mein letzter Flirt sein", schrieb er scherzhaft in einem anderen Brief. Die plötzliche Aversion, neue Menschen kennenzulernen und neue Gesichter um sich zu sehen, ein Gefühl, das ihn zum erstenmal in den düsteren Nachkriegsmonaten in der Schweiz überkommen hatte, das Bedürfnis, der glänzenden Gesellschaft den Rücken zu kehren, die bisher immer so sehr Teil seines Lebens gewesen war, alle diese Empfindungen wurden jetzt stärker, obwohl die düstere Stimmung sich milderte und zur Resignation abschwächte.

Die gleiche Haltung zeigt sich bei seinem ersten Besuch in England nach dem Umzug in die Villa Mathilde. Er schreibt an „Miss Elizabeth", er habe in dem „Army and Navy Store" in London einen eisernen Briefkasten gekauft, um ihn am Gartentor seines Grundstücks in Obermais anzubringen. Oben an dem Briefkasten war ein verschiebbarer Schlitz angebracht, hinter dem wahlweise die Worte „In" und „Out" erschienen. Beim Kauf ließ er jedoch diesen Schlitz so festschrauben, daß nur das Wörtchen „Out" zu lesen war (das anzeigte, das der Hausbewohner nicht zu Hause sei). Er schreibt: „Auf diese Weise werde ich nicht zu viele Besucher haben ... aber lassen Sie und Ihre Angehörigen sich nicht dadurch abschrecken, wenn Sie nach Meran kommen. Für alte Freunde bin ich immer ‚In'."

Geldmangel war ein bei Slatin oft wiederkehrender Alptraum. Wie wir sehen werden, war dieser Alptraum eigentlich ganz unbegründet, aber Slatin war so sehr davon besessen, daß wir hier einmal feststellen müssen, welches die finanzielle Lage des pensionierten Generals war. Der Wechselkurs des ägyptischen Pfundes[3] gegenüber der italienischen Lira war zur Zeit seiner Pensionierung sehr günstig, so daß sein Grundeinkommen von 60 Pfund monatlich einem vornehmen Pensionisten unter normalen Verhältnissen ein bequemes, wenn auch bescheidenes Leben sicherte. Slatin hat zwar nie eine größere Erbschaft gemacht oder Grund und Boden besessen, der ihm als Reserve hätte dienen können, aber als er pensioniert wurde, hatte er doch eine ganz nette Summe zurückgelegt. Auch seinen engsten Freunden hat er nie gesagt, was er eigentlich besaß. Nur in seinem Tagebuch erhalten wir Aufschluß über diese Frage.

Schon die allgemein bekannten Aktivposten in seiner Bilanz waren nicht zu verachten. Da war z. B. die Gratifikation, welche die Regierung des Sudan ihrem ehemaligen Generalinspekteur nach dem Kriege, wahrscheinlich auf Veranlassung Wingates und anderer alter Kollegen, gezahlt hatte. Wir wissen aus einem früheren Brief Slatins,[4] daß sich diese Summe nach einem Jahresgehalt von 1800 Pfund errechnete, während er in seiner aktiven Dienstzeit tatsächlich nur 1400 Pfund jährlich erhalten hatte. Insgesamt wurden ihm daher 4175 Pfund gutgeschrieben. 1919 bis 1920 hatte Wingate davon 1000 Pfund abgehoben und ihm im voraus überwiesen. Ein kleiner Betrag war außerdem zur Abfindung seiner Dienerschaft in Khartum verwendet worden. Es blieben ihm jedoch noch fast 3000 Pfund, und das war Anfang der 1920er Jahre eine ganz ansehnliche Summe.

Ein besonderer Glücksfall war, daß Wingate mit dem Verleger Edward Arnold über eine Neuauflage von Slatins Buch *Feuer und Schwert im Sudan* verhandelt und für sie beide das beachtliche Honorar von 15 Prozent erzielen hatte können. Er bot seinem Freunde an, er wolle auf seinen Anteil verzichten, um Slatin zu helfen. Slatin lehnte das jedoch ab und sagte, es sei undenkbar, „die alte Firma aufzulösen, die jetzt schon mehr als ein Vierteljahrhundert besteht".[5] Um Wingate zu beruhigen, gab er ihm einen allgemeinen Überblick über seine Finanzlage[6] bei Beginn seiner Pensionierung:

„Ich muß natürlich sparsam leben (welcher anständige Mensch muß das heute nicht?), aber im Vergleich mit anderen geht es mir gut. Ich habe meine Pension von £ 600, und für die kleine Anna Marie habe ich £ 6000 zurückgelegt, so daß sie nicht in Not geraten wird, wenn mir etwas zustoßen sollte. (Mit den Zinsen dieser Summe bestreite ich natürlich zum Teil die laufenden Ausgaben für sie.) Dann habe ich noch ein gewisses Guthaben in Ägypten im Wert von ? £ 3000 und etwas Geld in Österreich, das im Augenblick jedoch nichts wert ist.

Dann besitze ich Möbel, Silber etc. und kann, wenn ich Geld brauche, etwas davon verkaufen. Schließlich ist, wie Du weißt, Mrs. Penfield katholisch und kennt die kleine Anna Marie seit ihrer Geburt in Wien. Sie hat mir mehrmals Geldbeträge geschickt, um mir zu helfen, die für Anna Marie notwendigen Ausgaben zu bestreiten. Mrs. Penfield ist ungeheuer reich und ... für sie bedeuten solche kleinen Beträge nichts, aber für mich und Baby eine Menge ... Du siehst also, alter Junge, Du brauchst Dir wegen meiner finanziellen Lage keine Sorgen zu machen."

Am 7. März 1930 schrieb Slatin in seinem Tagebuch über die Auswirkungen der damaligen Weltwirtschaftskrise:

„Heute erhielt ich von der ägyptischen Nationalbank in London eine Aufstellung meiner sämtlichen bei dieser Bank liegenden Wertpapiere zum Börsenpreis vom 4. März. Mein gegenwärtiges Vermögen beträgt einschließlich aller sonstigen Guthaben im Vergleich zum letzten Jahr 1929: £ 39.500; 1930: £ 36.600 (das ist im Nominalwert um £ 2900 weniger)."

Am 27. Februar 1931 notiert er, daß sein Vermögen sich um 3400 Pfund verringert habe. Der Tiefpunkt ist am 1. März 1932 erreicht, als er schätzt, daß seine Papiere inzwischen 25 Prozent an Wert verloren hätten. Aber wenige Tage nach dieser Eintragung zeigen eine Reihe sichtlich in Aufregung geschriebener Tagebuchnotizen, daß Mrs. Penfield, die hochbetagt im vorhergehenden Monat gestorben war, ihm die ansehnliche Summe von 50.000 Dollar hinterlassen hatte.

So ergibt sich aus Slatins Aufzeichnungen, daß er, mit einem regelmäßigen Monatseinkommen von 60 Pfund und Bankguthaben von nie weniger als 30.000, meist aber fast 40.000 Pfund, ein recht gut situierter Pensionist war. (Ein Pfund hatte 1932 etwa den Wert von 15,5 RM oder 26,15 Schilling.)

Dennoch machte er sich ständig Sorgen um seine finanzielle Lage, ja er scheute sich nicht, Geldgeschenke seiner Freunde anzunehmen. Verständlich wird dieses Verhalten nur durch seine fast krankhafte Angst um die Sicherung der Zukunft seiner Tochter. Das entscheidende und kritische Problem, das ihn in diesen letzten Jahren beschäftigte, bestand darin, ihr die teuerste und beste Erziehung zu geben, die er sich leisten konnte, und ihr dann für das ganze Leben ein ausreichendes Einkommen zu sichern. Er wußte sehr wohl, daß sie das alles brauchen würde, wenn sie sich sorglos in der internationalen Gesellschaft bewegen sollte, in die er selbst zunächst durch ein verschwenderisches Maß an Tapferkeit und Leiden Eingang gefunden und sie dann durch seinen natürlichen Humor und Charme erobert hatte. Er wußte auch schon, daß für seine Tochter derselbe Weg, den er, obgleich Österreicher, gegangen war, der beste sein würde. Dieser Weg konnte nur England sein, mit seinem intakten inneren Zirkel seiner Freunde aus dem Sudan. England, in dem er aus alten Tagen her, Beziehungen zur Krone besaß, gewiß ein wenig abgenützte Verbindungen, aber doch noch vorhandene. Im heimatlichen Österreich konnte er dem kleinen Mädchen weder eine gesellschaftliche Stellung noch ein Zuhause bieten. Seine beiden Schwestern hatten sogar die Villa in Traunkirchen verkaufen müssen, denn ihr gemeinsames Einkommen von 50.000 Kronen jährlich war durch die Nachkriegsinflation so gut wie wertlos geworden.[7] Sein einziger Ehrgeiz bestand jetzt noch darin, Anna Marie in England unterzubringen und dafür zu sorgen, daß sie eines Tages eine gute Partie machte.*

*Sie erfüllte diese Erwartungen ihres Vaters gründlicher als gehofft, denn sie heiratete im ganzen dreimal.

Als Rudolf Slatin sich mit Anna Marie bei den Curries von dem Schock erholte, den er durch den Tod seiner Frau erlitten hatte, zeichnet er schon das idyllische Bild, das er sich von der Zukunft seiner Tochter macht:

„chit ihrer kleinen Freundin, der Tochter von Lady Currie, reitet sie vergnügt auf Shetlandponies herum und freut sich ihres Lebens."

Er hatte die Villa Mathilde gemietet, um dem jungen Mädchen eine Heimat zu geben, auch wenn das Haus nicht sein Eigentum war. Da er aber glaubte, den Kontakt mit England aufrechterhalten zu müssen, fuhren Vater und Tochter alljährlich für zwei oder drei Monate – gewöhnlich in der Zeit zwischen Juli und September – hinüber. In einem Brief an „Miss Elizabeth" aus Meran im Dezember 1924 heißt es:

„Wäre es nicht Anna Marie's wegen, so würde ich vielleicht das ganze Jahr hier blieben. Aber die Kleine muß in der Welt herumkommen, und um ihretwillen muß ich die persönlichen Verbindungen mit gewissen uns befreundeten Familien pflegen."

Außerdem mußten noch Reisen nach Österreich in dem Programm untergebracht werden, damit das Mädchen nicht die Verbindung zu Slatins Geschwistern in Wien und zu ihrer Großmutter mütterlicherseits, der ehrfurchtgebietenden alten Dame in Graz, verlor. Oft kehrte Slatin im Herbst ganz erschöpft in die Villa Mathilde zurück.

So anstrengend sie auch sein mochten, die Sommerreisen nach England gaben dem zurückgezogenen Leben des Mannes seinen Rahmen. In den Monaten von Oktober bis Juni hielt er sich gewöhnlich in Meran auf und fuhr zur Kur nach Bad Hall. Damit schloß sich der Jahresrhythmus. Sein Leben in der Villa Mathilde, wie er es in seinem Tagebuch registriert, ist wie das Ticken einer alten Wanduhr aus Großvaters Zeiten – monoton, beruhigend und resigniert. Ein Tagebucheintrag gleicht dem anderen: Einladungen zum Lunch oder Tee bei den wenigen Bekannten am Ort, empfangene und geschriebene Briefe, regelmäßige Gänge – zum Zahnarzt, zur Bank, zur Kirche. Täglich begleitet er Anna Marie zur Schule und holt sie wieder ab. Dann ordnet er seine Briefmarken und ergänzt die Sammlung. („Kaufte für £ 7 Briefmarken, obwohl es mir schwerfällt, das Geld dafür aufzubringen.") Und schließlich registriert er den Barometerstand, die Außentemperaturen und das wechselhafte Wetter in Südtirol. Ein Jahr gleicht dem anderen. Der Pensionist Slatin wanderte – ebenso wie Slatin, der Gefangene, und Slatin, der Generalinspekteur – wieder auf einem Weg über eine Hochfläche. Diesmal jedoch war der Horizont begrenzt, und das sollte sich nicht mehr ändern.

Doch gab es bei dieser Reise, die sich auf gerader Strecke dem unvermeidlichen Ziel näherte, doch noch manche Höhen und Tiefen. Ein aufregendes Ereignis kam im November und Dezember 1926, als er den Sudan zum ersten- und letztenmal wieder besuchte.

Die Regierung des Sudan hatte ihn zur Eröffnung des Sennar-Dammes eingeladen. Slatin hatte zunächst abgelehnt, mit der Begründung, die Feiern und Empfänge würden seine Kräfte übersteigen. Als jedoch die Regierung die Einladung wiederholte, überwogen doch Heimweh und auch Neugier seine Bedenken.

Auf dem Weg nach dem Sudan hielt sich Slatin einige Tage in Kairo auf. In Khartum selbst war er Gast des neuernannten Generalgouverneurs Sir John Maffey, der sich auch späterhin als guter Freund bewähren sollte. Slatin mag sicherlich oft schwer ums Herz gewesen sein, als er, selbst nur mehr Besucher, alle die Orte wiedersah, die zum Teil durch ihn berühmt geworden waren und wo er so viele seiner Gäste herumgeführt hatte. So manches Mal werden plötzlich bekannte Namen und Gesichter vor ihm aufgetaucht sein – auf den Listen der Gäste in der Residenz oder auch irgendwo in der Menge auf der Straße. Aber er behielt diese Erlebnisse fast alle bei sich. Von einem Zufallsereignis am 24. November berichtete er später seinen Freunden. Er hatte sich an diesem Tage an das andere Nilufer übersetzen lassen, um die Hauptstadt des Mahdi, Omdurman, und das Haus des Khalifa wiederzusehen. Die damalige Residenz des Khalifa war jetzt ein Museum und eine allen Touristen gezeigte Sehenswürdigkeit. Als Slatin gerade schweigend in dem Raum stand, in dem er im vergangenen Jahrhundert so vieles gesehen und erlitten hatte, kam eine Gruppe von Besuchern herein. Er horchte auf, als er seinen Namen nennen hörte, denn der Führer zeigte der Gruppe die Stelle, an welcher der bekannte Slatin Pascha immer gestanden habe, wenn er zum Khalifa gerufen worden war. Aber der Fremdenführer irrte sich, und der ehemalige Untergebene des Khalifa korrigierte ganz bescheiden den offiziellen Dragoman, ohne sein Inkognito zu lüften. Aber der Mann fühlte sich verständlicherweise in seiner Würde gekränkt und behauptete, Abdel Kader hätte immer genau an dem Platz gestanden, den er bezeichnet habe. Daran lasse sich nichts ändern. „Aber ich bin Abdel Kader", widersprach Slatin schließlich. Das Staunen und die Verwunderung der Touristen und ihres Führers waren natürlich gewaltig.

Es ist nur ein einziger Brief erhalten geblieben, den Slatin damals aus Khartum geschrieben hat.[8] Er besteht aus einem kurzen Bericht, den er zwei Tage nach dem kleinen Zwischenfall im Hause des Khalifa an Wingate verfaßte. Man spürt darin seine schwermütige Stimmung, wenn er sie auch durch den etwas hektischen Stil zu verdecken sucht, als wolle er weder in sich selbst noch in Wingate zu viele alte Erinnerungen wecken. Er teilt dem pensionierten Generalgouverneur mit, einige alte Dienstboten und Angehörige der sudanesischen Leibwache hätten sich nach ihm erkundigt. Sein altes Büro im Gouverneurspalast sei jetzt ein Empfangszimmer. Man fahre neuerdings im Auto herum, „und das geht viel schneller ... als auf dem Kamel". Alles scheint ihm etwas unheimlich und beunruhigend vorgekommen zu sein, und nachdem Slatin seinem Freunde stichwortartig den Ablauf der Ereignisse geschildert hat, schließt er den Brief: „... und dann wieder nach Hause, hurrah! Ein dreifaches Hurrah für Meran und Anna Marie!"

Diese erfolgreiche *voyage sentimentale* nach Kairo und Khartum rief jedoch nicht nur alte Erinnerungen wach. Sie trug auch dazu bei, daß Slatin von London zurückerhielt, was er noch immer so schmerzlich vermißte. Drei Monate nachdem er sich von ihnen verabschiedet hatte, unternahmen seine englischen Gastgeber in Afrika, mit beredten Worten von ihm dazu ermuntert, eine neue Kampagne, um dem Pascha zu seinem Recht zu verhelfen und die britischen Orden wieder anlegen zu dürfen. Diesmal waren ihre Bemühungen endlich von Erfolg gekrönt.

Die neue Empfehlung kam aus Ägypten und dem Sudan und wirkte deshalb am natürlichsten und überzeugendsten. Als sie in London eintraf, waren hier die nach dem Kriege noch lebendigen feindseligen Gefühle schon im Schwinden. Vor allem wurde sie dem Außenministerium vorgelegt, das nicht mehr von Lord Curzon geleitet wurde. Diese „Allerhöchste Person" war nicht mehr im Wege.* Das zeigte sich sofort in der Art und Weise, wie seine ehemaligen Untergebenen den Fall Slatin behandelten.

Slatins Fürsprecher war diesmal der Hochkommissar in Kairo, Lord Lloyd. Er schreibt am 16. April 1927 an Sir Austen Chamberlain, er habe während des jüngsten Besuches von Slatin in Khartum das Problem der Rückgabe der britischen Orden an den Exgeneralinspekteur mit dem Generalgouverneur, Sir John Maffey, besprochen, der die Bitte nachdrücklich unterstütze. Der letzte Abschnitt des Empfehlungsbriefes von Lloyd war der wirksamste, und zwar klang er so überzeugend, weil jedes Wort darin den Tatsachen entsprach:

„Slatin Pascha ist jetzt 70 Jahre alt, und es ist sein größter Wunsch, wieder die britischen Orden tragen zu dürfen, die er sich so wohl verdient hat."

Die Beamten im Außenministerium, die merkten, woher der Wind wehte, und sicher froh waren, diese lästige Frage endlich erledigen zu können, handelten entsprechend. Es wurde eine Aktennotiz[9] angefertigt, in der man über die scharfen kritischen Bemerkungen des ehemaligen Vorgesetzten, Lord Curzon, entweder hinwegging oder sie abmilderte. Die Anmerkungen des früheren Außenministers, Sir Edward Grey, zu dem ersten um Slatin entstandenen Skandal vor 13 Jahren, wurden gar nicht mehr erwähnt. Ebenso überging man die Geheimtelegramme, die sie veranlaßt hatten – und sich immer noch in den Akten befanden –, mit Schweigen. Das Klima hatte sich seit

* Lord Curzon war Ende 1924 in den Ruhestand getreten und im folgenden Jahr gestorben.

der Amtszeit von Curzon und natürlich seit derjenigen von Grey vollkommen verändert, und der neue Außenminister mußte nicht erst lange gebeten werden, der Anregung von Lord Lloyd zu folgen. Die Unterlagen, die er brauchte, besorgten ihm seine Beamten.

Das Außenministerium richtete am 27. Mai 1927 ein Schreiben an den Intendanten der Zivilliste, Sir Frederick Ponsonby, dessen wichtigste Abschnitte die folgenden waren:

,,Während dem Minister nichts daran liegt, sich generell mit der Frage zu beschäftigen, ob ehemals feindliche Ausländer die Erlaubnis erhalten sollen, ihre Orden wieder anzulegen, glaubt er, daß bei Slatin Pascha ein ganz besonderer Ausnahmefall vorliegt und man das Zugeständnis, um das er bittet, machen kann, ohne das umfassendere Problem zu präjudizieren ... Würden Sie daher vielleicht so freundlich sein, den König um seine gnädige Zustimmung in diesem Fall zu bitten und mir mitzuteilen, ob Seine Majestät damit einverstanden ist, daß die Anfrage von Lord Lloyd zustimmend beantwortet wird.''

König George, der Slatin schätzte, hatte schon lange auf dieses offizielle Ersuchen gewartet. Am 13. Juni erhielt Lord Lloyd die offizielle Mitteilung, der König habe die Gnade gehabt, dem Antrag Slatins stattzugeben, und erlaube, ,,ihn entsprechend in Kenntnis zu setzen''. Man kam überein, die Sache nicht öffentlich bekanntzugeben, um sich vor einer Flut ähnlicher Anträge zu schützen.[10] Für Slatin war dieses Verschweigen der einzige unvollkommene Aspekt seines Triumphs. Aber seine nächsten Freunde erfuhren sofort davon und verbreiteten die freudige Nachricht. Der ganze weitere Kreis seiner ehemaligen Kollegen konnte es beim nächsten Darfur-Dinner in London selbst sehen, als der alte Generalinspekteur persönlich dazu erschien,[11] diesmal nicht mehr mit ,,nackter'' Brust, sondern im strahlenden Glanz der emaillierten Sterne und Kreuze, die er so lange in der Schublade hatte liegen lassen müssen.

Die Orden brachten Slatin noch ein zweites, für ihn fast ebenso wertvolles Geschenk. Obwohl König George V. Slatin schon bald nach dem Kriege in Audienz empfangen hatte, war das eine rein private Geste gewesen und die Audienz mit Absicht nicht in die Hofnachrichten aufgenommen worden. Seither hatte Slatin in Briefen an seine Freunde immer wieder darüber geklagt, daß er noch nicht wieder offiziell bei Hofe empfangen worden sei. Freilich zu den regelmäßigen Besuchern in Windsor oder Balmoral sollte Slatin nie mehr zählen, das intime Verhältnis zum englischen Hof war für alle Zeiten vorbei. Aber man erlaubte ihm jetzt wenigstens, wieder offiziell bei Hof zu erscheinen, wenn auch nur im großen Kreise bei einem der für eine breitere Öffentlichkeit gegebenen Empfänge. 1927 verbrachte er einen glücklichen Sommer in England, und am 7. Juli, nur wenige Wochen nach Erhalt der Nachricht, daß er die langersehnten Orden wieder anlegen dürfe, berichtete er Wingate, er sei zu dem am 22. stattfindenden Gartenfest des Königs eingeladen worden, „an dem ich teilnehmen werde". Da er wußte, daß sein Freund zwei graue Zylinder besaß, bat er Wingate, ihm zu diesem Anlaß einen zu leihen.[12]

1927 war für Slatin ein glückliches Jahr gewesen, aber 1928 wurde ein schlechtes. Im Frühjahr kam es zu einer demütigenden, verworrenen Affäre mit der Universität von Cambridge. Im März hatte ein gewisser Professor Henry Guillemard, der an diesem ehrwürdigen Institut lehrte, an Wingate geschrieben und ihn offenbar ganz unverhofft gebeten, er möge den Vorschlag unterstützen, Slatin die Ehrendoktorwürde zu verleihen. Was Guillemard dazu veranlaßt hat, ist nicht klar. Wir wissen aber, daß der Generalinspekteur selbst, dem sonst so viel an öffentlichen Ehrungen gelegen war, nicht dahintersteckte. Wie wir einer Eintragung in seinem Tagebuch vom 15. März entnehmen, hielt er es für richtiger, auf eine solche Ehrung zu verzichten.

Slatin hatte recht. Am 10. März wendete sich Wingate an Stamfordham und bat ihn, den König zu fragen, ob er dem Vorschlag Guillemards zustimme. Zwei Tage darauf erhielt Wingate die Antwort, der König werde sich natürlich sehr freuen.[13] Aber als Cambridge im folgenden Monat zwei Ausländer mit der Ehrendoktorwürde auszeichnete, war Slatin nicht darunter. Bedenkt man, daß einer der beiden auf diese Weise geehrten Albert Einstein war, dann hatte Slatin keinen Grund, gekränkt zu sein. Wenn er in seinen besten Jahren auch eine bemerkenswerte Persönlichkeit gewesen war, so hatte der Pascha dieses Niveau doch nicht erreicht. Er hatte aber recht, wenn er betrübt in sein Tagebuch schrieb: „Viele mögen geglaubt haben, ich hätte nach der Ehrendoktorwürde gestrebt und die Sache angeregt, aber das ist Unsinn."[14]

Die ganze Angelegenheit hatte einen Mann, der immer besonders empfindlich war, wenn man ihn abwies, unnötig geärgert, und dieses Gefühl – ob nun gespielt oder echt – war bei ihm nie so stark ausgeprägt wie gerade in den schwierigen Jahren nach dem Kriege.

Aber sehr bald stellten sich ernstere Sorgen für Slatin ein. Wenige Wochen nach dem Fiasko mit der nicht erfolgten Verleihung der Ehrendoktorwürde durch die Universität von Cambridge reiste er zu seinem Jahresbesuch nach England ab und wurde am 21. Juni wirklich krank, wahrscheinlich zum erstenmal seit jenem fürchterlichen Winter 1918/19. Wir schreiben „wirklich krank", weil man sich kaum des Gefühls erwehren kann, daß Slatin im Lauf der Jahre immer hypochondrischer wurde. Derselbe Mann, der früher nur gelacht hatte, wenn man über die Möglichkeit sprach, er könnte an der Cholera, der Malaria, der Dysenterie, der Lepra oder irgendeiner anderen im

Sudan herrschenden Seuche erkranken, glaubte sich jetzt bei jedem Kopfschmerz und jedem Niesen von heimtückischen Krankheiten bedroht. In Wirklichkeit litt er an einer übergroßen nervösen Empfindlichkeit.

Aber im Sommer 1928 bildete er sich nichts ein, sondern es ging ihm wirklich schlecht. Fast einen Monat lag er mit Angina pectoris und einer Herzthrombose im Krankenhaus. Er selbst bezeichnete es als „ein kleines Blutgerinnsel im Gehirn ... aber kein richtiger Schlaganfall."[15] Bald nach seiner Entlassung ging er nach Wien, um einen Spezialisten zu konsultieren. Zwar war die Diagnose nicht alarmierend, aber auch keineswegs günstig. Im Herbst schreibt er an einen Freund:

„Es geht mir jetzt viel besser, und ich bin viel kräftiger, aber in meinem Alter kostet es einige Anstrengung, wieder fit zu werden. Wenn ich Glück habe, werde ich vielleicht noch eine Zeitlang leben, ohne ein kompletter Invalide zu sein."[16]

Durch die Krankheit verstärkt sich die Unruhe, die seit dem Tode seiner Frau von ihm Besitz ergriffen hatte. Würde er so lange am Leben bleiben, bis Anna Marie erwachsen war und eine Heimat gefunden hatte? Wenn nicht, was sollte nur aus dem Kind werden? Vielleicht hatte er schon damals ganz bestimmte Pläne mit ihr, um sie nach Möglichkeit fest in England zu verankern. Aber sie mußte alt genug und er noch am Leben sein, damit dieser Wunsch in Erfüllung gehen konnte. Es war ein Wettrennen gegen die Zeit im doppelten Sinne.

Das Jahr 1929 brachte nicht viel Erfreuliches. Gesundheitlich hielt er sich einigermaßen, aber es gab andere schwere Rückschläge. In seinem Tagebuch notiert er den Tod von zwei alten Freunden aus dem Sudan, und sie waren die ersten in einer nun folgenden langen Reihe. Noch trauriger war es für ihn, als sein Bruder Heinrich im Alter von 75 Jahren in Österreich starb. Die Brüder hatten sehr gut miteinander gestanden, und ihre Laufbahn hatte sich in mancher Hinsicht parallel entwickelt. Der Höhepunkt kam, als sie 1906 von Kaiser Franz Joseph gleichzeitig in den Freiherrnstand erhoben wurden. Slatin schrieb einen traurigen Kondolenzbrief an die verwitwete Schwägerin. Man spürt darin, daß mit dem Bruder ein Stück seiner selbst diese Welt verlassen hatte.[17]

Auch Anna Marie war wieder krank geworden. Sie mußte einige Monate in einem Gebirgssanatorium zubringen, und die Ärzte hatten empfohlen, sie auch im Winter dort zu lassen. Die Höhe, die ihr guttat, schadete dem geschwächten Herz des Vaters, und so sah der alte Mann einem einsamen Heiligen Abend in der Villa Mathilde entgegen – „wie ein armer, kleiner gerupfter Sperling", schrieb er an „Miß Elizabeth".[18] Aber es war nicht nur die Einsamkeit, die ihn bedrückte. Im gleichen Brief heißt es, durch den monatelangen Aufenthalt von Anna Marie im Sanatorium habe er „nicht wenig" Geld ausgeben müssen. Schließlich hatten auch seine Investitionen erheblich an Wert verloren. Am Silversterabend notierte er trübsinnig in seinem Tagebuch:

„Ich bin froh, daß dieses Jahr vorüber ist. Es hat mir Enttäuschungen, Kummer und Sorgen gebracht. A-Ms. Krankheit, meinen (schlechten) Gesundheitszustand, den Tod des armen Heinrich und Geldverluste infolge der Kursverluste.

Gäbe Gott, daß es 1930 besser wird."

Die Lage besserte sich ein wenig. Das neue Jahr brachte keine neuen Schicksalsschläge, aber zu seinen ständigen, wenn auch nicht ganz begründeten Geldsorgen kam die Sorge um seine zunehmende Schwäche und die langsame Rekonvaleszenz der Tochter. Diese drei Dinge scheinen ihm immer wieder im Kopf herumgegangen zu sein, wenn er sich hinsetzte, um an Freunde oder Verwandte zu schreiben. In einem Brief vom März 1930 an seine Schwägerin finden wir z. B. diesen trübsinnigen Absatz:

„Ich mache mir immer noch Sorgen um Anna M... Wie sehr wünschte ich, jünger oder wenigstens gesünder zu sein. Ständig herumzufahren und mich darum sorgen zu müssen, wo ich mein Kind unterbringen könnte, kostet mich viel Kraft, ja es kommt mir so vor, als sei meine Flucht vor 35 Jahren mit all ihren Gefahren und Anstrengungen irgendwie leichter zu ertragen gewesen als alle diese Reisen mit meinem Kind, und die Sorgen, die ich mir um sie mache, gehen tiefer als alles andere. Es bleibt mir nichts übrig als durchzuhalten."[19]

Im gleichen Jahr finden wir den folgenden ergreifenden Tagebucheintrag:

„Ich bete darum, daß der Allmächtige Anna Marie Gesundheit und Freude geben und meinen Zustand bessern möge, damit ich noch eine Weile für mein liebes Kind sorgen kann."[20]

Es wäre erfreulich, berichten zu können, der Gegenstand all dieser Liebe und Fürsorge habe die Gefühle des alten Mannes im gleichen Maß erwidert. Aber ihr Verhältnis zueinander war recht schwierig. Wie auch sonst in seinem Leben sehnte sich Slatin nicht nur nach Zuneigung, sondern wollte auch ständige Beweise dieser Zuneigung haben. Aber das launische, kränkliche, mutterlose Kind war augenscheinlich sehr oft nicht fähig, dem Vater Zärtlichkeit in jener massiven Dosis zu geben, nach der er sich sehnte. Es läßt sich natürlich nicht sagen, ob er sich ihre Mißstimmungen und Launen nur eingebildet hat oder nicht. Aber er begann, sich Gedanken zu machen, und war verzweifelt über ihr langes Schweigen, wenn sie getrennt waren. So wurden die letzten Jahre seines Lebens durch neuen Kummer um die Tochter belastet.

Als er Anna Marie z. B. im Juni 1930 mitteilen mußte, daß sie im Sommer nicht würde nach England fahren können, war ihre Reaktion (auf einer Postkarte) so wild, daß sogar Slatin die Geduld verlor. In seinem Tagebuch schreibt er: „Impertinent! Das also ist der Dank, den ich verdient habe!"

Im folgenden Jahr steigerten sich die Spannungen noch mehr. Phipps, der ihn im Herbst in Meran besucht hatte, suchte in England nach einer geeigneten Schule für Anna Marie und nach englischen Mädchen ihres Alters (natürlich aus guter Familie), mit denen sie umgehen könnte. Auf alle diese Fürsorge reagierte sie durchaus unfreundlich. In einem Brief schreibt die junge Dame ihrem Vater sogar, sie werde sich ihre „künftigen Freunde selbst aussuchen". „Recht launisch und impertinent", kommentiert Slatin.[21]

Langes Schweigen seines Kindes bedrückte den armen Slatin aber fast ebenso sehr wie unfreundliche Briefe. In seinem Tagebuch häufen sich die Klagen. „Kein Brief von Anna Marie. Ich überlege mir, ob sie mir schreiben würde, wenn sie wüßte, wie sehr ihr Schweigen mich schmerzt." (21. März.) „Wäre ich nicht so allein, dann würde ich weniger an Anna Marie denken, aber sie ist alt genug, um das zu verstehen, und sollte mir hin und wieder ein paar Worte schreiben." (7. Oktober.) „Ob wohl Anna Marie weiß, welche Freude mir ein netter Brief von ihr bereiten würde ... Kinder sind egoistisch und grausam!" (9. Dezember.) Aber wenn er, was selten geschah, einen „netten" Brief von ihr bekam, vermerkte er es voller Freude.

1931 mußte Slatin wieder ins Krankenhaus. Sein Leiden hatte sich durch eine neue Komplikation besorgniserregend verschlimmert; ein inneres Gewächs, das mit einer größeren Operation entfernt werden mußte. Mit unsicherer Hand registriert er das Ereignis am folgenden Morgen in seinem Tagebuch und führt dabei alle daran beteiligten Ärzte auf, als habe es nicht an einem Operationstisch, sondern an einer Mittagstafel stattgefunden. Seine Krankheit führte ihn jedoch schließlich an die Tafel, nach der er sich schon so lange gesehnt hatte.

Die englischen Zeitungen berichteten über Slatins Erkrankung, aber für den Fall, daß die Notiz der Aufmerksamkeit des Königs entgangen war, machte Wingate dem Buckinghampalast Mitteilung davon. Das Ergebnis war eine persönliche Botschaft von König George und Königin Mary, in der sie dem Kranken in Wien gute Besserung wünschten. Das hat ihm wahrscheinlich mehr geholfen als jede Medizin, und in dem Dankesbrief, den er an Sir Clive Wigram schrieb, erkennt man den alten Slatin wieder:

„Ich kann noch nicht genug bei mir behalten, um wieder zu Kräften zu kommen, aber ich kämpfe so gut es geht ...

Für das Geld, das ich für Operationen, Sanatorium und Ärzte ausgebe, würde ich mindestens drei Begräbnisse erster Klasse bekommen!" Unter seine Unterschrift setzt er die Worte „Gott segne Ihre Majestäten!"

Niemand, nicht einmal der unversöhnliche Lord Curzon, hätte dem alten Pascha seine Bewunderung versagen können, der hier seine letzte Schlacht nicht nur verbissen, sondern fast fröhlich bestand. Seine Freunde in England, die ahnten, daß ihm, obwohl die unmittelbare Gefahr gebannt war, nicht mehr viel Zeit bleiben würde, hätten alles für ihn getan. Vielleicht spürte Slatin es auch. Der Augenblick war gekommen, seinen höchsten englischen Freund und Gönner um eine letzte und besondere Gnade zu bitten. Zum letztenmal sollte Wingate sein Fürsprecher sein, und an ihn schrieb Slatin nun aus Wien, er habe vor, wenn er soweit hergestellt sei, im folgenden Sommer noch einmal nach England zu kommen, und er wünsche sich, ein letztes Mal an dem Hof empfangen zu werden, der der Mittelpunkt eines so großen Teils seines Lebens gewesen war. Aber vor allem wolle er diesmal um die Erlaubnis bitten, dem König und der Königin seine junge Tochter vorzustellen.

„Ihre Majestäten" und alle Eingeweihten wußten, was das für ihn bedeutete, und sie enttäuschten ihn nicht. Ende September schrieb Wigram an Wingate:

> „Ich danke Ihnen für Ihren Brief vom 24. dieses Monats und die Anlage von Slatin ... Wenn Sie ihm schreiben, sagen Sie ihm bitte, daß der König und die Königin selbstverständlich damit rechnen, seine Tochter Anna Marie kennenzulernen, wenn er sie nach England bringt."[22]

Als Slatin die Neuigkeit hörte, hatte er wahrscheinlich nicht nur das Gefühl, so lange Jahre nicht umsonst gelebt zu haben, sondern dachte vielleicht auch daran, daß seine Ehe, die unter einem so unglücklichen Stern gestanden hatte, doch einen Sinn gehabt hatte. Anna Marie, die ihm manche Sorge bereitete, war jetzt ein lebhaftes und hübsches junges Mädchen von fünfzehn Jahren. Sie war gerade in dem Alter, in dem sie die gesellschaftlichen Früchte einer solchen Auszeichnung würde ernten können. Wenn er Glück hatte, dann würde der von seiner Krankheit gezeichnete Slatin noch lange genug leben, um sich mit ihr daran zu freuen.

Am 7. Juni feierte er seinen 75. Geburtstag. In der diesem Tage vorausgehenden Woche überfiel ein Schwarm von Gratulanten und Journalisten mit Notizbüchern die friedliche Villa Mathilde. Eine der eindrucksvollsten Achtungsbezeigungen unter den Stößen von Glückwunschschreiben kam vom österreichischen Bundespräsidenten Wilhelm Miklas. In einem vier Seiten langen Brief würdigte er den Mann, der, obwohl er Jahrzehnte in fernen Gegenden gelebt und sich auf den verschiedensten Gebieten ausgezeichnet habe, immer ein echter Sohn seiner Heimat geblieben sei.[23] Am 21. Mai notierte Slatin in seinem Tagebuch eine weitere Ehrung, die ihm in der Heimat zuteil geworden war. Seine Vaterstadt Wien hatte ihm das Ehrenbürgerrecht verliehen.

Aber Slatins Blick war jetzt mehr denn je nicht so sehr auf das heimatliche Wien als auf London gerichtet. Nachdem die Geburtstagsfeierlichkeiten vorüber waren, machte er sich mit Anna Marie auf die wichtige Reise. In der englischen Hauptstadt eingetroffen, bezogen Vater und Tochter in der Wohnung von Oberstleutnant Phipps im St. James Court Quartier, von wo aus Slatin vor zwölf Jahren zu seiner ersten Audienz nach dem Kriege bei König George zum Buckinghampalast aufgebrochen war.

Zu Beginn jenes Jahres hatte Slatin Hilda Currie gesagt, die Kälte sei im Alter sein größter Feind. Nun war es Sommer in London, und sein Feind war die eigene körperliche Schwäche. Schon nach wenigen Tagen war er so erschöpft, daß ihm sogar sein Gastgeber und guter Freund auf die Nerven ging. Am 13. Juni schrieb er in sein Tagebuch: „Phipps ist ein sehr netter und freundlicher Bursche, aber er spricht so viel, und seine Gespräche sind manchmal schwer zu ertragen, wenigstens für mich, und vielleicht auch für Anna M."

Auch mit der Tochter gab es Schwierigkeiten. Am 22. Juni wurde das Kleid anprobiert, das für das große Ereignis gekauft worden war. Der „nette und freundliche" Phipps hatte angeboten, es Anna Marie zu schenken. Aber sie ärgerte sich schon über dieses Ansinnen. Sie erklärte, Oberst Phipps möge ihr schenken, was er wolle, aber keine Kleider. Der arme Slatin notiert diesen Umstand mißmutig in seinem Tagebuch, aber wir erfahren nicht, wer das Kleid schließlich bezahlt hat.

Freitag, den 24. Juni, ein paar Minuten vor 1.15 Uhr, betrat Slatin im Cut in Begleitung der hübschen Anne Marie, die ganz der Vorstellung eines modernen, erwachsenen englischen jungen Mädchens entsprach, den Buckinghampalast zum privaten Lunch beim Königspaar. Das letzte Glied jener langen Kette königlicher Gunstbezeigungen, die vor fast vierzig Jahren mit dem Besuch bei Königin Victoria in Osborne begonnen hatte, war jetzt geschlossen.

Wie gewöhnlich hat Slatin nichts über seine Gefühle niedergeschrieben. In seinem Tagebuch bleibt er so sachlich wie immer und berichtet nur, daß zehn Minuten nach ihrem Eintreffen der König und die Königin erschienen seien und daß „wir während des Essens über alle möglichen Themen sprachen, und ich das Zusammensein vollauf genoß". Über die Reaktionen seiner energischen jungen Tochter schreibt er nur: „Anna Marie hat es gefallen und interessiert, aber sie hat sich nicht amüsiert."

Ob das Mädchen sich nun amüsiert hatte oder nicht, in Slatins Augen hatte sie jetzt den Weg betreten, der sie, wie er es wünschte, in die erste Gesellschaft führen sollte. Endlich konnte er aufatmen. Die ruhige Haltung, die sie bei ihrem ersten Auftreten am königlichen Tisch zeigte, hat ihn wahrscheinlich verwundert, aber sicher auch stolz gemacht. Freudig erregt schrieb er an alle, von denen er wußte, daß sie seine Freude teilen würden. König George nahm die Sache verständlicherweise ruhiger auf. Er notierte in seinem Tagebuch kommentarlos: „Slatin Pascha und seine Tochter kamen zum Lunch."[24]

Für Slatin war es höchste Zeit gewesen. Alle seine Bekannten in London stellten fest, daß er blaß und kränklich aussah. Er machte in der Tat den Eindruck eines – wie er selbst vor drei Jahren geschrieben hatte – armen, kleinen gerupften Sperlings. Ende Juni ließ er Anna Marie allein in England zurück, weil er glaubte, eine kurze Trennung würde ihnen beiden guttun, brach seinen Besuch ab und fuhr zu seiner jährlichen Kur nach Österreich. Er war immer noch unternehmungslustig genug, auf dem Heimweg am 30. von Croydon nach Le Bourget zu fliegen, und auch seine Neugier war noch lebendig, denn dies war der erste Flug, den er, soweit man weiß, je unternommen hat. In Paris blieb er einige Tage bei Edward Tuck, dem einzigen überlebenden amerikanischen Freund und Wohltäter. Mit Tränen in den Augen und voller Rührung verabschiedeten sich die Freunde.

Als Slatin jedoch nach Bad Hall kam, um dort Erholung zu finden, schien er eher noch mehr zu verfallen. In seinem Tagebucheintrag vom 13. Juli gibt er das erste Alarmzeichen: „Ich habe Magenschmerzen!" Zwei Tage später klagt er über Wadenkrämpfe. In der nächsten Woche verlor er mehr als zwei Pfund an Gewicht. Das jodhaltige Wasser in Bad Hall, das er seit Jahren gläubig zur Heilung aller möglichen Beschwerden getrunken hatte, half ihm diesmal nicht. Die Kurärzte untersuchten ihn und waren mit dem Zustand seiner Verdauungsorgane nicht zufrieden. Sie rieten ihm, in Wien einen Spezialisten aufzusuchen.

Am 7. August erhielt er eine Nachricht, die ihm tiefere Schmerzen verursachte als die körperlichen Beschwerden. Sein Bruder Adolf weckte ihn mit einem Telegramm, das ihm mitteilte, Oberstleutnant Phipps sei in London ganz unerwartet und friedlich gestorben. Der kranke Slatin war vor Kummer außer sich und brachte es kaum fertig, die Nachricht zusammenhängend in seinem Tagebuch einzutragen:

„Ich kann es kaum glauben. Armer Phipps. Der Arme. Ich habe meinen besten, selbstlosesten Freund verloren. Es ist kaum auszudenken, welchen schrecklichen Verlust Anna Marie und ich erlitten haben. England ist jetzt nicht mehr dasselbe für mich. Ich werde ihn solange ich lebe in dankbarer Erinnerung behalten. Wie lange!!?"

Nicht mehr lange. Am 16. August mußte er sich wieder operieren und das Gewächs entfernen lassen, das an seinem Lebensnerv zehrte. Wie bei der vorigen Operation versuchte er, sobald er aus der Narkose aufgewacht war, die Namen der Ärzte in der gebührenden Reihenfolge aufzuschreiben. Aber nachdem er den des Professors Lorenz niedergeschrieben hatte, mußte er den Versuch aufgeben. Bis zuletzt gratulierte er seinen Freunden pünktlich zum Geburtstag, und so schrieb er auch am 23. ein paar Zeilen an Edward Tuck, der an diesem Tage 90 Jahre alt wurde.

Die letzten Wochen lag er im sogenannten Cottagesanatorium in Wien, einem modernen Krankenhaus in ruhiger Lage hinter großen Bäumen an der nach Grinzing führenden Hauptstraße. In Höhe des Portals macht die Straße eine scharfe Biegung, und die letzten Geräusche, die Slatin gehört haben mag, kamen vielleicht von den in den Schienen kreischenden Rädern der Straßenbahn, mit der die durstigen Wiener in den frühen Abendstunden in die Weinberge hinausfuhren und die sie spätabends in fröhlicher Stimmung wieder in die Stadt brachte. Für einen Wiener war das nicht die schlechteste Abschiedsmusik: Anfang September hat Slatin tatsächlich gespürt, daß er im Sterben lag.

Im Lauf des September durften den immer schwächer werdenden Patienten außer seinen Verwandten nur wenige seiner engsten Freunde besuchen. Zu ihnen gehörte auch „Miss Elizabeth", das reiche, hübsche junge Mädchen aus guter Familie, die den berühmten Mann bewundert und ihn seither ins Herz geschlossen hatte. Jetzt war sie allerdings schon eine reife Frau von über vierzig (aus irgendwelchen Gründen hat sie nie geheiratet), aber sein Verhältnis ihr gegenüber war immer noch recht onkelhaft. Sie erinnert sich, an seinem Krankenbett so heftig geschluchzt zu haben, daß es ihn beunruhigte und störte und er sie dringend bat, still zu sein.

Das Letzte, was er für seine geliebte Tochter Anna Marie tun konnte, um die sich während der vergangenen zehn Jahre alle seine Hoffnungen, Befürchtungen und Mühen gedreht hatten, war es ihr zu ersparen, ihn sterben zu sehen – was dieser Verzicht ihn selbst auch gekostet haben mag. Er folgte dabei dem Beispiel seiner Frau, die vor elf Jahren auf dem Sterbebett geschrieben hatte, er möge das Kind von „Gräbern und Friedhöfen fernhalten".[25]

Slatin verlangte zwar, daß seine Tochter im Ausland blieb und nichts von seinem hoffnungslosen Zustand erfuhr, aber in Gedanken war er immer bei ihr. Die letzte Eintragung in seinem Tagebuch vom 23. September spricht von einer Ferienreise, die sie in nächster Zeit unternehmen wollte: „Ich hoffe, die Reise wird ein Erfolg, sie wird nette Mädchen kennenlernen, und Anna Marie wird ihre Freundinnen finden!"

Bis zum Schluß sorgte er sich liebevoll darum, daß sein Kind vor dem endgültigen Abschied von ihm in die „richtige Gesellschaft" aufgenommen würde.

Es ist ein merkwürdiger Anblick, zu sehen, wie sich der Tod eines Mannes in seiner Handschrift ankündigt. Von jetzt an bestehen die Eintragungen in Slatins Tagebuch aus einer Folge von kurzem zittrigen Gekritzel, das täglich schwächer und verworrener wird. Die letzten Worte, die sich noch entziffern lassen, schrieb er am 25. September auf englisch:

„Ich habe nichts getan ..."

Der letzte Versuch, etwas aufzuschreiben, ist ein langer, unruhiger Federzug unter dem Datum des 28. September. Er sieht aus wie die Aufzeichnung eines Seismographen, der auf einen fernen elementaren Ausbruch reagiert. Sechs Tage später, am 4. Oktober 1932, war Slatin Pascha tot.

Er hätte sein eigenes Begräbnis ganz nach seinem Geschmack gefunden. Es fand zwei Tage später auf dem Friedhof von Ober St. Veit in jenem Wiener Bezirk statt, in dem er vor 75 Jahren geboren worden war. Trotz des regnerischen Oktobertages hatte sich eine große Schar von Trauergästen eingefunden, unter ihnen die höchsten Repräsentanten all jener Elemente, die das Leben des Verstorbenen ausgemacht hatten.

Die Liste wurde angeführt vom österreichischen Bundespräsidenten Miklas, der Slatin erst vor vier Monaten einen langen Gratulationsbrief zum Geburtstag geschrieben hatte. Als Vertreter König Georges V. war der britische Botschafter in Wien, Sir Eric Phipps, erschienen,[26] österreichische und britische Generale erwiesen ihm die letzte Ehre, Diplomaten und Aristokraten gedachten des Toten: Vertreter jener Gesellschaft, in die er emporgeklommen war und in der er einen ganz besonderen Platz eingenommen hatte.

Rudolf Slatin lebte natürlich im Gedächtnis seiner alten Mitarbeiter und Kollegen aus dem Sudan weiter. Sein bester Freund, der zweite „sudanesische Zwilling" Wingate, starb erst 1953 im hohen Alter von 93 Jahren. Einige wenige alte Freunde leben noch heute.

Sogar Whitehall, das Slatin in seinem langen Leben abwechselnd so viel Freude und Kummer verursacht hatte, vergaß ihn noch nicht ganz, nachdem der offizielle Bericht über seine Beisetzung in London zu den Akten gelegt worden war. Zwei Jahre nach seinem Tode, am 4. Oktober 1934, kam die Anregung, einen Film über den Mahdiaufstand zu drehen, in dessen Mittelpunkt das Leben Slatin Paschas stehen sollte.

Der damalige Generalgouverneur, Sir Stewart Symes, lehnte den Gedanken entschieden ab. Er warnte sogar vor der Ausführung des Vorhabens und sagte, er sei überzeugt, „es bestünde die ernste Gefahr, daß ein solcher Film sowohl im Sudan mahdistische Gefühle wecken als auch in Ägypten politische Reaktionen auslösen könnte.[27] Der Pascha hätte dieses Urteil schroff abgelehnt. Jedenfalls wurde das Projekt fallengelassen.

1936 wurde Slatin, auf Anregung seiner alten Freunde, zu denen natürlich Wingate und Currie gehörten, in Khartum ein Denkmal errichtet und offiziell von Sir Stewart Symes enthüllt. Es war ein Trinkwasserbrunnen auf einer erhöhten Plattform aus Granit, umgeben von vier sechseckigen Granitsäulen. Das Material stammte aus dem Steinbruch von Sileitat nördlich der Hauptstadt. Nun stand es in Omdurman vor dem ehemaligen Haus des Khalifa und der Lehmhütte seines Dieners Abdel Kader. Die an zwei Seiten in Englisch und Arabisch angebrachte Inschrift ehrte das Andenken von „Baron

Sir Rudolf von Slatin Pascha G.C.V.O., K.C.M.G., C.B., der in guten und bösen Tagen diesem Lande und seinem Volk gedient hat." Über der englischen Inschrift war das Porträt Slatins als Bronzemedaillon angebracht. 1956, drei Jahre nachdem Großbritannien dem Sudan die Unabhängigkeit gewährt hatte, wurde es von der Stadtverwaltung von Omdurman entfernt. Auch die in der Nähe gelegene Slatin-Straße wurde umbenannt und trägt jetzt den Namen eines berühmten Emirs des Mahdi. Niemand sollte sich noch an Slatin Pascha, den weißen imperialistischen Handlanger des Generals Gordon, erinnern. Die Zeiten hatten sich geändert.

Ohne es selbst zu erkennen, hatte Slatin seinen ersten Auftritt auf der Weltbühne zeitlich ebenso perfekt abgestimmt wie seinen Abgang. Er war in das neue Zeitalter sozialer Freiheit (wenn auch nicht sozialer Gleichberechtigung) eines kaiserlichen Wien hineingeboren worden, das durch die Revolution von 1848 schwer erschüttert und beinahe gestürzt worden war. Dürstend nach Ruhm und Abenteuern, war er in dem Jahrzehnt in den Sudan gekommen, in dem es dank der eigenwilligen Rekrutierungsmethoden und Auffassungen des Generals Gordon für einen unbekannten jungen Ausländer noch möglich war, einen meteorhaften Aufstieg zu erleben. Und als der Ruhm sich einstellte, hatte Slatin eben noch Zeit, vor dem Tode der Königin Victoria Brief und Siegel der königlichen Gunst zu erlangen, die für ihn Karriere bedeutete. 1914 wurde seiner Laufbahn auf ihrem Höhepunkt allerdings durch den Krieg ein Ende bereitet, und in den ersten Kriegsmonaten stand er vor moralischen Entscheidungen, die er nicht meistern konnte. Aber in den zwanzig vorangegangenen Jahren, vor allem in dem glücklichen Jahrzehnt der Regierungszeit Edwards VII., hatte sich Slatin noch an der untergehenden Sonne der europäischen Glanzzeit gewärmt und jeden Augenblick aus vollem Herzen genossen.

Auch für seinen Abgang hatte er den richtigen Zeitpunkt gewählt. Slatin war vor allem Europäer. Für ihn bedeutete das ganze Europa mehr als jedes einzelne Land für sich, und das politische Konzert der zivilisierten Völker war ihm wichtiger als jede einzelne Regierung. Hitler trat auf, um auch das letzte Echo dieser Harmonie, das sich nach dem Zusammenbruch von 1918 noch hören ließ, zum Schweigen zu bringen. Erst heute beginnt sich das Europa Slatins wieder zu bilden, nicht mehr um Dynastien, sondern um ganze Nationen. Dem Pascha hätte das gefallen. Was immer er auch über das Afrika von heute gedacht hätte, in diesem neuen Europa hätte er sich wohl gefühlt.

Anmerkungen

1. Kapitel:

1. Frau Irmina Köchert und „Miss Elizabeth"
2. Sir Ronald Wingate
3. Taufregister der Augustinerkirche, Wien, Band VIII, Folio 58.
4. Ich habe Herrn Dr. Karl Zrounek aus Wien dafür zu danken, daß er diese und andere Nachforschungen angestellt und beglaubigte Photokopien aller Geburts-, Heirats- und Taufurkunden beschafft hat, die es über die Familie Slatin noch gibt.
5. Paul Slatin, Familienpapiere: Rudolf Slatin an seine zukünftige Schwägerin, 15. 11. 1881.
6. Graf Ferdinand Wilczek. Seine Mutter, eine geborene Kinsky, wurde von dem in ihrem Elternhaus als Hauslehrer angestellten Heinrich Slatin unterrichtet. Graf Wilczek, der Schwiegervater des regierenden Fürsten von Liechtenstein, ist der älteste lebende Nachkomme der Familie Kinsky.
7. *Neues Wiener Journal*, 4. 4. 1920
8. *Mitteilungsblatt des Absolventenvereins der Handelsakademie Wien*, Nr. 17, 18. 11. 1970 (diese und andere Details aus Slatins Jugendzeit).
9. Rudolph Slatin Pascha, *Feuer und Schwert im Sudan*, Leipzig 1896, S. 1–2.

3. Kapitel:

1. Reginald Wingate, *Mahdism and the Egyptian Sudan*, London 1891, S. 13–14.
2. Slatin, *Feuer und Schwert*, S. 115.
3. Holt, *The Mahdist State in the Sudan*, S. 50.
4. Joseph Ohrwalder, *Ten Years Captivity in the Mahdi's Camp*, London 1892, S. 52ff.

4. Kapitel:

1. Slatin, *Feuer und Schwert*, S. 206–207.
2. Der deutsche Kaufmann und Abenteurer Karl Neufeld in seinem Buch: *Prisoner of the Khaleefa*, 1899, S. 203–206.
3. Vor allem die Tagebücher des österreichischen Majors Herlth beim Stabe von

Hicks, die Meldungen von Hicks selbst und die Berichte des Korrespondenten der Londoner *Daily News*, Mr. Oiert, a.a.O., S. 86–87.
5. Slatin, *Feuer und Schwert*, S. 241–242.
6. Ebenda, S. 245–246.

5. Kapitel:

1. Als Anhang R zu Gordons *Journals of Khartoum.*
2. Der deutsche Originaltext ist nicht mehr vorhanden; Rückübersetzung aus dem Englischen aus: Anhang R zu Gordons *Journals of Khartoum.*
3. Slatin, *Feuer und Schwert*, S. 311–312.
4. Ebenda, S. 321.
5. Sir Ronald Wingate, *Wingate of the Sudan*, S. 70–71.
6. Slatin, *Feuer und Schwert*, S. 342.
7. Reginald Wingate, *Mahdism and the Egyptian Sudan*, London 1891, S. 228.

6. Kapitel:

1. *Royal Archives* (R. A.) 023/50 Lord Wolseley an den Kriegsminister, 5. 10. 1884.
2. Karl Neufeld, *A Prisoner of the Khaleefa*, 1899, S. 203.
3. Slatin, *Feuer und Schwert*, S. 344.
4. Ebenda, S. 514–516.
5. Ebenda, S. 417.
6. Ebenda, S. 446.
7. Nach einem Geheimdienstbericht lebten in Omdurman im Herbst 1894 nur noch zwei Italiener, etwa 20 Griechen und acht Syrer; außerdem acht „weiße" Frauen und 20 Kinder. Haus-, Hof- und Staatsarchiv Wien (HHSA) PA XXXI/14.

7. Kapitel:

1. Die Slatin-Papiere im Sudan-Archiv von Durham (SAD) enthalten eine von seiner Schwägerin gemachte Abschrift dieses Briefes. Ich bin Herrn Paul Slatin dankbar für die mir gewährte Einsicht in das Original und zahlreiche andere Briefe Slatin Paschas aus jener Zeit, deren Existenz bisher nicht bekannt war.
2. Das Original befindet sich im Besitz von Herrn Paul Slatin, der mir erlaubt hat, es zu zitieren.
3. Slatin, *Feuer und Schwert*, S. 410.
4. HHSA PA XXXI/14, Bericht von Graf Wass an Graf Kalnocky in Wien vom 11. 6. 1892.
5. Enthalten im monatlichen Bericht des Nachrichtendienstes des Hauptquartiers der ägyptischen Armee für November 1894.
6. HHSA PA XXXI/14, Kairo, den 4. 3. 1895.
7. Unser Bericht folgt, wenn nicht anders angegeben, dem Buch *Feuer und Schwert im Sudan*, Leipzig 1896, von Rudolph Slatin Pascha.

8. Kapitel:

1. SAD, Box 450/122, Presseverlautbarungen über die Flucht von Slatin.
2. HHSA PA XXXI/15, 22. 4.–23. 5. 1895.

3. R. A. W 028/262, Wingate an Bigge, 28. 3. 1896.
4. Siehe Wingate, a.a.O., S. 91–93.
5. Die Briefe befinden sich in der Sammlung von Paul Slatin in Wien.
6. Paul Slatin, Familienanekdote, undatiert.
7. Brief an Heinrich Slatin, 20. 8. 1895.
8. SAD, Box 440 u. 441.
9. R. A. L 7/127, Wingate an Bigge, 27. 4. 1895.
10. SAD, Box 256/1.
11. Ebenda, Bigge an Wingate, 25. 7. 1895.
12. Ebenda, Bigge an Wingate, 1. 8. 1895.
13. Ebenda, Box 454/1.
14. R. A. Tagebuch der Königin Victoria, 19. 8. 1895.
15. SAD, Box 104/6.
16. Ebenda, Box 256/1: Brief von F. J. Edwards an Wingate, 11. 9. 1895.
17. Kronberg-Briefe, 31. 5. 1898; zitiert in Longford: *Victoria* R. I., S. 692.
18. Paul Slatin, Familienpapiere.
19. R. A. L 7/129, Bericht von Sir Arthur Bigge.
20. R. A. Tagebuch der Königin Victoria, 10. 10. 1895.
21. R. A. 028/229, Denkschrift von Sir Arthur Bigge, 11. 10. 1895.
22. Für die folgende Darstellung habe ich als Quellen die Bücher *Henry Ponsonby* von seinem Sohn Arthur Ponsonby, *Recollections of Three Reigns* von Sir Frederick Ponsonby und *Life with Queen Victoria*, Briefe von Marie Mallet, verwendet.
23. R. A. 028/236, Wingate an Bigge, 2. 12. 1895.

9. Kapitel:

1. R. A. 028, Slatin an Königin Victoria, 12. 5. 1896.
2. SAD, Box 454/4.
3. R. A. 028, Wingate an Bigge, 31. 5. 1896.
4. R. A. 029, Wingate an Bigge, 10. 6. 1896.
5. Ebenda, Wingate an Bigge, 20. 6. 1896 und Slatin an Königin Victoria, 20. 6. 1896.
6. R. A. 029/15 u. 16.
7. HHSA PA XXXI/17, Heidler an Goluchowski, 11. 7. 1896.
8. R. A. 029, Slatin an Königin Victoria, 22. 7. 1896.
9. Ebenda, Wingate an Bigge, 27. 7. 1896.
10. Ebenda, Wingate an Bigge, 25. 8. 1896.
11. Der Brief trägt das Datum: Omdurman, 20. Safar 1314 oder 31. 7. 1896.
12. R. A. 029, Slatin an Königin Victoria, 15. 9. 1896.
13. Wingate, a.a.O., S. 108.
14. SAD, Box 454/4.
15. R. A. 029, Wingate an Bigge, Kairo, 30. 11. 1896.
16. Paul Slatin, Familienpapiere, Graf Eulenburg an Heinrich Slatin, 16. 3. 1896.
17. Ebenda, Rudolf Slatin an Heinrich Slatin, 27. 7. 1896.
18. Ebenda, Adolf Slatin an Heinrich Slatin, 12. 8. 1896.
19. Ebenda, Rudolf Slatin an Frau Heinrich Slatin, 26. 10. 1896.
20. Ebenda, Rudolf Slatin an Heinrich Slatin, 19. 12. 1896.
21. Ebenda, Rudolf Slatin an Heinrich Slatin, 8. 1. 1897.

10. Kapitel:

1. R. A. 029, Slatin an Königin Victoria, 15. 10. 1897.
2. R. A. 029/70, Wingate an Bigge, 17. 9. 1897.
3. R. A. 029/74, Wingate an Bigge, 11. 11. 1897.
4. Wingate, a.a.O., S. 114.
5. R. A. 029/77, Slatin an Königin Victoria, 2. 2. 1898.
6. R. A. 030/1a, Wingate an Slatin, Berber, den 14. 3. 1898. Eine Kopie des Schreibens befindet sich im Slatin-Archiv Durham, Box 441.
7. SAD, Box 441, Slatin, Tagebuch für 1898.
8. R. A. 030/1, Wingate an Bigge, Abbadia, 4. 5. 1898.
9. R. A. 030/3, Wingate an Bigge, Assuan, 4. 6. 1898.
10. Slatin, Tagebuch für 1898, SAD, Box 451.
11. R. A. 030/1, Wingate an Bigge, 4. 5. 1898.
12. R. A. 030/7, Wingate an Bigge, Schabluka, 21. 8. 1898.
13. SAD, Box 452/302.
14. W. L. S. Churchill, *The River War*, London 1899, Bd. II, S. 107–164. Churchill nahm bei den 21. Lancers an dem Gefecht teil.
15. Diese Zahlen stammen aus dem Bericht, den Kitchener der Königin gab, als er ihr zwei Monate später in Balmoral seinen Sieg meldete (R. A., Tagebuch 3. 11. 1898).
16. R. A. 031/95, Wingate an Bigge, Kairo, 3. 12. 1899.
17. Slatin hat das Telegramm aufbewahrt. Es befindet sich unter seinen Papieren im Archiv zu Durham, Box 452/302.
18. R. A. 031/94.

11. Kapitel:

1. Denkschrift der Königin Victoria, 3. 11. 1898, SAD.
2. HHSA PA XXXI, Kairo an Wien, 28. 10. 1898.
3. HHSA PA XXXI, Kairo an Wien, 18. 11. 1898.
4. Der mit Bleistift geschriebene Entwurf datiert vom 14. 11. 1898, SAD, Box 452/2.
5. Ebenda, Box 452/302, Reid an Slatin, 16. 1. 1899.
6. Ebenda, Box 454/4.
7. HHSA PA XXXI/19, Kairo an Wien, 23. 12. 1898.
8. Ebenda, XXXI/20, Kairo an Wien, 24. 3. 1899.
9. Ebenda, XXX/21, Kairo an Wien, 15. 6. 1900.
10. Ebenda, Kairo an Wien, 1. 10. 1900.
11. SAD, Box 403/6.
12. HHSA PA XXXI/22, Kairo an Wien (der Bericht zitiert Slatin), 9. 10. 1902.
13. *Public Records Office* (PRO) 16: 21544/658 von 1911.
14. zitiert in Wingate, a.a.O., S. 159–160.

12. Kapitel:

1. SAD, Box 454/2.
2. R. A. Edward VII. B 1889, Slatin an Sir Arthur Davidson.
3. SAD, Box 440.
4. Siehe Corti-Sokol, *Kaiser Franz Joseph*, S. 384–388.
5. R. A. Edward VII. C 22593, Wingate an Lord Knollys, 9. 8. 1907.
6. Ebenda, Wingate an Lord Knollys.
7. *Neue Freie Presse*, Bericht vom 23. 8. 1909.
8. R. A. Tagebuch der Königin Victoria, 5. 9. 1900.

13. Kapitel:

1. Sir Mervyn Wheatley in einem Gespräch mit dem Verfasser am 29. 7. 1971.
2. Paul Slatin, Familienpapiere, Rudolph Slatin an seine Schwägerin, Koscheh, 3. 8. 1896.
3. Ebenda, Rudolf Slatin aus Kairo, 29. 12. 1896.
4. Ebenda.
5. „Miss Elizabeth", die heute eine mehr als 80 Jahre alte, rüstige Dame ist, hat mir diese großzügigerweise zur Verfügung gestellt.
6. Eine Auswahl dieser Briefe wurde mir freundlicherweise von Frau Köchert zur Verfügung gestellt, die, anders als „Miss Elizabeth", nichts dagegen einzuwenden hat, daß ihr Name hier genannt wird.
7. In einem Gespräch mit dem Verfasser.
8. Tagebuch von Miss Elliott (jetzt Mrs. Nicoll), das mir freundlicherweise von Ihrem Sohn, Sir James Bowker, zur Verfügung gestellt wurde.
9. Prinz Alois Auersperg, ein Neffe der Auersperg, die in Khartum Slatins Gäste waren, bestätigt, daß seine Onkel ebenso wie die Kinskys und Liechtensteins, Freunde Slatins, diesen immer mit „Sie" angeredet hätten.
10. SAD, Box 450/109.
11. Die Briefe sind teils englisch, teils deutsch geschrieben.
12. Wahrscheinlich SAD.
13. Das bezieht sich vielleicht auf die Prinzessin aus Darfur, die Slatin nach mohammedanischem Recht geheiratet und von der er Kinder hatte. 1914 wird sie allerdings kaum mehr „schön" gewesen sein.
14. Die Meldung war nicht ganz richtig. Der Thronfolger und seine Gattin waren aus nächster Nähe von Gavrilo Princip durch Revolverschüsse ermordet worden.
15. Slatin gab seine Vermählung selbst bekannt. Karten mit einem deutschen und einem englischen Text wurden in alle europäischen Länder verschickt. Hier hieß es: „Generalmajor Sir Rudolf Baron von Slatin Pascha gibt sich die Ehre, seine heute erfolgte Vermählung mit Baronesse Alice von Ramberg, Tochter des verstorbenen Generals der Kavallerie, Victor Baron von Ramberg und seiner Gemahlin, Baronin Ottilie von Ramberg, geborene Gräfin von Breda, anzuzeigen."

14. Kapitel:

1. Joseph Redlich, *Tagebuch*, 13. 2. 1915, mit einem Bericht über ein Gespräch mit Slatin bei einem Diner in Wien.
2. R. A. G. V. 25124, „*Note on Slatin Pascha*" von Sir Reginald Wingate, 18. 5. 1919.
3. Siehe Brook-Shepherd, *Um Krone und Reich* S. 79.
4. SAD, Box 223/1.
5. HHSA PA I/887, Liasse Krieg 7.
6. Siehe Richard Hill, a.a.O., S. 121.
7. HHSA Wien, ebenda, Telegramm Nr. 385, Wien nach Konstantinopel, 27. 8. 1914.
8. Ebenda, Pallavicini an Berchtold, Telegramm Nr. 493, 28. 8. 1914.
9. Ebenda, Pallavicini an Berchtold, Telegramm Nr. 512, 28. 8. 1914.
10. PRO 1914. 49402 und W. 16.50084, wo diese ganze Episode behandelt wird.
11. SAD, Box 233/1.
12. Ebenda.
13. Ebenda, der Brief liegt nur im Entwurf vor.

14. Ebenda.
15. Ebenda, zwei Briefe Slatins an Wingate, 30. 9. 1914.
16. Ebenda.
17. Österreichisches Kriegsministerium (KM), Präs. 50–1/85 Nr. 12, 638 vom 13. 9. 1914.
18. K. u. k. Militärkanzlei (MKSM) 69–1/13–17 von 1914.
19. Österreichisches Außenministerium, F 23, IX F–540, Berchtold an Stürgkh, 24. 11. 1914.
20. KM., Präs. 76–2/1–78, Nr. 10.009 vom 18. 6. 1915.
21. R. A. G V. P 2116.
22. Ebenda.

15. Kapitel:

1. SAD, Box 223/3.
2. Ebenda, Box 223/4.
3. Ebenda.
4. Slatin, Tagebucheintragung für den 6. 8. 1916.
5. R. A. G V. 25124, Slatin an Lord Stamfordham, 25. 6. 1917.
6. Ebenda, Lord Stamfordham an Slatin, 31. 7. 1917.
7. PRO 93098/64156/W 3/17.
8. Er war seinem Großonkel, dem alten Kaiser Franz Joseph, nach dessen Tode – und nach der längsten Regierungszeit der Geschichte – am 21. 11. 1916 auf den Thron gefolgt.
9. Siehe Brook-Shepherd, a.a.O.
10. Die Kaiserin Zita in einem Brief an den Verfasser vom 12. 9. 1971.
11. SAD, Box 223/4, Slatin an Wingate, 25. 10. 1916.
12. Der beste Augenzeugenbericht findet sich bei Redlich.
13. Ein Schwager des Kaisers, der, anders als die Prinzen Sixtus und Xavier, Österreicher war und auf österreichischer Seite kämpfte –, ein typisches Beispiel dafür, wie die Dynastien und Familien durch den Krieg zerrissen wurden.
14. Alle Auszeichnungen sind in den Akten der MKSM registriert. (MKSM 7171 vom 11. 11. 1971.).
15. MKSM 1917, Nr. 7632 vom 17. 11. 1917.
16. MKSM 464/7, 9. 12. 1917.
17. SAD, Box 223/4, Slatin an Wingate, 20. 12. 1916.
18. Ebenda, Box 223/5, Slatin an Wingate, 16. 6. 1918.
19. Übersetzter englischer Text in R. A. George V 25124.
20. Ebenda, Slatin an Lord Stamfordham, 10. 12. 1918.
21. R. A. und G V. 25124, Slatin an Colonel House, 10. 12. 1918.
22. *Generalbericht der österreichischen Gesellschaft vom Roten Kreuz für das Jahr 1918*, S. 54.
23. R. A. G V. 25124.
24. Ebenda, Lord Stamfordham an Slatin, 19. 12. 1918.
25. SAD, Box 223/5. Slatin schrieb am 28. 12. einen weiteren, etwas geänderten Brief für den Fall, daß der erste verlorengegangen war.
26. R. A. G 25124.
27. Slatin-Archiv Durham, Box 223/8, Slatin an Wingate, 26. 6. 1921.

16. Kapitel:

1. SAD, Box 435/12, Bauer an Slatin, 3. 5. 1919.
2. Ebenda, Slatin an Bauer, undatiert, wahrscheinlich 4. 5. 1919.
3. Ebenda, Bauer an Slatin, 5. 5. 1919.
4. Ebenda, Bauer an Slatin, 1. 6. 1919.
5. Ebenda, Renner an Slatin, 12. 8. 1919.
6. Ebenda, Box 455/6, Slatin an seine Frau, 21. 7. 1919.
7. Ebenda, Box 223/6, Slatin an Wingate, 3. 8. 1919.
8. PRO W 3/78225 und 731886 (Foreign Office = F.O. 371/3542), Telegramme vom 22. 5. 1919 bis zum 14. 6. 1919.
9. Med.-Rat Dr. Kamniker aus Graz. Sein Sohn, Herr Primarius Dr. Kamniker, hat mir freundlicherweise das Tagebuch seines Vaters aus St. Germain überlassen.
10. SAD, Box 435/12, Bauer an Slatin, 11. 7. 1919.
11. Ebenda, Bauer an Slatin, 20. 7. 1919.
12. Slatin an „Miss Elizabeth" aus Territet, 27. 10. 1919.
13. SAD, Box 223/6, Slatin an Wingate, 5. 10. 1919.
14. PRO 303/126174 (F. O. 372/1219), Denkschrift der Ostabteilung vom 9. 9. 1919.
15. SAD, Box 435/15.
16. Slatin an „Miss Elizabeth", 26. 10. 1919.
17. SAD, Slatin an Wingate, 28. 10. 1919.
18. Slatin an „Miss Elizabeth" aus Territet, 13. 11. 919.
19. SAD, Slatin an Wingate, 28. 10. 1919.
20. Ebenda, Box 223/6, Slatin an Wingate, 16. 12. 1919.
21. Ebenda, Lord Hardinge an Wingate, 30. 9. 1919.
22. PRO F. O. 371/3542, Paris an London, 13. 5. 1919.
23. PRO F. O. 371/73241, Wingate an L. Lloyd, 18. 5. 1919.
24. R. A. G V. 25124.
25. Siehe oben.
26. R. A. G V. 25124, Slatin an Lord Stamfordham, 15. 12. 1919.
27. Ebenda, Lord Stamfordham an Slatin, 23. 12. 1919.
28. Slatin an „Miss Elizabeth", London 27. 2. 1920.
29. SAD, Slatin an seine Frau, 25. 1. 1920.
30. Ebenda, Slatin an Wingate, 28. 1. 1920.
31. Sir Ronald Wingate erinnert sich, daß seine Eltern „übereingekommen waren, zum Thema Rudolf Slatin verschiedener Meinung zu sein". Lady Wingate hat sich nie wirklich für den Österreicher erwärmen können.
32. SAD, Box 223/7, Slatin an Wingate, 4. 2. 1920.
33. Ebenda, Slatin an Wingate, 7. 2. 1920.
34. R. A. G V. 25124, Slatin an Lord Stamfordham, 20. 2. 1920.
35. SAD, Slatin an Wingate, 24. 2. 1920.
36. R. A. George V., Tagebuch, 20. 2. 1920.
37. SAD, Box 452/269.
38. Ebenda, Box 223/8, Slatin an Wingate, 30. 1. 1921.
39. R. A. G V. 25124, Lord Stamfordham an Slatin, 13. 12. 1920.
40. Alle Papiere über diesen Fall befinden sich im PRO F. O. 371/7348 (C 160/163), bzw. 371/5784 (April–Nov. 1921).
41. Slatin an „Miss Elizabeth" aus Territet.
42. SAD, Box 455/7/1.
43. Slatin an „Miss Elizabeth", 18. 7. 1921.
44. R. A. G V. 25124, Lord Stamfordham an Slatin, 1. 7. 1921.

45. Etwa zur gleichen Zeit gewährte ihm sein eigener Kaiser Karl in seinem Schweizer Exil die letzte Audienz. Slatin sagte damals dem Kaiser, er habe zwar immer zwei Vaterländer gehabt: Österreich-Ungarn und England; er fühle sich jedoch in erster Linie England verpflichtet. Man darf Slatin hier unbedingt glauben, denn es wäre verständlich gewesen, hätte er gegenüber Kaiser Karl Österreich an die erste Stelle gesetzt. (Nach einem Brief der Kaiserin Zita an den Verfasser vom 26. 7. 1970).
46. SAD, Box 435/315, Baird an Slatin, 2. 3. 1922.
47. Ebenda, Baird an Wingate, 7. 4. 1922.
48. Nichts deutet darauf hin, daß irgend jemand außer Wingate Slatins Antrag auf Gewährung der britischen Staatsangehörigkeit unterstützt hätte.

17. Kapitel:

1. Slatin an U. Grant, 21. 5. 1924.
2. Nach einem Tagebucheintrag vom 22. 3. 1928 betrug die Jahresmiete 170 Pfund.
3. Das ägyptische Pfund, in dem seine Pension berechnet und ausgezahlt wurde, lag im Wert etwas höher als das Pfund Sterling.
4. SAD, Slatin an Wingate, 9. 1. 1920.
5. Ebenda, Slatin an Wingate, 30. 4. 1922.
6. Ebenda, Box 440 über Einzelheiten, betreffend die Finanzlage Slatins.
7. Ebenda, Slatin an Wingate, 27. 8. 1920.
8. Ebenda, Box 223/11, Slatin an Wingate, 26. 11. 1926.
9. PRO F. O. 372/2306 u. 2307, 16. 4.–3. 6. 1927 (abschließende Korrespondenz über den Fall Slatin).
10. Slatin war der erste ehemalige feindliche Ausländer, der seine britischen Orden wieder tragen durfte. Einer der nächsten war der Ex-Zar Ferdinand von Bulgarien. Es folgte der sehr beliebte ehemalige k. u. k. Botschafter in London, Graf Mensdorff. (PRO T 12757/2670/362 und Beilagen).
11. Slatin erwähnt die Einladung in seinem Tagebuch für den 24. 7. 1928; von seiner Krankheit war er wieder genesen.
12. SAD, Box 223/12, Slatin an Wingate, 7. 7. 1927.
13. R. A. G V. 25124, Lord Stamfordham an Wingate, 14. 3. 1928.
14. SAD, Tagebuch, 30. 4. 1928.
15. Ebenda, 12. 7. 1928.
16. Slatin an U. Grant, 28. 9. 1928.
17. Paul Slatin, Familienpapiere, Slatin an „Gusti", 19. 12. 1929.
18. Slatin an „Miss Elizabeth", 15. 12. 1929.
19. Paul Slatin, Familienpapiere, Slatin an seine Schwägerin, 18. 3. 1930.
20. SAD, Box 440, Tagebuch, 31. 12. 1930.
21. Slatin Tagebuch, 1. 2. 1931.
22. R. A. G V. 25124, Wigram an Wingate, 29. 9. 1931.
23. SAD, Box 435/323.
24. R. A. George V., Tagebuch, 24. 6. 1932.
25. SAD, Box 455/7.
26. PRO F. O. 371/16128, Phipps an Sir John Simon, 6. 10. 1932.
27. PRO F. O. 371/18021 (Der Film wurde nie gedreht).

Namenverzeichnis